RAQUEL BETTY DE CASTRO PIMENTA

Doutora em Direito pela Università degli Studi di Roma Tor Vergata em cotutela internacional com a Universidade Federal de Minas Gerais. Mestre em Direito pela Pontifícia Universidade Católica de Minas Gerais. Especialista em Direito do Trabalho Ítalo-Brasileiro pela Universidade Federal de Minas Gerais e Università degli Studi di Roma Tor Vergata.

COOPERAÇÃO JUDICIÁRIA INTERNACIONAL NO COMBATE À DISCRIMINAÇÃO DA MULHER NO TRABALHO

Um diálogo Brasil e Itália

EDITORA LTDA.

© Todos os direitos reservados

Rua Jaguaribe, 571
CEP 01224-003
São Paulo, SP — Brasil
Fone (11) 2167-1101
www.ltr.com.br
Outubro, 2016

Produção Gráfica e Editoração Eletrônica: GRAPHIEN DIAGRAMAÇÃO E ARTE
Designer de Capa: FABIO GIGLIO
Impressão: BARTIRA GRÁFICA E EDITORA

versão impressa — LTr 5617.4 — ISBN 978-85-361-8997-0
versão digital   — LTr 9029-1 — ISBN 978-85-361-9007-5

Dados Internacionais de Catalogação na Publicação (CIP)
(Câmara Brasileira do Livro, SP, Brasil)

Pimenta, Raquel Betty de Castro
   Cooperação judiciária internacional no combate à discriminação da mulher no trabalho : um diálogo Brasil e Itália / Raquel Betty de Castro Pimenta. — São Paulo : LTr, 2016.

   Bibliografia.

   1. Cooperação jurídica internacional 2. Direito do trabalho 3. Discriminação contra mulheres 4. Discriminação no trabalho 5. Mulheres — Direitos 6. Mulheres — Trabalho I. Título.

16-05663   CDU-34:331.101.24-055.2

Índices para catálogo sistemático:

1. Discriminação da mulher no trabalho :
   Direito do trabalho   34:331.101.24-055.2
2. Mulheres : Discriminação no trabalho :
   Direito do trabalho   34:331.101.24-055.2

*Dedico este trabalho à minha mãe,
Betty Liseta Marx de Castro Pires (in memoriam),
que se foi prematuramente, deixando muita saudade
e um grande exemplo de dedicação, esforço e afeto.
Foi quem me ensinou, acima de tudo,
a acreditar que sou capaz de realizar meus sonhos.*

Sumário

APRESENTAÇÃO — *Adriana Goulart de Sena Orsini* 11

PREFÁCIO — *Lélio Bentes Correa* 13

LISTA DE ABREVIATURAS E SIGLAS 17

1. INTRODUÇÃO 21

2. A GLOBALIZAÇÃO: REALIDADE, POTENCIALIDADES E DIFICULDADES 25

   2.1. A globalização econômica e seus impactos no direito do trabalho 26

   2.2. A proteção aos direitos humanos para a implementação de uma globalização equitativa 31

   2.3. A cooperação judiciária internacional e as redes internacionais de juízes como mecanismos de implementação da globalização equitativa 34

3. PROTEÇÃO CONTRA A DISCRIMINAÇÃO EM RAZÃO DO GÊNERO 39

   3.1. O trabalho da mulher 41

   3.2. A proteção contra a discriminação do trabalho da mulher nas normas internacionais 43

       3.2.1. Normas internacionais editadas no âmbito da Organização das Nações Unidas (ONU). 45

           A) Carta das Nações Unidas, de 1945 45

           B) Declaração Universal dos Direitos Humanos, de 1948 47

           C) Pacto dos Direitos Civis e Políticos, de 1966 50

           D) Pacto dos Direitos Econômicos, Sociais e Culturais, de 1966 51

           E) Convenção sobre a Eliminação de todas as Formas de Discriminação contra as Mulheres, de 1979 52

       3.2.2. Normas internacionais editadas no âmbito da Organização Internacional do Trabalho (OIT) 55

           A) Constituição da OIT, de 1919, e seu Anexo, a Declaração da Filadélfia, de 1944 ... 56

           B) Declaração sobre os Princípios e Liberdades Fundamentais no Trabalho, de 1998 . 58

           C) Convenção n. 100 da OIT, sobre igualdade de remuneração para a mão de obra masculina e a mão de obra feminina por um trabalho de igual valor, de 1951, e a Recomendação n. 90 da OIT, de 1951 59

           D) Convenção n. 111 da OIT, sobre discriminação em matéria de emprego e profissão, de 1958, e a Recomendação n. 111, de 1958 60

           E) Convenção n. 117, sobre objetivos e normas básicas da política social, de 1962 62

           F) Convenção n. 122, sobre política de emprego, de 1964 63

           G) Convenção n. 156, sobre trabalhadores com responsabilidades familiares, de 1981, e a Recomendação n. 165, de 1981 63

		H)	Convenção n. 158, sobre o término da relação de trabalho por iniciativa do empregador, de 1982..	64
		I)	Outras Convenções e Recomendações da OIT	64
3.3.	A proteção contra a discriminação do trabalho da mulher nos âmbitos regionais: Europa e Américas			65
	3.3.1.	Normas editadas na União Europeia		65
		A)	Convenção Europeia de Direitos Humanos, de 1950	66
		B)	Tratado de Roma, de 1957	67
		C)	Carta Social da Europa, de 1961	68
		D)	Carta Comunitária de Direitos Sociais Fundamentais dos Trabalhadores, de 1989 .	69
		E)	Tratado de Maastrich, de 1992..	69
		F)	Tratado de Amsterdam, de 1997	70
		G)	Carta dos Direitos Fundamentais da União Europeia — Carta de Nice, de 2000	70
		H)	Projeto de uma Constituição para a União Europeia e o Tratado de Lisboa, de 2007	71
		I)	Diretivas referentes à discriminação por motivo de sexo	72
	3.3.2.	Normas editadas nas Américas...		76
		A)	Convenção Americana de Direitos do Homem (Pacto de San José da Costa Rica), de 1969	77
		B)	Protocolo Adicional à Convenção Americana de Direitos Humanos em matéria de Direitos Econômicos, Sociais e Culturais (Protocolo de San Salvador), de 1988.....	78
		C)	Declaração Sociolaboral do MERCOSUL...	79
4.	PROTEÇÃO CONTRA A DISCRIMINAÇÃO EM RAZÃO DO GÊNERO NA ITÁLIA E NO BRASIL.....				81
	4.1.	A proteção contra a discriminação do trabalho da mulher na Itália			82
		4.1.1.	Normas internacionais e da União Europeia vigentes na Itália..		82
		4.1.2.	Normas internas		85
			A)	Constituição Italiana, de 1947...	86
			B)	A Lei n. 7, de 9 de janeiro de 1963	87
			C)	A Lei n. 300, de 20 de maio de 1970 — Estatuto dos Trabalhadores	87
			D)	Lei n. 1204, de 30 de dezembro de 1971	89
			E)	Lei n. 903, de 9 de dezembro de 1977	91
			F)	Lei n. 125, de 10 de abril de 1991	92
			G)	Decreto Legislativo n. 198, de 11 de abril 2006 — Código de paridade de oportunidades entre homens e mulheres...	93
	4.2.	A proteção contra a discriminação do trabalho da mulher no Brasil			96
		4.2.1.	Normas internacionais e de âmbito regional vigentes no Brasil..		96
		4.2.2.	Normas internas		99
			A)	Constituição Brasileira de 1988..	99
			B)	Consolidação das Leis do Trabalho, de 1943	100
			C)	Lei n. 9.029, de 1995	101
			D)	Lei n. 9.799, de 1999	104
	4.3.	A eficácia da proteção contra a discriminação em razão do gênero por meio da cooperação judiciária internacional				106
5.	COOPERAÇÃO JUDICIÁRIA INTERNACIONAL: ESPECIAL POSSIBILIDADE PARA A EFETIVIDADE DAS DECISÕES JUDICIAIS					109
	5.1.	Cooperação judiciária internacional institucional				110

5.2.	A cooperação judiciária internacional institucional na Itália	112
	5.2.1. União Europeia	113
	5.2.2. A cooperação judiciária em relação a Estados extracomunitários	116
5.3.	A cooperação judiciária internacional institucional no Brasil	118
	5.3.1. Normas editadas no âmbito do MERCOSUL — o Protocolo de Las Leñas e o Protocolo de Ouro Preto	119
	5.3.2. A cooperação judiciária e sua previsão em normas internas	121
	A) O novo Código de Processo Civil, de 2015	124

6. **AS REDES INTERNACIONAIS DE JUÍZES: MECANISMOS PARA MAIOR EFICÁCIA DA PROTEÇÃO AOS DIREITOS HUMANOS** 133

   6.1. A Rede Judiciária Europeia — EJN 135
   6.2. A Rede Iberoamericana de Cooperação Jurídica Internacional — IberRed 139
   6.3. A Rede Latino-americana de Juízes — REDLAJ 141
   6.4. Outros tipos de redes de juízes 142
   6.5. O possível papel das redes internacionais de juízes em casos concretos: análise de jurisprudência italiana e brasileira 148
       6.5.1. Discriminação indireta em processos seletivos 148
       6.5.2. Tratamentos desfavoráveis às mulheres 150
       6.5.3. Discriminação por meio de controle gestacional 152

7. **CONCLUSÃO** 155

REFERÊNCIAS BIBLIOGRÁFICAS 159

Apresentação

O estudo histórico nos remete à constatação de que o trabalho da mulher esteve presente desde a mais remota época da sociedade humana, embora submetido a certas peculiaridades ao longo dessa história. É que, por largo período, a mulher (não escrava) esteve afastada do processo produtivo próprio às sociedades, circunscrita aos afazeres domésticos. Não trabalhava na direta produção social, mas no âmbito interno da família. Assim, tanto na antiguidade quanto na idade média, apesar do transcurso dos séculos, viria ostentar condição de "ser inferior" nos níveis econômico, social e político, situação exposta em face da legislação de corte segregacionista.

Xenofonte, discípulo de Socrátes, retratando o espírito eminentemente patriarcal que pontuou a história do mundo, assim descreveu:

> "Os Deuses criaram a mulher para as funções domésticas, o homem para todas as outras. Os Deuses a puseram nos serviços caseiros, porque ela suporta menos bem o frio, o calor e a guerra. As mulheres que ficam em casa são honestas e as que vagueiam pelas ruas são desonestas"[1].

Esse quadro de isolamento da mulher não escrava do processo produtivo estender-se-ia até a Revolução Industrial, quando a nova e distinta dinâmica de organização do sistema produtivo permitiu (e até incentivou) a integração da mulher livre (juntamente com o menor) ao mercado de trabalho. A divisão industrial do trabalho, com simplificação de tarefas; a necessidade de grandes contingentes de trabalhadores para o funcionamento da nova indústria; a circunstância desse funcionamento basear-se no trabalho livre e não no escravo, tudo levava ao incentivo da contratação do trabalho da criança e da mulher pela indústria nascente.

Outro fator importante para a introdução da mão de obra feminina nas fábricas foi o desenvolvimento da maquinaria, uma vez que o esforço muscular foi reduzido. Todavia, tal aproveitamento, no século XVIII, quando da Revolução Industrial, foi em tamanha larga escala, que a mão de obra masculina chegou a ser preterida. Fundamentalmente, a causa de tal preferência eram os salários menores pagos à mulher, além da jornada dilatada a que estava sujeita. A omissão estatal, de corte liberal, permitia a absurda e incomensurável exploração nas relações de trabalho.

É certo que, décadas depois, já ao avançar do século XIX, após reiteradas pressões operárias, a atuação de alguns governantes provocou medidas de proteção à mulher. Entretanto, uma importante causa dessa "proteção" era a necessidade de impedir o desemprego masculino, em face da desenfreada e ilimitada exploração da mulher e da criança.

Em nível internacional, a primeira lei de proteção à mulher trabalhadora surgiu na Inglaterra com o *Coal Mining Act* de 1842, proibindo o trabalho em subterrâneos. Em 1844, seguiu-se a *Factory Act* que limitou a jornada em 12 horas, tendo proibido o trabalho noturno. Em 1878, tem-se o *Factory and Workshop Act* que vedou o trabalho insalubre e perigoso. No Congresso de Berlim, em 1890, doze Estados aprovaram as seguintes recomendações: proibição do trabalho em minas; proibição do trabalho em período noturno; e a terceira, sobre concessão de licença em virtude do parto. Na Conferência de 1906, adotou-se uma convenção internacional sobre a proibição do trabalho noturno das mulheres.

A preocupação dos homens públicos da época de que a proteção ao trabalho da mulher necessitava ser efetivada está estampada no *Tratado de Versailles*:

> "A trabalho igual deve-se pagar salário igual, sem distinção de sexo do trabalhador" e "Deve-se organizar, em cada Estado, serviço de inspeção que compreenda mulheres, a fim de assegurar a aplicação de leis e regulamentos para proteção dos trabalhadores".

---

(1) SABINO JUNIOR, Vicente. *A emancipação sócio-jurídica da mulher.* Juriscrédi: São Paulo, 1990. p. 248.

Com a criação da OIT — Organização Internacional do Trabalho —, em 1919, pelo *Tratado de Versailles*, foram institucionalizadas medidas de proteção à mão de obra feminina, por meio de instrumentos internacionais. Na OIT, destacam-se os dispositivos da Constituição da OIT (1919) e de seu Anexo, a Declaração da Filadélfia (1944), da Declaração sobre os Princípios e Liberdades Fundamentais no Trabalho (1998), na Convenção n. 100 (1951), na Convenção n. 111 (1958) e em outras Convenções e Recomendações editadas por este organismo internacional.

No plano internacional, é também de se ressaltar a contribuição da Declaração Universal dos Direitos do Homem, em 1948, quando propugnava pela não discriminação quanto ao emprego e à profissão por motivo de sexo. Na esfera da ONU, são relevantes as previsões contidas na Carta das Nações Unidas (1945), na Declaração Universal dos Direitos Humanos (1948), no Pacto dos Direitos Civis e Políticos (1966), no Pacto dos Direitos Econômicos, Sociais e Culturais (1966) e na Convenção sobre a Eliminação de todas as Formas de Discriminação contra as Mulheres (1979).

No Brasil, o Estado, à época, relegava o trabalho feminino ao mais completo abandono, chegando mesmo ao descaso. Registre-se a pequena proporção de mulheres trabalhando, especialmente pelo fato de que a tradição brasileira nos remetia a uma mulher enclausurada no lar. Em 1917, quando travava-se a discussão sobre o anteprojeto do Código do Trabalho, houve acirrada e acalorada reação contra o projeto num todo, mas em especial aos dispositivos regulamentares do trabalho feminino. É digno de vergonhoso registro que inúmeros foram os pontos de vista contrários à realização de contrato de trabalho pela mulher casada, especialmente, porque vigia, à época, o "Estatuto da Mulher Casada", sendo que a mulher, ao convolar núpcias, passava ao estado de "relativamente incapaz".

A discussão durou anos, insensível a velha República às palavras pronunciadas, em 1926, pelo então Deputado Getúlio Vargas:

> "No descontentamento dos tempos que correm, existe a surda fermentação de um novo mundo que surge sob o esboroamento das instituições decrépitas".

Anos se passaram, em que pese ter alcançado capacidade (1982), igualdade de direitos na constituição cidadã (1988), a mulher continua a ter seu trabalho explorado e a ser discriminada. Trata-se de verdadeiro paradoxo, bem como contrassenso uma vez que a aumento da igualdade de gênero tem enormes benefícios para o estabelecimento de uma valorização dos direitos humanos, tal como um aumento dos benefícios materiais imediatos por meio de efeitos sobre a produção e o capital humano da próxima geração.

Como o Poder Judiciário, as redes de Juízes, o diálogo entre Brasil e Itália podem contribuir para gerarmos saídas efetivas para alterar a ainda perversa discriminação do trabalho da mulher em nível nacional e internacional?

Respostas poderão ser alcançadas nesta obra especial da Dra. Raquel Betty de Castro Pimenta. O livro decorre da tese, em regime de cotutela, defendida perante as Universidades Tor Vergata e Federal de Minas Gerais, no início de 2016, denominada: "AS NORMAS INTERNACIONAIS DE PROTEÇÃO CONTRA A DISCRIMINAÇÃO DE GÊNERO E SUA APLICAÇÃO NO BRASIL E NA ITÁLIA: o possível papel das redes internacionais de juízes e da cooperação judiciária como garantia de maior efetividade."

O livro trata-se de importante referência sobre o tema, com especial olhar para o papel dos juízes como atores de uma nova ordem mundial, bem como para o potencial da cooperação judiciária internacional e das redes internacionais de magistrados.

A autora desponta como um dos importantes nomes da nova geração do Direito do Trabalho no Brasil. Foi para mim um privilégio ter tido a convivência diuturna com a inteligência, a sagacidade e a capacidade de trabalho de Raquel. Fui a orientadora brasileira da tese, sendo que a tenacidade da autora gerou a aprovação do Regulamento de Cotutela internacional do Programa de Pós-Graduação da Faculdade de Direito da UFMG, tendo sido a primeira discente a defender sua tese em tal regime.

Com densa formação em Direito Internacional do Trabalho, Raquel, nos brinda com um livro para se tornar aquisição obrigatória para todos aqueles que quiserem ter acesso a uma abordagem de fôlego sobre normas internacionais, proteção contra a discriminação de gênero, redes internacionais de juízes e cooperação judiciária internacional.

Parafraseando Baylos, afirmo que, como o nosso Direito do Trabalho, será um livro "para se amar".

Bom proveito!

Belo Horizonte, 17 de maio de 2016.

Adriana Goulart de Sena Orsini

PREFÁCIO

"Mulher, desperta. A força da razão se faz escutar em todo o Universo. Reconhece teus direitos. O poderoso império da natureza não está mais envolto de preconceitos, de fanatismos, de superstições e de mentiras. A bandeira da verdade dissipou todas as nuvens da ignorância e da usurpação. O homem escravo multiplicou suas forças e teve necessidade de recorrer às tuas, para romper os seus ferros. Tornando-se livre, tornou-se injusto em relação à sua companheira".

(Declaração dos direitos da mulher e da cidadã[1], submetida em setembro de 1791 à Assembleia Nacional da França).

A luta pela igualdade entre homens e mulheres vem sendo empreendida, ao longo dos tempos, graças ao contributo de personagens (quase sempre femininos) dotados de coragem e determinação para denunciar a opressão e expor as contradições de sistemas jurídicos e sociais misóginos que se sucederam ao longo da história da humanidade. Mesmo em ocasiões em que a ação humana se voltou para a afirmação dos direitos naturais do homem, a proclamação dos ideais de liberdade, fraternidade e igualdade quedou maculada pela assimilação do tratamento discriminatório e opressivo consagrado às mulheres por séculos a fio.

A *Declaração de direitos do homem e do cidadão*[2], adotada pela Assembleia Nacional da França em 26 de Agosto de 1789, não deixa margem a dúvidas quanto ao seu propósito de proclamar os direitos naturais *do homem*, sob o fundamento de que *"a ignorância, o esquecimento ou o desprezo dos direitos do homem são as únicas causas dos males públicos e da corrupção dos Governos"*. A mesma *ratio* não se aplicava, sob a ótica dos líderes da Revolução Francesa, às mulheres – que não mereceram uma única menção em todo o documento. Mais do que isso, o tratamento dispensado às mulheres pela sociedade, à época, reproduzia as distorções resultantes de séculos de opressão.

Conforme o historiador *Augusto Buonicore*[3], *"o principal filósofo democrático do século XVIII, e que inspirou a ala radical da Revolução Francesa, foi Jean-Jacques Rousseau. Mesmo para ele ao homem deveria caber o mundo da política (e do trabalho produtivo) e à mulher o restrito espaço do lar. (...) Segundo ele, a mulher teria sido criada pela natureza para agradar ao homem e para ser subjugada por ele, pois um era 'ativo e forte' e o outro 'passivo e fraco'. O seu

---

(1) GOUGES, Olympe de. *Declaração dos direitos da mulher e da cidadã*. 1791. Disponível em: <http://www.direitoshumanos.usp.br/index.php/Documentos-anteriores-%C3%A0-cria%C3%A7%C3%A3o-da-Sociedade-das-Na%C3%A7%C3%B5es-at%C3%A9-1919/declaracao-dos-direitos-da-mulher-e-da-cidada-1791.html>. Acesso em: 9 ago. 2016.

(2) *Declaração de direitos do homem e do cidadão*. 1789. Disponível em: <http://www.direitoshumanos.usp.br/index.php/Documentos-anteriores-%C3%A0-cria%C3%A7%C3%A3o-da-Sociedade-das-Na%C3%A7%C3%B5es-at%C3%A9-1919/declaracao-de-direitos-do-homem-e-do-cidadao-1789/Imprimir.html>. Acesso em: 9 ago. 2016.

(3) BUONICORE, Augusto. *O anti-feminismo na história*. Disponível em: <http://www.vermelho.org.br/coluna.php?id_coluna_texto=651>. Acesso em: 9 ago. 2016.

destino era o casamento e a maternidade". Para o filósofo, citado pelo autor: "*a rigidez dos deveres relativos a ambos os sexos não pode ser a mesma. Quando a mulher se queixa a esse respeito da injusta desigualdade que o homem institui, ela está errada; tal desigualdade não é uma instituição humana, ou pelo menos não é obra do preconceito, mas da razão*".

Foi no intuito de corrigir essa grave distorção e expor a contradição de um movimento que, a pretexto de proclamar o direito natural do ser humano à liberdade e à igualdade, denegava-os às mulheres, que Marie Gouze, adotando o nome revolucionário de *Olympe de Gouges*[4], submeteu à Assembleia Nacional da França a *Declaração dos direitos da mulher e da cidadã*, donde se extraiu o preâmbulo deste Prefácio. A ousadia custou caro: Olympe de Gouges foi guilhotinada em 1793, sob a acusação de contra revolucionária e desnaturada, por suas ideias igualitárias e por se opor abertamente a Robespierre.

As consequências do reacionarismo misógino foram trágicas não apenas para Marie Gouze, mas para o conjunto das mulheres francesas. Conforme ressalta *Buonicore*[5], a adoção dos Códigos Civil e Penal na França de Napoleão Bonaparte, no início do Século XIX, reforça a submissão feminina, suprimindo, por força de lei, a sua liberdade de expressão e excluindo até o seu direito à privacidade de comunicação:

"O marido passava a ter legalmente, entre outras coisas, o direito de exigir que os Correios entregassem a ele todas as cartas endereçadas à esposa, de dispor livremente do seu salário — muitos receberiam os salários pelas esposas. Para tudo a mulher necessitava da autorização do pai ou do marido".

Assim, as bases do Estado liberal francês — fonte de inspiração para diversos ordenamentos jurídicos em todo o mundo, inclusive o Brasil — carregam, desde o início, a indelével mácula da desigualdade e da opressão às mulheres.

Ao longo dos dois últimos séculos, a luta por igualdade tem-se intensificado, logrando alguns resultados merecedores de destaque, sempre à custa de ingentes esforços de mulheres abnegadas, que não se conformaram com o tratamento injusto e desigualador ainda predominante em diversas estruturas da sociedade moderna.

Em 1918, fruto de movimento reivindicatório fortemente reprimido com prisões arbitrárias e que custou a vida a Emily Wilding Davison, que se jogou à frente do cavalo do Rei da Inglaterra no Derby de 1913, o Reino Unido adotou o *Representation of the People Act*[6], consagrando o direito de votar às mulheres com mais de trinta anos de idade (e que cumprissem requisitos mínimos de propriedade).

No Brasil, o direito de voto foi formalmente reconhecido às mulheres em 1932, com a aprovação do Código Eleitoral[7]. Até 1965, porém, o voto era considerado obrigatório apenas para as mulheres que exerciam atividade remunerada[8].

Mulheres vêm desfazendo preconceitos e desconstruindo estereótipos em diversos segmentos profissionais, antes reputados domínio exclusivo de homens. Entre a última década do século XX e a primeira década do século XXI, seis mulheres presidiram países da América Latina[9]. Em 28 de Julho de 2016, pela primeira vez na história da maior potência econômica mundial, um partido majoritário indicou uma mulher candidata à Presidência da República. Em seu discurso de aceitação, referindo-se à quebra de paradigmas como a queda do "teto de vidro" (*glass ceiling*), Hillary Clinton[10] afirmou: "*Afinal, quando não há tetos, o céu é o limite*".

---

(4) Sobre o nome revolucionário adotado por Marie Gouze, interessante notar que *Olympe* remete ao monte onde, segundo a mitologia grega, repousavam os deuses, enquanto *Gouges* se refere ao instrumento utilizado por artesãos para esculpir madeira (goiva).
(5) BUONICORE, Augusto. *O anti-feminismo na história*. Disponível em: <http://www.vermelho.org.br/coluna.php?id_coluna_texto=651>. Acesso em: 9 ago. 2016.
(6) Editado ao fim da I Guerra Mundial, referida lei tinha por objetivo ampliar o universo de eleitores no Reino Unido, à vista das dificuldades dos combatentes que retornavam da Guerra em produzir prova de residência ou de sua condição de proprietários. Tais requisitos, porém, foram mantidos para as mulheres. Além disso, elas só poderiam votar a partir da idade de 30 anos, enquanto a idade mínima para votar era de 21 anos, para os homens.
Fonte: *UK Parliament webpage. Living Heritage*. Disponível em: <http://www.parliament.uk/about/living-heritage/transformingsociety/electionsvoting/women-vote/parliamentary-collections/collections-the-vote-and-after/representation-of-the-people-act-1918/>. Acesso em: 10 ago. 2016.
(7) Decreto n. 21.076, de 1932.
(8) TSE. *Série inclusão: A Conquista do Voto Feminino no Brasil*. Disponível em: <http://www.tse.jus.br/imprensa/noticias-tse/2013/Abril/serie-inclusao-a--conquista-do-voto-feminino-no-brasil>. Acesso em: 9 ago. 2016.
(9) Violeta Barros (Nicarágua), eleita em 1990; Mireya Moscoso (Panamá), eleita em 1999; Michelle Bachelet (Chile), eleita duas vezes, em 2006 e em 2014; Cristina Kirchner, eleita em 2007 e reeleita em 2011; Laura Chinchilla (Costa Rica), eleita em 2010; e Dilma Roussef (Brasil), eleita em 2010 e reeleita em 2014.
Fonte: *Radar Global – Blog Internacional do Estadão*, edição online de 11 de março de 2014. Disponível em: <http://internacional.estadao.com.br/blogs/radar--global/as-presidentes-da-america-latina/>. Acesso em: 10 ago. 2016.
(10) *The complete transcript of Hillary Clinton's keynote speech at the 2016 Democratic National Convention*. Disponível em: <http://qz.com/746192/the-complete-transcript-of-hillary-clintons-keynote-speech-at-the-2016-democratic-national-convention/>. Acesso em: 12 ago. 2016.

A presença de mulheres é marcante em profissões de grande relevância social, especialmente naquelas em que o recrutamento se dá mediante concurso público, como a Magistratura e o Ministério Público. Segundo o Censo do Poder Judiciário[11], realizado pelo Conselho Nacional de Justiça em 2013, 36% dos cargos de juiz no Brasil são ocupados por mulheres. Na Justiça do Trabalho, o número de juízas corresponde a 47%.

Tais avanços, conquanto importantes, não significam estejamos próximos da concretização do ideal de igualdade de oportunidades — nem de tratamento — para homens e mulheres. Há, ainda, um longo caminho a ser percorrido.

Como lembra a autora deste livro no Capítulo 3, intitulado "*Proteção Contra a Discriminação em Razão do Gênero*", com base em dados do Banco Mundial publicados em 2015, o cenário é desafiador, sobretudo em um contexto de globalização e de crise econômica, a favorecer a informalidade, a flexibilização e a precarização das condições de trabalho. Salienta a autora que a diferença entre a retribuição paga a mulheres para a prestação de trabalho igual ao dos homens é, em média, de dez a trinta por cento inferior. Ressalta que a chance de mulheres terem acesso a empregos assalariados de tempo integral é 50% inferior à dos homens, enquanto as mulheres dedicam pelo menos o dobro do tempo dispensado por homens no desempenho de trabalhos domésticos não remunerados. Soma-se a tudo isso o fato de que a participação da força de trabalho das mulheres no mercado de trabalho mundial decresceu de 57% em 1999 para 55% em 2012.

No Brasil, conquanto as mulheres correspondessem a 52,13% dos eleitores nas eleições de 2014, sua participação no universo de candidatos a todos os cargos correspondia a 28,93%[12]. Dos 513 cargos em disputa na Câmara dos Deputados, menos de 10% são atualmente preenchidos por mulheres[13], enquanto, no Senado Federal, esse percentual corresponde a 14,81%[14].

No âmbito do Poder Judiciário, a desigualdade na distribuição dos cargos entre homens e mulheres se agrava conforme o grau de jurisdição: as mulheres são 43% dos juízes substitutos, 37% dos juízes titulares, 22% dos desembargadores e 17% dos ministros de Tribunais Superiores. Importante atentar para o fato de que a participação feminina é menor nos Tribunais — especialmente os Superiores, em que o processo de recrutamento é marcado por maior grau de subjetividade.

Tal situação levou a Professora Janaína Penalva[15] a sentenciar:

"Uma magistratura composta por homens, brancos, não-indígenas e heterossexuais não é democrática porque não expressa a pluralidade da sociedade brasileira. O gênero importa. E não basta que mulheres sejam aprovadas em concursos públicos, é preciso lhes garantir uma carreira livre de discriminação."

Em tal contexto, sobressai a importância da presente obra, que examina, com sensibilidade e rigor científico, a situação da mulher trabalhadora em relação a suas condições de trabalho e proteção legal em dois importantes sistemas jurídicos, marcados por inequívocas afinidades: o brasileiro e o italiano.

Além disso, uma percuciente análise do arcabouço normativo internacional sobre o tema reforça a necessidade de ação proativa tendente à efetiva implementação e universalização do direito à igualdade e à não discriminação. Para a Comissão de Peritos da Organização Internacional do Trabalho[16], tais conceitos encontram-se no centro do discurso sobre os direitos humanos, e constituem um "*princípio, um direito fundamental e direito humano de todas as mulheres e homens, em todos os países e em todas as sociedades*", com "*efeitos sobre a fruição de todos os demais direitos*". Ressalta, ainda, a Comissão de Peritos, que "*a existência de um sistema jurídico efetivo é essencial na proteção dos princípios e direitos fundamentais do trabalho*".

---

(11) Disponível em: <http://www.cnj.jus.br/images/dpj/CensoJudiciario.final.pdf>.
(12) TSE. *Dia Internacional da Mulher: número de eleitoras e candidatas registra crescimento no país*. Disponível em: <http://www.tse.jus.br/imprensa/noticias-tse/2015/Marco/especial-dia-da-mulher-numero-de-eleitoras-e-candidatas-registra-crescimento-no-pais>. Acesso em: 10 ago. 2016.
(13) PORTUGAL, Alice. *A Mulher na Câmara dos Deputados*. Disponível em: <http://www2.camara.leg.br/documentos-e-pesquisa/fiquePorDentro/temas/temas-anteriores-desativados-sem-texto-da-consultoria/mulheresnoparlamento/bancada-feminina>. Acesso em: 10 ago. 2016.
(14) *Mulheres no Congresso Nacional: um retrato da sub-representação feminina na política brasileira*, por Gilbert di Angellis. Disponível em: <http://gilbert92.jusbrasil.com.br/artigos/172166653/mulheres-no-congresso-nacional. Acesso em: 10 ago. 2016.
(15) *Agora Quem Julga São Elas? As Juízas Brasileiras*. Disponível em: <http://jota.uol.com.br/agora-quem-julga-sao-elas-as-juizas-brasileiras>. Acesso em: 10 ago. 2016.
(16) Comissão de Peritos na Aplicação de Convenções e Recomendações da OIT, *Dar um Rosto Humano à Globalização — Estudo Geral Sobre as Convenções Fundamentais Relativas aos direitos no trabalho à luz da Declaração da OIT Sobre a Justiça Social para uma Globalização Equitativa*, 2008. Disponível em: <http://www.ilo.org/wcmsp5/groups/public/---ed_norm/---relconf/documents/meetingdocument/wcms_174832.pdf>. Acesso em: 12 ago. 2016.

Nesse diapasão, a contribuição do estudo da Doutora Raquel Betty de Castro Pimenta adquire ainda maior relevância, na medida em que propõe novos caminhos para o aperfeiçoamento dos sistemas jurídicos nacionais, por meio de mecanismos institucionais de cooperação judiciária internacional e das redes internacionais de juízes. Os direitos humanos têm inequívoca tendência à universalidade, embora cumpram a sua finalidade última na esfera nacional, na qual revelam-se capazes de transformar a realidade cotidiana das pessoas. Os desafios da universalização e da efetividade dos direitos humanos passam, portanto, necessariamente, pelo intercâmbio de ideias e iniciativas capazes de aumentar a efetividade das ações de proteção e promoção, contribuindo ainda para a consistência na sua aplicação além-fronteiras. O *"trabalho conjunto e cooperativo de magistrados"*, proposto com lucidez pela autora.

A leitura desta obra, mais que prazerosa e informativa, é instigante — indispensável a todos e todas que, com a coragem transformadora do artesão, empunham a goiva para moldar a realidade à luz dos direitos humanos, com olhos no futuro.

Lelio Bentes Corrêa
Ministro do Tribunal Superior do Trabalho e
Membro da Comissão de Peritos na Aplicação de Convenções
e Recomendações da Organização Internacional do Trabalho

Lista de Abreviaturas e Siglas

CLT	—	Consolidação das Leis do Trabalho
CPC	—	Código de Processo Civil
EJAL	—	Escola Judicial da América Latina
EJN	—	European Judicial Network
EUROJUST	—	European Union's Judicial Cooperation Unit
IberRed	—	Rede Iberoamericana de Cooperação Jurídica Internacional
IBERIUS	—	Red Iberoamericana de Información y Documentación Judicial
IIBDT	—	Instituto Ítalo-Brasileiro de Direito do Trabalho
MERCOSUL	—	Mercado Comum do Sul
REDLAJ	—	Rede Latino-americana de Juízes
REFJ	—	Rede Europeia de Formação Judiciária
RIAEJ	—	Rede Iberoamericana de Escolas Judiciais
RJCPLP	—	Rede de cooperação jurídica e judiciária internacional dos países de língua portuguesa
OEA	—	Organização dos Estados Americanos
ONU	—	Organização das Nações Unidas
OIT	—	Organização Internacional do Trabalho
STF	—	Supremo Tribunal Federal
STJ	—	Superior Tribunal de Justiça
TST	—	Tribunal Superior do Trabalho
UE	—	União Europeia

"Contratem mais mulheres, onde elas sejam poucas.
Mas lembrem-se que a mulher que contratarem
não precisa ser excepcionalmente boa.

Como a maioria dos homens que são contratados,
ela só precisa ser boa o suficiente..."

Chimamanda Ngozi Adichie

Escritora. Discurso proferido na cerimônia de formatura
do Wellesley College, em 29 de maio de 2015.

1
INTRODUÇÃO

Em um mundo cada vez mais globalizado, as interações transnacionais aumentam exponencialmente. A velocidade dos meios de comunicação, do transporte e o do fluxo de informações propiciou a mundialização do capital financeiro, que adquiriu capacidade instantânea de se transferir pelo globo de acordo com as vantagens de lucratividade oferecidas pelos diferentes Estados. Nesse contexto, para atrair e manter os investidores externos, os ordenamentos jurídicos passam a concorrer entre si, desconstruindo normas protetivas para aliviar os custos impostos ao capital.

Esse quadro de crescente complexidade requer uma renovação dos meios de proteção aos direitos humanos, que possa atuar também de forma global, para salvaguardar a pessoa humana.

Nesse contexto, é extremamente relevante a utilização da trama normativa instituída por todo o mundo para proteção dos direitos humanos. Destacam-se os tratados internacionais de direitos humanos, a criação de sistemas internacionais de proteção e o fortalecimento dos mecanismos nacionais de tutela desses direitos fundamentais, propiciando uma crescente interação entre todos esses elementos visando assegurar a proteção efetiva dos indivíduos[17].

E por essa crescente interação, surgem mecanismos de cooperação judiciária internacional e de diálogo judicial, com a criação de redes internacionais compostas por magistrados de todo o mundo.

Como tendência histórica, as funções e processos dominantes na era da informação estão cada vez mais organizados em estruturas em rede, como nota Manuel Castells. Segundo o autor, as redes constituem a nova morfologia social de nossas sociedades, e a difusão da lógica das redes modifica de forma substancial os processos produtivos, as experiências, o poder e a cultura. Embora a forma de organização social em redes tenha existido em outros tempos, o novo paradigma trazido pelas tecnologias da informação permite a expansão das redes em todas as estruturas sociais[18].

Aproveitando-se dessas estruturas reticulares, a cooperação judiciária internacional seja em suas formas institucionalizadas, seja através de redes internacionais que promovem um intercâmbio de ideias e experiências entre seus membros, pode ser utilizada para dar proeminência à questão primordial do respeito aos direitos humanos e aos direitos fundamentais[19] dos trabalhadores e trabalhadoras.

De fato, o aprofundamento das relações transnacionais em decorrência do fenômeno da globalização acentua a importância do conjunto normativo internacional existente, que pretende constituir um parâmetro mínimo

---
(17) ALVARADO, Paola Andrea Acosta. *Diálogo judicial y constitucionalismo multinivel*: El caso interamericano. Bogotá: Universidad Externado de Colombia, 2014. p. 21.
(18) CASTELLS, Manuel. *A sociedade em rede*. 8 ed. São Paulo: Paz e Terra, 1999. p. 565.
(19) As expressões "direitos humanos" e "direitos fundamentais" são, muitas vezes, utilizadas como sinônimos. A primeira é preferida nos documentos internacionais, ao passo que a segunda informa "a ideologia política de cada ordenamento jurídico, é reservada para designar, *no nível do direito positivo*, aquelas prerrogativas e instituições que ele concretiza em garantias de uma convivência digna, livre e igual de todas as pessoas" (SILVA, José Afonso da. *Curso de Direito Constitucional Positivo*. São Paulo: Malheiros, 2006. p. 178). Este trabalho dará preferência à utilização da expressão "direitos humanos" para designar, de forma mais geral, as liberdades e direitos essenciais que devem ser garantidos a todos os seres humanos, adotando a expressão "direitos fundamentais" quando se fizer referência aos direitos humanos positivados em normas internas de cada Estado ou de organismos internacionais e blocos regionais.

universal a ser observado nos diferentes países. A consolidação do Estado Democrático de Direito depende, nos tempos de globalização, não somente de regras e instituições nacionais justas, mas especialmente de uma jurisdição efetiva capaz de integrar a sociedade na ordem jurídica internacional[20].

As redes de juízes demonstram que seus membros estão paulatinamente se reconhecendo como participantes de uma empreitada judicial comum. Nesse sentido, passam a se ver não apenas como representantes de um dos poderes públicos de seus Estados, mas como colegas de uma profissão que transcende fronteiras. Percebem que enfrentam problemas semelhantes, inclusive concernentes à carreira da magistratura, e que podem aprender com a experiência e com as ponderações uns dos outros. Passam a cooperar diretamente entre si para resolverem problemas específicos, e para melhorar a qualidade de suas atividades[21].

O uso das normas internacionais de proteção aos direitos humanos torna-se uma tendência crescente, e a construção das estruturas em rede auxilia na difusão e no compartilhamento de experiências, de boas práticas e de estruturas de raciocínio diferentes, que podem contribuir para alcançar soluções mais criativas, fundamentadas e legitimadas.

Para cumprir o propósito de evidenciar a necessidade de desenvolver mecanismos aptos a garantir maior eficácia às normas internacionais de proteção aos direitos humanos trabalhistas, optou-se por dar enfoque ao problema da proteção contra a discriminação em razão do gênero.

Essa espécie de violação de direitos humanos, infelizmente, é ainda bastante presente em todo o mundo, seja em decorrência de tradições e práticas culturais consolidadas, seja pela baixa efetividade das normas que vedam, em todos os níveis, a discriminação das mulheres.

As normas de proteção da mão de obra feminina são, historicamente, das primeiras espécies normativas a surgir no campo trabalhista, estando presentes em uma multiplicidade de tratados internacionais, regras supranacionais e em vários diplomas legais internos a cada país. Paradoxalmente, a proteção enunciada encontra muitos obstáculos para sua concretização na realidade fática, fazendo-se necessário, ainda hoje, reafirmar as garantias nelas enunciadas e assegurar sua verdadeira efetivação.

Por esses motivos, foi escolhida esta espécie, dentre tantas outras, de discriminação sofrida no campo das relações de trabalho, buscando descrever todo o arcabouço normativo identificado nos planos internacional e internos das ordens jurídicas analisadas, para acentuar, exemplificativamente, como seria possível utilizar as possibilidades e as potencialidades das redes internacionais de juízes e da cooperação judiciária internacional para buscar garantir maior eficácia a essas normas.

O papel de um Poder Judiciário globalizado, em que os juízes atuam em redes e de forma interconectada para espalhar por todo o mundo suas experiências, boas práticas e interpretações em prol da efetivação dos direitos humanos pode ser, evidentemente, cumprido em todas as áreas. Pretende-se evidenciar, portanto, como se poderia utilizar mecanismos de atuação jurisdicional na necessária reação contra a desigualdade de gênero no trabalho.

Para tanto, o presente trabalho subdivide-se em sete partes, sendo esta introdução considerada o primeiro capítulo, e a conclusão o sétimo capítulo.

No capítulo segundo, será abordado o tema da globalização, buscando analisar o impacto da globalização econômica sobre o direito do trabalho e sobre as normas de proteção social, bem como ressaltar a necessidade da utilização e da aplicação dos direitos humanos em um sentido contra-hegemônico, para a efetivação de uma globalização equitativa. Nesse contexto, é introduzida a potencialidade da atuação dos magistrados em redes internacionais e por meio da cooperação judiciária como mecanismo de implementação de direitos humanos no campo juslaboral.

Em seguida, no terceiro capítulo, será apresentado o problema da discriminação em razão de gênero e dados relativos ao trabalho da mulher em todo o mundo e, particularmente, na Itália e no Brasil. Serão examinadas, ainda, as normas internacionais contidas em tratados e convenções de direitos humanos que buscam efetivar a proteção contra a discriminação em razão do gênero, bem como as normas presentes em organizações regionais da Europa e das Américas na mesma temática.

---

(20) SILVA, Ricardo Perlingeiro Mendes da. *Reconhecimento de decisão judicial estrangeira no Brasil e o controle da ordem pública internacional no regulamento (CE) 44: análise comparativa.* In: *Revista de Processo,* ano 29, n. 118, nov/dez 2004. p. 185.
(21) SLAUGHTER, Anne-Marie. *A New World Order.* Princeton: Princeton University Press, 2004. p. 68.

No quarto capítulo, um exame de direito comparado entre os ordenamentos da Itália e do Brasil pretende evidenciar a incidência da normativa internacional em ambos os países, bem como descrever as normas internas que podem incrementar a proteção contra a discriminação de gênero, atuando em complementaridade com a normatividade internacional.

O quinto capítulo será destinado à descrição dos mecanismos institucionais previstos na Itália e no Brasil para a cooperação judiciária internacional. São enfatizadas as normas regionais que influenciam a cooperação internacional nesses países, tanto no contexto da União Europeia como do Mercado Comum do Sul (MERCOSUL), bem como as normas processuais nacionais, com destaque para as recentes reformas promovidas pelo recém editado Código de Processo Civil Brasileiro, de 2015.

O papel das redes internacionais de juízes será tratado pelo sexto capítulo, que pretende examinar as possibilidades trazidas por essa nova forma de organização e intercâmbio entre magistrados de todo o mundo para incrementar a proteção de direitos humanos em suas respectivas atividades jurisdicionais. Serão relatadas as experiências existentes na Rede Judiciária Europeia (EJN), na Rede Iberoamericana de Cooperação Jurídica Internacional (IberRed), na Rede Latinoamericana de Juízes (REDLAJ) e em outras redes internacionais de magistrados, buscando destacar as influências que podem ser exercidas sobre as decisões judiciais, no sentido de garantir maior efetividade para as normas internacionais de proteção contra a discriminação de gênero.

Serão examinados, ainda, casos concretos, julgados na Itália e no Brasil, e as diferentes formas de abordagem sobre situações semelhantes e de interpretação de normas jurídicas comuns, que demonstram como as redes internacionais de juízes poderiam contribuir para um intercâmbio entre os magistrados dos países, aumentando a efetividade das normas internacionais de proteção contra a discriminação de gênero.

Será utilizada como metodologia uma abordagem jurídico comparativa, a fim de analisar as normas que emanam no âmbito de organismos internacionais e de blocos regionais, e a legislação da Itália e do Brasil. O percurso metodológico que se quer adotar compreende ainda extensa pesquisa bibliográfica em material recolhido em ambos os países, nos idiomas italiano, português, inglês e espanhol. Informações e documentos provenientes de portais eletrônicos dos organismos e instituições mencionados também serão examinados e citados como fontes de pesquisa, todos provenientes de endereços oficiais mantidos pelos próprios organismos.

Em suma, pretende-se, com este trabalho, contribuir para o debate sobre a necessária implementação de novas estratégias para garantir maior efetividade às normas de proteção aos direitos humanos, sejam elas internacionais, supranacionais ou internas. Propõe-se uma nova forma de encarar o papel do magistrado em um mundo globalizado, destacando sua função essencial para a construção de uma globalização equitativa, que dá ênfase à salvaguarda dos direitos humanos.

2

A GLOBALIZAÇÃO: REALIDADE, POTENCIALIDADES E DIFICULDADES

A globalização, como processo social pelo qual os fenômenos se aceleram e se difundem pelo globo terrestre, tem promovido, cada vez mais, a compressão do espaço-tempo, influenciando de formas assimétricas os Estados e a sociedade mundial.

As últimas décadas do século XX e as primeiras do século XXI testemunharam mudanças significativas no cenário econômico, político e social em escala mundial, com o desenvolvimento do fenômeno da globalização. O incremento na utilização de novas fontes energéticas, o surgimento de novas tecnologias eletrônicas e informáticas, a revolução digital e a *internet*, o aprofundamento das relações comerciais entre vários países, o crescimento da concorrência internacional, a maior velocidade nos meios de transporte e a aceleração dos meios de comunicação propiciaram alterações fundamentais no modo dos diferentes Estados se relacionarem, bem como na inserção das empresas transnacionais nesse mercado de alcance mundial.

Em que pese suas várias faces, o fenômeno da globalização tem dado proeminência ao aspecto econômico. E assim se diz porque a instituição de um mercado cada vez mais global, com destaque para a atuação de empresas transnacionais e para o capital financeiro volátil, que se transporta pelo globo terrestre conforme os atrativos para maior lucratividade, é característica palpável do fenômeno em questão.

O atual sistema capitalista globalizado, como ensina Manuel Castells, trata-se de um tipo de capitalismo profundamente diferente de seus predecessores históricos, por apresentar duas características distintas de funcionalidade: é global e está estruturado, em grande medida, em uma rede de fluxos financeiros. O capital passou a funcionar globalmente como uma unidade em tempo real, sendo percebido, investido e acumulado principalmente na esfera de circulação, isto é, como capital financeiro[22].

A face meramente econômica da globalização, desvinculada de preocupações de ordem social, acaba por agravar ainda mais as desigualdades sociais, aprofundando as marcas da pobreza absoluta e da exclusão social em muitas partes do planeta. Há o enfraquecimento dos Estados nacionais, que passam a se submeter às exigências do capital financeiro e especulativo para atrair investimentos, inclusive sem dar à população efetivas garantias de preservação dos níveis trabalhistas e dos direitos humanos conquistados ao longo dos anos. O direito do trabalho vem sofrendo, paulatinamente, sua desconstrução na ordem interna dos Estados, que passam a competir entre si com o intuito de tornar seus ordenamentos jurídicos mais atrativos para os investimentos. Os trabalhadores e seus direitos passam a ser encarados como "custos" e, como tais, devem ser reduzidos para atender aos anseios do capital transnacional de aumento dos lucros.

Assim, considerando os novos desafios e os graves riscos advindos desse processo de desmantelamento de direitos, deve ser repensado o papel do Estado, bem como de seus poderes, sob o impacto da globalização econômica.

---

(22) CASTELLS, Manuel. *A sociedade em rede*. 8. ed. São Paulo: Paz e Terra, 1999. p. 567.

2.1. A GLOBALIZAÇÃO ECONÔMICA E SEUS IMPACTOS NO DIREITO DO TRABALHO

A globalização econômica, com o objetivo de instituir um mercado cada vez mais global, vem abolindo as distâncias físicas e implementando liberdade gradativamente maior de circulação de capitais, produtos, empresas e trabalhadores. Nesse contexto, Alain Supiot nos alerta para os perigos da transformação dos trabalhadores em mais um dos elementos comensuráveis e móveis nesse mercado, já que os seres humanos e as coisas passam a ser "liquidáveis", na acepção jurídica do termo[23]. Os trabalhadores se tornam, desse modo, mais um recurso econômico a ser computado pelas empresas e pelos Estados.

É bem verdade que os custos trabalhistas já eram considerados como prejudiciais à competitividade internacional desde o século XVIII. Como observa Arturo Bronstein, citando Nicolas Valticos[24], a relação entre o livre comércio e o trabalho já estava implícita na teoria de David Ricardo sobre custos comparativos, e, em 1788, o banqueiro suíço Jacques Necker, Ministro das Finanças do Rei Francês Luís XVI, argumentava que a abolição dos domingos como dia de descanso daria uma margem competitiva para a economia de um país em relação a outros países que não fizessem o mesmo.

Durante o século XIX, vários donos de indústrias, como Robert Owen (Inglaterra) e Daniel Legrand (França) lançaram apelos por uma regulamentação internacional do trabalho, partindo do entendimento de que os países que desejassem desenvolver políticas de melhorias das condições de trabalho para sua classe trabalhadora sofreriam com a competição em relação a outros países.

Foi no final do século XX, porém, que se intensificou a noção de que os custos trabalhistas devem ser reduzidos para propiciar uma posição mais vantajosa na competição internacional a nível mundial.

A crescente interdependência econômica entre os Estados e a rápida expansão do comércio mundial, associada à mobilidade de fluxos de capital financeiro internacional, originaram um amplo debate sobre as medidas tutelares dos direitos humanos dos trabalhadores ameaçados pelo crescimento da concorrência internacional e pela consequente desvalorização competitiva das políticas sociais internas, como destaca Adalberto Perulli[25].

No contexto da globalização neoliberal, se a competência econômica se torna o fim último de toda a ordem jurídica, de forma que a expansão da produção e do comércio passam a ser fins em si mesmos, para o alcance de tais objetivos são também colocados em competição todos os seres humanos de todos os países. Tanto é assim, que Alain Supiot observa que, quando da fundação da Organização Mundial do Comércio (OMC) pelo Acordo de Marrakech (1994), os seres humanos desapareceram da lista dos objetivos assinalados para a economia e para o comércio[26].

Onofre Alves Batista Júnior[27] observa que, com a mundialização do capital, este se comporta como um mecanismo capaz de propiciar a desigualdade social, guerras fiscais e precarização do trabalho, dando ensejo a um ambiente explosivo que coloca em risco a paz social.

A globalização econômica, orientada pela ideologia neoliberal, passa a se guiar pela lógica segundo a qual o mercado precisa de maior flexibilidade do que é permitido pelas legislações nacionais. Sob tais premissas, esse processo provocou a reestruturação do sistema capitalista e o predomínio da circulação do capital financeiro e dos investimentos especulativos. Segundo Onofre Alves Batista Júnior, a mundialização financeira instaurada buscou garantir a absoluta liberdade de movimentos para o capital e para as empresas, que se transferem com grande facilidade de um território a outro, conforme a sua capacidade de atrair os investidores. E, segundo o autor, as políticas de juros elevados, tendentes a garantir os investidores, corroem a economia privada do país, reduzem os investimentos públicos, freiam o crescimento econômico, geram desemprego e tendem a agravar o problema da concentração de renda, acentuando a desigualdade social[28].

---

(23) SUPIOT, Alain. *Perspectiva jurídica de la crisis económica de 2008*. In: Revista Internacional del Trabajo, vol. 129 (2010), n. 2. p. 168.
(24) VALTICOS, Nicolas. *Traité de droit du travail*. Paris: Dalloz, 1983 apud BRONSTEIN, Arturo. *International and comparative labour law: current chalenges*. Genebra: Palgrave Macmillan, 2009. p. 86.
(25) PERULLI, Adalberto. *Diritto del lavoro e globalizzazione: clausole sociale, codici di condotta e commercio internazionale*. Padova: Casa Editrice Dott. Antonio Milani, 1999. p. XII.
(26) SUPIOT, Alain. *Perspectiva jurídica de la crisis económica de 2008*. In: Revista Internacional del Trabajo, vol. 129 (2010), n. 2. p. 169.
(27) BATISTA JÚNIOR, Onofre Alves. *O outro Leviatã e a corrida ao fundo do poço: guerras fiscais e precarização do trabalho, a face perversa da globalização, a necessidade de uma ordem econômica global mais justa*. São Paulo: Almedina, 2015. p. 17.
(28) BATISTA JÚNIOR, Onofre Alves. *O outro Leviatã e a corrida ao fundo do poço: guerras fiscais e precarização do trabalho, a face perversa da globalização, a necessidade de uma ordem econômica global mais justa*. São Paulo: Almedina, 2015. p. 49.

Os fluxos internacionais de capital e informação, bem como outras inovações tecnológicas e novas formas de organização produtiva são fatores que contribuíram para possibilitar o deslocamento de plantas produtivas pelo globo, aumentando ainda mais a mobilidade das empresas transnacionais, que assim conseguem controlar o trabalho sem a necessidade de concentrar os trabalhadores em um só local.

Arturo Bronstein[29] nota que atualmente é possível implementar novos meios de supervisão do trabalho, como o que ocorre no teletrabalho ou com a utilização de *pagers*, telefones celulares, câmeras de vídeos e sistemas eletrônicos de controle do tempo em que o trabalhador está desempenhando tarefas em seu computador. Além disso, as tarefas são cada vez mais individualizadas e podem ser coordenadas eletronicamente à distância. A descentralização produtiva e o deslocamento de etapas da produção são facilitados, promovendo maior mobilidade das empresas transnacionais pelo globo terrestre.

Apesar de a globalização econômica e a generalização do sistema capitalista pelo planeta terem favorecido o estreitamento de laços entre as distintas economias nacionais e incrementado o comércio mundial, Onofre Alves Batista Júnior alerta para o fato de que:

> ... esse aprofundamento do capitalismo não importou, necessariamente, no alcance de uma salutar interdependência entre países e regiões, mas, muitas vezes, como no caso latino-americano, terminou por acentuar antigas dependências e debilidades de certas economias nacionais[30].

Com efeito, como observa Noé de Medeiros, as empresas transnacionais buscam atividades de maior lucro a menor custo, contribuindo para um novo processo de divisão internacional do trabalho e especialização tecnológica e produtiva. Isso aumenta a interdependência entre os países e potencializa seu desenvolvimento desigual, já que o desenvolvimento da economia dos países sede das empresas transnacionais ocorre às custas do atraso e subdesenvolvimento dos países em que são instaladas suas filiais[31].

A globalização econômica favoreceu, assim, o aprofundamento de estruturas de dominação de economias nacionais pelo capital financeiro especulativo e por empresas multinacionais, que se sentem livres para transitar pelo globo conforme as vantagens e apoios oferecidos pelos governos locais.

Nesse sentido, é possível afirmar que houve um enfraquecimento da soberania nacional dos Estados, já que as exigências impostas por uma ordem econômica transnacional exercem grande pressão externa e introduzem um elemento de instabilidade a ser administrado pelos governos, de forma a melhorar suas condições de competitividade no mercado internacional.

No atual estágio de desenvolvimento da economia capitalista, nota-se uma reorganização das empresas em âmbito transnacional. As grandes corporações se organizam em grupos econômicos ou financeiros, com características industriais e produtivas mescladas com serviços financeiros. Estruturam-se em redes, que fazem a interconexão entre as finanças e aplicações e os setores produtivos de diversos países, transferindo o capital volátil consoante a atratividade dos mercados.

Manuel Castells discute, inclusive, sobre uma nova economia surgida no final do século XX, informacional, global e em rede. Informacional, porque a produtividade e a competitividade dependem basicamente de sua capacidade de gerar, processar e aplicar a informação. Global, por estar organizada em escala mundial. Em rede, porque a produtividade é gerada e a concorrência é feita mediante uma rede de conexões entre agentes econômicos e redes empresariais[32].

Como instrumentos do processo de globalização, as empresas transnacionais causam impactos nas estruturas sociais, políticas e culturais dos Estados em que se instalam, piorando o quadro de antagonismos sociais e instabilidade política de países em desenvolvimento. Noé de Medeiros nota que, ao visarem apenas a exploração de suas unidades industriais e agrícolas locais e absorver ao máximo os benefícios socioeconômicos e vantagens competitivas oferecidas, as transnacionais acabam por afetar negativamente os setores públicos e a administração, que dão precedência ao desenvolvimento econômico em detrimento do desenvolvimento social[33].

---

(29) BRONSTEIN, Arturo. *International and comparative labour law: current chalenges*. Genebra: Palgrave Macmillan, 2009. p. 20.
(30) BATISTA JÚNIOR, Onofre Alves. *O outro Leviatã e a corrida ao fundo do poço: guerras fiscais e precarização do trabalho, a face perversa da globalização, a necessidade de uma ordem econômica global mais justa*. São Paulo: Almedina, 2015. p. 53.
(31) MEDEIROS, Noé de. *Os Direitos humanos e os efeitos da globalização*. Barueri: Minha Editora, 2011. p. 119.
(32) CASTELLS, Manuel. *A sociedade em rede*. 8 ed. São Paulo: Paz e Terra, 1999. p. 119.
(33) MEDEIROS, Noé de. *Os Direitos humanos e os efeitos da globalização*. Barueri: Minha Editora, 2011. p. 120.

Como nota Yash Ghai, a globalização econômica é orientada de forma a glorificar a cobiça e tratar as pessoas como mercadoria (trabalho) ou como consumidores, é guiada pelo lucro, fragmenta comunidades, apropria-se de bens comuns e se baseia em monopólios e hierarquias[34].

Desse modo, Manuel Castells observa que, embora não haja um mercado de trabalho global unificado e, consequentemente, não exista uma força de trabalho global, há uma interdependência global da força de trabalho na economia informacional, que tem como característica a segmentação hierárquica da mão de obra entre os países[35].

Nesse contexto, o próprio direito passa a competir em escala global. Assim, surge a teoria do "darwinismo normativo", segundo a qual ocorrerá a seleção natural dos ordenamentos jurídicos mais complacentes com os propósitos de acúmulo financeiro e maior competitividade no mercado. Ocorre verdadeira seleção, pela economia, das regras e práticas jurídicas mais adequadas a propiciar maiores lucros para as empresas, mediante a competição entre os direitos e as culturas em escala internacional.

Dessa forma, os investidores e as empresas são autorizados a eleger, dentre os ordenamentos jurídicos de vários países, os que lhes serão mais rentáveis do ponto de vista econômico, se furtando daquelas ordens jurídicas mais exigentes. É o que se convencionou denominar de "law shopping", ou seja, uma concepção dos direitos nacionais como produtos que competem em um mercado internacional de normas.

Como explica Adalberto Perulli:

> As empresas e inteiros setores da indústria podem hoje, em grande medida, subdividir a cadeia de produção de valor agregado em termos geográficos: a transnacionalização da empresa tende a destruir a nacionalidade econômica e permite aos grupos fazer "shopping" entre os vários conjuntos de normas legais e contratuais locais, em razão dos níveis específicos de proteção social.[36]

Em decorrência, em um ambiente globalizado, há verdadeiro enfraquecimento da efetividade dos direitos internos. Isso porque os Estados nacionais deixam de ser livres para formular suas políticas de proteção social e laboral, já que os menores custos trabalhistas e as legislações mais amigáveis aos negócios passam a ser consideradas como incentivos aos investimentos do capital financeiro internacional[37].

Registra Adalberto Perulli que a queda das barreiras nacionais e a abertura dos mercados colocam em competição os ordenamentos jurídicos. A integração econômica global enfraquece, na prática, a liberdade de ação dos governos e a eficácia dos mecanismos de intervenção estatal nos campos da política macroeconômica e das políticas sociais. Os Estados passam a concorrer entre si para oferecer aos atores econômicos transnacionais as melhores condições fiscais, legislativas e sociais para atrair investimentos e possibilitar a inserção dos produtores locais na competição internacional[38].

Orientado pela lógica do "law shopping", o Banco Mundial publica anualmente, desde 2003, no relatório *Doing Business*, estudos comparativos em que se valoram e comparam os direitos nacionais em função da sua eficácia econômica respectiva[39]. Tais informes apresentam, entre outros dados, indicadores quantitativos sobre o Direito do Trabalho em 189 países, medindo "a flexibilidade da regulamentação trabalhista, ou seja, como ela afeta a contratação e a demissão de trabalhadores e a rigidez do horário de trabalho"[40].

Como observa Arturo Bronstein, com esta publicação anual, o Banco Mundial implicitamente passa a mensagem de que os países com legislação mais favoráveis aos trabalhadores não são atrativos para investimentos. Ao contrário, as regulações com intuito de proteger investidores ou compelir ao cumprimento dos contratos são

---

(34) GHAI, Yash. *Globalização, multiculturalismo e direito*. In: SANTOS, Boaventura de Sousa (Org.). Reconhecer para libertar: os caminhos do cosmopolitismo cultural. Porto: Afrontamento, 2004. p. 565-566.
(35) CASTELLS, Manuel. *A sociedade em rede*. 8 ed. São Paulo: Paz e Terra, 1999. p. 304.
(36) PERULLI, Adalberto. *Diritto del lavoro e globalizzazione: clausole sociale, codici di condotta e commercio internazionale*. Padova: Casa Editrice Dott. Antonio Milani, 1999. p. XVII.
(37) BRONSTEIN, Arturo. *International and comparative labour law: current chalenges*. Genebra: Palgrave Macmillan, 2009. p. 25.
(38) PERULLI, Adalberto. *Diritto del lavoro e globalizzazione: clausole sociale, codici di condotta e commercio internazionale*. Padova: Casa Editrice Dott. Antonio Milani, 1999. p. XIII-XIV.
(39) Vide o portal eletrônico <http://www.doingbusiness.org>, que em sua página inicial traz os dizeres: "O projeto **Doing Business** proporciona uma medida objetiva dos regulamentos para fazer negócios e a sua implementação em 189 países". Acesso em: 29 jun. 2015.
(40) BANCO MUNDIAL. Doing business: Regulamentação do Mercado de Trabalho. Disponível em: <http://portugues.doingbusiness.org/methodology/labor-market-regulation>. Acesso em: 29 jun. 2015.

consideradas favoravelmente nos indicadores do *Doing Business*. Em resumo, as regras estatais são vistas como virtudes quando protegem negócios, e como pecados quando protegem trabalhadores[41].

Em 2007, o corpo diretivo da Organização Internacional do Trabalho (OIT) analisou a metodologia utilizada pelo Banco Mundial no indicador de emprego de trabalhadores (*Employing Workers Indicator*) e seu impacto negativo nas políticas trabalhistas pelo mundo. Segundo o relatório publicado pela OIT[42], o indicador de emprego de trabalhadores é um pobre indicador do clima de investimento e do desempenho do mercado de trabalho, com vistas a promover o emprego e o trabalho decente, além de apresentar sérias limitações metodológicas e técnicas. O indicador foi desenhado para sugerir que reduzir a proteção laboral ao mínimo e maximizar a flexibilização é sempre a melhor opção, sem considerar a importância de sopesar a necessidade de segurança para as empresas e os trabalhadores. Além disso, apesar do Banco Mundial argumentar que leva em consideração a observância, pelos países, das Convenções Internacionais da OIT, foi verificada a atribuição de boas pontuações mesmo por países que apresentam problemas no cumprimento de Convenções ratificadas. Por fim, observou a OIT que os indicadores *Doing Business* estão sendo utilizados para promover reformas políticas em países em desenvolvimento, com sérios problemas ao promover reformas trabalhistas baseadas em princípios de redução de custos[43]. O relatório também aponta que o indicador de emprego de trabalhadores utilizado pelo Banco Mundial não considera as razões de ser das legislações trabalhistas em cada país, nem os maiores benefícios econômicos ou "externalidades positivas" das regulações dos mercados de trabalho[44].

A partir de críticas provenientes da Confederação Internacional de Organizações Sindicais Livres (CIOSL) e da Organização Internacional do Trabalho (OIT), o Banco Mundial instituiu, em 2009, um grupo consultivo[45] que inclui advogados trabalhistas, representantes dos empregadores e dos empregados, peritos da OIT, a OCDE, a sociedade civil e o setor privado, para rever a metodologia dos indicadores de regulação do mercado de trabalho e explorar futuras áreas de pesquisa. Dessa forma, o relatório anual *Doing business* deixou de apresentar a classificação das economias nos indicadores de emprego de trabalhadores, bem como de incluir os indicadores no ranking global sobre a facilidade de fazer negócios. No entanto, no portal eletrônico do projeto ainda é possível consultar dados detalhados recolhidos sobre a regulamentação do mercado de trabalho nos 189 países analisados, de forma a fazer a comparação da legislação trabalhista e da sua flexibilidade em relação aos subíndices dificuldade de contratação, rigidez de horas e dificuldade de demissão[46].

Alain Supiot alerta que essa instauração de um mercado de leis (*law shopping*), ao dar a cada um a liberdade de escolher o ordenamento jurídico que lhe seja mais conveniente, terminará por ser incompatível com o império da lei e com a própria democracia, cujo campo se reduz nos países em que as legislações sociais, fiscais e ambientais são postas a concorrer em prol de um mercado mais competitivo economicamente[47].

Com efeito, verifica-se que os governantes dos Estados passam a temer retaliações por parte do capital globalizado, de forma que a própria política interna é capturada pela lógica de tornar os respectivos ordenamentos jurídicos mais atrativos aos investidores e às empresas transnacionais.

Partindo-se da premissa de que uma legislação trabalhista mais forte e bem implementada afeta negativamente a competitividade internacional e desencoraja investimentos de capital e a criação de empregos, os Estados entram na lógica da desregulamentação e da flexibilização de seus ordenamentos jurídicos — o que é comparável a uma verdadeira "corrida para o fundo do poço"[48].

---

(41) BRONSTEIN, Arturo. *International and comparative labour law: current chalenges*. Genebra: Palgrave Macmillan, 2009. p. 26-27.
(42) INTERNATIONAL LABOUR ORGANIZATION, Document GB 300/4/1, 300th Session of the ILO Governing Body, November 2007, *World Bank Doing Business report: The employing workers indicator* (document submitted for debate and guidance). Disponível em: <http://www.ilo.org/wcmsp5/groups/public/---ed_norm/---relconf/documents/meetingdocument/wcms_085125.pdf>. Acesso em: 19 ago. 2015.
(43) INTERNATIONAL LABOUR ORGANIZATION, Document GB 300/4/1, 300th Session of the ILO Governing Body, November 2007, *World Bank Doing Business report: The employing workers indicator* (document submitted for debate and guidance). Disponível em: <http://www.ilo.org/wcmsp5/groups/public/---ed_norm/---relconf/documents/meetingdocument/wcms_085125.pdf>. Acesso em: 19 ago. 2015.
(44) BRONSTEIN, Arturo. *International and comparative labour law: current chalenges*. Genebra: Palgrave Macmillan, 2009. p. 28.
(45) BANCO MUNDIAL. Doing business: Employing Workers Indicator Consultive Group. Disponível em: <http://www.doingbusiness.org/methodology/consultative-group>. Acesso em: 29 jun. 2015.
(46) Portal eletrônico <http://www.doingbusiness.org>. Acesso em: 29 jun. 2015.
(47) SUPIOT, Alain. *Perspectiva jurídica de la crisis económica de 2008*. In: Revista Internacional del Trabajo, vol. 129 (2010), n. 2. p. 172.
(48) BRONSTEIN, Arturo. *International and comparative labour law: current chalenges*. Genebra: Palgrave Macmillan, 2009. p. 90. Note-se que a expressão "corrida para o fundo do poço" (normalmente utilizada em inglês — "race to the bottom") também costuma ser adotada na área tributária, para caracterizar o fenômeno da guerra fiscal implementada pelos diferentes Estados para reduzir cada vez mais seus tributos sobre o capital financeiro e produtivo, de forma a atrair investidores (*vide*, por todos, BATISTA JÚNIOR, Onofre Alves. *O outro Leviatã e a corrida ao fundo do poço: guerras fiscais e precarização do trabalho, a face perversa da globalização, a necessidade de uma ordem econômica global mais justa*. São Paulo: Almedina, 2015).

Nos ensinamentos de Adalberto Perulli, o *dumping* social, promovido por alguns Estados, introduz um elemento de distorção na concorrência e conduz os países a esta "corsa verso il fondo", envolvendo principalmente a dicotomia Norte-Sul[49].

Observando que a superioridade dos atores do mercado global fomenta a competitividade entre as políticas sociais internas dos Estados, Giancarlo Perone registra que, entre as tendências que caracterizam o Direito do Trabalho contemporâneo, está aquela identificada como a de ofuscamento de sua identidade nacional. Com a abertura e integração do mercado global, os Estados concorrem para ofertar aos atores econômicos transnacionais as melhores condições para a lucratividade, com a finalidade de atrair investimentos. Nesse passo, as empresas transnacionais se aproveitam das mudanças trazidas pela globalização para neutralizar aspectos protetores das legislações trabalhistas nacionais[50].

O fenômeno também é identificado no campo da seguridade social. De acordo com Giulio Prosperetti, a concorrência entre diferentes sistemas de seguridade social também acarreta o problema do *dumping* social, de forma que os Países economicamente emergentes, caracterizados por menores gastos públicos no campo social e, portanto, por inferiores ônus contributivos, se tornam mais competitivos em relação àqueles com sistemas de seguridade social mais avançada[51].

Também as forças sindicais nos diversos países são atingidas pela volatilidade do capital financeiro mundializado. Como observa Adalberto Perulli, o maior número de opções de normas jurídicas, inclusive de origem negocial, fornece às empresas um notável poder na negociação coletiva, já que podem se utilizar da ameaça do deslocamento de suas plantas produtivas para outras áreas geográficas, forçando os sindicatos locais a fazerem concessões relativas a níveis salariais e condições de trabalho[52].

Para Manuel Castells, a sociedade informacional que leva à globalização do capital, exatamente pelo emprego do poder descentralizador das redes, acarreta a desagregação da mão de obra em seu desempenho, sua organização e em sua ação coletiva. Segundo o autor, os trabalhadores perdem sua identidade coletiva, tornando-se cada vez mais individualizados quanto as suas capacidades, condições de trabalho, interesses e projetos[53].

Cada vez mais, constata-se que a globalização econômica criou uma nova ordem jurídica internacional, ordem esta que tem importante papel para a estruturação e manutenção do sistema econômico transnacional, fortalecendo a autoridade e o crescimento das empresas. Isto porque se reduzem as possibilidades de intervenção do Estado na economia, como também se minimizam e até se eliminam os direitos que asseguram ou poderiam assegurar uma efetiva proteção social ao trabalhador. Há um aprofundamento da exclusão social, à medida que os ganhos de produtividade e a lucratividade do capital financeiro e especulativo são obtidos às custas da degradação dos níveis empresariais locais, da informatização da produção e do subsequente fechamento de postos de trabalho[54].

Apesar de a globalização ter representado um grande incremento de oportunidades para aqueles que detinham capacidade de aproveitá-las, especialmente capacidade econômica, o crescimento se deu de forma assimétrica, e com ênfase em um de seus aspectos (o econômico). A classe trabalhadora se encontrou desprotegida frente aos novos desafios e transformações mundiais, que repercutiram de forma desfavorável nos planos nacionais e locais. A volatilidade do capital mundializado aumenta a insegurança dos grupos vulneráveis, com elevação das taxas de pobreza, desigualdade social, informalidade e de subempregos.

Segundo Dinaura Godinho Pimentel Gomes, o capitalismo multinacional, sem fronteiras e sem pátria, revela seu lado perverso e desagregador, pois faz desencadear um processo desenfreado de racionalização da produção com o crescimento profundo da divisão da sociedade (acentuando a desigualdade de renda), sendo incapaz de oferecer soluções aos problemas de desemprego, violência e miséria que afligem as diversas nações[55].

---

(49) PERULLI, Adalberto. *Diritto del lavoro e globalizzazione: clausole sociale, codici di condotta e commercio internazionale*. Padova: Casa Editrice Dott. Antonio Milani, 1999. p. XX.
(50) PERONE, Giancarlo. *O juslaborista diante da globalização*. In: Synthesis: direito do trabalho material e processual. Tribunal Regional do Trabalho de São Paulo. n. 39, 2004. p. 46.
(51) PROSPERETTI, Giulio. *Nuove politiche per il Welfare State*. Torino: G. Giappichelli Editore, 2013. p. 17-18.
(52) PERULLI, Adalberto. *Diritto del lavoro e globalizzazione: clausole sociale, codici di condotta e commercio internazionale*. Padova: Casa Editrice Dott. Antonio Milani, 1999. p. 19-20.
(53) CASTELLS, Manuel. *A sociedade em rede*. 8 ed. São Paulo: Paz e Terra, 1999. p. 570-571.
(54) GOMES, Dinaura Godinho Pimentel. *A dignidade do trabalhador no cenário da globalização econômica*. In: Revista LTr Legislação do Trabalho. vol. 66, n. 12, dez. 2002. p. 1436-1437.
(55) GOMES, Dinaura Godinho Pimentel. *A dignidade do trabalhador no cenário da globalização econômica*. In: Revista LTr Legislação do Trabalho. vol. 66, n. 12, dez. 2002. p. 1436-1437.

Em estudos relacionados aos efeitos da crise econômica mundial iniciada em 2008[56], a Organização Internacional do Trabalho analisou as medidas adotadas pelos governos de 40 países na tentativa de contenção dos seus efeitos nocivos. Observou-se que a maioria dos países optou pela adoção de medidas de resgate financeiro às instituições bancárias e pacotes de estímulo fiscal às empresas, todavia, o emprego, a proteção e a cidadania sociais restaram olvidados.

Notou a OIT que apenas metade dos países analisados anunciaram iniciativas relacionadas com o mercado de trabalho, e que as medidas de infraestrutura não levavam suficientemente em conta a necessidade de potencializar a capacidade atual das empresas de ofertar competências profissionais, de forma que poderiam levar a um aumento de preços, ao invés de incrementar a produção e os níveis de emprego. No mais, tais iniciativas outorgaram limitada importância ao diálogo social com os empregadores e sindicatos, como também não previam ações coordenadas entre os diferentes países.

Em outra publicação, o grupo consultivo da Organização Internacional do Trabalho, a propósito do piso de proteção social[57], ressaltou que apesar dos benefícios tecnológicos e de outras índoles que a globalização acarreta, o modelo predominante que vem sendo implementado é inaceitável do ponto de vista moral e político, além de economicamente insustentável, por acarretar graves desequilíbrios sociais. Destacou, portanto, que se faz imprescindível um compromisso mundial para enfrentar de forma eficaz a crescente desigualdade e insegurança social, como condição necessária para dotar de legitimidade o processo de globalização.

2.2. A PROTEÇÃO AOS DIREITOS HUMANOS PARA A IMPLEMENTAÇÃO DE UMA GLOBALIZAÇÃO EQUITATIVA

Atenta aos mencionados fatores desfavoráveis aos níveis de proteção trabalhista acarretados pelo viés econômico da globalização, a Organização Internacional do Trabalho vem empreendendo, nos últimos anos, intensa campanha para responder, também em âmbito mundial, a esta tendência de desregulamentação e enfraquecimento da proteção trabalhista.

Para evitar os efeitos nocivos que esta lógica da globalização econômica acarreta em matéria de direitos sociolaborais e de direitos humanos, pretende-se acentuar as dimensões sociais, políticas e culturais da globalização, com o objetivo de construir uma globalização equitativa[58].

Para buscar enfrentar este desequilíbrio, é imperioso, portanto, que os diferentes Estados, aliados aos organismos internacionais e supranacionais e aos diversos atores da sociedade civil, coloquem em prática estratégias e iniciativas para exercer maior controle transnacional da economia mundializada, mediante a adoção e a efetivação de uma estrutura normativa mínima de garantia de direitos humanos trabalhistas[59].

Para Yash Ghai, os direitos humanos são o desafio mais coerente e poderoso à ideologia da globalização, já que enfatizam a democracia e a participação, a solidariedade, a ação coletiva e a responsabilidade, e procuram assegurar as necessidades básicas, a dignidade o reconhecimento social e a segurança. Oferecem, assim, uma visão alternativa da globalização, em que a justiça social e a solidariedade são enfatizadas[60].

Essa visão alternativa não consiste na negação do aspecto econômico da globalização, mas sim na compreensão de que a globalização deve ser econômica e social. Um aspecto é intrinsecamente relacionado ao outro, sendo que esta primazia aos direitos humanos busca enfatizar a necessidade de não se descuidar das questões sociais.

Sendo assim, é necessário incrementar os mecanismos de garantia dos direitos humanos, como forma de enfrentamento dos malefícios acarretados pelos aspectos meramente econômicos e financeiros da globalização. Os

---

(56) ORGANIZAÇÃO INTERNACIONAL DO TRABALHO. *La crisis financiera y económica: una respuesta basada en el trabajo decente*. Genebra: Instituto Internacional de Estudios Laborales, 2009. p. IX.
(57) ORGANIZAÇÃO INTERNACIONAL DO TRABALHO. *Piso de protección social para uma globalización equitativa e inclusiva: informe del grupo consultivo sobre el piso de proteción social*. Genebra: Oficina Internacional del Trabajo, 2011. p. xi.
(58) Para utilizar a expressão utilizada pela Organização Internacional do Trabalho que, em 2008, na 97ª Conferência Internacional do Trabalho, editou a *Declaração da OIT sobre a Justiça Social para uma Globalização Equitativa* (Disponível em: <http://www.ilo.org/wcmsp5/groups/public/---americas/---ro-lima/---ilo-brasilia/documents/genericdocument/wcms_336918.pdf>. Acesso em: 26 maio 2015).
(59) PERULLI, Adalberto. *Diritto del lavoro e globalizzazione: clausole sociale, codici di condotta e commercio internazionale*. Padova: Casa Editrice Dott. Antonio Milani, 1999. p. XXIII.
(60) GHAI, Yash. *Globalização, multiculturalismo e direito*. In: SANTOS, Boaventura de Sousa (Org.). Reconhecer para libertar: os caminhos do cosmopolitismo cultural. Porto: Afrontamento, 2004. p. 565-566.

direitos humanos são preocupação legítima de toda a comunidade internacional, que deve se unir para garantir a eficácia das normas de proteção a tais direitos, essenciais para toda a população mundial.

Como alerta Boaventura de Sousa Santos:

> A efetividade dos direitos humanos tem sido conquistada em processos políticos de âmbito nacional e por isso a fragilização do Estado-nação pode acarretar a fragilização dos direitos humanos. Isso está acontecendo, sobretudo no nível dos direitos econômicos e sociais. Por outro lado, os direitos humanos aspiram hoje a um reconhecimento mundial e podem mesmo ser considerados um dos pilares fundamentais de uma emergente política pós-nacional.[61]

Atualmente, em um mundo interconectado, as questões referentes a violações de direitos humanos não podem ser encaradas como problemas a serem resolvidos pontualmente no âmbito interno de cada Estado. Considerando o impacto globalizado de tais práticas, torna-se imprescindível desenvolver uma abordagem ampla, de alcance mundial, para elevar as condições mínimas de trabalho em todo o globo.

Deve-se conferir aos direitos humanos o seu caráter global e uma legitimidade local, em uma política progressista que conceba os direitos humanos como "a energia e a linguagem de esferas públicas locais, nacionais e transnacionais atuando em rede para garantir novas e mais intensas formas de inclusão social"[62].

A própria concepção de direitos humanos como direitos universais, mínimos e essenciais à condição humana tem como um de seus pilares o respeito às diferenças, o incentivo à diversidade cultural e ao diálogo intercultural[63], de forma que não é possível aceitar práticas discriminatórias em qualquer esfera da vida social.

Os direitos humanos, nos dizeres de Yash Ghai, "se tornaram centrais para a retórica da política internacional e são negociados internacionalmente, a par com uma crescente indústria global de produção e vigilância de direitos humanos, equipada de algumas sanções e poderes de intervenção"[64].

Segundo o autor, os direitos humanos tornaram-se uma área de elevada contestação, com uma multiplicidade de normas e convenções regionais e internacionais, uma pluralidade de mecanismos de aplicação ou fiscalização de distintas justificações políticas e morais para a primazia dos direitos.

Na área trabalhista, lida-se frequentemente com violações aos direitos humanos dos trabalhadores. Sendo assim, o movimento de uma globalização contra-hegemônica, ou seja, de uma globalização que se posiciona contra o paradigma predominante de prevalência do aspecto meramente econômico sobre todos os demais, tem campo fértil para desenvolvimento no ramo trabalhista.

Nesse sentido, Arturo Bronstein defende que, a menos que o direito do trabalho possa se tornar, assim como a economia, efetivo transnacionalmente, será muito difícil manter a dinâmica que permitiu oferecer melhor proteção para cada vez mais trabalhadores durante a maior parte do século passado[65].

Segundo Alain Supiot, deve-se recuperar o espírito da Declaração da Filadélfia de 1944 que, no período pós-guerra, propôs que a economia e as finanças se colocassem a serviço dos princípios da dignidade humana e da justiça social[66].

De fato, há, sob certo ponto de vista, uma repetição daquelas mesmas razões históricas que deram ensejo à primeira fase de internacionalização dos direitos humanos e trabalhistas, com a instituição de um direito social e laboral que protegesse efetivamente os recursos humanos, de forma a assegurar a perenidade dos mercados de trabalho. Sob este pressuposto, foi criada a Organização Internacional do Trabalho (OIT), em 1919, que, além das preocupações de caráter humanitário, também buscou responder às questões surgidas com o incremento do

---

(61) SANTOS, Boaventura de Sousa. *Por uma concepção multicultural de direitos humanos*. In: SANTOS, Boaventura de Sousa (Org.). Reconhecer para libertar: os caminhos do cosmopolitismo cultural. Porto: Afrontamento, 2004. p. 432.
(62) SANTOS, Boaventura de Sousa. *Por uma concepção multicultural de direitos humanos*. In: SANTOS, Boaventura de Sousa (Org.). Reconhecer para libertar: os caminhos do cosmopolitismo cultural. Porto: Afrontamento, 2004. p. 432.
(63) GURGEL, Yara Maria Pereira. *Direitos humanos, princípio da igualdade e não discriminação: sua aplicação às relações de trabalho*. São Paulo: LTr, 2010. p. 68.
(64) GHAI, Yash. *Globalização, multiculturalismo e direito*. In: SANTOS, Boaventura de Sousa (Org.). Reconhecer para libertar: os caminhos do cosmopolitismo cultural. Porto: Afrontamento, 2004. p. 559.
(65) BRONSTEIN, Arturo. *International and comparative labour law*: current chalenges. Genebra: Palgrave Macmillan, 2009. p. 25.
(66) SUPIOT, Alain. *Perspectiva jurídica de la crisis económica de 2008*. In: Revista Internacional del Trabajo, vol. 129 (2010), n. 2. p. 174.

comércio internacional e a diversidade das condições trabalhistas nacionais, pontos importantes na mente dos idealizadores do Tratado de Versailles[67].

No mesmo sentido, o escopo refletido na Declaração da Filadélfia, de 1944, segundo a qual os Estados Membros da OIT comprometeram-se com o provimento de um Direito do Trabalho e de Seguridade Social que garantisse a segurança econômica dos assalariados e de suas famílias, assentou os pilares jurídicos indispensáveis para o funcionamento dos mercados de trabalho a perdurarem de geração em geração[68].

Se, no contexto da criação da OIT, já era possível verificar a exigência de uma política que garantisse maior lealdade na concorrência internacional, no atual panorama de globalização econômica é acentuada a ideia de que maior efetividade na garantia dos direitos humanos por todo o globo, notadamente na área trabalhista, é essencial para assegurar a paridade das condições legais a serem observadas por qualquer empresa ou organização econômica que queira empreender suas atividades no âmbito do comércio mundial.

Para Onofre Alves Batista Júnior:

> A questão é que não se pode consolidar um ambiente de superexploração da mão de obra dos trabalhadores para que o capital possa estabelecer patamares mais elevados de ganhos. A resposta, evidentemente, reclama, por exemplo, uma nova conformação dos horários de trabalho, das férias etc., que devem ser gradualmente alterados, em benefício dos trabalhadores. É preciso que se estabeleçam novos padrões de trabalho, que não precisam redundar em empregos precários. O(s) Estado(s), mais do que nunca, precisa(m) intervir e estabelecer esses novos padrões e marcar novos pontos de equilíbrio para a relação capital — trabalho.[69]

Recentemente, documentos editados pela Organização Internacional do Trabalho (OIT) registram a preocupação de garantir maior efetividade aos patamares mínimos trabalhistas e aos direitos humanos sociais, no sentido de estabelecer o contraponto ao viés meramente econômico da globalização.

A OIT aponta que o aumento da concorrência devido à globalização comercial tem difundido a ideia de que a proteção proporcionada aos trabalhadores pela legislação deve ser flexibilizada ou eliminada. Por isso, é necessário apoiar-se nas normas internacionais do trabalho para reforçar a legitimidade da regulamentação interna das relações de trabalho, frisando que o fenômeno da globalização também se expressa pelo reconhecimento internacional dos direitos humanos no trabalho[70].

A Declaração da OIT sobre a justiça social para uma globalização equitativa, editada em 2008, afirma que em um contexto de globalização faz-se ainda mais necessário responder à aspiração de justiça social, alcançar o pleno emprego, assegurar a sustentabilidade da economia mundial, obter coesão social e lutar contra a pobreza e as desigualdades crescentes. Reconhece, ainda, que os desafios atuais requerem que a Organização intensifique seus esforços para assegurar o cumprimento de seus objetivos constitucionais, promovendo as normas internacionais do trabalho como pedra angular de suas atividades, realçando sua pertinência para o mundo do trabalho.

Propõe, portanto, ações integradas com os Estados membros, para prestar assistências técnicas e serviços de assessoramento, bem como promover intercâmbio de informações, de forma a possibilitar uma maior eficácia das normas internacionais do trabalho.

Entre as receitas que a Comissão Mundial da OIT sobre a Dimensão Social da Globalização propõe para uma globalização mais justa e integradora, estão uma série de medidas coordenadas em uma ampla frente de atuação para melhorar a governança e a responsabilidade em escala nacional e internacional. A Comissão levanta temas, como a necessidade de normas mais justas para o comércio internacional; investimentos, finanças e migração levando em conta todos os interesses, direitos e responsabilidades; medidas para promover as normas fundamentais do trabalho e um nível mínimo de proteção social na economia global; e novas iniciativas que permitam mobilizar os recursos internacionais necessários para aumentar as capacidades e responder aos objetivos do Desenvolvimento

---

(67) BRONSTEIN, Arturo. *International and comparative labour law: current chalenges*. Genebra: Palgrave Macmillan, 2009. p. 86-87.
(68) SUPIOT, Alain. *Perspectiva jurídica de la crisis económica de 2008*. In: Revista Internacional del Trabajo, vol. 129 (2010), n. 2. p. 167.
(69) BATISTA JÚNIOR, Onofre Alves. *O outro Leviatã e a corrida ao fundo do poço: guerras fiscais e precarização do trabalho, a face perversa da globalização, a necessidade de uma ordem econômica global mais justa*. São Paulo: Almedina, 2015. p. 121.
(70) ORGANIZAÇÃO INTERNACIONAL DO TRABALHO. *Direito internacional do trabalho e direito interno: manual de formação para juízes, juristas e docentes em direito*. Editado por Xavier Beaudonnet. Turim: Centro Internacional de Formação da OIT, 2011. p. 4.

do Milênio. A Comissão sustenta que uma globalização justa depende também de uma maior governança nacional em todos os países, e propõe prioridade em matéria de políticas nacionais, locais e regionais que capacitem as pessoas a participar eficazmente das oportunidades trazidas pela globalização[71].

Para a Organização Internacional do Trabalho, o trabalho decente deve ocupar um lugar central nas políticas econômicas e sociais, a fim de construir uma globalização justa e sustentável, que brinde oportunidades a todos[72].

Assim, há como afirmar que as normas trabalhistas possuem, além da dimensão econômica, uma dimensão moral, que deve ser acentuada, como forma de implementar esta globalização equitativa. Para Bob Hepple, a grande questão atual é como os processos globais podem ser mais bem regulados, no âmbito do direito, para alcançar tanto o crescimento econômico, quanto a justiça social. O autor ressalta que as normas que regulam o trabalho produtivo são tão essenciais quanto as normas relativas ao direito de propriedade para garantirem o bom funcionamento da economia de mercado. Além disso, as normas trabalhistas possuem uma importante dimensão moral e relevante conteúdo ético, consistente com a ideia consolidada na Constituição da Organização Internacional do Trabalho de que o trabalho não é mera mercadoria. A partir destas noções, pode ser construído um aparato jurídico em que a integração econômica globalizada pode ser reconciliada com o ideal de justiça social[73].

Desse modo, importa reconhecer que a relação entre o mercado internacional e o direito fundamental do trabalho é questão crucial nos dias atuais. O acirramento da concorrência internacional global não pode se dar em detrimento dos direitos dos trabalhadores e das condições de vida e de trabalho pelo mundo.

É necessário evitar que a manutenção de condições trabalhistas inferiores seja considerada um meio para assegurar vantagens concorrenciais na competição comercial internacional. Desse modo, a estipulação de patamares mínimos no campo trabalhista, vigentes internacionalmente, corresponde a razões não apenas de caráter humanitário e social, mas também de ordem econômica[74].

Faz-se necessário construir um movimento de resistência, com ênfase no fortalecimento, de forma globalizada, dos direitos humanos no campo trabalhista. Dessa forma, é ressaltada a potencialidade do papel a ser exercido pela cooperação judiciária internacional e as redes internacionais de juízes.

2.3. A COOPERAÇÃO JUDICIÁRIA INTERNACIONAL E AS REDES INTERNACIONAIS DE JUÍZES COMO MECANISMOS DE IMPLEMENTAÇÃO DA GLOBALIZAÇÃO EQUITATIVA

O contramovimento, no sentido de aproveitar as vantagens e novas tecnologias advindas com a globalização para garantir uma implementação real e efetiva dos direitos humanos, deve ser construído em várias frentes, que atuem simultaneamente e de formas complementares, convergindo para alcançar uma globalização equitativa.

São extremamente relevantes os papéis assumidos pelos organismos internacionais e pelas cortes internacionais, por meio dos mecanismos de controle e supervisão do cumprimento das normas relativas aos direitos humanos.

Paralelamente, cada um dos Estados deve, perante a comunidade internacional, demonstrar a efetiva implementação das garantias e direitos que se comprometeu a observar, sob pena de ser responsabilizado no plano internacional. Isso se dá não apenas pela atuação do Poder Executivo, que adotará políticas públicas e programas sociais em seu território e pautará sua ação internacional segundo estes princípios, mas também é necessária a participação do Poder Legislativo e do Poder Judiciário.

O Poder Legislativo é imprescindível para aprovar os atos internacionais negociados perante a comunidade internacional e promover a sua incorporação ao ordenamento interno. Além disso, deve aperfeiçoar e atualizar as normas internas, para que passem a corresponder aos patamares mínimos de proteção de direitos humanos vigentes no plano internacional.

---

(71) ORGANIZAÇÃO INTERNACIONAL DO TRABALHO. *Comisión Mundial sobre la Dimensión Social de la Globalización: La globalización puede y debe cambiar*. Disponível em: <http://www.ilo.org/global/publications/magazines-and-journals/world-of-work-magazine/articles/WCMS_081430/lang--es/index.htm>. Acesso em: 27 maio 2015.

(72) ORGANIZAÇÃO INTERNACIONAL DO TRABALHO. *La crisis financiera y económica: una respuesta basada en el trabajo decente*. Genebra: Instituto Internacional de Estudios Laborales, 2009. p. IV.

(73) HEPPLE, Bob apud BRONSTEIN, Arturo. *International and comparative labour law: current chalenges*. Genebra: Palgrave Macmillan, 2009. p. 91.

(74) PERULLI, Adalberto. *Diritto del lavoro e globalizzazione: clausole sociale, codici di condotta e commercio internazionale*. Padova: Casa Editrice Dott. Antonio Milani, 1999. p. 3.

Por sua vez, o papel a ser desempenhado pelo Poder Judiciário de cada país é essencial. Sem a devida aplicação das normas internacionais nas relações jurídicas levadas à sua apreciação, os direitos humanos nelas assegurados não passarão de meras promessas, sem eficácia na esfera jurídica dos cidadãos. Mesmo em contextos em que a legislação nacional já assegura uma proteção ampla dos direitos humanos, é imprescindível dar aplicação às normas internacionais, que funcionam como reforço, complementam a proteção e dão coesão para as regras internas.

De fato, uma consequência particular da ênfase a ser dada aos direitos humanos é o crescimento do poder e da responsabilidade do Poder Judiciário de cada Estado na resolução de reivindicações e disputas[75]. Para Paola Andrea Acosta Alvarado, o cenário judicial tem sido, por excelência, um dos protagonistas da humanização do direito e, em consequência, da tarefa da proteção dos indivíduos[76]. Os juízes de cada país se comportam como agentes de um mandato internacional, se tornando verdadeiros atores internacionais na aplicação de normas jurídicas criadas no âmbito supranacional[77].

Na visão da Organização Internacional do Trabalho (OIT), a aplicação do direito internacional do trabalho por tribunais nacionais é crucial para sua efetiva implementação e aplicação, ao passo que os instrumentos internacionais podem se mostrar muito úteis para auxiliar na resolução dos litígios[78]. Apesar de as normas internacionais do trabalho serem concebidas principalmente para orientar o conteúdo de leis e políticas sociais a serem implementadas nos Estados membros, elas também devem ser utilizadas para a resolução de litígios levados à apreciação dos Judiciários, podendo ser aplicadas diretamente ou utilizadas como fonte de inspiração ou interpretação do próprio direito interno[79].

Nesse contexto, Adalberto Perulli observa não ser mais suficiente a mera ratificação e incorporação aos ordenamentos internos, por parte dos Estados nacionais, dos tratados e convenções internacionais de proteção aos direitos humanos e de garantias trabalhistas. Registra o autor que a própria Organização Internacional do Trabalho tem consciência dos limites à eficácia das normas editadas pelo organismo trazidos pela lógica voluntarista e baseada na necessidade do consenso, por parte dos Estados-membros. Faz-se necessário, portanto, superar os conceitos tradicionais do direito internacional para a instituição de um verdadeiro direito global: um direito que não se limita à consideração das relações entre Estados e nas convenções entre estes Estados, mas que considera a coexistência e a simultaneidade de vários atores transnacionais[80].

Os juízes se tornam, portanto, protagonistas de uma nova realidade, em que os Estados nacionais não são mais os atores exclusivos das relações internacionais, mas dividem sua participação na comunidade internacional com uma série de novos atores, os quais exercem diferentes níveis de poder, em escala global.

Além disso, a extrema complexidade da realidade jurídica transnacional já desafia novas formas de atuação judicial, já que os Poderes Judiciários dos diversos países são chamados, paulatinamente, a decidir sobre o emaranhando de direitos nacionais, comunitários e internacionais, como ressalta José Eduardo de Resende Chaves Júnior. Para o autor, o sistema tradicional de hierarquia entre os tribunais e as normas não funciona mais, devendo ser construído o conceito de cooperação judicial e interjurisdicional para permitir a interação entre os juízes das diferentes cortes. A ideia começa a ganhar corpo, estabelecendo uma verdadeira rede jurisdicional, que irradia suas conexões de tutela jurisdicional, superando seus limites naturais ligados à noção tradicional de soberania[81].

Com efeito, a globalização e o incremento dos meios de comunicação possibilitaram o surgimento de uma nova ordem mundial, na qual as relações internacionais se dão, para além das tradicionais relações entre Estados e

---

(75) GHAI, Yash. Globalização, multiculturalismo e direito. In: SANTOS, Boaventura de Sousa (Org.). *Reconhecer para libertar*: os caminhos do cosmopolitismo cultural. Porto: Afrontamento, 2004. p. 592.
(76) ALVARADO, Paola Andrea Acosta. *Diálogo judicial y constitucionalismo multinivel*: El caso interamericano. Bogotá: Universidad Externado de Colombia, 2014. p. 31.
(77) ALVARADO, Paola Andrea Acosta. *Diálogo judicial y constitucionalismo multinivel*: El caso interamericano. Bogotá: Universidad Externado de Colombia, 2014. p. 93.
(78) ORGANIZAÇÃO INTERNACIONAL DO TRABALHO. *Direito internacional do trabalho e direito interno: manual de formação para juízes, juristas e docentes em direito*. Editado por Xavier Beaudonnet. Turim: Centro Internacional de Formação da OIT, 2011. p. xvi.
(79) ORGANIZAÇÃO INTERNACIONAL DO TRABALHO. *Direito internacional do trabalho e direito interno: manual de formação para juízes, juristas e docentes em direito*. Editado por Xavier Beaudonnet. Turim: Centro Internacional de Formação da OIT, 2011. p. 55.
(80) PERULLI, Adalberto. *Diritto del lavoro e globalizzazione: clausole sociale, codici di condotta e commercio internazionale*. Padova: Casa Editrice Dott. Antonio Milani, 1999. p. XXIV.
(81) CHAVES JÚNIOR, José Eduardo de Resende. *El juez y la conectividad — el nuevo principio de la conexión del proceso judicial*. Disponível em: <http://www.redlaj.net/new/images/stories/juezylaconectiv.pdf>. Acesso em: 6 ago. 2015. p. 3.

organismos internacionais formalmente constituídos, mas também por meio de redes de reguladores, legisladores, juízes e outros atores sociais, que interagem entre si.

Na definição de Paola Andrea Acosta Alvarado, as redes são formadas por um conjunto de ferramentas, instituições ou pessoas relacionadas ou organizadas, de maneira formal ou informal, para a realização de um determinado fim ou objetivo comum[82].

Segundo Manuel Castells, a lógica do funcionamento das redes, cujo símbolo máximo é a *internet*, tornou-se aplicável a todos os tipos de atividades, a todos os contextos e a todos os locais que podem ser conectados eletronicamente[83]. Para o autor, a arquitetura das relações em redes, possibilitada pelas tecnologias da informação que operam à velocidade da luz, configura os processos e funções predominantes na sociedade atual[84].

A estipulação de diferentes espécies de relações não hierárquicas e interdependentes, que ligam uma variedade de atores com interesses comuns a partir da cooperação entre seus membros, criou diversas redes de governança a nível mundial. Para descrever o fenômeno, a ciência política e o campo das relações internacionais tem utilizado o conceito de governança, como explica Maartje de Visser:

> O termo é normalmente utilizado para corresponder à forma pós-moderna de constelações econômicas e políticas que 'escaparam dos estritos confins dos tradicionais sistemas nacionais de governos'. A literatura sobre a governança é vasta. Ideias sobre a governança parecem se espraiar por várias disciplinas: direito, política, ciência, economia — para nomear apenas os suspeitos mais usuais. O termo 'governança' é utilizado em relação a ordens nacionais, europeia e internacionais, e atravessa a divisão público-privado. Quase que por necessidade, o termo é ambíguo e capaz de carregar vários níveis de significado.[85]

Para os fins a que se propõe este trabalho, o termo governança será utilizado para designar o fenômeno pelo qual o poder é exercido de forma fluida e compartilhada entre vários atores, que exercem influências recíprocas e sobre os governos dos diversos Estados.

As configurações e as formas de atuação das redes de reguladores, juízes e legisladores foram analisadas por Anne-Marie Slaughter[86], que investigou como estes agentes estabelecem redes de cooperação, informação e harmonização, contribuindo em suas áreas de atuação. Como explica a autora, a base de fundação dessa nova ordem mundial, portanto, não seriam os Estados, mas seus órgãos internos: tribunais, agências regulatórias, ministérios e câmaras legislativas. Os agentes públicos dessas variadas instituições participariam em diferentes tipos de trabalhos em rede, criando ligações para além das fronteiras e entre as instituições nacionais e supranacionais.

Nessa nova ordem mundial, o poder não está presente apenas nos âmbitos dos governos dos Estados soberanos, mas também se dissipa pelas fronteiras e é diluído entre várias espécies de atores que influenciam nos processos decisórios e na implementação de políticas mundiais.

Uma das espécies das redes de cooperação de suma importância é a estipulada entre juízes. Articulando-se em redes internacionais, os juízes ganham papel de elevado relevo para garantir maior efetividade à estrutura normativa existente, reforçando os compromissos assumidos pelos diferentes Estados perante a comunidade internacional, e atuando como asseguradores dos direitos humanos, propiciando um equilíbrio de forças no contexto da globalização.

Para a OIT, as redes internacionais permitem aos magistrados o acesso a fontes internacionais do direito, bem como propiciam o desenvolvimento de intercâmbio intelectual e jurídico entre profissionais do mundo inteiro[87].

Dinaura Godinho Pimentel Gomes relembra que o Poder Judiciário é o grande guardião do Estado Democrático de Direito e, nessa condição, tem o dever de intervir em favor da implementação dos direitos trabalhistas contra políticas econômicas que buscam apenas a exploração de mão de obra mais barata. A internacionalização

---

(82) ALVARADO, Paola Andrea Acosta. *Diálogo judicial y constitucionalismo multinivel*: El caso interamericano. Bogotá: Universidad Externado de Colombia, 2014. p. 37.
(83) CASTELLS, Manuel. *A sociedade em rede*. 8 ed. São Paulo: Paz e Terra, 1999. p. 89.
(84) CASTELLS, Manuel. *A sociedade em rede*. 8 ed. São Paulo: Paz e Terra, 1999. p. 566.
(85) VISSER, Maartje de. *Network-based governance in EC law: the example of EC competition and EC communications law*. Oregon: Oxford and Porland, 2009. p. 3-4.
(86) SLAUGHTER, Anne-Marie. *A New World Order*. Princeton: Princeton University Press, 2004.
(87) ORGANIZAÇÃO INTERNACIONAL DO TRABALHO. *Direito internacional do trabalho e direito interno: manual de formação para juízes, juristas e docentes em direito*. Editado por Xavier Beaudonnet. Turim: Centro Internacional de Formação da OIT, 2011. p. 4.

das relações entre países e entre os agentes públicos permite que sejam abertos espaços para o fortalecimento de seus laços, para que sejam melhoradas as condições sociais no âmbito de cada Estado, desenvolvendo um projeto global capaz de trazer para o ponto central o respeito aos direitos humanos[88].

No mesmo sentido, Christiano Francisco da Silva Vitagliano afirma que o Poder Judiciário, para enfrentar os problemas de precarização de direitos laborais em virtude dos efeitos da internacionalização da economia, deve buscar solução nos instrumentos internacionais incorporados nos ordenamentos internos, bem como considerar o padrão internacional mínimo de proteção. Vale dizer, os juízes devem interpretar as normas internas à luz dos valores internacionais difundidos pela OIT em matéria de direito laboral em face da globalização, além de fazer uso das normas comunitárias que regem os blocos regionais e das decisões de cortes internacionais, e trazer para suas sentenças e acórdãos a inteligência das decisões de tribunais de outros países[89].

Como acentua Flávia Piovesan, cabe aos Poderes Públicos, dentre os quais figura o Poder Judiciário, assegurar a efetiva implementação, no âmbito nacional, das normas internacionais de proteção dos direitos humanos consagradas nos tratados internacionais ratificados. Referidas normas tornam-se passíveis de vindicação e pronta aplicação ou execução perante o Poder Judiciário do Estado que as ratificam, e os cidadãos de todo o mundo se tornam beneficiários diretos das proteções contidas nestes instrumentos[90]. A jurisprudência, considerada esta como o conjunto das decisões judiciais, ocupa um posto específico dentre as fontes do direito do trabalho, desenvolvendo uma função criativa do direito, como assinala Luisa Galantino[91]. Ressalta a autora que a atividade interpretativa é ontologicamente criativa do direito, pois o aplicador não efetua apenas operações meramente lógicas, mas sempre possui liberdade valorativa. Além disso, esta atividade não se limita a um plano teórico de aplicação do conteúdo legislativo, mas corresponde à prática de adaptar o esquema de caráter geral previsto pela norma legal ao sempre mutável caso concreto. Faz-se necessário, ainda, um procedimento de adequação histórica do ordenamento às constantes mudanças da realidade social[92].

Não se está defendendo que o magistrado, ao aplicar as normas legais, deva extrapolar o conteúdo e inovar, criando novos direitos subjetivos. No entanto, faz parte da função jurisdicional a tarefa de, ao aplicar as normas jurídicas existentes, buscar o resultado mais consentâneo com os princípios da justiça social e de efetivação da dignidade da pessoa humana, utilizando do potencial criativo da atividade jurisdicional para bem aplicar o conteúdo das normas incidentes sobre a situação levada a sua apreciação.

Giuseppe Santoro-Passarelli destaca que a jurisprudência frequentemente desempenha uma função supletiva em relação ao legislador, razão pela qual tem sido considerada, mesmo que em sentido não muito técnico, como fonte de direito do trabalho[93].

Mesmo para os que defendem que a jurisprudência não seria fonte de direito, não há como negar que um corpo coerente de entendimentos jurisprudenciais é considerado como evidência autorizada da interpretação a ser dada às normas, tendo importantes consequências para a aplicação do direito[94].

No Brasil, não resta dúvida acerca da consideração da jurisprudência como fonte do direito do trabalho, já que o art. 8º da Consolidação das Leis do Trabalho (CLT) prevê expressamente a utilização da jurisprudência como fonte de direito.

De toda forma, como bem ressalta Giancarlo Perone, mais do que em outros ramos jurídicos, as normas jurídicas trabalhistas vivem, na experiência jurídica, segundo a configuração recebida através da interpretação jurisprudencial[95]. O autor destaca que, sem a intervenção da aplicação jurisprudencial, a norma jurídica traba-

---

(88) GOMES, Dinaura Godinho Pimentel. A dignidade do trabalhador no cenário da globalização econômica. In: *Revista LTr Legislação do Trabalho*. vol. 66, n. 12, dez. 2002. p. 1444.
(89) VITAGLIANO, Christiano Francisco da Silva. Da crise do direito interno nas relações de emprego em face dos efeitos maléficos da globalização. Da integração pela utilização dos instrumentos internacionais. In: *Revista Síntese Trabalhista e Previdenciária*. v. 24, n. 281, nov. 2012. p. 56.
(90) PIOVESAN, Flávia. *Direitos Humanos e o direito constitucional internacional*. 1. ed. rev. e atual. São Paulo: Saraiva, 2013. p. 162.
(91) GALANTINO, Luisa. *Diritto del lavoro*. Torino: G. Giappichelli Editore, 2010. p. 72.
(92) GALANTINO, Luisa. *Diritto del lavoro*. Torino: G. Giappichelli Editore, 2010. p. 73-74.
(93) SANTORO-PASSARELLI, Giuseppe. *Diritto dei lavori: Diritto sindacale e rapporti di lavoro*. 4 ed. Torino: G. Giappichelli Editore, 2013. p. 1.
(94) BROWNLIE, Ian. *Principles of international law*. 4th ed. Oxford: Oxford University Press, 1990. p. 53-54.
(95) PERONE, Giancarlo. *Lineamenti di diritto del lavoro: evoluzione e partizione della materia, tipologia lavorative e fonti*. Torino: G. Giappichelli Editore, 1999. p. 278.

lhista não é completa, havendo constantemente a necessidade de sua adequação a uma realidade social sempre em movimento, ressaltando a elevada dose de criatividade exigida pela função do magistrado trabalhista[96].

Assim, os juízes, em uma realidade globalizada e interconectada, onde são incidentes uma amálgama de normas internas, supranacionais e de tratados internacionais sob o território de sua jurisdição, e em um contexto de uma circulação cada vez maior de pessoas, empresas, bens e serviços, são levados, cada vez mais, a ocupar-se com lides transfronteiriças, ou a ter que aplicar normas de âmbito internacional.

Para auxiliá-los na tarefa de julgar os casos com efeitos transnacionais, são institucionalizados mecanismos de cooperação judiciária internacional, que vem evoluindo gradativamente para propiciar mais celeridade e simplificação aos procedimentos. Por outro lado, nos casos em que são incidentes normas de alcance universal, as redes internacionais de juízes podem desempenhar um papel importante para a difusão de informações sobre a aplicação destas mesmas normas em outros ordenamentos, construindo um banco de dados de boas práticas e de interpretações adotadas, que podem trazer mais efetividade para a garantia dos direitos humanos em todo o mundo.

A necessidade de assegurar proteção mais efetiva aos direitos humanos nas relações de trabalho está presente em vários aspectos da realidade social. Esse papel de construção de uma globalização equitativa, por intermédio da cooperação judiciária internacional e das redes de juízes, pode ser exercido para tornar mais eficaz uma diversidade de normas internacionais trabalhistas.

O presente trabalho optou por analisar um tipo específico de violação de direitos humanos na área das relações de trabalho que pode ser combatido de forma mais eficaz pelo incremento da cooperação judiciária internacional: a discriminação em razão do gênero.

O combate das formas de discriminação em razão do gênero traz em si um paradoxo: apesar de representar uma das mais antigas frentes de atuação das normas trabalhistas em todo o mundo, estar presente na maioria dos tratados internacionais de proteção dos direitos humanos e em uma diversidade de normas internas dos Estados, além de contar com instrumentos normativos específicos que apresentam um dos maiores número de ratificações por vários Estados, o direito a não discriminação de gênero é um dos menos efetivos.

As mulheres trabalhadoras de todo o mundo, ainda hoje, sofrem com uma série de tratamentos prejudiciais e desvantajosos no mercado de trabalho pelo simples fato de serem mulheres. Dificuldades de acesso ao emprego, segregação e divisão sexual do trabalho, menores índices de remuneração em relação aos homens, predominância como vítimas de assédios e de assédio sexual, rescisões contratuais discriminatórias, retaliações pela maternidade e responsabilidades familiares, dentre tantas outras práticas discriminatórias, ainda são comuns, apesar do enorme arcabouço normativo existente nos planos internacional e internos.

Segundo a Organização Internacional do Trabalho, o combate à discriminação no trabalho é um dos pilares do trabalho decente, listado como um dos eixos fundamentais de atuação do organismo internacional em sua *Declaração de Princípios e Liberdades Fundamentais no Trabalho* de 1998. Além disso, a OIT entende que a resolução judicial de litígios relacionados com a discriminação no trabalho é um aspecto importante da promoção da igualdade de oportunidades e tratamento no emprego e profissão, sendo necessários mecanismos judiciais eficazes para assegurar justiça para as vítimas, evitar nova discriminação através de condenações dissuasivas, e para fixar diretrizes relativas ao sentido e às implicações práticas das normas antidiscriminatórias[97].

Assim, para construir a globalização equitativa, cuja ênfase à proteção dos direitos humanos destaca os aspectos sociais, e não meramente econômicos da área trabalhista, pretende-se demonstrar como as redes internacionais de juízes e os mecanismos institucionais de cooperação judiciária podem contribuir para dar expressão concreta ao princípio da não discriminação e torná-lo uma realidade na vida de mulheres trabalhadoras em todo o mundo.

Para tanto, serão examinadas a seguir as normas que pretendem proteger as mulheres contra todas as formas de discriminação existentes nos planos internacionais e no âmbito de blocos regionais, bem como as normas internas na Itália e no Brasil, evidenciando todo o arcabouço normativo que pode ser utilizado para garantir maior efetividade a esse direito.

---

(96) PERONE, Giancarlo. *Lineamenti di diritto del lavoro: evoluzione e partizione della materia, tipologia lavorative e fonti*. Torino: G. Giappichelli Editore, 1999. p. 279.
(97) ORGANIZAÇÃO INTERNACIONAL DO TRABALHO. *Direito internacional do trabalho e direito interno: manual de formação para juízes, juristas e docentes em direito*. Editado por Xavier Beaudonnet. Turim: Centro Internacional de Formação da OIT, 2011. p. 144.

3

PROTEÇÃO CONTRA A DISCRIMINAÇÃO EM RAZÃO DO GÊNERO

Apesar de representarem metade da população mundial[98], as mulheres sofrem cotidianamente com uma série de práticas discriminatórias em razão do gênero em várias esferas da vida social, notadamente nas relações de trabalho. No contexto do mercado de trabalho também se refletem os estereótipos e preconcepções sobre o papel feminino que permeiam toda a sociedade.

A discriminação é uma das maiores formas de violação da dignidade da pessoa humana, privando as vítimas de direitos ou de condições de melhoria de vida, ou acarretando ônus ou condições desvantajosas em relação ao tratamento despendido aos não pertencentes a determinado grupo[99].

Nos últimos anos, apesar dos níveis de emprego das mulheres terem aumentado, ainda persiste a divisão do trabalho baseada em gênero. A retração dos empregos formais e do trabalho decente vem sendo acompanhada da proliferação de trabalhos atípicos ou não regulados, normalmente precários, mal pagos e não abarcados pela proteção trabalhista, atingindo particularmente as mulheres. A falta de acesso ao trabalho decente, segundo a Organização das Nações Unidas[100], é a maior causa de pobreza entre as mulheres.

O Banco Mundial lançou, em 2014, o relatório *Gender at Work*[101], compilando informações sobre a participação feminina no mundo do trabalho e em outros aspectos da sociedade. Os estudos partem do reconhecimento de que as mulheres mundialmente estão em desvantagem em todos os indicadores do mundo do trabalho — salários, qualidade dos empregos, situação de emprego e participação nas empresas — e que essas diferenças influenciam no desenvolvimento da economia mundial, já que a melhoria das condições de trabalho para as mulheres importa em um aumento dos patamares de vida, de produtividade e de coesão social.

Como resultados dos dados recolhidos, o relatório lista dez fatos globais acerca do trabalho e das condições de vida das mulheres:

— a participação da força de trabalho das mulheres no mercado de trabalho estagnou, tendo havido de fato um decréscimo de 57% em 1999 para 55% em 2012;

— as mulheres ganham, em média, de 10% a 30% menos que os homens trabalhadores;

— as mulheres possuem metade da probabilidade em relação aos homens de terem empregos assalariados de tempo integral para um empregador;

---

(98) No Brasil, a população feminina em 2013 era ligeiramente maior que a população masculina, representando 51,4% (cinquenta e um inteiros e 4 décimos percentuais) da população brasileira, segundo dados do Instituto Brasileiro de Geografia e Estatística (IBGE). Disponível em: <http://www.brasil.gov.br/cidadania-e-justica/2015/03/mulheres-sao-maioria-da-populacao-e-ocupam-mais-espaco-no-mercado-de-trabalho>. Acesso em: 6 out. 2015.
(99) LIMA, Firmino Alves. *Mecanismos antidiscriminatórios nas relações de trabalho*. São Paulo: LTr, 2008. p. 39.
(100) ORGANIZAÇÃO DAS NAÇÕES UNIDAS. *2009 World Survey on the role of women in development*. Disponível em: <http://www.un.org/womenwatch/daw/public/WorldSurvey2009.pdf>. Acesso em: 22 ago. 2015.
(101) BANCO MUNDIAL. *Gender at work: a companion to the world development report on jobs*. Disponível em: <http://www.worldbank.org/content/dam/Worldbank/Event/Gender/GenderAtWork_web2.pdf>. Acesso em: 22 ago. 2015.

— apenas em 5 dos 114 países em relação aos quais os dados estão disponíveis as mulheres atingiram ou ultrapassaram a paridade de gênero com homens em ocupações como legisladores, altos funcionários ou gerentes: Colômbia, Fiji, Jamaica, Lesoto e as Filipinas;

— mulheres passam pelo menos o dobro do tempo que os homens em trabalhos domésticos não remunerados, como cuidadoras ou em tarefas domésticas;

— um total de 128 países possui pelo menos uma diferenciação jurídica com base no sexo, o que significa que homens e mulheres não podem atuar no mundo do trabalho da mesma forma; em 54 países, as mulheres enfrentam 5 ou mais diferenças legais;

— em países em desenvolvimento, há uma lacuna de 9% entre homens e mulheres possuírem uma conta em uma instituição financeira formal;

— mais de uma em cada três mulheres já sofreu violência física ou sexual de seu parceiro ou violência sexual de um não-parceiro;

— de 2010 a 2012, 42 países relataram disparidades de gênero nas taxas de matrícula no ensino secundário superiores a 10%;

— uma em cada três mulheres em países em desenvolvimento se casam antes de atingir o seu aniversário de 18 anos.[102]

Esses dados demonstram que a participação feminina no mercado de trabalho ocorre, em geral, com desigualdade remuneratória, além de indicar a prevalência das mulheres em funções hierarquicamente inferiores ou em ocupações de tempo parcial. Evidenciam também, fatores tradicionais de prevalência da participação feminina em tarefas domésticas não remuneradas, além de identificar a surpreendente permanência, ainda hoje, de diferenciações jurídicas em legislações nacionais no que se refere à atuação das mulheres no mundo do trabalho.

Nesse mesmo estudo, o Banco Mundial chegou a duas conclusões aparentemente paradoxais: o crescimento da economia de um país, por si só, não garante a igualdade de gênero, pois vários países desenvolvidos apresentaram altas taxas de desigualdade de gênero, e o maior investimento na educação também não a garante automaticamente, já que estereótipos e segregações na própria educação podem reforçar a segregação ocupacional. É necessário, portanto, desenvolver políticas articuladas para o empoderamento das mulheres e sua colocação no mercado de trabalho de forma mais igualitária.

Em estudos relacionados aos efeitos da crise econômica mundial iniciada em 2008[103], a Organização Internacional do Trabalho verificou que as consequências da crise nos mercados de trabalho afetam a determinados grupos de maneira desproporcional, principalmente as mulheres, os trabalhadores migrantes e os jovens.

As mulheres são muitas vezes excluídas dos sistemas de seguridade social durante as crises econômicas, porque a proteção social normalmente se dá em regimes de seguridade baseados em empregos formais e não cobrem pessoas que se encontravam em trabalhos na economia informal ou ocasionais. Além disso, é mais provável que mulheres que percam seus empregos tenham maior dificuldade para encontrar uma recolocação no mercado de trabalho. Existe, ainda, maior risco de marginalização das trabalhadoras, pois em geral as mulheres aceitam trabalhos mais precários e flexíveis, o que conduz ao subemprego ou ao desemprego em épocas de crise[104].

Tais dados demonstram que a desigualdade de condições de trabalho entre homens e mulheres é uma realidade gritante em todo o mundo, e que o combate à discriminação fundada no gênero ainda se faz necessário. No mundo do trabalho, verifica-se que muitos são os obstáculos para a inserção feminina de forma igualitária, sendo recorrentes discriminações em matéria de remuneração, acesso ao emprego, promoções, qualificação profissional e manutenção dos postos de trabalho.

---

(102) BANCO MUNDIAL. *Gender at work: a companion to the world development report on jobs*. Disponível em: <http://www.worldbank.org/content/dam/Worldbank/Event/Gender/GenderAtWork_web2.pdf>. Acesso em: 22 ago. 2015.
(103) ORGANIZAÇÃO INTERNACIONAL DO TRABALHO. *La crisis financiera y económica: una respuesta basada en el trabajo decente*. Genebra: Instituto Internacional de Estudios Laborales, 2009. p. IX.
(104) ORGANIZAÇÃO INTERNACIONAL DO TRABALHO. *Piso de protección social para uma globalización equitativa e inclusiva: informe del grupo consultivo sobre el piso de protección social*. Genebra: Oficina Internacional del Trabajo, 2011. p. 66.

3.1. O TRABALHO DA MULHER

De acordo com as informações constantes no banco de dados estatísticos da Organização Internacional do Trabalho[105], a participação das mulheres no mercado de trabalho é bastante inferior à dos homens. Além disso, há diferença significativa entre a média do salário recebido pelas mulheres e pelos homens.

No Brasil, em 2013, enquanto a taxa de participação no mercado de trabalho (indicador que expressa a força de trabalho como um percentual da população em idade economicamente ativa) dos homens atingia o percentual de 70,1%, a taxa de participação das mulheres chegava apenas a 50,1%, ou seja, 20% a menos que a dos homens.

Apesar dessa diferença poder ser explicada, parcialmente, por aspectos culturais e tradicionais, podendo-se argumentar que muitas mulheres em idade economicamente ativa optam por não trabalhar fora de casa, as taxas de desemprego verificadas entre homens e mulheres demonstram uma maior dificuldade das trabalhadoras em obter uma colocação no mercado de trabalho. Essas taxas são calculadas levando-se em consideração todas as pessoas na idade laborativa que estão sem trabalho, disponíveis para o trabalho e efetivamente procurando um trabalho, sendo expressa em um percentual em relação à força de trabalho total. Em 2013, a taxa de desemprego de mulheres no Brasil atingia 8,5%, ao passo que a taxa de desemprego de homens atingia 5,0%.

Significativos, ainda, são os números relativos à defasagem salarial em relação ao gênero, calculada como a diferença entre os rendimentos médios dos homens e os rendimentos médios das mulheres, representada por um percentual em relação aos rendimentos médios dos homens: no Brasil, em 2013, a defasagem salarial entre os rendimentos médios dos homens e das mulheres era no importe de 21,1%.

Na Itália, a discrepância entre o trabalho feminino e masculino também pode ser observada, a partir da análise dos percentuais de participação dos homens e das mulheres no mercado de trabalho e dos níveis de desemprego.

Os dados relativos a 2014, que apontam claramente níveis de emprego de uma economia atingida pela crise econômica mundial deflagrada a partir de 2008, indicam uma taxa de participação no mercado de trabalho dos homens no percentual de 58,7%, enquanto a taxa de participação das mulheres chegava apenas a 40,1%.

Os níveis de desemprego, obtidos a partir dos trabalhadores e trabalhadoras em idade economicamente ativa que estão efetivamente procurando uma inserção no mercado de trabalho, estavam, em 2014, nos patamares de 11,9% para homens e de 13,8% para mulheres, demonstrando a maior dificuldade feminina na obtenção de novo emprego na Itália.

No que se refere aos salários, as estatísticas do Banco Mundial[106] demonstram que, em todo o planeta, as mulheres sempre recebem menos que os homens, sendo que nenhum país atingiu a paridade salarial de gênero. Evidências de 83 países demonstram que, em países desenvolvidos e em desenvolvimento, as mulheres ganham de 10 a 30% menos que os homens. Em 43 países estudados, a média da diferença entre os salários de homens e mulheres era em torno de 18%. Além disso, os progressos feitos para a redução da lacuna salarial entre gêneros parecem ter se estagnado na última década.

A maioria das diferenças entre os salários das mulheres e dos homens pode ser explicada pelos tipos de trabalhos desempenhados e sua duração, visto que há predominância das mulheres na economia informal, em trabalhos que exigem menor nível de qualificação e em trabalhos de tempo parcial. Além disso, há uma tendência de diminuição dos salários depois das mulheres terem filhos, apesar do oposto ocorrer com os homens (em geral, homens com filhos são mais bem remunerados do que homens sem filhos), o que pode ser explicado pelo fato de que as responsabilidades de criação dos filhos e de execução das tarefas domésticas normalmente recaem sobre as mulheres.

Além disso, há certa desvalorização social de profissões e categorias com predominância de mão de obra feminina, como em tarefas de educação e assistência à saúde. E, segundo a OIT, quanto maior a presença feminina em uma determinada categoria profissional, menores são os níveis salariais pagos aos trabalhadores que executam este tipo de trabalho[107], o que, consequentemente, torna a carreira menos atrativa para os homens, perpetuando a segregação ocupacional.

---

(105) ORGANIZAÇÃO INTERNACIONAL DO TRABALHO. Banco de dados estatísticos ILOSTAT. Disponível em: <http://www.ilo.org/ilostat/faces/oracle/webcenter/portalapp/pagehierarchy/Page131.jspx?_adf.ctrl-state=z7zeye7ul_190&clean=true&_afrLoop=1307620017945655&clean=true>. Acesso em: 22 ago. 2015.

(106) BANCO MUNDIAL. Gender at work: a companion to the world development report on jobs. Disponível em: <http://www.worldbank.org/content/dam/Worldbank/Event/Gender/GenderAtWork_web2.pdf>. Acesso em: 22 ago. 2015.

(107) ORGANIZAÇÃO INTERNACIONAL DO TRABALHO. Equal pay: an introductory guide. Genebra: International Labour Office, 2013. p. 12.

Algumas teorias econômicas neoclássicas que explicam a diferença de salários entre os sexos nos diversos países, mencionadas por Alice Monteiro de Barros, apontam que a concentração das mulheres em determinadas ocupações e sua escassa participação em outras reduz sua remuneração em virtude do aumento total da oferta de trabalho em determinadas categorias[108].

O principal fator que explica essa concentração feminina em algumas tarefas pode ser atribuído a atitudes tradicionais relativas ao papel da mulher, como responsável pelas tarefas domésticas e pela criação dos filhos, limitando seu tempo para dedicação à qualificação profissional e sua disponibilidade para serviços que exigem a realização de trabalho extraordinário, viagens, ou que não dê suficiente flexibilidade de horários[109].

Para Luisa Galantino, são preocupantes tanto a segregação sexual horizontal, segundo a qual a ocupação feminina aparece concentrada no âmbito de algumas profissões e ofícios, quanto a segregação sexual vertical, em que as mulheres não ascendem aos níveis mais altos da hierarquia profissional[110].

Estudos conduzidos pela Organização das Nações Unidas[111] pontuam que as limitações enfrentadas pelas mulheres no mercado de trabalho incluem: a concentração desproporcional em formas de trabalho vulneráveis, a segregação ocupacional, as disparidades salariais e a divisão desigual do trabalho doméstico não remunerado. Essas restrições refletem a desvantagem das mulheres no processo de educação, a falta de uma voz organizada e com poder de negociação, restrições em sua mobilidade no mercado de trabalho, o envolvimento relativamente alto em trabalhos de tempo parcial ou temporários, concentração em empregos onde as pressões da concorrência mundial atuam para manter os níveis salariais mais baixos, e discriminações diretas.

De acordo com o grupo consultivo da Organização Internacional do Trabalho sobre o piso de proteção social[112], a proporção de mulheres entre as pessoas que vivem na pobreza crônica e extrema é excessiva, e pode ser explicada por uma série de fatores que não só limitam o seu ingresso no mercado de trabalho, mas também restringem o acesso aos bens produtivos e aos empregos bem remunerados.

De maneira geral, as mulheres se veem obrigadas a desempenhar trabalhos mais informais, inseguros e perigosos, bem como trabalhos por conta própria, na economia informal, sem desfrutar de acesso à proteção trabalhista e à seguridade social, além de contarem com uma voz limitada e com baixa representação em mecanismos de diálogo social.

A ausência de ajuda pública e privada para fazer frente às responsabilidades familiares, além da tradicional desigualdade na distribuição das atribuições domésticas não remuneradas, são alguns dos fatores que explicam a predominância feminina na economia informal, que proporciona trabalhos remunerados com maior flexibilidade de horários e proximidade geográfica, permitindo o cumprimento das obrigações familiares.

Além disso, as mulheres enfrentam diversas desvantagens em termos de acesso ao mercado de trabalho e formação profissional, e frequentemente não possuem a mesma liberdade que os homens na escolha dos trabalhos que querem desempenhar.

Outros aspectos são indicativos de maior discriminação em relação ao sexo feminino: as mulheres são mais preteridas em promoções, desvalorizadas em avaliações de desempenho, excluídas de postos de direção e gerência e vítimas constantes de assédio no trabalho, inclusive de índole sexual. De acordo com Alexandre Agra Belmonte, os assédios moral e sexual ocorrem com mais frequência e intensidade em relação às mulheres[113].

Para fazer frente a esses fatores limitativos da participação feminina igualitária no âmbito laboral, seria imprescindível a adoção de incentivos à formação e qualificação profissional feminina, aliada ao desenvolvimento de infraestrutura social com creches e pré-escolas. Mas, além disso, faz-se necessário incrementar a proteção contra a discriminação da mulher, dando maior efetividade às normas internacionais e nacionais vigentes nos diversos países, que vedam a discriminação em razão do gênero.

---

(108) BARROS, Alice Monteiro de. *A mulher e o direito do trabalho*. São Paulo: LTr, 1995. p. 149.
(109) BARROS, Alice Monteiro de. *A mulher e o direito do trabalho*. São Paulo: LTr, 1995. p. 149.
(110) GALANTINO, Luisa. *Diritto del lavoro*. Torino: G. Giappichelli Editore, 2010. p. 224.
(111) ORGANIZAÇÃO DAS NAÇÕES UNIDAS. *2009 World Survey on the role of women in development*. Disponível em: <http://www.un.org/womenwatch/daw/public/WorldSurvey2009.pdf>. Acesso em: 22 ago. 2015.
(112) ORGANIZAÇÃO INTERNACIONAL DO TRABALHO. *Piso de protección social para uma globalización equitativa e inclusiva: informe del grupo consultivo sobre el piso de protección social*. Genebra: Oficina Internacional del Trabajo, 2011. p. 65.
(113) BELMONTE, Alexandre Agra. *O assédio à mulher nas relações de trabalho*. In: FRANCO FILHO, Georgenor de Sousa (Coord.). Trabalho da mulher: homenagem a Alice Monteiro de Barros. São Paulo: LTr, 2009. p. 75.

As normas que proíbem a discriminação de gênero pretendem dar efetividade ao princípio da igualdade entre os sexos, já que o direito a não discriminação pode ser entendido como a vertente negativa do direito à igualdade.

Importante destacar que as medidas de proteção contra a discriminação em relação ao gênero feminino, ao contribuírem para o empoderamento e para a maior autonomia das mulheres, acarretam efeitos positivos para a sociedade como um todo. Segundo a Organização Internacional do Trabalho[114], as mulheres podem converter-se em agentes de sua própria transformação social, através de oportunidades laborais e educativas e do acesso a serviços essenciais.

Entretanto, é de se ressaltar um aspecto paradoxal da questão relativa à emancipação da mulher: como observa Maria José Arthur, se é certo que a igualdade das mulheres está estabelecida como um direito universal em princípios e enunciados legais, observa-se um movimento de alienação das próprias mulheres que, muitas vezes, por terem sido por muito tempo oprimidas e humilhadas, assumem a posição de dominadas e reproduzem-na[115]. Estudando os comitês da mulher trabalhadora em sindicatos de Moçambique, a autora identificou que, mesmo dentro das estruturas sindicais, a atuação das mulheres sindicalistas ficava restrita unicamente à defesa de direitos específicos da mulher, em seus papéis de mãe, esposa e educadora, agindo conforme permitido e orientado pelos dirigentes do sexo masculino. Imperioso, portanto, combater a passividade e a resignação femininas, dotando progressivamente as mulheres de mais autonomia e participação em postos de poder.

Dessa forma, o papel do Poder Judiciário em todo o mundo é ressaltado, no sentido de promover a implementação das normas presentes em tratados internacionais, além das normas supralegais e internas dos diversos Estados que preveem mecanismos para o combate à discriminação de gênero. Esse movimento para a maior eficácia das normas contra a discriminação de gênero, examinadas a seguir, faz-se essencial para propiciar a efetivação dos direitos humanos em escala global.

3.2. A PROTEÇÃO CONTRA A DISCRIMINAÇÃO DO TRABALHO DA MULHER NAS NORMAS INTERNACIONAIS

No plano internacional, diversos diplomas normativos instituem normas protetivas do trabalho da mulher, vedando a discriminação em razão do gênero. Tais normas internacionais podem estar contidas em tratados, recomendações, declarações ou outras espécies de diplomas normativos.

Os tratados internacionais são acordos juridicamente obrigatórios e vinculantes, e constituem hoje a principal fonte de obrigação do Direito Internacional. De acordo com o art. 1º, "a", da Convenção de Viena sobre o direito dos tratados, de 1969, o termo "tratado" significa um acordo internacional concluído por escrito entre Estados e regido pelo Direito Internacional, ou seja, trata-se de um diploma normativo formal celebrado por sujeitos de Direito Internacional. Pouco importa a denominação específica do documento, podendo também ser chamado de Convenção, Pacto, Protocolo, Carta, Convênio ou Acordo Internacional.

A Recomendação é um tipo de instrumento normativo internacional de natureza diversa dos Tratados e Convenções Internacionais, pois não é sujeita a ratificação pelos Estados participantes das conferências ou pelas instituições que a adotam. No entanto, as Recomendações editadas pela OIT servem para complementar suas Convenções Internacionais, com normas regulamentares, de cunho programático, que criam para os Estados membros da Organização uma obrigação de natureza formal: a de submetê-la ao Poder Legislativo para legislar ou adotar outras medidas referentes à matéria versada[116].

As Declarações ou Cartas de direitos, normalmente, não possuem força direta vinculante, sendo documentos enunciadores de princípios e garantias que devem direcionar a prática a ser adotada pelos Estados membros de um organismo internacional. Podem ser proclamadas no bojo de Resoluções, Portarias, Decisões, ou outras espécies de atos, servindo para guiar a interpretação a ser dada a outros diplomas normativos ou para traçar planos de ação. De acordo com a Organização Internacional do Trabalho, as declarações são usadas em poucas ocasiões e sempre com

---

(114) ORGANIZAÇÃO INTERNACIONAL DO TRABALHO. *Piso de protección social para uma globalización equitativa e inclusiva*: informe del grupo consultivo sobre el piso de proteción social. Genebra: Oficina Internacional del Trabajo, 2011. p. xxvi.
(115) ARTHUR, Maria José. Fantasmas que assombram os sindicatos: mulheres sindicalistas e as lutas pela afirmação dos seus direitos. In: SANTOS, Boaventura de Sousa (Org.). *Reconhecer para libertar*: os caminhos do cosmopolitismo cultural. Porto: Afrontamento, 2004. p. 395.
(116) SÜSSEKIND, Arnaldo. *Direito Internacional do Trabalho*. 3 ed. atual. e com novos textos. São Paulo: LTr, 2000. p. 186.

a finalidade de expressar ou reiterar os princípios fundamentais do organismo, sendo de natureza muito solene, e podem ser apontadas como expressão de direito consuetudinário internacional[117].

As normas internacionais são verdadeiras fontes do direito do trabalho, incidindo nas ordens jurídicas dos vários Estados que as adotam.

O arcabouço normativo internacional de proteção aos direitos humanos não pretende substituir as ordens jurídicas nacionais, mas sim estabelecer um direito subsidiário ou suplementar ao direito nacional, no sentido de incentivar a superação de suas omissões na proteção desses direitos. Constitui, assim, uma garantia adicional da proteção que já deve ser assegurada por cada Estado a seus cidadãos. Por outro lado, estabelece padrões protetivos mínimos, que devem ser superados pelas ordens domésticas[118].

De acordo com a Organização Internacional do Trabalho, o papel do direito internacional na resolução de litígios é variável, podendo ser usado para solucionar diretamente uma questão, para auxiliar na interpretação de dispositivos do direito interno, para inspirar no reconhecimento de um princípio jurisprudencial ou para fortalecer uma decisão baseada no direito interno. Assim, quando as normas internacionais são utilizadas diretamente na solução de uma questão, podem atuar nos casos de lacuna das ordens jurídicas nacionais, bem como para contornar ou invalidar um dispositivo interno contrário ou menos favorável que um tratado ratificado. Quando utilizadas para auxiliar na interpretação, podem resolver ambiguidades, esclarecer o âmbito de aplicação de uma norma de direito interno e até mesmo avaliar a constitucionalidade de tais normas. Quando reforçam uma decisão baseada no direito interno, permitem que se enfatize a natureza fundamental de um princípio ou direito[119].

A preocupação com a proteção contra a discriminação do trabalho da mulher é antiga, e está presente desde os primeiros tratados internacionais instituidores de normas trabalhistas, quando da criação da Organização Internacional do Trabalho, em 1919. Uma série de Convenções e Recomendações da OIT trata de aspectos relevantes para a proteção da mão de obra feminina.

Posteriormente, com a criação da Organização das Nações Unidas, em 1948, a preocupação com a proteção contra todas as formas de discriminação em razão de gênero também se refletiu em normas editadas por este organismo internacional, fazendo parte do catálogo dos direitos humanos universalmente reconhecidos.

Nota Olivier de Schutter que as exigências de igualdade e não discriminação têm estado no centro dos direitos humanos internacionalmente reconhecidos desde as suas origens[120].

De acordo com a OIT, as normas internacionais do trabalho e as previsões dos Tratados de Direitos Humanos das Nações Unidas relacionadas a essas normas são complementares e se reforçam mutuamente, de forma que a cooperação entre os sistemas é necessária para garantir consistência e coerência em matéria de direitos humanos nas relações de trabalho[121].

Paula Oliveira Cantelli ressalta que:

> No que diz respeito especificamente ao trabalho das mulheres, pode-se dizer que duas grandes preocupações inspiraram a ação internacional: a primeira, decorrente da necessidade de protegê-las de condições desgastantes durante o estado gestacional; a segunda, da necessidade de lhes atribuir igualdade, de direitos e de tratamento, com os homens.[122]

Para Adriana Goulart de Sena, é compreensível que a estratégia dos próprios trabalhadores tenha sido, inicialmente, na direção do estabelecimento de proteções e proibições mínimas para, posteriormente, reformular os preceitos normativos no sentido de eliminar os dispositivos de caráter discriminatório. É que a mulher havia ingressado no mercado de trabalho submetida a uma lógica empresarial de custo/benefício, sendo que sua contra-

---

(117) ORGANIZAÇÃO INTERNACIONAL DO TRABALHO. *Direito internacional do trabalho e direito interno*: manual de formação para juízes, juristas e docentes em direito. Editado por Xavier Beaudonnet. Turim: Centro Internacional de Formação da OIT, 2011. p. 47.
(118) PIOVESAN, Flávia. *Direitos Humanos e o direito constitucional internacional*. 1. ed. rev. e atual. São Paulo: Saraiva, 2013. p. 233.
(119) ORGANIZAÇÃO INTERNACIONAL DO TRABALHO. *Direito internacional do trabalho e direito interno*: manual de formação para juízes, juristas e docentes em direito. Editado por Xavier Beaudonnet. Turim: Centro Internacional de Formação da OIT, 2011. p. 17, 25 e 34.
(120) SCHUTTER, Olivier de. *International Human Rights Law*. Cambridge: Cambridge University Press, 2010. p. 561.
(121) ORGANIZAÇÃO INTERNACIONAL DO TRABALHO. *Report of the Committee of Experts on the Application of Conventions and Recommendations* (Parte "1a" do Relatório Geral do Comitê de Peritos na Aplicação de Convenções e Recomendações). 2012. Disponível em: <http://www.ilo.org/wcmsp5/groups/public/---ed_norm/---relconf/documents/meetingdocument/wcms_174843.pdf>. Acesso em: 25 maio 2014. p. 38.
(122) CANTELLI, Paula Oliveira. *O trabalho feminino no divã: dominação e discriminação*. São Paulo: LTr, 2007. p. 167.

tação, no passado, tornava-se vantajosa pelo fato de a mulher subordinar-se mais facilmente, em vista da secular segregação cultural e jurídica que sofria, estando sujeita a salários mais baixos, jornadas elevadas e condições ambientais agressivas ao organismo[123].

Dessa forma, as normas que visam combater a discriminação de gênero surgiram depois das normas protetivas e restritivas do trabalho feminino, relacionando-se dialeticamente. Com o passar do tempo, as primeiras normas protetivas começaram a ser entendidas como um excesso de restrições à contratação feminina, emergindo, elas próprias, como elementos de discriminação, já que inibiam a afirmação da mulher na sociedade democrática. Para Adriana Goulart de Sena: "O que fora proteção ganha, portanto, décadas após, certo sabor de discriminação"[124].

Serão analisados, primeiramente, os diplomas normativos relativos à proteção contra a discriminação da mulher editados pela ONU, dado o seu caráter de generalidade, para posteriormente examinar a normatividade mais específica existente no âmbito de atuação da OIT, em que pese cronologicamente ter havido a precedência da proteção trabalhista contra a discriminação em razão do gênero.

3.2.1. Normas internacionais editadas no âmbito da Organização das Nações Unidas (ONU)

Após a Segunda Guerra Mundial, em 1945, foi criada a Organização das Nações Unidas (ONU), um organismo internacional formado por Estados para trabalharem juntos pela paz e o desenvolvimento mundial, substituindo a anterior Liga das Nações[125].

O contexto do pós-guerra exigia a criação de um sistema apto a prevenir que novas violações dos direitos humanos ocorressem, já que os regimes totalitários que adotaram a lógica da destruição haviam negado o valor da pessoa humana, dando ensejo a atos de barbárie e crueldade. Emerge, assim, a necessidade de resgatar os direitos humanos como paradigmas éticos, de relevância internacional, e não apenas como questões domésticas dos Estados[126].

De acordo com Flávia Piovesan, a criação das Nações Unidas, com suas agências especializadas, marca o surgimento de uma nova ordem internacional, instaurando um novo modelo de conduta nas relações internacionais, marcado pelo desenvolvimento de relações amistosas entre os Estados, da cooperação internacional nos planos econômico, social e cultural, da adoção de um padrão internacional de saúde e proteção ao meio ambiente e de ênfase na proteção internacional dos direitos humanos[127].

A ONU não trata de questões trabalhistas especificamente, já que reconhece a Organização Internacional do Trabalho (OIT) como sua agência especializada para tais fins. No entanto, alguns instrumentos centrais de proteção aos direitos humanos da ONU também cobrem questões trabalhistas[128], inclusive no que se refere ao direito a não discriminação em razão de gênero.

A) Carta das Nações Unidas, de 1945

A Carta das Nações Unidas é o documento de fundação da Organização das Nações Unidas, assinada por 50 países em São Francisco (Estados Unidos da América) em 26 de junho de 1945, entrando em vigor em 24 de outubro do mesmo ano, após a ratificação do instrumento pela maioria dos signatários.

Com a assinatura deste tratado, paralelamente à preocupação de evitar a guerra e manter a paz e a segurança, a agenda internacional passou a conjugar novas preocupações relacionadas à promoção e proteção dos direitos humanos, consolidando e ampliando, assim, o movimento de internacionalização dos direitos humanos[129].

---

(123) SENA, Adriana Goulart de. Mulher e trabalho na cena jurídica brasileira contemporânea. In: *AMATRA III — Associação dos Magistrados da Justiça do Trabalho da 3ª Região* (Coord.). Temas de direito e processo do trabalho. Belo Horizonte: Del Rey, 1996. p. 12.
(124) SENA, Adriana Goulart de. Mulher e trabalho na cena jurídica brasileira contemporânea. In: *AMATRA III — Associação dos Magistrados da Justiça do Trabalho da 3ª Região* (Coord.). Temas de direito e processo do trabalho. Belo Horizonte: Del Rey, 1996. p. 13.
(125) A Liga das Nações havia sido criada em 1919, com o Tratado de Versalhes que deu fim à Primeira Guerra Mundial, tendo deixado de existir pela impossibilidade de evitar a Segunda Guerra Mundial.
(126) PIOVESAN, Flávia. *Direitos Humanos e o direito constitucional internacional*. 1. ed. rev. e atual. São Paulo: Saraiva, 2013. p. 189-191.
(127) PIOVESAN, Flávia. *Direitos Humanos e o direito constitucional internacional*. 1. ed. rev. e atual. São Paulo: Saraiva, 2013. p. 198.
(128) ORGANIZAÇÃO INTERNACIONAL DO TRABALHO. *Direito internacional do trabalho e direito interno: manual de formação para juízes, juristas e docentes em direito*. Editado por Xavier Beaudonnet. Turim: Centro Internacional de Formação da OIT, 2011. p. 99.
(129) PIOVESAN, Flávia. *Direitos Humanos e o direito constitucional internacional*. 1. ed. rev. e atual. São Paulo: Saraiva, 2013. p. 203.

A atenção dada à proteção contra a discriminação e a ênfase dada à igualdade entre os sexos já se manifesta desde o preâmbulo da Carta das Nações Unidas, que assim prevê:

> NÓS, OS POVOS DAS NAÇÕES UNIDAS, RESOLVIDOS
>
> a preservar as gerações vindouras do flagelo da guerra, que por duas vezes, no espaço da nossa vida, trouxe sofrimentos indizíveis à humanidade, e a reafirmar a fé nos direitos fundamentais do homem, na dignidade e no valor do ser humano, na igualdade de direito dos homens e das mulheres, assim como das nações grandes e pequenas, e a estabelecer condições sob as quais a justiça e o respeito às obrigações decorrentes de tratados e de outras fontes do direito internacional possam ser mantidos, e a promover o progresso social e melhores condições de vida dentro de uma liberdade ampla. [...]

Em seu artigo 1º, a Carta das Nações Unidas elenca os propósitos do novo organismo internacional. Em seu item 3, destaca:

> Artigo 1º. [...]
>
> 3. Conseguir uma cooperação internacional para resolver os problemas internacionais de caráter econômico, social, cultural ou humanitário, e para promover e estimular o respeito aos direitos humanos e às liberdades fundamentais para todos, sem distinção de raça, sexo, língua ou religião;

Para tanto, o artigo 13 destaca como uma das funções da Assembleia Geral a realização de estudos e a elaboração de recomendações destinados a:

> Artigo 13. [...]
>
> b) promover cooperação internacional nos terrenos econômico, social, cultural, educacional e sanitário e favorecer o pleno gozo dos direitos humanos e das liberdades fundamentais, por parte de todos os povos, sem distinção de raça, sexo, língua ou religião.

No capítulo IX, dedicado à cooperação internacional econômica e social, é previsto o seguinte:

> Artigo 55
>
> Com o fim de criar condições de estabilidade e bem estar, necessárias às relações pacíficas e amistosas entre as Nações, baseadas no respeito ao princípio da igualdade de direitos e da autodeterminação dos povos, as Nações Unidas favorecerão:
>
> a) níveis mais altos de vida, trabalho efetivo e condições de progresso e desenvolvimento econômico e social;
>
> b) a solução dos problemas internacionais econômicos, sociais, sanitários e conexos; a cooperação internacional, de caráter cultural e educacional; e
>
> c) o respeito universal e a observância dos direitos humanos e liberdades fundamentais para todos, sem distinção de raça, sexo, língua ou religião.

O artigo 56 reafirma a obrigação de todos os Estados membros de cooperarem entre si e com o organismo internacional para o alcance dos propósitos lançados no artigo 55.

Da análise dos dispositivos mencionados, é possível verificar a evidente atenção dada à vedação de qualquer distinção em razão de raça, sexo, língua ou religião, já podendo ser identificada a preocupação em assegurar a observância ao princípio da não discriminação.

No mais, foi fortemente destacado o objetivo e o compromisso dos Estados membros de promoção dos direitos humanos e liberdades fundamentais, apesar do diploma não ter definido o conteúdo destas expressões. Apenas três anos depois, a Declaração Universal dos Direitos Humanos definiu com precisão o elenco dos direitos humanos e liberdades fundamentais a que faziam menção os artigos 1º, 13, 55, 56 e 62 da Carta das Nações Unidas[130].

---

(130) Na explicação de José Augusto Lindgren Alves, a comunidade internacional organizada na recém criada Organização das Nações Unidas se comprometeu a implementar o propósito de promover e encorajar o respeito aos direitos humanos e liberdades fundamentais, tendo instituído a Comissão de Direitos Humanos, que recebeu a incumbência de elaborar uma Carta Internacional de Direitos, que resultou na Declaração Universal de Direitos Humanos de 1948 (apud PIOVESAN, Flávia. *Direitos Humanos e o direito constitucional internacional*. 1. ed. rev. e atual. São Paulo: Saraiva, 2013. p. 204-205).

Assim, resta claro que os atuais 193 Estados membros da Organização das Nações Unidas[131], ao aceitarem os compromissos da Carta das Nações Unidas, se declaram dispostos a cumprir as obrigações de contribuir para a consecução dos três propósitos da ONU: manutenção da paz e segurança mundiais, fomento à cooperação internacional nos campos social e econômico e promoção dos direitos humanos internacionalmente.

B) Declaração Universal dos Direitos Humanos, de 1948

Em 10 de dezembro de 1948, a Assembleia Geral da Organização das Nações Unidas aprovou, por 48 votos a zero, e 8 abstenções, a Declaração Universal dos Direitos Humanos.

Ressalta Flavia Piovesan a importância histórica da votação:

> A inexistência de qualquer questionamento ou reserva feita pelos Estados aos princípios da Declaração, bem como de qualquer voto contrário às suas disposições, confere à Declaração Universal o significado de um código e plataforma comum de ação. A Declaração consolida a afirmação de uma ética universal ao consagrar um consenso sobre valores de cunho universal a serem seguidos pelos Estados.[132]

A Declaração não tem natureza de tratado internacional, pois não é um documento firmado pelo consenso entre Estados sujeito a ratificações, tendo sido adotada pela Assembleia Geral sob a forma de resolução. O propósito da Declaração, como mencionado anteriormente, é promover o reconhecimento dos direitos humanos e liberdades fundamentais a que se refere a Carta das Nações Unidas de 1945.

Por este motivo, a Declaração Universal de Direitos Humanos de 1948 tem sido concebida como a interpretação autorizada da expressão "direitos humanos" contida na Carta das Nações Unidas, apresentando, por este motivo, força jurídica vinculante, já que são documentos inter-relacionados, como explica Flávia Piovesan[133].

A força jurídica vinculante da Declaração Universal de Direitos Humanos advém, ainda, do fato do documento integrar o direito costumeiro internacional ou os princípios gerais do direito internacional, o que pode ser comprovado: pela posterior incorporação de seus princípios e normas por Constituições de diversos Estados, pelas frequentes referências feitas por resoluções posteriores da ONU à obrigação legal de observância à Declaração Universal, e pelas decisões proferidas por Cortes nacionais referindo-se ao documento como fonte formal de direito.

Na Declaração, são enfatizados como princípios essenciais dos direitos humanos a universalidade e a indivisibilidade. A característica da universalidade significa sua aplicabilidade a todas as pessoas de todos os países, raças, sexos e religiões, seja qual for o regime político do território nos quais incide. Para a Declaração, o único requisito para a titularidade de direitos é a condição de pessoa.

Como explica Flávia Piovesan, a concepção universal dos direitos humanos é criticada pelos adeptos do relativismo cultural, que afirmam que o pluralismo cultural existente em todo o globo impede a formação de uma moral universal, sendo imperioso o respeito às diferenças. Criticam ainda a imposição das tradições ocidentais no contexto dos direitos humanos[134].

Para Yash Ghai, tradicionalmente formulados como prerrogativas pela cultura ocidental, os direitos humanos são muitas vezes encarados como instrumento de retórica e dominação, em virtude das características de pretensão de universalidade, em detrimento de outras culturas e valores, de promoção de valores que favorecem a globalização econômica, como os direitos de propriedade e liberdade contratual e do fato das instituições e funcionários ocidentais manterem a supremacia na interprestação destes direitos. Por outro lado, os direitos humanos podem e têm sido usados de forma contra-hegemônica, por intermédio de movimentos independentes, com a afirmação do direito de autodeterminação dos povos, o desafio da noção pura de universalismo com as teorias de relativismo cultural, a procura de métodos mais democráticos para a formulação e aplicação dos direitos humanos, a ênfase nos direitos econômicos, sociais e culturais e a construção de redes internacionais[135].

---

(131) Conforme informação disponível em: <http://nacoesunidas.org/conheca/paises-membros/>. Acesso em: 27 ago. 2015.
(132) PIOVESAN, Flávia. *Direitos Humanos e o direito constitucional internacional*. 1. ed. rev. e atual. São Paulo: Saraiva, 2013. p. 209.
(133) PIOVESAN, Flávia. *Direitos Humanos e o direito constitucional internacional*. 1. ed. rev. e atual. São Paulo: Saraiva, 2013. p. 216-217.
(134) PIOVESAN, Flávia. *Direitos Humanos e o direito constitucional internacional*. 1. ed. rev. e atual. São Paulo: Saraiva, 2013. p. 222.
(135) GHAI, Yash. Globalização, multiculturalismo e direito. In: SANTOS, Boaventura de Sousa (Org.). *Reconhecer para libertar*: os caminhos do cosmopolitismo cultural. Porto: Afrontamento, 2004. p. 562-564.

Como pontuam Boaventura de Sousa Santos e João Arriscado Nunes, a afirmação da igualdade com base em pressupostos universalistas não pode levar à descaracterização das identidades, das culturas e das experiências históricas de cada povo. Assim, a efetivação dos direitos humanos não pode desconsiderar a defesa da diferença cultural, da identidade coletiva, da autonomia e da autodeterminação, dando ênfase ao reconhecimento de uma "cidadania multicultural"[136].

Assim, a afirmação do direito à diferença pode ser relevante para propiciar um efetivo combate à discriminação de grupos vulneráveis. De acordo com Boaventura de Sousa Santos, é necessária a aceitação do seguinte imperativo transcultural: "temos o direito de ser iguais quando a diferença nos inferioriza; temos o direito a ser diferentes quando a igualdade nos descaracteriza"[137].

No mesmo sentido, Gustavo Gozzi ressalta que a pretensão de universalidade trazida com a Declaração Universal de Direitos Humanos é criticada, já que a interpretação de direitos expressa no documento pertence evidentemente à tradição ocidental, enquanto se trata de uma concepção jusnaturalista e de uma perspectiva individualista de direitos. De toda forma, afirma o autor que o próprio preâmbulo da Declaração, ao mencionar a dignidade inerente a todos os membros da família humana, deixa antever o respeito pelas particularidades culturais, sendo possível afirmar que a diversidade pertence à essência da universalidade[138].

Para Antônio Augusto Cançado Trindade, os adeptos do relativismo cultural se esquecem que as culturas não são herméticas, mas sim abertas aos valores universais, e que diversos tratados de proteção aos direitos humanos já obtiveram aceitação universal, pelo consenso da comunidade internacional. Sem questionar a importância da diversidade cultural para se lograr a eficácia dos direitos humanos, o autor defende que a universalidade das normas relativas a tais direitos se constrói e se ergue sobre o reconhecimento, por todas as culturas, da dignidade do ser humano[139].

As críticas à pretensão de universalidade foram devidamente consideradas pelas Nações Unidas que, em 1993, adotou a Declaração de Viena, na qual, reafirmando a universalidade, estabeleceu, em seu artigo 5º, que:

> Todos os direitos humanos são universais, indivisíveis, interdependentes e inter-relacionados. A comunidade internacional deve tratar os direitos humanos globalmente, de maneira justa e equânime, com os mesmos parâmetros e com a mesma ênfase. As particularidades nacionais e regionais e as bases históricas, culturais e religiosas devem ser consideradas, mas é obrigação dos Estados, independentemente do seu sistema político, econômico e cultural, promover e proteger todos os direitos humanos e liberdades fundamentais.

Assim, compreende-se que a universalidade é enriquecida pela diversidade cultural, mas esta não pode ser invocada para justificar violações aos direitos humanos reconhecidos internacionalmente, e consensualmente declarados pelos Estados membros da Organização das Nações Unidas.

A indivisibilidade dos direitos humanos, por sua vez, é ressaltada pelo fato da Declaração ineditamente conjugar o catálogo dos direitos civis e políticos (direitos humanos de 1ª geração) com os direitos econômicos, sociais e culturais (direitos humanos de 2ª geração).

Historicamente, era intensa a dicotomia entre os direitos de liberdade, relativos à primeira geração de direitos humanos, consagrados sob a ótica contratualista do Estado Liberal, e os direitos de igualdade, referentes à segunda geração de direitos humanos, cunhados sob a égide do Estado Social.

A Declaração Universal dos Direitos Humanos combina o discurso liberal da cidadania com o discurso social, elencando tanto direitos civis e políticos, como direitos econômicos, sociais e culturais, afirmando a indivisibilidade e interdependência entre essas categorias de direitos. É esta a concepção contemporânea de direitos humanos, para a qual os direitos passam a ser considerados uma unidade interdependente e indivisível, afastando-se a visão

---

(136) SANTOS, Boaventura de Sousa; NUNES, João Arriscado. Introdução: para ampliar o cânone do reconhecimento, da diferença e da igualdade. In: SANTOS, Boaventura de Sousa (Org.). *Reconhecer para libertar:* os caminhos do cosmopolitismo cultural. Porto: Afrontamento, 2004. p. 43.
(137) SANTOS, Boaventura de Sousa. Por uma concepção multicultural de direitos humanos. In: SANTOS, Boaventura de Sousa (Org.). *Reconhecer para libertar:* os caminhos do cosmopolitismo cultural. Porto: Afrontamento, 2004. p. 458.
(138) GOZZI, Gustavo. La dichiarazione universale dei diritti umani sessant'anni dopo: le "promesse mancate" dei diritti umani. In: GOZZI, Gustavo; FURIA, Annalisa (a cura di). *Diritti umani e cooperazione internazionale allo sviluppo:* ideologie, illusioni e resistenze. Bologna: Il Mulino, 2010. p. 17.
(139) TRINDADE, Antônio Augusto Cançado. *Desafios e conquistas do direito internacional dos direitos humanos no início do século XXI.* Disponível em: <http://www.oas.org/dil/esp/407-490%20cancado%20trindade%20OEA%20CJI%20%20.def.pdf>. Acesso em: 10 set. 2015. p. 418.

de sucessão geracional de direitos, passando para uma compreensão de expansão, cumulação e fortalecimento entre as gerações de direitos humanos[140].

A partir de então, as novas gerações de direitos humanos passam a ser reconhecidas já sob o entendimento da natureza indivisível e interdependente entre as categorias de direitos. Os direitos humanos de terceira geração, ou direitos de fraternidade ou solidariedade, correspondem aos direitos difusos, relacionados a uma titularidade indeterminável (por exemplo, os direitos ambientais). Há quem identifique, ainda, a quarta, a quinta e a sexta gerações de direitos humanos, relacionadas a direitos decorrentes da biotecnologia e do desenvolvimento tecnológico (cibernética e informática), do direito à paz e oriundos da globalização[141].

A Declaração Universal de Direitos Humanos menciona, desde o seu preâmbulo, que "o reconhecimento da dignidade inerente a todos os membros da família humana e de seus direitos iguais e inalienáveis é o fundamento da liberdade, da justiça e da paz no mundo".

Além disso, referindo-se à Carta das Nações Unidas de 1945, recorda que

> ... os povos das Nações Unidas reafirmaram, na Carta da ONU, sua fé nos direitos humanos fundamentais, na dignidade e no valor do ser humano e na igualdade de direitos entre homens e mulheres, e que decidiram promover o progresso social e melhores condições de vida em uma liberdade mais ampla.

Os seus artigos I e II declaram que "todos os seres humanos nascem livres e iguais em dignidade e direitos" e possuem "capacidade para gozar os direitos e as liberdades estabelecidos nesta Declaração, sem distinção de qualquer espécie, seja de raça, cor, sexo, língua, religião, opinião política ou de outra natureza, origem nacional ou social, riqueza, nascimento, ou qualquer outra condição".

Além disso, o artigo VII menciona expressamente o direito a não ser discriminado, ao dispor:

> Todos são iguais perante a lei e têm direito, sem qualquer distinção, a igual proteção da lei. Todos têm direito a igual proteção contra qualquer discriminação que viole a presente Declaração e contra qualquer incitamento a tal discriminação.

No campo do trabalho, são importantes as previsões do artigo XXIII, *in verbis*:

> 1. Todo ser humano tem direito ao trabalho, à livre escolha de emprego, a condições justas e favoráveis de trabalho e à proteção contra o desemprego.
>
> 2. Todo ser humano, sem qualquer distinção, tem direito a igual remuneração por igual trabalho.
>
> 3. Todo ser humano que trabalha tem direito a uma remuneração justa e satisfatória, que lhe assegure, assim como à sua família, uma existência compatível com a dignidade humana e a que se acrescentarão, se necessário, outros meios de proteção social.
>
> 4. Todo ser humano tem direito a organizar sindicatos e neles ingressar para proteção de seus interesses[142].

O item 1 deste artigo, ao se referir a "condições justas e favoráveis de trabalho", pode ser visto como indicativo de um ambiente de trabalho sem discriminação. Por sua vez, o item 2 trata expressamente da vedação à discriminação salarial para trabalhos de igual valor, sendo importante dispositivo para o combate às discrepâncias remuneratórias entre homens e mulheres.

Como visto, a Declaração Universal dos Direitos Humanos já consagra vários dispositivos que vedam a discriminação, que podem ser aplicados em diversos aspectos da vida social, inclusive no trabalho. Para reforçar a proteção contida nesta declaração, a ONU editou dois Pactos complementares, especificando os direitos humanos civis e políticos, e os direitos humanos econômicos, sociais e culturais.

---

(140) Parte da doutrina constitucional critica a utilização do termo "gerações" de direitos humanos, que daria uma noção de superação e substituição de uma geração por outra, preferindo a adoção do termo "dimensão", no sentido de que fazem parte de uma mesma realidade dinâmica, em múltiplas dimensões, sob a perspectiva evolutiva, como ensina Gabriela Neves Delgado (*Direito fundamental ao trabalho digno*. São Paulo: LTr, 2006. p. 58). No presente trabalho, adota-se a expressão "gerações de direitos humanos" exatamente por melhor expressar o caráter de historicidade do reconhecimento das categorias de direitos humanos.
(141) BONAVIDES, Paulo. *Curso de Direito Constitucional*. 10. ed. São Paulo: Malheiros, 2000.
(142) ORGANIZAÇÃO DAS NAÇÕES UNIDAS, *Declaração Universal dos Direitos Humanos*. 1948. Disponível em: <http://www.dudh.org.br/wp-content/uploads/2014/12/dudh.pdf>. Acesso em: 28 ago. 2015.

C) Pacto dos Direitos Civis e Políticos, de 1966

Ainda na esfera de atuação da ONU, os direitos à igualdade e não discriminação estão presentes no Pacto dos Direitos Civis e Políticos e no Pacto dos Direitos Econômicos, Sociais e Culturais, ambos de 1966, que entraram em vigor em 1976, após atingirem o número necessário de ratificações para tanto.

Ambos os Pactos possuem a natureza de tratado internacional, e foram elaborados a partir do entendimento de que a Declaração Universal dos Direitos Humanos deveria ser "juridicizada" sob a forma de tratado internacional, para incrementar sua força vinculante e obrigatória. Assim, os direitos já enunciados na Declaração foram incorporados nos Pactos editados em 1966, de forma que os três diplomas internacionais passaram a formar a Carta Internacional dos Direitos Humanos (*International Bill of Rights*)[143].

De acordo com Flávia Piovesan, a Declaração de 1948 e os Pactos de 1966 são demonstrativos da indivisibilidade e universalidade dos direitos humanos, pois conjugam o catálogo dos direitos civis e políticos com o dos direitos econômicos, sociais e culturais, combinando "o discurso liberal e o discurso social da cidadania, conjugando o valor da liberdade com o valor da igualdade"[144].

O Pacto dos Direitos Civis e Políticos acabou reconhecendo um catálogo de direitos civis e políticos mais extenso que o contido na Declaração Universal de Direitos Humanos, e teve por fundamento os princípios da dignidade humana e da igualdade e não discriminação, reafirmando o direito dos povos à autodeterminação e reforçando as liberdades públicas, sem discriminação de qualquer espécie[145].

Logo em seu artigo 2º, o Pacto dos Direitos Civis e Políticos discorre sobre o compromisso dos Estados de garantir a todos os indivíduos que se achem em seu território os direitos reconhecidos neste diploma normativo "sem discriminação alguma por motivo de raça, cor, sexo, língua, religião, opinião política ou de outra natureza, origem nacional ou social, situação econômica, nascimento ou qualquer condição".

Além disso, o artigo 3º trata da igualdade entre homens e mulheres no gozo de todos os direitos civis e políticos.

Interessante notar que, apesar do artigo 4º permitir aos Estados signatários a suspensão temporária de obrigações decorrentes do Pacto, em caso de situações excepcionais que ameacem a existência da nação (estado de emergência), tal fato não pode acarretar "discriminação alguma por motivo de raça, cor, sexo, língua, religião ou origem social".

No artigo 26, é reafirmado o direito de não discriminação:

ARTIGO 26

Todas as pessoas são iguais perante a lei e têm direito, sem discriminação alguma, a igual proteção da Lei. A este respeito, a lei deverá proibir qualquer forma de discriminação e garantir a todas as pessoas proteção igual e eficaz contra qualquer discriminação por motivo de raça, cor, sexo, língua, religião, opinião política ou de outra natureza, origem nacional ou social, situação econômica, nascimento ou qualquer outra situação.[146]

Os direitos enunciados no Pacto Internacional dos Direitos Civis e Políticos também impõem aos Estados a obrigação de proteger os indivíduos contra todas as violações de seus direitos perpetradas por entes privados, devendo prover um sistema legal capaz de responder a estas violações no âmbito de suas jurisdições.

Flávia Piovesan destaca, ainda, que ao estabelecer a obrigação imediata de respeitar e assegurar os direitos nele previstos, o Pacto dos Direitos Civis e Políticos apresenta auto-aplicabilidade[147].

O Protocolo Facultativo ao Pacto Internacional dos Direitos Civis e Políticos, adotado em 16 de dezembro de 1966, complementa o mecanismo de monitoramento do cumprimento das obrigações adotadas, adicionando à sistemática dos relatórios periódicos a serem encaminhados pelos Estados partes à ONU e das comunicações interestatais, o mecanismo das petições individuais, a serem apreciadas pelo Comitê de Direitos Humanos. O refinado

---

(143) PIOVESAN, Flávia. *Direitos Humanos e o direito constitucional internacional*. 1. ed. rev. e atual. São Paulo: Saraiva, 2013. p. 232.
(144) PIOVESAN, Flávia. *Direitos Humanos e o direito constitucional internacional*. 1. ed. rev. e atual. São Paulo: Saraiva, 2013. p. 210-211.
(145) GURGEL, Yara Maria Pereira. *Direitos humanos, princípio da igualdade e não discriminação: sua aplicação às relações de trabalho*. São Paulo: LTr, 2010. p. 81.
(146) ORGANIZAÇÃO DAS NAÇÕES UNIDAS. *Pacto dos Direitos Civis e Políticos*. 1966. Disponível em: <http://www.planalto.gov.br/ccivil_03/decreto/1990-1994/D0592.htm>. Acesso em: 26 maio 2014.
(147) PIOVESAN, Flávia. *Direitos Humanos e o direito constitucional internacional*. 1. ed. rev. e atual. São Paulo: Saraiva, 2013. p. 235-236.

sistema de controle e monitoramento configura suporte institucional aos preceitos consagrados pelo documento, incentivando os Estados a efetivar sua implementação em virtude do poder de constrangimento político e moral exercido pelo Comitê de Direitos Humanos ao apontar um Estado como violador de direitos humanos.

D) Pacto dos Direitos Econômicos, Sociais e Culturais, de 1966

Por sua vez, o Pacto dos Direitos Econômicos, Sociais e Culturais, também de 1966, amplia e assegura os direitos humanos de segunda geração, endereçando deveres aos Estados[148]. No entanto, nos termos em que estão concebidos, os direitos elencados nesse tratado internacional apresentam realização progressiva, já que obrigam os Estados a adotar medidas para alcançarem paulatinamente a efetivação dos direitos econômicos, sociais e culturais[149].

Os direitos à igualdade e a não discriminação são adotados como fundamentação jurídica do pacto em seu artigo 2º, item 2, que prevê:

ARTIGO 2º

2. Os Estados Partes do presente Pacto comprometem-se a garantir que os direitos nele enunciados se exercerão em discriminação alguma por motivo de raça, cor, sexo, língua, religião, opinião política ou de outra natureza, origem nacional ou social, situação econômica, nascimento ou qualquer outra situação.

O artigo 3º reafirma a igualdade entre homens e mulheres, ao dispor que "Os Estados Partes do presente Pacto comprometem-se a assegurar a homens e mulheres igualdade no gozo de todos os direitos econômicos, sociais e culturais enumerados no presente Pacto".

No artigo 7º, é ressaltada a importância dada à igualdade de tratamento entre homens e mulheres em questões trabalhistas:

ARTIGO 7º

Os Estados Partes do presente Pacto reconhecem o direito de toda pessoa de gozar de condições de trabalho justas e favoráveis, que assegurem especialmente:

a) Uma remuneração que proporcione, no mínimo, a todos os trabalhadores:

i) Um salário equitativo e uma remuneração igual por um trabalho de igual valor, sem qualquer distinção; em particular, as mulheres deverão ter a garantia de condições de trabalho não inferiores às dos homens e perceber a mesma remuneração que eles por trabalho igual;

ii) Uma existência decente para eles e suas famílias, em conformidade com as disposições do presente Pacto;

b) A segurança e a higiene no trabalho;

c) Igual oportunidade para todos de serem promovidos, em seu Trabalho, à categoria superior que lhes corresponda, sem outras considerações que as de tempo de trabalho e capacidade;

d) O descanso, o lazer, a limitação razoável das horas de trabalho e férias periódicas remuneradas, assim como a remuneração dos feriados.

Como visto, é novamente reafirmado o princípio do salário igual para trabalho de igual valor, além de enfatizada a importância da igualdade de oportunidades para promoções e ascensões a cargos superiores hierarquicamente.

No que se refere aos direitos econômicos, sociais e culturais, a Resolução n. 12 do Comitê dos Direitos Econômicos, Sociais e Culturais realça as obrigações dos Estados nessa categoria de direitos humanos: respeitar, proteger e implementar. Nas palavras de Flávia Piovesan:

> Quanto à obrigação de respeitar, obsta ao Estado que viole tais direitos. No que tange à obrigação de proteger, cabe ao Estado evitar e impedir que terceiros (atores não estatais) violem esses direitos. Finalmente, a obrigação de implementar demanda do Estado a adoção de medidas voltadas à realização desses direitos.[150]

---

(148) GURGEL, Yara Maria Pereira. *Direitos humanos, princípio da igualdade e não discriminação: sua aplicação às relações de trabalho*. São Paulo: LTr, 2010. p. 82.
(149) PIOVESAN, Flávia. *Direitos Humanos e o direito constitucional internacional*. 1. ed. rev. e atual. São Paulo: Saraiva, 2013. p. 249.
(150) PIOVESAN, Flávia. *Direitos Humanos e o direito constitucional internacional*. 1. ed. rev. e atual. São Paulo: Saraiva, 2013. p. 252.

Apesar da indissociabilidade entre os direitos civis e políticos e os direitos econômicos, sociais e culturais, nota a autora que a comunidade internacional, na prática, tolera frequentes violações à segunda categoria de direitos, que, se perpetradas em relação à primeira, provocariam imediato repúdio internacional[151].

O Pacto de Direitos Econômicos, Sociais e Culturais prevê como sistema de monitoramento apenas o envio de relatórios ao Comitê de Direitos Econômicos, Sociais e Culturais pelos Estados parte. Apenas em 10 de dezembro de 2008, foi adotado o Protocolo Facultativo ao Pacto de Direitos Econômicos, Sociais e Culturais, instituindo as sistemáticas das petições individuais, da requisição de medidas de urgência, das comunicações interestatais e das investigações *in loco* no caso de graves e reiteradas violações aos preceitos consagrados no tratado. Na visão de Flávia Piovesan, o Protocolo Facultativo "é um instrumento com extraordinária potencialidade de impactar positivamente o grau de justiciabilidade dos direitos econômicos, sociais e culturais, nas esferas global, regional e local"[152].

E) *Convenção sobre a Eliminação de todas as Formas de Discriminação contra as Mulheres, de 1979*

Em 1979, foi editada a Convenção sobre a Eliminação de todas as Formas de Discriminação contra as Mulheres, que proíbe qualquer forma de discriminação direta ou indireta em razão do gênero, em todas as suas formas e manifestações.

A Convenção faz parte do sistema especial de proteção dos direitos humanos, complementar ao sistema geral composto pela Declaração Universal dos Direitos Humanos, pelo Pacto de Direitos Civis e Políticos e pelo Pacto dos Direitos Econômicos, Sociais e Culturais.

Nos ensinamentos de Flávia Piovesan:

> ... o sistema especial de proteção é voltado, fundamentalmente, à prevenção da discriminação ou à proteção de pessoas ou grupo de pessoas particularmente vulneráveis, que merecem tutela especial. Daí se apontar não mais ao indivíduo genérica e abstratamente considerado, mas ao indivíduo 'especificado', considerando categorizações relativas ao gênero, idade, etnia, raça etc.[153]

Também fazem parte do sistema especial de proteção dos direitos humanos a Convenção Internacional sobre a Eliminação de todas as formas de Discriminação Racial, de 1965, a Convenção sobre os Direitos da Criança, de 1989, a Convenção Internacional sobre a Proteção dos Direitos dos Trabalhadores Migrantes e Membros de suas Famílias, de 1990, a Convenção sobre os Direitos das Pessoas com Deficiência, de 2006, dentre outros instrumentos internacionais.

Esse sistema especial de proteção considera o indivíduo historicamente situado em um grupo particular vítima de discriminação. Partindo de uma concepção substancial do direito à igualdade, a comunidade internacional passa a reconhecer o direito à diferença, ou seja, o respeito à diversidade e às características que particularizam determinados grupos, que necessitam de uma tutela particularizada, em face de sua maior vulnerabilidade. Assim, a diferença não é mais utilizada para a aniquilação de direitos, mas sim para a sua promoção.

No campo da proteção contra a discriminação em razão do gênero, a Convenção sobre a Eliminação de Todas as Formas de Discriminação contra a Mulher é considerada por alguns doutrinadores, como Adriana Goulart de Sena, o documento mais importante na órbita internacional desta tendência universal[154].

O documento é considerado um importante marco, tendo sido um dos diplomas internacionais com o maior número de ratificações. No entanto, como informa Flávia Piovesan, apesar deste dado refletir a ampla adesão dos Estados, esta Convenção enfrenta o paradoxo de ser o instrumento que recebeu o maior número de reservas formuladas pelos Estados dentre os tratados de direitos humanos[155]. Isso mostra que a implementação da verdadeira igualdade de tratamento entre homens e mulheres ainda enfrenta muita resistência, necessitando de grande esforço para efetiva realização dos preceitos que pretendem diminuir a discriminação em razão do gênero.

---

(151) PIOVESAN, Flávia. *Direitos Humanos e o direito constitucional internacional*. 1. ed. rev. e atual. São Paulo: Saraiva, 2013. p. 257.
(152) PIOVESAN, Flávia. *Direitos Humanos e o direito constitucional internacional*. 1. ed. rev. e atual. São Paulo: Saraiva, 2013. p. 261.
(153) PIOVESAN, Flávia. *Direitos Humanos e o direito constitucional internacional*. 1. ed. rev. e atual. São Paulo: Saraiva, 2013. p. 262.
(154) SENA, Adriana Goulart de. Mulher e trabalho na cena jurídica brasileira contemporânea. In: AMATRA III — Associação dos Magistrados da Justiça do Trabalho da 3ª Região (Coord.). Temas de direito e processo do trabalho. Belo Horizonte: Del Rey, 1996. p. 11.
(155) PIOVESAN, Flávia. *Direitos Humanos e o direito constitucional internacional*. 1. ed. rev. e atual. São Paulo: Saraiva, 2013. p. 273.

O preâmbulo da referida Convenção expressa claramente a preocupação da comunidade internacional com a desigualdade entre homens e mulheres, fazendo referência expressa à Carta das Nações Unidas e à Declaração Universal dos Direitos Humanos, as quais reafirmam o princípio da não discriminação, registrando que "os Estados Partes nas Convenções Internacionais sobre Direitos Humanos tem a obrigação de garantir ao homem e à mulher a igualdade de gozo de todos os direitos econômicos, sociais, culturais, civis e políticos".

Ainda no preâmbulo, a Convenção faz menção às diversas convenções internacionais concluídas sob os auspícios das Nações Unidas e dos organismos especializados em favor da igualdade de direitos entre o homem e a mulher, e às resoluções, declarações e recomendações aprovadas pelas Nações Unidas e pelas Agências Especializadas para favorecer a igualdade de direitos entre o homem e a mulher, evidenciando a indissociabilidade entre todos estes documentos.

Nos "considerandos", o diploma normativo enfatiza que a mulher continua, na prática, sendo objeto de grandes discriminações, o que viola o respeito da dignidade humana, dificulta a participação da mulher na vida política, social, econômica e cultural de seu país, além de constituir um obstáculo ao aumento do bem-estar da sociedade e da família e dificultar o pleno desenvolvimento das potencialidades da mulher para prestar serviço a seu país e à humanidade. A Convenção ressalta, também, que a participação máxima da mulher, em igualdade de condições com o homem, em todos os campos, é indispensável para o desenvolvimento pleno e completo de um país, o bem-estar do mundo e a causa da paz, e registra o reconhecimento da grande contribuição da mulher ao bem-estar da família e ao desenvolvimento da sociedade, ressaltando que o papel da mulher na procriação não deve ser causa de discriminação.

Ainda, interessante ter sido evidenciada a importância do compartilhamento das responsabilidades familiares entre homens e mulheres, e a necessidade de modificação do papel tradicional da mulher na sociedade e na família, para superar a discriminação em razão do gênero.

O artigo 1º da Convenção define o termo "discriminação":

> Para os fins da presente Convenção, a expressão "discriminação contra a mulher" significará toda a distinção, exclusão ou restrição baseada no sexo e que tenha por objeto ou resultado prejudicar ou anular o reconhecimento, gozo ou exercício pela mulher, independentemente de seu estado civil, com base na igualdade do homem e da mulher, dos direitos humanos e liberdades fundamentais nos campos político, econômico, social, cultural e civil ou em qualquer outro campo.

Rhona K. M. Smith registra três importantes aspectos desta definição: a discriminação pode ser ou não intencional; as mulheres podem ser prejudicadas direta ou indiretamente pelas práticas discriminatórias; e a vedação da discriminação é aplicável a direitos tanto na esfera pública quanto privada. Esse terceiro aspecto implica uma obrigação objetiva dos Estados de proteger as mulheres contra certas ações adotadas por particulares, o que é extremamente relevante na área trabalhista[156]. Trata-se da eficácia horizontal do direito fundamental de não discriminação.

A Convenção se funda na dupla obrigação dos Estados de eliminar a discriminação e assegurar a igualdade entre homens e mulheres. No artigo 2º, elenca como obrigações dos Estados algumas medidas legais, como a de consagrar em seus textos constitucionais ou outras leis o princípio da igualdade do homem e da mulher (alínea "a"), adotar medidas legislativas ou de outro caráter, com sanções cabíveis, para proibir a discriminação contra a mulher (alínea "b") ou a de modificar ou derrogar todas as leis e disposições penais nacionais que constituam discriminação contra a mulher (alíneas "f" e "g"), além de medidas judiciais, ao prever que devem ser garantida a proteção efetiva da mulher contra atos de discriminação por meio dos tribunais competentes (alínea "c"). Prevê, também, a obrigação negativa de abster-se de incorrer em práticas discriminatórias (alínea "d"), e a necessidade de tomar as medidas necessárias para eliminar a discriminação contra a mulher praticada por qualquer pessoa, organização ou empresa (alínea "e").

A Convenção pretende não só erradicar todas as formas de discriminação contra as mulheres, com uma vertente repressivo-punitiva, como também incentivar o processo de progressivamente atingir a igualdade entre os gêneros, em uma vertente positivo-promocional. Por isso, possui dispositivos que mencionam a obrigação dos Estados de suprimir todas as formas de tráfico de mulheres e exploração da prostituição da mulher (artigo 6º) ao lado de outros que preveem a necessidade de promoção da participação feminina na vida política e pública do país e na representação em organismos internacionais (artigos 7º e 8º).

---

(156) SMITH, Rhona K. M. *Texts and materials on international human rights*. 2. ed. New York: Routledge, 2010. p. 669.

Além disso, em seu artigo 4º, a Convenção prevê a possibilidade de adoção de ações afirmativas como importante medida para acelerar o processo de obtenção de igualdade entre os gêneros.

As ações afirmativas são medidas temporárias e compensatórias, destinadas a remediar desvantagens históricas sofridas por determinado grupo social, aliviando as condições resultantes de um passado discriminatório[157].

Para Rhona K. M. Smith, sem a adoção de ações afirmativas, a instituição de normas prevendo a igualdade de tratamento não implicaria em alteração da desigualdade de fato. Para a autora, as ações afirmativas partem da concepção de que, se homens e mulheres estão faticamente em situações desiguais, tratá-los exatamente da mesma maneira apenas perpetuaria a diferença existente entre os gêneros. Tais medidas pretendem, portanto, rearranjar o desequilíbrio existente, criando inclusive discriminações positivas em favor das mulheres[158].

No mais, como bem observa Yara Maria Pereira Gurgel, essa Convenção se preocupou com a proteção da mulher não somente em face de seu papel materno, mas em especial no que tange à relação de trabalho[159], notadamente em seu artigo 11, que especifica a obrigação dos Estados partes de adotar medidas apropriadas para eliminar a discriminação contra a mulher no emprego, a fim de assegurar aos homens e mulheres os mesmos direitos, em particular:

a) O direito ao trabalho como direito inalienável de todo ser humano;

b) O direito às mesmas oportunidades de emprego, inclusive a aplicação dos mesmos critérios de seleção em questões de emprego;

c) O direito de escolher livremente profissão e emprego, o direito à promoção e à estabilidade no emprego e a todos os benefícios e outras condições de serviço, e o direito ao acesso à formação e à atualização profissionais, incluindo aprendizagem, formação profissional superior e treinamento periódico;

d) O direito a igual remuneração, inclusive benefícios, e igualdade de tratamento relativa a um trabalho de igual valor, assim como igualdade de tratamento com respeito à avaliação da qualidade do trabalho;

e) O direito à seguridade social, em particular em casos de aposentadoria, desemprego, doença, invalidez, velhice ou outra incapacidade para trabalhar, bem como o direito de férias pagas;

f) O direito à proteção da saúde e à segurança nas condições de trabalho, inclusive a salvaguarda da função de reprodução.

Como visto, o artigo em destaque não se restringe aos aspectos relativos à igualdade salarial ou de oportunidades no emprego, já abarcados em outros diplomas normativos internacionais. Vai além, prevendo a igualdade de oportunidades de formação profissional, em critérios de seleção para o trabalho e a igualdade de tratamento.

No item 2 do mesmo artigo, com a finalidade de impedir a discriminação contra a mulher em virtude do casamento ou da maternidade e para assegurar seu direito ao trabalho, é instituída a obrigação dos Estados partes de proibir, sob sanções, a demissão por motivo de gravidez ou licença maternidade e a discriminação nas demissões motivadas pelo estado civil. Essa proteção é de extrema relevância, já que práticas discriminatórias em razão de gravidez (ou mesmo da mera possibilidade de a trabalhadora engravidar) são apontadas como uma das modalidades mais comuns de discriminação em razão de gênero.

Podem acontecer mesmo na fase pré-contratual, quando empregadores se recusam a admitir uma candidata ao emprego em função do estado gravídico, ou quando exigem exames ou testes de gravidez ou de esterilização. No curso do contrato de trabalho, podem ocorrer quando não são concedidas as proteções estabelecidas em lei para a preservação da saúde da gestante ou da criança (como alteração temporária de função ou concessão de folgas para exames médicos) ou quando há a rescisão do contrato em função da gestação ou do afastamento para gozo da licença maternidade, modalidade de dispensa expressamente vedada na Convenção em exame.

---

(157) PIOVESAN, Flávia. Direitos Humanos e o direito constitucional internacional. 1. ed. rev. e atual. São Paulo: Saraiva, 2013. p. 275.
(158) SMITH, Rhona K. M. Texts and materials on international human rights. 2. ed. New York: Routledge, 2010. p. 679-680.
(159) GURGEL, Yara Maria Pereira. Direitos humanos, princípio da igualdade e não discriminação: sua aplicação às relações de trabalho. São Paulo: LTr, 2010. p. 90.

Arturo Bronstein registra que a discriminação em função do estado gestacional parece estar aumentando em todo o mundo, inclusive, de forma paradoxal, em países que tenham tradição em combater essa espécie discriminatória e que estejam enfrentando desafios com a queda de natalidade em seus territórios[160]. Assim, mostra-se imprescindível aumentar a efetividade das normas que protegem as trabalhadoras gestantes contra tratamentos prejudiciais em função da gravidez e das que preveem tratamentos especiais em virtude dessa circunstância particular, como as que colocam limites a trabalhos perigosos ou insalubres ou recomendam a alteração de função da trabalhadora com o objetivo de proteger sua saúde e a da criança.

Para tentar evitar práticas discriminatórias em virtude da gravidez, a tendência mundial é considerar ilícita a exigência de exames ou atestados de gravidez como condições para a contratação, prevalecendo em alguns países, como é o caso do Brasil, que a trabalhadora não tem a obrigação de comunicar ao empregador o estado gestacional[161].

Retomando a análise da Convenção sobre a Eliminação de todas as Formas de Discriminação contra as Mulheres, no item 2 do art. 11 é também prevista a implementação da licença de maternidade, com salário pago ou benefícios sociais semelhantes, sem a perda do emprego anterior, bem como o fornecimento de serviços sociais de apoio necessários para permitir que os pais combinem as obrigações familiares com as profissionais, especialmente mediante a criação e desenvolvimento de redes de serviços de cuidados das crianças. Por fim, é instituída a obrigação dos Estados de dar proteção especial às mulheres durante a gravidez nos tipos de trabalho comprovadamente prejudiciais nesta circunstância especial.

Como mecanismos de monitoramento, a Convenção estabeleceu um Comitê próprio, com a competência de examinar os relatórios periódicos enviados pelos Estados partes. Em 1999, foi adotado o Protocolo Facultativo à Convenção sobre a Eliminação de Todas as Formas de Discriminação contra a Mulher, instituindo a sistemática das petições individuais e um procedimento investigativo, que habilita o Comitê a investigar a existência de grave e sistemática violação aos direitos humanos das mulheres.

Explica Flávia Piovesan que a proteção internacional dos direitos humanos das mulheres, no âmbito das Nações Unidas, foi reforçada, ainda, pela Declaração e Programa de Ação de Viena de 1993 (em seus artigos 18 a 24) e pela Declaração e Programa de Ação de 1995, documentos que enfatizaram que os direitos das mulheres são parte inalienável, integral e indivisível dos direitos humanos universais[162].

3.2.2. Normas internacionais editadas no âmbito da Organização Internacional do Trabalho (OIT)

A Organização Internacional do Trabalho (OIT) foi criada em 1919, como parte do Tratado de Versalhes, que pôs fim à Primeira Guerra Mundial. Fundou-se sobre a convicção primordial de que a paz universal e permanente somente pode estar baseada na justiça social.

A OIT é responsável pela formulação e aplicação das normas internacionais do trabalho (Convenções e Recomendações), com o objetivo de instituir condições semelhantes de trabalho em todos os países, criando um patamar mínimo de direitos trabalhistas. Desde a criação do organismo internacional, os atos normativos editados alteraram a noção anterior de que tratados internacionais serviam apenas para reger relações entre Estados, pois objetivam criar um arcabouço para as relações trabalhistas e a política social dos Estados membros por meio da criação ou promoção de direitos e obrigações aplicáveis em relações entre indivíduos[163].

Como bem observa Flavia Piovesan, a criação da Organização Internacional do Trabalho foi um dos primeiros precedentes do processo de internacionalização dos direitos humanos[164], tendo o organismo internacional projetado o tema dos direitos humanos na ordem internacional ao assegurar parâmetros globais mínimos para as condições de trabalho no plano mundial[165].

---

(160) BRONSTEIN, Arturo. *International and comparative labour law*: current chalenges. Genebra: Palgrave Macmillan, 2009. p. 142.
(161) Esse entendimento será explorado no capítulo referente às normas contra a discriminação em razão do gênero vigentes no Brasil, ao qual reportamos o leitor.
(162) PIOVESAN, Flávia. *Direitos Humanos e o direito constitucional internacional*. 1. ed. rev. e atual. São Paulo: Saraiva, 2013. p. 278.
(163) ORGANIZAÇÃO INTERNACIONAL DO TRABALHO. *Direito internacional do trabalho e direito interno*: manual de formação para juízes, juristas e docentes em direito. Editado por Xavier Beaudonnet. Turim: Centro Internacional de Formação da OIT, 2011. p. 45.
(164) Ao lado do Direito Humanitário e da Liga das Nações, que também despontaram como marcos iniciais no processo de elevação dos direitos humanos como questão de legítimo interesse internacional (PIOVESAN, Flávia. *Direitos Humanos e o direito constitucional internacional*. 1. ed. rev. e atual. São Paulo: Saraiva, 2013. p. 183).
(165) PIOVESAN, Flávia. *Direitos Humanos e o direito constitucional internacional*. 1. ed. rev. e atual. São Paulo: Saraiva, 2013. p. 185.

Como membros da Organização Internacional do Trabalho, os Estados são encorajados a elaborar Convenções Internacionais e, consensualmente, a aderir ao cumprimento de normas instituidoras de padrões internacionais trabalhistas.

A criação da OIT e a instituição de suas Convenções Internacionais inaugurou nova etapa no Direito Internacional, como observa Flávia Piovesan. O advento deste organismo internacional marca o fim de uma era em que os tratados internacionais se restringiam, salvo raras exceções, a regular relações entre Estados, no âmbito estritamente governamental. A partir da edição das Convenções Internacionais do Trabalho, não mais se visava proteger arranjos e concessões recíprocas entre Estados, mas sim:

> ... o alcance de obrigações internacionais a serem garantidas ou implementadas coletivamente, que, por sua natureza, transcendiam os interesses exclusivos dos Estados contratantes. Essas obrigações internacionais voltavam-se à salvaguarda dos direitos do ser humano e não das prerrogativas dos Estados.[166]

A partir de então, rompe-se com a noção de soberania, já que, com a ratificação das Convenções Internacionais da OIT, os Estados passaram a admitir intervenções no plano interno, em prol da proteção dos direitos humanos, já que a forma com que tratam os indivíduos sob sua jurisdição não é mais questão de seu domínio restrito.

São diversas as normas editadas no âmbito da Organização Internacional do Trabalho, desde sua criação em 1919, que preveem o direito a não discriminação em razão de gênero, assegurando o princípio da igualdade entre homens e mulheres nas relações de trabalho.

É importante notar que essas normas editadas pela OIT possuem grande influência nas normas internas de vários dos Estados membros da organização, principalmente na Europa Ocidental e na América Latina, que representam, respectivamente, as duas regiões com o maior número de ratificação de Convenções Internacionais do Trabalho[167].

A) *Constituição da OIT, de 1919, e seu Anexo, a Declaração da Filadélfia, de 1944*

A Constituição da Organização Internacional do Trabalho foi estabelecida na Parte XIII do Tratado de Versalhes, firmado em 1919 para dar fim à Primeira Guerra Mundial. A Comissão de Trabalho instituída pela Conferência de Paz se reuniu durante os meses de janeiro a abril, em Paris e em Versalhes, resultando na criação deste organismo internacional como uma agência especializada da Liga das Nações, de composição tripartite (composta por representantes dos Estados, dos empregadores e dos trabalhadores). Em 1946, a Organização Internacional do Trabalho tornou-se uma agência especializada da recém criada Organização das Nações Unidas (ONU).

No contexto da elaboração da Constituição da OIT, foi ressaltada a importância da justiça social para garantir a paz, num contexto de exploração dos trabalhadores nas nações industrializadas da época. Partiu-se também da compreensão do aumento da interdependência econômica mundial e da necessidade de cooperação internacional para obter semelhança nas condições de trabalho nos países que passavam a competir por mercados.

Na Organização Internacional do Trabalho, o direito à igualdade é identificado como princípio e direito fundamental, orientador de toda a ordem justrabalhista internacional. É direito expresso no preâmbulo da Constituição da OIT de 1919 como um dos meios essenciais para a preservação da paz mundial, imprescindível para o progresso ininterrupto:

CONSTITUIÇÃO DA ORGANIZAÇÃO INTERNACIONAL DO TRABALHO

Preâmbulo

Considerando que a paz para ser universal e duradoura deve assentar sobre a justiça social;

Considerando que existem condições de trabalho que implicam, para grande número de indivíduos, miséria e privações, e que o descontentamento que daí decorre põe em perigo a paz e a harmonia universais, e considerando que é urgente melhorar essas condições no que se refere, por exemplo, à regulamentação das horas de trabalho, à fixação de

---

(166) PIOVESAN, Flávia. *Direitos Humanos e o direito constitucional internacional*. 1. ed. rev. e atual. São Paulo: Saraiva, 2013. p. 187.
(167) BRONSTEIN, Arturo. *International and comparative labour law: current chalenges*. Genebra: Palgrave Macmillan, 2009. p. 222.

uma duração máxima do dia e da semana de trabalho, ao recrutamento da mão de obra, à luta contra o desemprego, à garantia de um salário que assegure condições de existência convenientes, à proteção dos trabalhadores contra as moléstias graves ou profissionais e os acidentes do trabalho, à proteção das crianças, dos adolescentes e das mulheres, às pensões de velhice e de invalidez, à defesa dos interesses dos trabalhadores empregados no estrangeiro, à afirmação do princípio "para igual trabalho, mesmo salário", à afirmação do princípio de liberdade sindical, à organização do ensino profissional e técnico, e outras medidas análogas;

Considerando que a não adoção por qualquer nação de um regime de trabalho realmente humano cria obstáculos aos esforços das outras nações desejosas de melhorar a sorte dos trabalhadores nos seus próprios territórios.

No artigo 427 do Tratado de Versalhes, foram enunciados os princípios gerais que regiam a Organização Internacional do Trabalho. Arnaldo Süssekind aponta que o tratado de paz previa, como seu sétimo princípio, que homens e mulheres teriam igual remuneração, e, como oitavo princípio, a igualdade de tratamento econômico aos trabalhadores residindo legalmente em cada país[168].

Posteriormente, estimulada pela Grande Depressão e pela Segunda Guerra Mundial, a OIT empreendeu emendas em sua Constituição, tendo acrescentado, em 1944, seu Anexo, a Declaração da Filadélfia, substituindo o anterior artigo 427.

A Declaração da Filadélfia, referente aos fins e objetivos da OIT, ampliou os princípios gerais do trabalho que devem ser observados pelos Estados membros do organismo internacional. Em alguns de seus dispositivos, são ressaltados os princípios da igualdade e da não discriminação:

Anexo — Declaração Referente aos Fins e Objetivos da Organização Internacional do Trabalho (Declaração da Filadélfia)

[...]

II — A Conferência, convencida de ter a experiência plenamente demonstrado a verdade da declaração contida na Constituição da Organização Internacional do Trabalho, que a paz, para ser duradoura, deve assentar sobre a justiça social, afirma que:

a) todos os seres humanos de qualquer raça, crença ou sexo, têm o direito de assegurar o bem-estar material e o desenvolvimento espiritual dentro da liberdade e da dignidade, da tranquilidade econômica e com as mesmas possibilidades;

b) a realização de condições que permitam o exercício de tal direito deve constituir o principal objetivo de qualquer política nacional ou internacional;

De acordo com Firmino Alves Lima, a referida alínea "a" registra o aspecto principiológico mais importante em relação à proteção contra a discriminação[169].

No campo da proteção contra a discriminação em razão de gênero, também são relevantes as previsões contidas no item III da Declaração da Filadélfia, que proclama a obrigação da OIT de auxiliar os Estados membros na execução de programas que visem proporcionar emprego integral para todos e elevar os níveis de vida (alínea "a"), garantir a proteção da infância e da maternidade (alínea "h") e assegurar as mesmas oportunidades para todos em matéria educativa e profissional (alínea "j").

De fato, como já ressaltado, a mão de obra feminina é predominante em trabalhos de tempo parcial e as mulheres normalmente não possuem as mesmas oportunidades de educação e qualificação profissional que os homens, de forma que esforços empreendidos pelos diferentes Estados nestas áreas podem contribuir para a diminuição das discrepâncias observadas em relação ao trabalho das mulheres. Indubitável que os programas de proteção da infância e da maternidade também tem impacto positivo no trabalho da mulher, sendo importantes medidas para melhoria do panorama discriminatório em relação ao gênero.

Ressalte-se que a mera condição de Estado membro da Organização Internacional do Trabalho impõe a observância a seus objetivos e princípios fundamentais descritos na Constituição da OIT e na Declaração da Filadélfia.

---

(168) SÜSSEKIND, Arnaldo. *Direito Internacional do Trabalho*. 3. ed. atual. e com novos textos. São Paulo: LTr, 2000. p. 104.
(169) LIMA, Firmino Alves. *Mecanismos antidiscriminatórios nas relações de trabalho*. São Paulo: LTr, 2008. p. 299.

B) *Declaração sobre os Princípios e Liberdades Fundamentais no Trabalho, de 1998*

Em 1998, foi editada a Declaração sobre os Princípios e Liberdades Fundamentais no Trabalho[170], aprovada como uma Resolução da Assembleia Geral. Não possui natureza de tratado internacional, não sendo sujeita a ratificação pelos Estados membros da OIT.

De toda forma, o documento afirma que todos os Estados membros da OIT, pelo simples fato de serem integrantes do organismo internacional, possuem a obrigação de respeitar, promover e realizar de boa-fé, e em conformidade com a Constituição da OIT, os princípios relativos aos direitos fundamentais no trabalho.

A Declaração elencou os quatro eixos fundamentais de atuação da Organização Internacional do Trabalho:

Declaração sobre os Princípios e Liberdades Fundamentais no Trabalho, 1998

A Conferência Internacional do Trabalho: (...)

2. Declara que todos os Membros, ainda que não tenham ratificado as convenções aludidas, têm um compromisso derivado do fato de pertencer à Organização de respeitar, promover e tornar realidade, de boa fé e de conformidade com a Constituição, os princípios relativos aos direitos fundamentais que são objeto dessas convenções, isto é:

a) a liberdade sindical e o reconhecimento efetivo do direito de negociação coletiva;

b) a eliminação de todas as formas de trabalho forçado ou obrigatório;

c) a abolição efetiva do trabalho infantil; e

d) a eliminação da discriminação em matéria de emprego e ocupação.

Cada um dos eixos possui duas convenções internacionais do trabalho indicadas como convenções fundamentais. No que se refere ao eixo da liberdade sindical e o reconhecimento efetivo do direito de negociação coletiva, são fundamentais as Convenções n. 87, sobre liberdade sindical, e n. 98, sobre direito de sindicalização e negociação coletiva. No eixo relativo à eliminação de todas as formas de trabalho forçado ou obrigatório, são apontadas como convenções fundamentais as Convenções n. 29, sobre trabalho forçado ou obrigatório, e n. 105, sobre abolição do trabalho forçado. Quanto ao eixo da abolição efetiva do trabalho infantil, são fundamentais as Convenções n. 138, sobre idade mínima para admissão, e n. 182, sobre a proibição das piores formas do trabalho infantil e ação imediata para sua eliminação. Por fim, no eixo relativo à eliminação da discriminação em matéria de emprego e ocupação, são fundamentais as Convenções n. 100, sobre igualdade de remuneração para a mão de obra masculina e a mão de obra feminina por um trabalho de igual valor, e n. 111, sobre discriminação em matéria de emprego e ocupação. Assim, os princípios relacionados aos quatro eixos fundamentais elencados são aplicáveis a todos os países membros da OIT, independentemente de ratificação das Convenções respectivas. Como acentua Arturo Bronstein, os Estados que houverem ratificado as convenções internacionais fundamentais devem, evidentemente, aplicá-las, ao passo que os demais Estados teriam a obrigação de respeitar, promover e realizar os princípios contidos nestas convenções[171].

E, como as Convenções Fundamentais referentes a cada um dos referidos eixos são eminentemente principiológicas, é possível até mesmo defender a sua aplicabilidade a todos os Estados membros da OIT, sendo desnecessária a formalidade da ratificação para que se exija a observância de seus preceitos.

Não se nega que a Declaração de 1998 é um importante documento promocional, e que representou um impacto moral relevante perante a comunidade internacional.

No que se refere ao quarto eixo de atuação, de acordo com a OIT, mais de 90% (noventa por cento) dos Estados membros da organização ratificaram as Convenções n. 100 e n. 111, o que demonstra um claro consenso sobre a importância dos direitos e dos princípios por elas proclamados[172].

---

(170) A Declaração dos Princípios e Liberdades Fundamentais no Trabalho é um documento declaratório proveniente da 86ª Sessão da Conferência Internacional do Trabalho, ocorrida em Genebra em junho de 1998, na qual todos os Estados membros da OIT aprovaram a sua redação final e com os princípios nela enunciados.
(171) BRONSTEIN, Arturo. *International and comparative labour law*: current chalenges. Genebra: Palgrave Macmillan, 2009. p. 101.
(172) ORGANIZAÇÃO INTERNACIONAL DO TRABALHO. *Equal pay*: an introductory guide. Genebra: International Labour Office, 2013. p. 3.

C) *Convenção n. 100 da OIT, sobre igualdade de remuneração para a mão de obra masculina e a mão de obra feminina por um trabalho de igual valor, de 1951, e a Recomendação n. 90 da OIT, de 1951*

A Convenção de n. 100 da OIT dispõe sobre igualdade de remuneração para a mão de obra masculina e a mão de obra feminina por um trabalho de igual valor e é marco importante na luta das mulheres contra a discriminação de gênero. Foi aprovada na 34ª Reunião da Conferência Internacional do Trabalho de 1951, em Genebra, tendo entrado em vigor no plano internacional em 23 de março 1953.

Não é coincidência o fato dessa Convenção ter sido adotada após o final da Segunda Guerra Mundial, período em que as mulheres ingressaram maciçamente nas frentes de trabalho produtivo em diversos países[173].

Segundo Firmino Alves Lima, resta claro que a desigualdade remuneratória trata da mais intensa manifestação discriminatória existente em relação ao gênero[174].

Para a OIT, a discriminação salarial é um problema universal e recorrente. Historicamente, as mulheres sempre receberam menos que os homens, havendo países em que isso se dava como uma política expressa. Tal prática se baseia na pré-concepção de que o trabalho feminino seria meramente complementar ao do "chefe de família", sendo que essas tradições e estereótipos persistem até os dias atuais em todos os países, em todos os níveis educacionais, faixas etárias e ocupações[175].

A Convenção n. 100, portanto, pretende influenciar para diminuir o abismo remuneratório entre os gêneros, vedando qualquer discriminação em matéria remuneratória em virtude do sexo do trabalhador.

O artigo 1º da Convenção define o que deve se entender pelo termo "remuneração":

ARTIGO 1º

Para os fins da presente convenção:

a) o termo "remuneração" compreende o salário ou o tratamento ordinário, de base, ou mínimo, e todas as outras vantagens, pagas direta ou indiretamente, em espécie ou "in natura" pelo empregador ao trabalhador em razão do emprego deste último;

O artigo 2º prevê que os Estados membros deverão adotar medidas para incentivar a aplicação a todos os trabalhadores do princípio da igualdade de remuneração para a mão de obra masculina e feminina por meio da legislação nacional, de sistemas de fixação de remuneração, por convenções coletivas fixadas entre empregadores e empregados ou uma combinação dos diversos meios.

Em seu artigo 3º, a Convenção afirma que, para a apuração do trabalho de igual valor, deve ser realizada uma avaliação objetiva dos empregados e dos trabalhos a serem efetuados.

Alguns casos apreciados pela Corte de Justiça da Europa já fixaram alguns parâmetros para a fixação de critérios de definição do trabalho de igual valor, como ensina Arturo Bronstein. Devem ser considerados fatores como a natureza do trabalho realizado, a qualificação e treinamento necessários e as condições de trabalho, enfatizando o conteúdo do trabalho, e não as características pessoais do trabalhador[176].

Alice Monteiro de Barros explica que, apesar de tais previsões, a avaliação do trabalho de igual valor, em geral, ainda é baseada em critérios que favorecem características atribuídas aos homens, como a força física, havendo grande dificuldade prática na implementação da Convenção, devido à falta de critérios objetivos para a avaliação das operações realizadas pelos trabalhadores[177].

Para complementar a Convenção n. 100, foi também editada, em 1951, a Recomendação n. 90, para garantir a aplicação do princípio de igualdade de remuneração. A Recomendação sugere medidas que permitem avaliar os trabalhos executados e classificar os empregos independentemente de sexo, bem como para elevar os rendimentos dos trabalhadores, assegurando-lhes as mesmas oportunidades de orientação profissional.

---

(173) ORGANIZAÇÃO INTERNACIONAL DO TRABALHO. *Equal pay:* an introductory guide. Genebra: International Labour Office, 2013. p. 2.
(174) LIMA, Firmino Alves. *Mecanismos antidiscriminatórios nas relações de trabalho.* São Paulo: LTr, 2008. p. 305.
(175) ORGANIZAÇÃO INTERNACIONAL DO TRABALHO. *Equal pay:* an introductory guide. Genebra: International Labour Office, 2013. p. 3.
(176) BRONSTEIN, Arturo. *International and comparative labour law:* current chalenges. Genebra: Palgrave Macmillan, 2009. p. 134.
(177) BARROS, Alice Monteiro de. *A mulher e o direito do trabalho.* São Paulo: LTr, 1995. p. 139-140.

Apesar da nítida dificuldade existente, até os dias de hoje, na efetivação do princípio da igualdade remuneratória entre os sexos, Alice Monteiro de Barros pondera que essas normas tiveram o mérito de eliminar as taxas de salários específicos para as mulheres, prática que era bastante comum em convenções coletivas em algumas localidades, atuando, ao menos, em um aspecto formal[178].

A efetiva adoção e implementação da Convenção n. 100, por meio de medidas legislativas e de sua aplicação pelo Judiciário dos Estados membros da OIT, é essencial para esclarecer o alcance e tornar real o princípio da igualdade remuneratória para trabalho de igual valor[179].

Segundo a OIT, os juízes e tribunais podem promover e proteger o direito das mulheres e dos homens à igualdade de remuneração em trabalho de igual valor, realizando a justiça nos casos de violação a esse direito, bem como esclarecendo o que é entendido como discriminação salarial. Além de gerar decisões vinculantes para reclamações individuais ou coletivas, a atuação do Poder Judiciário contribui para uma melhor compreensão e aplicação das normas internas dos Estados. Em diversos países, a atuação dos tribunais foi essencial para promover a observância da Convenção n. 100[180].

A afirmação do direito à igualdade de remuneração em relação aos homens foi o primeiro aspecto ressaltado pela ação internacional no combate à discriminação em razão do gênero. Entretanto, partindo da percepção que as desigualdades em relação ao trabalho feminino também se dão em outros aspectos da relação de trabalho, outras normas foram elaboradas para atacar a discriminação por outros vieses.

D) *Convenção n. 111 da OIT, sobre discriminação em matéria de emprego e profissão, de 1958, e a Recomendação n. 111, de 1958*

A Convenção n. 111 da OIT sobre discriminação em matéria de emprego e profissão foi aprovada pela 42ª Conferência Internacional do Trabalho, em 1958, entrando em vigor no plano internacional em 15 de junho de 1960, após as ratificações necessárias.

Seu preâmbulo deixa claro que a discriminação constitui uma violação dos direitos humanos e dos preceitos contidos na Declaração Universal dos Direitos Humanos e na Declaração da Filadélfia, como ressalta Firmino Alves Lima[181].

De acordo com o artigo 1º da Convenção n. 111, o termo "discriminação" compreende:

a) Toda a distinção, exclusão ou preferência fundada na raça, cor, sexo, religião, opinião política, ascendência nacional ou origem social, que tenha por efeito destruir ou alterar a igualdade de oportunidades ou de tratamento em matéria de emprego ou profissão.

b) Qualquer outra distinção, exclusão ou preferência que tenha por efeito destruir ou alterar a igualdade de oportunidades ou tratamento em matéria de emprego ou profissão que poderá ser especificada pelo Membro interessado depois de consultadas as organizações representativas de empregadores e trabalhadores, quando estas existam, e outros organismos adequados[182].

Como visto, a OIT atribuiu aos países membros a responsabilidade de especificar outras situações que gerem distinções, exclusões ou preferências que atinjam a igualdade de oportunidades no âmbito da relação de trabalho, inclusive no que diz respeito ao tratamento remuneratório. Essa possibilidade deixa claro o reconhecimento, pela ordem internacional, de que os fatores que motivam a discriminação não são taxativos, cabendo a todos os países a tarefa de proteger os indivíduos contra quaisquer atos discriminatórios.

Importante ressaltar que, nos termos do art. 1º, item 2, as distinções, exclusões ou preferências fundadas em qualificações exigidas para um determinado emprego não são consideradas como discriminação. Assim, os requerimentos inerentes às tarefas a serem desempenhadas, objetivamente definidos, não são vedados, desde que possam ser justificados em razão da natureza do trabalho.

---

(178) BARROS, Alice Monteiro de. *A mulher e o direito do trabalho.* São Paulo: LTr, 1995. p. 141-142.
(179) ORGANIZAÇÃO INTERNACIONAL DO TRABALHO. *Equal pay:* an introductory guide. Genebra: International Labour Office, 2013. p. 60.
(180) ORGANIZAÇÃO INTERNACIONAL DO TRABALHO. *Equal pay:* an introductory guide. Genebra: International Labour Office, 2013. p. 91.
(181) LIMA, Firmino Alves. *Mecanismos antidiscriminatórios nas relações de trabalho.* São Paulo: LTr, 2008. p. 95.
(182) BRASIL. *Decreto n. 62.150, de 19 de janeiro de 1968. Promulga a Convenção n. 111 da OIT sobre discriminação em matéria de emprego e profissão.* Disponível em: <http://www.planalto.gov.br/ccivil_03/decreto/1950-1969/D62150.htm>. Acesso em: 10 set. 2015.

Necessário também compreender os conceitos de discriminação direta e indireta, segundo o entendimento da OIT.

A discriminação direta ocorre quando um tratamento menos favorável é baseado, de forma explícita ou implícita, em uma ou mais razões vedadas. Já a discriminação indireta se refere a situações, regulamentos ou práticas aparentemente neutras, mas que resultam na prática em tratamento desigual de pessoas com certas características — ou seja, quando o mesmo critério ou condição é aplicado a todos, mas resulta num impacto desproporcionalmente desfavorável em algumas pessoas, com base em características como raça, cor, sexo ou religião, quando não seja relacionado com os requisitos básicos para o trabalho[183].

Como exemplos de discriminação direta, podem ser mencionados o assédio sexual, ou a recusa na contratação de uma empregada em virtude do estado de gravidez.

Antonio Vallebona esclarece que a discriminação é considerada direta quando decorre de um critério de diferenciação vedado pela lei, ao passo que a discriminação é indireta quando o critério adotado é formalmente neutro, mas acarreta efeitos desvantajosos a trabalhadores com características típicas protegidas pela lei. Assinala que os conceitos de discriminação direta e indireta também foram adotados por leis italianas e por diretivas da União Europeia[184] (que serão analisadas em item *infra*).

Casos de discriminação indireta podem ser identificados na jurisprudência da Corte Europeia, que apreciou questões em que se alegava a utilização de critérios aparentemente neutros para discriminar mulheres trabalhadoras. Firmino Alves Lima cita o caso *Jenkings* contra *Kingsgate Ltd* (assunto 96/80), no qual se discutiu a licitude da prática da empresa de pagar aos trabalhadores em tempo parcial um valor para a hora de trabalho dez por cento inferior ao valor da hora de trabalho paga aos trabalhadores por tempo integral. A Sra. Jenkings pleiteou a equiparação salarial com um homem que desempenhava função idêntica a sua, mas trabalhava em tempo integral. A decisão da Corte Europeia reconheceu que a diferença na remuneração da hora de trabalho em tempo integral e em tempo parcial era uma forma indireta de reduzir a remuneração dos trabalhadores em tempo parcial, em uma realidade em que este grupo de trabalhadores era exclusiva ou predominantemente composto de mulheres[185].

A Convenção n. 111 da OIT prevê em seu art. 2º, de maneira ampla, a obrigação de se promover, por métodos adequados às circunstâncias e aos usos nacionais, a igualdade de oportunidade e de tratamento em matéria de emprego e profissão, com o objetivo de eliminar toda discriminação nessa matéria.

Firmino Alves de Lima ressalta que a Convenção não prevê diretamente qualquer sanção em favor do trabalhador que tenha recebido tratamento diferenciado e prejudicial, mas opta por determinar que os Estados adotem uma política nacional no sentido de eliminar a discriminação. Assim, as punições ficarão por conta dos ordenamentos nacionais. Ressalta o autor que, desse modo, a Convenção tem o mérito de estabelecer "que os mecanismos antidiscriminatórios não podem agir isoladamente. É necessário, segundo as suas disposições, que seja adotada uma política geral antidiscriminatória nas relações do trabalho com várias tarefas a serem cumpridas"[186].

Observa Paula de Oliveira Cantelli que a Convenção prevê que o sujeito ativo da discriminação pode ser tanto o Estado como a iniciativa privada. Além disso, ressalta que as práticas discriminatórias podem se dar no período anterior à contratação, e não apenas no curso do contrato de trabalho, atingindo trabalhadores cujo acesso ao trabalho é dificultado por motivos ligados ao pertencimento a um grupo ou categoria alvo de discriminação[187].

Importante ressaltar que a necessidade de adoção da política nacional para a eliminação da discriminação inclui o estabelecimento de certos limites aos poderes discricionários do empregador, quando em conflito com o direito dos empregados de não sofrer práticas discriminatórias[188].

Em seu artigo 5º, a Convenção autoriza a adoção de ações afirmativas, pelo entendimento que apenas vedar a discriminação não é suficiente, por si só, para eliminar as práticas discriminatórias na realidade social. Assim, são

---

(183) ORGANIZAÇÃO INTERNACIONAL DO TRABALHO. *Giving globalization a human face: general survey on the fundamental conventions* (Parte "1b" do Relatório Geral do Comitê de Peritos na Aplicação de Convenções e Recomendações). 2012. Disponível em: <http://www.ilo.org/ilc/ILCSessions/101stSession/reports/reports-submitted/WCMS_174846/lang--en/index.htm>. Acesso em: 25 maio 2014.
(184) VALLEBONA, Antonio. *Istituzioni di diritto del lavoro: II Il raporto di lavoro*. 5. ed. Padova: Casa Editrice Dott. Antonio Milani, 2005. p. 264-265.
(185) LIMA, Firmino Alves. *Mecanismos antidiscriminatórios nas relações de trabalho*. São Paulo: LTr, 2008. p. 129.
(186) LIMA, Firmino Alves. *Mecanismos antidiscriminatórios nas relações de trabalho*. São Paulo: LTr, 2008. p. 302-304.
(187) CANTELLI, Paula Oliveira. *O trabalho feminino no divã*: dominação e discriminação. São Paulo: LTr, 2007. p. 169.
(188) BRONSTEIN, Arturo. *International and comparative labour law*: current chalenges. Genebra: Palgrave Macmillan, 2009. p. 126.

permitidas medidas específicas para eliminar, prevenir ou remediar situações passadas, no intuito de, ao instituir desigualdades estruturais, atingir a igualdade real.

A Convenção n. 111 é complementada pela Recomendação n. 111, editada também em 1958. A Recomendação preconiza a igualdade de oportunidades e de tratamento entre os sexos no acesso a serviços de orientação e colocação profissional, formação e aprendizagem, bem como a promoções, de acordo com sua conduta, experiência e capacidade[189].

Em seu artigo 2º, a Recomendação menciona a discriminação quanto às condições de trabalho, incluindo-se a jornada de trabalho, períodos de descanso, descanso semanal remunerado, saúde e segurança no trabalho, seguridade social e prestações sociais relacionadas ao emprego. E, como observa Firmino Alves Lima, "A situação de dispensa também é prevista implicitamente na norma, eis que a Recomendação n. 111, no seu item 2, *b*, inciso IV, também prevê a segurança no emprego"[190].

A importância da utilização das normas internacionais existentes em matéria de discriminação pelos juízes e Tribunais nacionais foi enfatizada pelo Comitê de Peritos da OIT, que considera imprescindível aumentar a capacidade das autoridades competentes, incluindo juízes, para identificar e tratar os casos de discriminação nas relações de trabalho e desigualdade salarial. Segundo a OIT, os juízes possuem a importante tarefa de construir uma jurisprudência que promova os princípios de não discriminação trazidos nos Tratados e Convenções internacionais sobre o tema, notadamente as de n. 100 e 111 da OIT[191], o que pode ser promovido por meio das redes internacionais de juízes.

As Convenções fundamentais no eixo da proteção contra a discriminação no trabalho, a que se refere a Declaração da OIT dos Princípios e Liberdades Fundamentais no Trabalho de 1998 são as de número 100 e 111. Contudo, diversas outras Convenções Internacionais da OIT trazem previsões que pretendem atacar a discriminação contra o trabalho da mulher, que serão analisadas em seguida.

E) *Convenção n. 117, sobre objetivos e normas básicas da política social, de 1962*

A Convenção n. 117 da OIT, de 1962, e em vigência internacional desde abril de 1964, em que pese não ser específica no que se refere à proteção da mão de obra feminina, vem estabelecer normas de caráter geral, a serem observadas por todos os Estados membros, para a promoção da elevação dos níveis de vida de sua população e do desenvolvimento aliado ao progresso social.

A parte V da Convenção n. 117 é destinada a não discriminação em matéria de raça, cor, sexo, crença, associação tribal ou filiação sindical. O artigo XIV estabelece que um dos fins da política social deve ser:

... suprimir qualquer discriminação entre trabalhadores fundada na raça, cor, sexo, crença, associação tribal ou filiação sindical, em matéria de:

a) legislação e convenções de trabalho, as quais deverão oferecer um tratamento econômico equitativo a todos aqueles que residam ou trabalhem legalmente no país;

b) admissões aos empregos, tanto públicos quanto privados;

c) condições de recrutamento e promoção;

d) oportunidades de formação profissional;

e) condições de trabalho;

f) medidas relativas à higiene, à segurança e ao bem-estar;

g) disciplina;

h) participação na negociação de acordos coletivos;

i) níveis de salário, os quais deverão ser fixados de conformidade com o princípio de retribuição idêntica por trabalho idêntico, no mesmo processo e na mesma empresa.

---

(189) BARROS, Alice Monteiro de. *A mulher e o direito do trabalho*. São Paulo: LTr, 1995. p. 155-156.
(190) LIMA, Firmino Alves. *Mecanismos antidiscriminatórios nas relações de trabalho*. São Paulo: LTr, 2008. p. 302.
(191) INTERNATIONAL LABOUR ORGANIZATION. *Giving globalization a human face*: general survey on the fundamental conventions (Parte "1b" do Relatório Geral do Comitê de Peritos na Aplicação de Convenções e Recomendações). 2012b. Disponível em: <http://www.ilo.org/ilc/ILCSessions/101stSession/reports/reports-submitted/WCMS_174846/lang--en/index.htm>. Acesso em: 25 maio 2014.

No item 2 do mencionado artigo, é relevante a previsão de que serão tomadas todas as medidas práticas e possíveis no sentido de reduzir quaisquer diferenças salariais resultantes de discriminação fundada nos critérios elencados, mediante a elevação dos níveis aplicáveis aos trabalhadores de menor remuneração.

Como ressalta Firmino Alves Lima, esta Convenção estabelece claramente que o progresso social é atingido também com a proibição da discriminação, que representa uma etapa importante para a obtenção do bem-estar social e do desenvolvimento da população[192].

F) Convenção n. 122, sobre política de emprego, de 1964

A Convenção n. 122 da OIT, que trata da política de emprego, foi editada em 1964 e também se refere incidentalmente à proteção contra a discriminação em razão do gênero.

Este diploma internacional visa a estimular o crescimento e o desenvolvimento econômico, a elevar os níveis de vida, a atender às necessidades de mão de obra e a solucionar o problema do emprego e do subemprego, como explica Alice Monteiro de Barros[193].

Em seu artigo 1º, "c", propõe a adoção de uma política que garanta:

> ... livre escolha de emprego e que cada trabalhador tenha todas as possibilidades de adquirir as qualificações necessárias para ocupar o emprego que lhe convier e de utilizar, neste emprego, suas qualificações, assim como seus dons, independentemente de raça, cor, sexo, religião, opinião política, ascendência nacional ou origem social.

Dessa forma, ao incentivar medidas que permitam a formação e qualificação profissional de trabalhadores de ambos os sexos, a Convenção atua para diminuir uma das causas da discriminação contra a mão de obra feminina, sendo importante instrumento a ser implementado para o combate a práticas discriminatórias no contexto das relações de trabalho.

G) Convenção n. 156, sobre trabalhadores com responsabilidades familiares, de 1981, e a Recomendação n. 165, de 1981

Editada em 1981, e em vigor no plano internacional desde 11.8.1983, a Convenção n. 156, sobre trabalhadores com responsabilidades familiares, complementada pela Recomendação n. 165, não é específica sobre a proteção do mercado de trabalho da mulher.

Entretanto, como já ressaltado, as mulheres são as que tradicionalmente, nos mais diversos países, assumem a maior parte das responsabilidades com a criação dos filhos e como cuidadoras de familiares idosos ou que necessitam de cuidados constantes. Assim, em que pese ser aplicável a trabalhadores de ambos os sexos, é inegável que a Convenção n. 156 aumenta a proteção às mulheres trabalhadoras, ao estabelecer medidas a serem adotadas para eliminar a discriminação contra trabalhadores que detenham responsabilidades familiares.

Segundo Arturo Bronstein, a discriminação por razões de responsabilidades familiares pode iniciar já no procedimento de seleção para um novo emprego, uma vez que candidatas podem ser recusadas caso o empregador entenda, mesmo com base em estereótipos, que seus encargos familiares as impedirão de realizar adequadamente suas tarefas. O autor recorda que o conflito entre trabalho e família é associado ao aumento do absenteísmo e da rotatividade de pessoal, a diminuição da produtividade e a uma piora na saúde física e mental. Além disso, trabalhadores com responsabilidades familiares são menos propensos a aceitar chamadas para trabalho extraordinário, turnos variáveis, tarefas realizadas em locais diferentes e viagens[194].

A Convenção determina aos Estados partes que adotem medidas para a promoção de serviços comunitários e criação de instituições de cuidados para as crianças e de ajuda à família, como creches e pré-escolas, para permitir aos pais a livre escolha de seu emprego. Alice Monteiro de Barros ressalta a importância da criação de berçários, creches e pré-escolas não só para assegurar às mulheres uma participação mais equitativa no mercado de trabalho, como também para atender às necessidades das crianças de alimentação, saúde e desenvolvimento intelectual[195].

---

(192) LIMA, Firmino Alves. *Mecanismos antidiscriminatórios nas relações de trabalho*. São Paulo: LTr, 2008. p. 299. p. 306.
(193) BARROS, Alice Monteiro de. *A mulher e o direito do trabalho*. São Paulo: LTr, 1995. p. 162.
(194) BRONSTEIN, Arturo. *International and comparative labour law*: current chalenges. Genebra: Palgrave Macmillan, 2009. p. 161-162.
(195) BARROS, Alice Monteiro de. *A mulher e o direito do trabalho*. São Paulo: LTr, 1995. p. 76-77.

Nos artigos 6º e 7º, são elencadas medidas destinadas a informar o público a uma melhor compreensão dos desafios enfrentados por essas trabalhadoras e ao incremento de sua orientação e formação profissional, visando a maior integração na população ativa e na readmissão ao mercado do trabalho após ausências em decorrência da assunção de encargos familiares[196].

Importante destacar o artigo 8º da Convenção n. 156, que prevê expressamente que "as responsabilidades familiares não constituem motivo válido para a cessação da relação de trabalho", constituindo importante mecanismo para vedar a dispensa discriminatória em virtude dos encargos familiares.

A Convenção n. 156 foi complementada pela Recomendação n. 165, do mesmo ano, que recomenda maior flexibilidade na organização dos horários de trabalho, de modo a reduzir progressivamente a duração da jornada, a organizar o trabalho noturno por equipes e dar atenção às necessidades de educação das crianças em caso de transferência de trabalhadores, seus responsáveis legais. Além disso, há previsões específicas relativas ao trabalho em tempo parcial, temporário e a domicílio, realizados predominantemente por mulheres[197].

H) Convenção n. 158, sobre o término da relação de trabalho por iniciativa do empregador, de 1982

A Convenção n. 158, aprovada internacionalmente em 1982, entrou em vigência internacional a partir de 23 de novembro de 1985, e também traz dispositivos importantes no combate contra a discriminação.

Em seu artigo 4º, estabelece que não se terminará uma relação de emprego, a menos que exista uma causa justificada relacionada à capacidade ou comportamento do trabalhador, ou baseada nas necessidades de funcionamento da empresa, estabelecimento ou serviço.

O artigo 5º define que entre os motivos que não constituem causa justificada para a terminação da relação de trabalho se encontram os seguintes:

a) a filiação a um sindicato ou a participação em atividades sindicais fora das horas de trabalho ou, com o consentimento do empregador, durante as horas de trabalho;

b) ser candidato a representante dos trabalhadores ou atuar ou ter atuado nessa qualidade;

c) apresentar uma queixa ou participar de um procedimento estabelecido contra um empregador por supostas violações de leis ou regulamentos, ou recorrer perante as autoridades administrativas competentes;

d) a raça, a cor, o sexo, o estado civil, as responsabilidades familiares, a gravidez, a religião, as opiniões políticas, ascendência nacional ou a origem social;

e) a ausência do trabalho durante a licença-maternidade.

Desse modo, a norma é importante para a proteção das mulheres contra a dispensa discriminatória motivada pelo mero fato de pertencer ao gênero feminino, ou em virtude de seu estado civil, de suas responsabilidades familiares, de gravidez ou do gozo de licença maternidade.

I) Outras Convenções e Recomendações da OIT

Outras Convenções e Recomendações da Organização Internacional do Trabalho trazem normas prevendo a igualdade de tratamento entre homens e mulheres nas relações de trabalho, e estabelecendo medidas protetivas contra a discriminação em razão do gênero.

Um exemplo importante é a Convenção n. 183, de 2000, que contém dispositivos destinados a proteger a mulher contra discriminação fundada na maternidade. Em seu artigo 8º, proíbe expressamente a rescisão imotivada do contrato da trabalhadora durante a gestação, durante a licença maternidade ou durante determinado período subsequente ao seu retorno ao trabalho. Além disso, determina a adoção de medidas para assegurar que a maternidade não seja fonte de discriminação no emprego, inclusive no acesso a este, sendo vedada a exigência de exames ou certificados de testes de gravidez, exceto quando o trabalho for proibido ou restrito para gestantes ou houver risco significativo para a saúde da mulher ou da criança[198].

---

(196) BARROS, Alice Monteiro de. *A mulher e o direito do trabalho*. São Paulo: LTr, 1995. p. 79.
(197) BARROS, Alice Monteiro de. *A mulher e o direito do trabalho*. São Paulo: LTr, 1995. p. 80.
(198) ORGANIZAÇÃO INTERNACIONAL DO TRABALHO. *Direito internacional do trabalho e direito interno*: manual de formação para juízes, juristas e docentes em direito. Editado por Xavier Beaudonnet. Turim: Centro Internacional de Formação da OIT, 2011. p. 172.

A Convenção n. 183 foi resultado da revisão da Convenção n. 103, de 1952, que, por sua vez, havia absorvido e alterado a Convenção n. 3 da OIT, de 1919, em uma linha evolutiva no sentido de evitar que a força de trabalho feminina se tornasse mais onerosa em virtude da maternidade.

Outras Convenções Internacionais editadas no âmbito da OIT estabelecem normas protetivas do trabalho feminino, não sendo diretamente ligadas à proteção contra a discriminação em razão do gênero. Diversas Convenções da OIT, em função do contexto histórico em que surgiram e da visão anterior de que era necessário proteger o "sexo frágil", preveem limites ao trabalho da mulher no horário noturno, em horas extraordinárias, ou em condições insalubres e perigosas. Por exemplo, a Convenção n. 45 da OIT, de 1935, veda o emprego de mulheres em trabalhos subterrâneos nas minas.

Quanto ao trabalho noturno, a tendência inicial foi sua vedação, na Convenção n. 4, de 1919. Ao ser revista em 1934 pela Convenção n. 41, foi excluída tal proibição às trabalhadoras que ocupavam postos diretivos e de responsabilidade, desde que também não executassem trabalhos manuais. Posteriormente, a Convenção n. 89, de 1948, reviu as Convenções anteriores, para afrouxar estas proibições, considerando que a vedação ao trabalho noturno das mulheres tinha o efeito de reduzir-lhes oportunidades de empregos. Revista pelo Protocolo de 1990, passou a permitir que as legislações nacionais fixassem exceções à proibição do trabalho noturno das mulheres, desde que não envolvessem mulheres em gozo de licença maternidade e que fosse previamente consultadas as organizações de empregados e empregadores. Por fim, em 1990, foi aprovada a Convenção n. 171, que dispõe sobre o trabalho noturno, abrangendo todos os trabalhadores, homens ou mulheres. A proteção especial contra o trabalho noturno passou a se limitar às mulheres gestantes e em gozo de licença maternidade ou aos trabalhadores que, por razões de saúde, não estivessem aptos para esse trabalho.

Cabe mencionar, ainda, a Convenção n. 127, de 1967, que impõe limites ao trabalho de mulheres em transporte manual de cargas, estabelecendo que o peso das cargas que exijam esforço muscular deve ser inferior ao admitido para os homens[199].

Essas normas não são específicas sobre o combate à discriminação contra as mulheres no mercado de trabalho, sendo até mesmo criticadas por criar maiores dificuldades para a contratação de mão de obra feminina em algumas áreas. De toda forma, são medidas importantes que levam em consideração particularidades do trabalho feminino, principalmente no que se refere à situação especial da gestação e da maternidade, cumprindo papel importante na salvaguarda de direitos das mulheres.

Além dos mencionados instrumentos de aplicação em âmbito mundial, existem outros diplomas internacionais de alcance regional, originados em contextos de organizações regionais comunitárias, reafirmando os princípios de igualdade entre homens e mulheres e vedando a discriminação, os quais passam a ser examinados.

3.3. A PROTEÇÃO CONTRA A DISCRIMINAÇÃO DO TRABALHO DA MULHER NOS ÂMBITOS REGIONAIS: EUROPA E AMÉRICAS

Partindo-se de uma análise comparativa das normas incidentes na Itália e no Brasil, este trabalho examinará os diplomas normativos relativos à União Europeia (UE) e às Américas, em especial às normas editadas no âmbito do Mercado Comum do Sul (MERCOSUL).

3.3.1. Normas editadas na União Europeia

A União Europeia é o mais bem sucedido modelo de organização e integração regional entre 28 Estados europeus, tendo iniciado pela união econômica e evoluído para a integração política, com a instituição de uma moeda única e da livre circulação de pessoas, bens e serviços.

Foi instituída, primeiramente, como Comunidade Econômica Europeia, pelo Tratado de Roma, de 1957, derivada da Comunidade Europeia do Carvão e do Aço, a qual havia sido constituída por um tratado assinado em Paris em 18 de abril de 1951.

Posteriormente, evoluiu para a União Europeia, pela assinatura do Tratado sobre a União Europeia, de Maastrich, em 1992. Referido documento foi modificado pelo Tratado de Amsterdam, que modifica o Tratado sobre a União Europeia, de 1997, e pelo Tratado de Nice, de 2001. O Tratado de reforma de Lisboa, de 2007, também promoveu alterações nos diplomas constitutivos da União Europeia.

---

(199) CANTELLI, Paula Oliveira. *O trabalho feminino no divã*: dominação e discriminação. São Paulo: LTr, 2007. p. 169-173.

Giancarlo Perone alerta para o fato que a constituição de organismos supranacionais, aos quais os Estados membros cedem uma parcela de soberania, também representa fator de enfraquecimento das ordens jurídicas internas nos diversos países, juntamente com os fenômenos acarretados pela globalização[200]. Sendo assim, as normas comunitárias detêm cada vez mais influência nos ordenamentos nacionais, sendo imperioso o seu estudo.

Importa ressaltar, ainda, que os tratados internacionais editados no âmbito da ONU e da OIT são vinculantes apenas em relação aos Estados que os ratificaram, e dependem também da vontade dos Estados em realmente os tornarem efetivos internamente, adotando uma série de medidas para sua verdadeira incorporação. Já no que se refere às normas editadas nos blocos regionais, estas são diretamente vinculantes para os Estados membros do bloco independentemente de ratificação, podendo ser aplicadas diretamente pelos magistrados nacionais[201]. Além disso, no caso da União Europeia, a aplicação das normas comunitárias é diretamente exigida pelos órgãos jurisdicionais supranacionais, que se articulam com as cortes nacionais, fornecendo a interpretação que deve ser dada às normas a serem aplicadas nos Estados membros[202].

A) Convenção Europeia de Direitos Humanos, de 1950

Antes mesmo da instituição da União Europeia, os Estados que faziam parte do Conselho da Europa[203] assinaram em Roma, em 4 de novembro de 1950, a Convenção Europeia de Direitos Humanos, inspirada pela Declaração Universal dos Direitos Humanos.

A Convenção Europeia de Direitos Humanos possui um mecanismo especial de supervisão, consistente no Tribunal Europeu de Direitos Humanos, que aprecia reclamações concernentes a violações dos direitos protegidos pela Convenção, por parte dos Estados que a ratificaram.

No campo da proibição contra práticas discriminatórias, são relevantes as previsões do artigo 14, o qual estabelece que o exercício dos direitos e liberdades previstos nesta Convenção devem ser assegurados sem discriminação de qualquer tipo, como de sexo, raça, cor, língua, religião, opinião política ou de outro tipo, associação com uma minoria nacional, propriedade, nascimento, casamento ou outra situação.

Para Olivier de Schutter, o artigo 14 não cria uma proteção independente contra a discriminação, mas deve ser invocado em conjunto com os outros dispositivos da Convenção ou de um de seus Protocolos Adicionais que preveem proteção contra práticas discriminatórias. Para o autor, o artigo pode ser utilizado quando a discriminação é verificada em prejuízo do exercício dos direitos assegurados na Convenção[204].

Registram Massimo Roccella e Tiziano Treu que no Tratado sobre a União Europeia adotado em Maastricht em 1992 (vide item *infra*), foi inserida uma norma, de certa forma ambígua, afirmando que "a União respeita os direitos fundamentais garantidos pela Convenção Europeia para a salvaguarda dos direitos do homem e das liberdades fundamentais ... e que resultam das tradições constitucionais comuns dos Estados membros, enquanto princípios gerais de direito comunitário", a qual foi visivelmente aplicada na jurisprudência da Corte de Justiça Europeia, para fazer valer a Convenção Europeia de Direitos Humanos. Posteriormente, no Tratado de Lisboa, de 2007, foi afirmado de forma mais clara, no artigo 6.2, que "a União adere à Convenção europeia para a salvaguarda dos direitos humanos e das liberdades fundamentais"[205].

Em 2000, foi adotado o Protocolo Adicional n. 12 à Convenção Europeia de Direitos Humanos, que incluiu uma previsão geral de não discriminação para os Estados partes, em seu artigo 1º, que prevê o seguinte:

> 1. O gozo de todo e qualquer direito previsto na lei deve ser garantido sem discriminação alguma em razão, nomeadamente, do sexo, raça, cor, língua, religião, convicções políticas ou outras, origem nacional ou social, pertença a uma minoria nacional, riqueza, nascimento ou outra situação.

---

(200) PERONE, Giancarlo. *Lineamenti di diritto del lavoro*: evoluzione e partizione della materia, tipologia lavorative e fonti. Torino: G. Giappichelli Editore, 1999. p. 170.
(201) BRONSTEIN, Arturo. *International and comparative labour law*: current chalenges. Genebra: Palgrave Macmillan, 2009. p. 91-93.
(202) BRONSTEIN, Arturo. *International and comparative labour law*: current chalenges. Genebra: Palgrave Macmillan, 2009. p. 205.
(203) O Conselho da Europa é uma organização internacional fundada em 1949, com o propósito de defesa dos direitos humanos no âmbito europeu. Em seu âmbito, foi adotada a Convenção Europeia dos Direitos Humanos e instituído o Tribunal Europeu dos Direitos Humanos. O organismo não deve ser confundido com o Conselho da União Europeia, que é o órgão político onde são representados os Estados membros da União Europeia, nem com o Conselho Europeu, nome dado às reuniões onde são decididas as políticas que serão implementadas na União Europeia. (*Conselho da Europa*. Disponível em: <https://pt.wikipedia.org/wiki/Conselho_da_Europa>. Acesso em: 19 set. 2015).
(204) SCHUTTER, Olivier de. *International Human Rights Law*. Cambridge: Cambridge University Press, 2010. p. 571.
(205) ROCCELLA, Massimo; TREU, Tiziano. *Diritto del lavoro dell'Unione Europea*. 6. ed. Casa Editrice Dott. Antonio Milani, 2012. p. 80-84.

2. Ninguém pode ser objeto de discriminação por parte de qualquer autoridade pública com base nomeadamente nas razões enunciadas no número 1 do presente artigo.

Apesar de ter sido assinada antes da criação da União Europeia, a Convenção Europeia dos Direitos Humanos, com seu Protocolo Adicional, pode ser utilizada, no âmbito europeu, para reforçar a proteção contra a discriminação em razão do gênero no contexto das relações de trabalho.

Serão analisados, a seguir, os instrumentos internacionais elaborados já no bojo do bloco regional, que apresentam normas que vedam a discriminação.

B) *Tratado de Roma, de 1957*

Assinado em 25 de março de 1957, o Tratado de Roma instituiu a Comunidade Econômica Europeia, visando a estabelecer um mercado comum e uma aproximação progressiva das políticas econômicas dos Estados integrantes: Bélgica, França, Alemanha, Itália, Luxemburgo e Países Baixos. O tratado entrou em vigor em 1º.1.1958.

A maioria das normas comunitárias europeias originárias refletem a preocupação inicial voltada para finalidades econômicas, como explica Firmino Alves Lima[206], pelo que não há, neste primeiro momento, o reconhecimento expresso de muitos direitos fundamentais.

Entretanto, desde o Tratado de Roma, figurou entre os objetivos sociais assinalados a igualdade de remuneração entre homens e mulheres para trabalho igual, em seu artigo 119 (depois transformado em artigo 141, e atualmente, em seu artigo 157):

Cada Estado-membro garantirá, durante a primeira fase, e manterá em seguida a aplicação do princípio da igualdade de remunerações entre trabalhadores masculinos e trabalhadores femininos, por trabalho igual.

Segundo Roger Blainpain e Jean-Claude Javillier, referida norma tinha duplo objetivo: a consagração comunitária do princípio da igualdade de remuneração entre homens e mulheres já previsto na Convenção n. 100 da OIT, e o objetivo econômico de elevar um obstáculo a toda tentativa de *dumping* social que resultasse da utilização de mão de obra feminina inferiormente remunerada em comparação com a masculina[207].

De fato, a França já havia ratificado a Convenção n. 100 da OIT e temia a competição internacional em comparação com os países interlocutores no mercado comum que ainda não haviam ratificado o tratado internacional. Esses países poderiam se beneficiar economicamente ao permitir que as mulheres fossem pagas menos em comparação com a mão de obra masculina, dando vantagens comparativas a empresas de outros países, que empregassem mais mulheres, notadamente no setor têxtil, como ensina Arturo Bronstein[208].

O dispositivo, que inicialmente era encarado sob o ponto de vista econômico, passou, com o tempo, a ser visto como uma questão de direitos humanos pela Corte de Justiça Europeia.

Assevera Firmino Alves Lima que o primeiro caso judicial comunitário em que o artigo 119 do Tratado de Roma foi interpretado pela Corte de Justiça Europeia foi o caso *Defrenne II*, em que uma comissária de bordo (Sra. Gabrielle Defrenne) de uma empresa belga estatal (Societé Anonyme Belge de Navegation Aérienne — Sabena) questionou o fato de ter recebido remuneração inferior à dos comissários de bordo masculinos, postulando a diferença de remuneração percebida.

Ao apreciar o pleito, a Corte de Justiça Europeia afirmou que, pelo seu caráter peculiar e fundamental, o artigo 119 tinha efeitos verticais e horizontais, sendo aplicável não apenas contra os Estados, mas também poderia ser invocado contra empresários privados perante os tribunais nacionais. Entendeu também, que as previsões do Tratado de Roma possuem efeito direto e podem ser utilizadas por pessoas físicas ou jurídicas. Além disso, deixou claro que o artigo 119 seria suficiente para abranger a pretensão do reconhecimento do direito à igualdade de remuneração entre os sexos pela via judicial[209]. Arturo Bronstein acrescenta que foi neste julgado o reconhecimento de que o Tratado de Roma possuía fundamentos tanto econômicos como sociais, sendo afirmado que o

---

(206) LIMA, Firmino Alves. *Mecanismos antidiscriminatórios nas relações de trabalho*. São Paulo: LTr, 2008. p. 299. p. 102.
(207) BLAINPAIN, Roger; JAVILLIER, Jean-Claude. Droit du travail communautaire. Paris: LGJD, 1995. p. 217, apud LIMA, Firmino Alves. *Mecanismos antidiscriminatórios nas relações de trabalho*. São Paulo: LTr, 2008. p. 299. p. 213.
(208) BRONSTEIN, Arturo. *International and comparative labour law*: current chalenges. Genebra: Palgrave Macmillan, 2009. p. 87.
(209) LIMA, Firmino Alves. *Mecanismos antidiscriminatórios nas relações de trabalho*. São Paulo: LTr, 2008. p. 299. p. 215.

artigo 119 demonstra que o princípio de igualdade de remuneração é parte da base principiológica da Comunidade Europeia[210].

Pode-se concluir, portanto, que tal dispositivo enfatiza que o Tratado de Roma pretendeu a instituição de um bloco regional fundado na realização dos aspectos econômicos e dos aspectos sociais de forma equitativa, sendo importante para a defesa da prevalência da realização dos direitos humanos em âmbito europeu.

Em outra oportunidade, ao julgar o caso *Defrenne III*, a Corte de Justiça Europeia entendeu que o artigo 119 era uma manifestação específica do princípio de não discriminação em razão de sexo, reconhecendo que o respeito aos direitos fundamentais da pessoa humana é um dos princípios gerais do Direito Comunitário. Na decisão do caso, foi ressaltado que "O respeito pelos direitos fundamentais pessoais é um dos princípios gerais do Direito Comunitário... não pode haver dúvida de que a eliminação da discriminação com base no sexo é parte destes direitos fundamentais"[211].

O Tratado de Roma foi modificado pelo Ato Único Europeu, assinado em Luxemburgo em 17.2.1986 e em Haia, em 28.2.1986, tendo entrado em vigor em 1º.1.1987.

Posteriormente, esse Tratado institutivo da Comunidade Econômica Europeia foi substituído pelo Tratado sobre a União Europeia, assinado em Maastrich, em 1992, com suas posteriores modificações, que será tratado mais adiante.

C) Carta Social da Europa, de 1961

A Carta Social da Europa, assinada em 1961, entrou em vigor em 1962. Seu Protocolo Adicional foi firmado em 1988. Em 1996, sofreu um processo de revisão, que culminou na Carta Social da Europa Revista, a qual se destina a substituir progressivamente a versão anterior.

Já em seu preâmbulo, a Carta Social da Europa menciona que o gozo dos direitos sociais deve ser assegurado sem discriminação em razão de raça, cor, sexo, religião, opinião política, origem nacional ou social.

Na parte I do documento, é assegurada a igualdade de oportunidades e tratamento em matéria de emprego e profissão, sem discriminação fundada em sexo.

O artigo 1º esclarece que, para assegurar este direito, as partes se comprometem a adotar medidas para promover sua aplicação na formação profissional, acesso ao emprego, reciclagem, reinserção, readaptação profissional e condições de emprego, inclusive em matéria remuneratória e de desenvolvimento da carreira[212].

O artigo 4º, parágrafo 3º, reconhece o direito de homens e mulheres à retribuição igual para trabalho de igual valor, frisando novamente o princípio presente em vários instrumentos internacionais.

Em seu artigo 8º, a Carta apresenta disposições concernentes ao direito das mulheres empregadas à proteção, assegurando o direito à licença maternidade, a vedação da rescisão contratual durante este afastamento, o direito a tempo suficiente para a amamentação e a possibilidade dos Estados criarem limitações ao trabalho noturno, em minas subterrâneas ou em outras circunstâncias prejudiciais à saúde e segurança das mulheres.

Seu sistema de monitoramento é similar ao adotado nas Convenções da OIT, com a submissão de relatórios periódicos pelos Estados partes, a serem examinados pelo Comitê Europeu de Direitos Sociais. Em que pese o documento não ter força vinculante, Arturo Bronstein afirma ser inegável que as conclusões do Comitê Europeu de Direitos Sociais e os procedimentos de monitoramento realizados tiveram forte influência nas recentes alterações das legislações trabalhistas de um número considerável de Estados membros do Conselho da Europa[213]. É de se salientar que o autor não especifica os países que alteraram suas leis com base nestes procedimentos, mas a informação demonstra a interdependência entre os diplomas europeus e as ordens jurídicas internas dos países componentes do bloco regional.

Ressaltam Massimo Roccella e Tiziano Treu que a Carta Social, privada de efeitos vinculantes, é essencialmente um documento para a promoção dos objetivos comunitários, ao qual pode ser atribuído relevo em sede interpretativa do direito comunitário, como também no âmbito dos ordenamentos nacionais dos Estados membros[214].

---

(210) BRONSTEIN, Arturo. *International and comparative labour law*: current chalenges. Genebra: Palgrave Macmillan, 2009. p. 88.
(211) LIMA, Firmino Alves. *Mecanismos antidiscriminatórios nas relações de trabalho*. São Paulo: LTr, 2008. p. 299. p. 213.
(212) BARROS, Alice Monteiro de. *A mulher e o direito do trabalho*. São Paulo: LTr, 1995. p. 160-161.
(213) BRONSTEIN, Arturo. *International and comparative labour law*: current chalenges. Genebra: Palgrave Macmillan, 2009. p. 196.
(214) ROCCELLA, Massimo; TREU, Tiziano. *Diritto del lavoro dell'Unione Europea*. 6. ed. Casa Editrice Dott. Antonio Milani, 2012. p. 16.

Em 1996, a Carta Social Europeia sofreu um processo de revisão, tendo sido acrescido o artigo "E" em sua Parte V, prevendo que o gozo dos direitos reconhecidos no documento deve ser assegurado sem qualquer distinção baseada na raça, na cor, no sexo, na língua, na religião, nas opiniões políticas, ou em quaisquer outras opiniões, na ascendência nacional ou na origem social, na saúde, na pertença a uma minoria nacional, no nascimento ou em qualquer outra situação.

Como visto, a revisão da Carta Social da Europa acrescentou uma série de motivos discriminatórios não previstos anteriormente, reforçando o direito a não discriminação em diversos campos.

D) Carta Comunitária de Direitos Sociais Fundamentais dos Trabalhadores, de 1989

Nos anos oitenta, a consciência que o processo europeu de integração econômica não poderia prescindir de concretizar medidas aptas a assegurar direitos sociais comuns a todos os cidadãos europeus, ou pelo menos aos trabalhadores subordinados, com a finalidade de evitar o fenômeno do *dumping* social, levou à ideia de elaboração de normas sociais no ordenamento comunitário[215].

Surge, assim, a Carta Comunitária de Direitos Sociais Fundamentais dos Trabalhadores, de 9 de dezembro de 1989, que já em seu preâmbulo afirma que no quadro de construção de um mercado único europeu deve se conferir aos aspectos sociais a mesma importância dada aos aspectos econômicos.

Luisa Galantino registra que o perfil jurídico da Carta é de *soft law*[216], não vinculante diretamente, já que representa uma declaração solene dos direitos sociais fundamentais, cuja efetivação deve ser feita por iniciativa de cada Estado membro[217].

De toda forma, o documento firma a posição da comunidade internacional europeia de proteção aos direitos humanos sociais, incentivando os Estados a empreender esforços para a efetivação dos direitos trabalhistas em seus territórios. Posteriormente, encontram-se referências expressas à Carta Comunitária de Direitos Sociais Fundamentais dos Trabalhadores em novos diplomas normativos comunitários, mostrando a continuidade da política social que se pretendeu instituir com esse documento.

Um dos direitos sociais fundamentais solenemente proclamados na Carta é o da igualdade de tratamento e de oportunidade entre homens e mulheres, sobretudo no que tange ao acesso ao trabalho e às condições de trabalho.

O artigo 16 da Carta dispõe que os Estados membros devem intensificar, onde for necessário, as ações destinadas a garantir a aplicação do princípio da igualdade entre homens e mulheres. Tais ações devem atuar no acesso ao emprego, remuneração, condições de trabalho, proteção social, educação, formação profissional e evolução de carreiras. Além disso, devem desenvolver medidas que permitam aos homens e mulheres conciliar suas responsabilidades profissionais e familiares.

Tais disposições são importantes para reforçar a proteção contra a discriminação em razão de gênero, tendo influenciado novos tratados elaborados no âmbito europeu.

E) Tratado de Maastrich, de 1992

O Tratado de Maastrich, firmado em 07 de fevereiro de 1992, também denominado de "Tratado sobre a União Europeia", reflete o aprofundamento do processo em direção à constituição de uma união econômica e monetária e uma união política, indicando as etapas e condições necessárias para tanto. Além de manutenção da comunidade econômica, incrementou a cooperação em matéria de política externa e segurança comum e em matéria de justiça e negócios internos.

A este ponto, já havia aumentado o número de Estados membros, com a adesão do Reino Unido, da Irlanda e da Dinamarca em 1973, da Grécia, em 1981, e da Espanha e de Portugal, em 1986[218].

---

(215) GALANTINO, Luisa. *Diritto comunitario del lavoro*. Torino: G. Giappichelli Editore, 2008. p. 56.
(216) "*Soft law*" é uma expressão utilizada no Direito Internacional Público para designar normas jurídicas mais flexíveis, que não são diretamente vinculantes, mas que atingem diretamente os Estados, ao prever princípios e objetivos a serem perseguidos (MAZZUOLI, Valerio Oliveira. *Curso de direito internacional público*. 4. ed. rev., atual. e ampl. — São Paulo : Revista dos Tribunais, 2010. p. 134).
(217) GALANTINO, Luisa. *Diritto comunitario del lavoro*. Torino: G. Giappichelli Editore, 2008. p. 57.
(218) ADAM, Roberto; TIZZANO, Antonio. *Manuale di diritto dell'Unione Europea*. Torino: G. Giappichelli Editore, 2014. p. 21.

O tratado trouxe inovações na questão social através do seu Protocolo Social anexado ao novo Tratado da União Europeia, e criou a união econômica e monetária, pretendendo a instituição da moeda única europeia (Euro).

É importante a inovação constante no artigo 2º do Protocolo sobre a Política Social, ampliando de modo significativo as matérias para as quais poderiam ser tomadas decisões em sede comunitária por maioria qualificada (e não apenas por unanimidade) para além do tema do ambiente de trabalho: condições de trabalho, informação e consulta dos trabalhadores, igualdade entre homens e mulheres em relação a oportunidades no mercado de trabalho e ao tratamento no trabalho[219].

Destacam Massimo Roccella e Tiziano Treu que a igualdade entre os sexos foi referida expressamente não apenas em relação ao tratamento no trabalho, mas também em relação às oportunidades no mercado de trabalho, confirmando a perspectiva de paridade de oportunidade já presente em diretivas da Comunidade Europeia[220] (*vide* item sobre as diretivas *infra*).

F) Tratado de Amsterdam, de 1997

Tratado de Amsterdam, firmado em 02 de outubro de 1997, entrou em vigor em 1º de maio de 1999, sendo indicado como o "Tratado que modifica o Tratado sobre a União Europeia, os Tratados que instituíram a Comunidade Europeia e alguns atos conexos".

Neste momento, também já faziam parte da União Europeia a Áustria, a Finlândia e a Suécia, que aderiram ao bloco em 1995[221].

Esse Tratado compilou as disposições contidas na Carta Social da Europa e no Tratado de Maastrich, inclusive o seu Acordo sobre a Política Social, evidenciando a maior relevância dada, no plano comunitário, aos direitos sociais fundamentais.

Segundo Luisa Galantino, o Tratado de Amsterdam pretendeu atingir quatro objetivos: colocar ao centro da ação comunitária o problema do emprego e dos direitos dos cidadãos, eliminar os obstáculos ainda existentes à livre circulação e à seguridade comum, aumentar o peso político da União Europeia no âmbito internacional, e melhorar o funcionamento do sistema institucional, considerando a futura ampliação comunitária[222].

Massimo Roccella e Tiziano Treu atentam para o fato que o tema da paridade entre os sexos foi tratado de forma mais precisa que na antiga disciplina contida no anterior artigo 119 do Tratado de Roma, de 1957. A partir do Tratado de Amsterdam, foi consagrado o princípio mais geral da "igualdade de oportunidades e da igualdade de tratamento entre homens e mulheres em matéria de emprego e de trabalho", redação esta constante do novo artigo 157 do Tratado sobre o funcionamento da União Europeia[223].

Assim, a igualdade retributiva entre homens e mulheres permanece como aspecto específico de um princípio mais geral de paridade que, por sua vez, é considerado um princípio geral da ordem jurídica comunitária[224].

G) Carta dos Direitos Fundamentais da União Europeia — Carta de Nice, de 2000

A necessidade de recuperar a centralidade dos direitos sociais no sistema jurídico comunitário levou o Conselho Europeu, reunido em Nice a partir de dezembro de 2000, em conjunto com o Parlamento Europeu e a Comissão, a proclamar a Carta dos Direitos Fundamentais da União Europeia. O Tratado de Nice, que modifica o Tratado sobre a União Europeia, foi firmado em 26 de fevereiro de 2001, e entrou em vigor em 1º de fevereiro de 2003.

Giancarlo Perone destaca que o empenho dos organismos comunitários no que se refere aos direitos fundamentais abarca, de maneira explícita, os direitos sociais, que assumem um papel central no documento[225].

---

(219) ROCCELLA, Massimo; TREU, Tiziano. *Diritto del lavoro dell'Unione Europea*. 6. ed. Casa Editrice Dott. Antonio Milani, 2012. p. 19.
(220) ROCCELLA, Massimo; TREU, Tiziano. *Diritto del lavoro dell'Unione Europea*. 6. ed. Casa Editrice Dott. Antonio Milani, 2012. p. 20.
(221) ADAM, Roberto; TIZZANO, Antonio. *Manuale di diritto dell'Unione Europea*. Torino: G. Giappichelli Editore, 2014. p. 21.
(222) GALANTINO, Luisa. *Diritto del lavoro*. Torino: G. Giappichelli Editore, 2010. p. 84.
(223) ROCCELLA, Massimo; TREU, Tiziano. *Diritto del lavoro dell'Unione Europea*. 6. ed. Casa Editrice Dott. Antonio Milani, 2012. p. 290.
(224) ROCCELLA, Massimo; TREU, Tiziano. *Diritto del lavoro dell'Unione Europea*. 6. ed. Casa Editrice Dott. Antonio Milani, 2012. p. 291.
(225) PERONE, Giancarlo. *Lineamenti di diritto del lavoro: evoluzione e partizione della materia, tipologia lavorative e fonti*. Torino: G. Giappichelli Editore, 1999. p. 202.

São interessantes as indicações dos pressupostos, ideais e jurídicos, encontrados já no Preâmbulo do documento, afirmando que a União Europeia se funda sobre os valores indivisíveis e universais da dignidade humana, da liberdade, da igualdade e da solidariedade.

Na perspectiva de reafirmação de direitos humanos, é de particular interesse para o estudo do direito do trabalho a referência feita aos direitos reconhecidos na Carta dos Direitos Sociais Fundamentais dos Trabalhadores de 1989, e a Carta Social Europeia, de 1962, revista em 1996.

Relevante a disposição contida no artigo 9º, que reconhece a todos os indivíduos o direito ao matrimônio e a constituir uma família. A carta tutela a liberdade do trabalho para dedicar-se a encargos familiares, com referências pontuais à tutela contra a rescisão contratual por motivo ligado à maternidade ou o direito à licença maternidade[226].

O artigo 21 consagra o princípio da não discriminação:

21. Não discriminação

1. É vedada qualquer forma de discriminação fundada, em particular, no sexo, na raça, na cor da pele ou origem étnica ou social, nas características genéticas, na língua, na religião ou nas convicções pessoais, nas opiniões políticas ou de qualquer outra natureza, no pertencimento a uma minoria nacional, no patrimônio, no nascimento, na deficiência, na idade ou na orientação sexual.

2. No âmbito de aplicação dos tratados, salvo disposições específicas neles contidas, é vedada qualquer discriminação com base na nacionalidade.

Nota Giancarlo Perone que os motivos elencados para a discriminação repetem os critérios tradicionais de sexo, raça, cor de pele, origem étnica ou social, língua, religião ou fé, e opinião, com o acréscimo de outros critérios recentemente reconhecidos, como as características genéticas, a deficiência, a idade e a orientação sexual[227].

O artigo 23, por sua vez, traz previsão específica no que toca à paridade entre mulheres e homens, prevendo que esse direito deve ser assegurado em todos os campos, inclusive em matéria de ocupação, de trabalho e de retribuição. Ressalva o artigo que o princípio da paridade não obsta a manutenção ou a adoção de medidas que prevejam vantagens específicas em favor do sexo sub-representado.

Essas vantagens específicas se tratam das ações afirmativas, as quais buscam, para além da igualdade meramente formal, realizar a igualdade substancial entre homens e mulheres, levando na devida consideração os tratamentos desvantajosos sofridos pelas mulheres na realidade fática.

Luisa Galantino nota que a Carta de Nice não possui força vinculante direta para os Estados membros, por se tratar de uma declaração solene de direitos. No entanto, registra que o documento pode ser utilizado como parâmetro de referência substancial para todos os atores comunitários, sobretudo para orientar a atividade interpretativa da Corte de Justiça Europeia, como já foi realizado em algumas decisões relevantes do órgão[228].

Da mesma forma, o diploma pode e deve ser utilizado pelos magistrados nacionais de cada Estado membro na interpretação e na aplicação das normas comunitárias incidentes em seus respectivos ordenamentos.

A Carta de Nice foi adaptada e substituída em 2012 pela nova versão da Carta de Direitos Fundamentais da União Europeia, de 26 de outubro de 2012[229].

H) Projeto de uma Constituição para a União Europeia e o Tratado de Lisboa, de 2007

Em outubro de 2004, o Conselho da União Europeia editou o Tratado que estabelece uma Constituição para a Europa, o qual pretendia consolidar as normas constitutivas e de funcionamento da União Europeia em um só diploma, dando um caráter constitucional à construção europeia.

---

(226) PERONE, Giancarlo. *Lineamenti di diritto del lavoro*: evoluzione e partizione della materia, tipologia lavorative e fonti. Torino: G. Giappichelli Editore, 1999. p. 205.
(227) PERONE, Giancarlo. *Lineamenti di diritto del lavoro*: evoluzione e partizione della materia, tipologia lavorative e fonti. Torino: G. Giappichelli Editore, 1999. p. 206.
(228) GALANTINO, Luisa. *Diritto comunitario del lavoro*. Torino: G. Giappichelli Editore, 2008. p. 85.
(229) UNIÃO EUROPEIA. *Carta de Direitos Fundamentais da União Europeia, de 2012*. Disponível em: <http://eur-lex.europa.eu/legal-content/PT/TXT/PDF/?uri=CELEX:12012P/TXT&from=EN>. Acesso em: 13 set. 2015.

O projeto de uma Constituição para a Europa incorporou textualmente os direitos fundamentais previstos na anterior Carta de Nice, de 2000, ao invés de efetuar mera remissão, demonstrando a finalidade de lhes atribuir o pleno relevo constitucional.

São relevantes as previsões contidas no artigo II-81º do projeto, em que ficou estabelecido o princípio da não discriminação:

Não discriminação

1. É proibida a discriminação em razão, designadamente, do sexo, raça, cor ou origem étnica ou social, características genéticas, língua, religião ou convicções, opiniões políticas ou outras, pertença a uma minoria nacional, riqueza, nascimento, deficiência, idade ou orientação sexual.

2. No âmbito de aplicação do Tratado que institui a Comunidade Europeia e do Tratado da União Europeia, e sem prejuízo das disposições especiais destes Tratados, é proibida toda a discriminação em razão da nacionalidade.

Firmino Alves Lima ressalta que é preservada a igualdade em função da diversidade cultural, religiosa e linguística, entre homens e mulheres, das crianças, das pessoas idosas e das pessoas com deficiência. Especificamente, a igualdade entre os gêneros é respeitada em todos os níveis e, em especial, no emprego, trabalho e remuneração[230].

O novo Tratado, que continha o projeto para uma Constituição para a Europa, apesar de ter sido ratificado por alguns dos Estados membros da União Europeia, não chegou a entrar em vigor, notadamente após a recusa mediante referendos populares realizados na França e na Holanda, como explicam Massimo Roccella e Tiziano Treu[231].

Posteriormente, os preceitos constantes do documento foram inseridos em um Tratado de reforma da União Europeia, o Tratado de Lisboa, assinado em 13.12.2007[232], tendo entrado em vigor em 1º de dezembro de 2009.

Na ocasião de edição do tratado de reforma, também já haviam aderido à União Europeia os Estados de Chipre, Estônia, Letônia, Lituânia, Malta, Polônia, República Checa, Eslovênia, Eslováquia e Hungria, desde 2004, e Bulgária e Romênia, em janeiro de 2007[233].

O novo Tratado demonstra a vontade de reintroduzir políticas europeias no campo social, afirmando em seu artigo 2º, como valores fundamentais da União Europeia, a dignidade, a igualdade, a solidariedade e a paridade entre homens e mulheres, dando um alcance geral às normas antidiscriminatórias[234].

I) Diretivas referentes à discriminação por motivo de sexo

As Diretivas são atos normativos comunitários que vinculam os Estados destinatários apenas no que se refere ao resultado a ser alcançado proposto no ato, por meio das próprias instâncias nacionais, as quais poderão definir as formas e os meios para a obtenção dos escopos fixados.

A Corte de Justiça Europeia já fixou o entendimento no sentido da eficácia direta das diretivas no interior dos Estados membros nos casos em que houverem disposições claras, precisas e incondicionalmente aplicáveis, que não exijam atos executivos a serem adotados pelos Estados. Nessas hipóteses, as normas das diretivas prevalecem sobre as normas de direito interno que forem com elas contrastantes, que não devem mais ser aplicadas pelos magistrados nacionais, como esclarece Luisa Galantino[235].

Pontua Giancarlo Perone que, no campo trabalhista, o instrumento comunitário privilegiado utilizado é a diretiva, já que consiste no meio precípuo empregado com a finalidade de aproximação entre as disposições normativas dos Estados-membros. Os regulamentos comunitários possuem uma importância marginal, normalmente

---

(230) LIMA, Firmino Alves. *Mecanismos antidiscriminatórios nas relações de trabalho*. São Paulo: LTr, 2008. p. 299. p. 103.
(231) ROCCELLA, Massimo; TREU, Tiziano. *Diritto del lavoro dell'Unione Europea*. 6. ed. Casa Editrice Dott. Antonio Milani, 2012. p. 31.
(232) GALANTINO, Luisa. *Diritto del lavoro*. Torino: G. Giappichelli Editore, 2010. p. 84-85.
(233) ADAM, Roberto; TIZZANO, Antonio. *Manuale di diritto dell'Unione Europea*. Torino: G. Giappichelli Editore, 2014. p. 23.
(234) ROCCELLA, Massimo; TREU, Tiziano. *Diritto del lavoro dell'Unione Europea*. 6. ed. Casa Editrice Dott. Antonio Milani, 2012. p. 34.
(235) GALANTINO, Luisa. *Diritto comunitario del lavoro*. Torino: G. Giappichelli Editore, 2008. p. 33.

concentrando-se na problemática da liberdade de circulação de trabalhadores na área comunitária, mas sem trazer disposições diretamente relacionadas às condições de trabalho[236].

No que se refere ao tema da discriminação em razão de gênero, há uma série de diretivas da União Europeia tratando da questão, representando importantes diplomas normativos para o combate às práticas discriminatórias que impedem a igualdade de tratamento entre homens e mulheres no mercado de trabalho.

A primeira das diretivas é a de n. 75/117, de 10 de fevereiro de 1975, que visava realizar o princípio da igualdade de remuneração entre os sexos, previsto no artigo 119 do Tratado de Roma. A diretiva reconheceu o caráter prioritário de ações em favor das mulheres no acesso ao emprego, formação e promoção pessoal, além de proibir que disposições contrárias ao princípio da igualdade de remuneração figurem em normas coletivas, tabelas, acordos salariais ou contrato de trabalho, protegendo as trabalhadoras que reivindicassem o princípio da igualdade de remuneração contra medidas retaliatórias. Por fim, estabeleceu a obrigatoriedade de informação dos trabalhadores sobre o princípio de igualdade de remuneração, estabelecendo o prazo de um ano para a implementação das medidas[237].

Com base nesta diretiva, foi julgado em 13 de maio de 1986 o caso paradigmático *Bilka* (assunto 170/84), no qual a Corte Europeia entendeu ser discriminatória a prática da empresa alemã de excluir de seu sistema de pensões de seguridade social os trabalhadores em tempo parcial, a menos que tivessem trabalhado em tempo integral por ao menos quinze anos. No caso, a Sra. *Karin Weber von Hartz* requereu sua inclusão no plano de pensões, mas teve o requerimento negado, pois em seus quinze anos de trabalho para a empresa, apenas quatro haviam sido em tempo integral. A Corte Europeia entendeu se tratar de hipótese de discriminação indireta, concluindo pela violação do art. 119 do Tratado de Roma e da Diretiva 75/117 da União Europeia, que proíbem a discriminação remuneratória entre os gêneros. Segundo a decisão, a prática da empresa alemã afetava de maneira prejudicial um número muito maior de mulheres que trabalhavam em tempo parcial[238].

A diretiva 76/207, de 9 de fevereiro de 1976, foi a que primeiro dispôs sobre a igualdade de tratamento entre homens e mulheres, ampliando a proteção contra a discriminação para além do aspecto remuneratório. A diretiva aponta como ponto principal a igualdade de tratamento entre homens e mulheres no acesso ao emprego, mencionando os critérios de seleção, bem como em relação à formação, ao aperfeiçoamento e à reciclagem profissionais, e às condições de trabalho, agregando a proteção contra a discriminação motivada pela maternidade, pela situação familiar e pelo estado civil.

No mais, a diretiva consagrou a proteção tanto contra a discriminação direta como contra a discriminação indireta, inclusive em relação ao estado civil ou familiar, além de reconhecer a possibilidade de instituição de ações visando corrigir as desigualdades de fato e promover a igualdade de oportunidades entre homens e mulheres. Também foi prevista a proteção contra a dispensa retaliatória e a ampla informação aos trabalhadores sobre as medidas previstas, a serem implementadas no prazo de 30 meses[239].

Importa destacar que segundo o artigo 1º da diretiva, dentre as condutas que podem ser consideradas discriminatórias em razão do gênero, estão compreendidos os assédios direcionados a mulheres, principalmente o assédio sexual, como registra Antonio Vallebona[240].

O assédio sexual é uma forma específica de violência que tem a mulher como vítima primordial (mas não exclusiva), configurando prática discriminatória nas relações de trabalho, ofendendo diretamente sua dignidade e suas esferas moral, física e psíquica. Além disso, como nota Alexandre Agra Belmonte, ao sofrer atos de assédio sexual, as mulheres são mais suscetíveis a serem desacreditadas e se tornarem alvos de comentários de colegas de trabalho sobre as investidas sexuais sofridas de superiores hierárquicos[241].

Nota Arturo Bronstein que as normas comunitárias europeias foram os primeiros diplomas internacionais que expressamente mencionaram o assédio sexual como forma de discriminação contra as mulheres. Registra, porém, que apesar de a Convenção da ONU para a eliminação de todas as formas de discriminação contra as mulheres, de

---

(236) PERONE, Giancarlo. *Lineamenti di diritto del lavoro:* evoluzione e partizion della materia, tipologia lavorative e fonti. Torino: G. Giappichelli Editore, 1999. p. 301.
(237) LIMA, Firmino Alves. *Mecanismos antidiscriminatórios nas relações de trabalho.* São Paulo: LTr, 2008. p. 299. p. 217.
(238) LIMA, Firmino Alves. *Mecanismos antidiscriminatórios nas relações de trabalho.* São Paulo: LTr, 2008. p. 130.
(239) LIMA, Firmino Alves. *Mecanismos antidiscriminatórios nas relações de trabalho.* São Paulo: LTr, 2008. p. 299. p. 218-219.
(240) VALLEBONA, Antonio. *Istituzioni di diritto del lavoro:* II Il raporto di lavoro. 5. ed. Padova: Casa Editrice Dott. Antonio Milani, 2005. p. 265.
(241) BELMONTE, Alexandre Agra. O assédio à mulher nas relações de trabalho. In: FRANCO FILHO, Georgenor de Sousa (Coord.). *Trabalho da mulher:* homenagem a Alice Monteiro de Barros. São Paulo: LTr, 2009. p. 103.

1979, não conter menção específica à proibição do assédio sexual, o Comitê de eliminação de todas as formas de discriminação contra as mulheres, instituído por aquele tratado, expressamente reconheceu o assédio sexual como uma forma de violência contra as mulheres, em uma Recomendação Geral datada de 1989. No que se refere à OIT, nota que a Convenção n. 111 também não traz disposição expressa sobre o assédio sexual, mas que o Comitê de Peritos da OIT, em seu Relatório Geral sobre a Convenção n. 111, datado de 1996, afirmou expressamente que a proibição de tal prática está implícita no artigo 2º da Convenção, ao determinar que os Estados promovam medidas tendentes a eliminar qualquer discriminação em razão do gênero[242].

A diretiva 79/07, de 19 de dezembro de 1978 e a diretiva 86/178, de 24 de julho de 1986 trataram da questão da seguridade social, estabelecendo a igualdade de trato entre homens e mulheres na seguridade social, inclusive no que se refere aos planos empresariais[243].

A diretiva 86/613, de 11 de dezembro de 1986, previu a aplicação do princípio da igualdade de tratamento entre homens e mulheres que exerçam atividades independentes, incluindo a atividade agrícola, inserindo dispositivos relativos à proteção da maternidade e coibindo a discriminação por referência ao estado civil ou familiar. Esta diretiva foi importante ao consagrar a instituição de medidas necessárias para a reivindicação de direitos perante o judiciário, além de prever a necessidade de informação aos trabalhadores envolvidos[244].

A diretiva 92/85, de 19 de outubro de 1992, visava implementar medidas para promover a melhoria da saúde e segurança de trabalhadoras grávidas, puérperas ou lactantes no trabalho, estabelecendo a impossibilidade de dispensa imotivada desde o início da gravidez até o término da licença de 14 semanas consecutivas[245].

A diretiva 97/80, editada em 15 de dezembro de 1997 foi, na visão de Firmino Alves Lima, um dos maiores passos dados na busca de igualdade entre homens e mulheres no contexto da Comunidade Europeia, tendo representado um avanço na facilitação do reconhecimento judicial da discriminação[246].

Tal diretiva teve o importante papel de prever, expressamente, a inversão do ônus da prova, reconhecendo a dificuldade de produção de provas por parte de quem alega a quebra do princípio de isonomia. Esta dificuldade probatória já havia sido reconhecida pelo Tribunal de Justiça da Comunidade Europeia, em casos em que foi considerada presumível a discriminação.

No caso *Handels-og Kontorfunktionaerernes Forbund i Danmark* contra *Dansk Arbejdgiverforening*, o Tribunal de Justiça reconheceu que havia nos autos provas estatísticas de que as empregadas recebiam menos que os empregados, e que a empresa não conseguiu demonstrar o motivo desta disparidade. Segundo a decisão, se o sistema adotado pela empresa não é transparente e se uma queixa possui indícios razoáveis de discriminação salarial, ainda que não concludentes, o ônus da prova deve recair sobre o empregador, que deveria refutar as provas apresentadas demonstrando que seu sistema é neutro em termos de disparidades em razão do gênero[247].

Em seu artigo 2º, a diretiva 97/80 estabeleceu o conceito de discriminação indireta como sendo aquela que é baseada em uma disposição, critério ou prática aparentemente neutra, mas que afeta uma proporção consideravelmente mais elevada de pessoas de um sexo. Afirma que tais disposições serão válidas apenas quando adequadas e necessárias, sendo justificadas por fatores objetivos não relacionados com o sexo. Luisa Galantino assinala que essa nova definição marca a passagem de uma definição anterior de discriminação indireta meramente quantitativa, para outra contemporânea, que considera aspectos quantitativos e qualitativos, em virtude do entendimento que estava se consolidando perante a Corte de Justiça Europeia[248].

A nova diretiva estabelece também a obrigação de os Estados membros tomarem medidas necessárias, em conformidade com seus ordenamentos jurídicos, para estabelecer a inversão do ônus da prova, em casos em que a pessoa que se considere lesada apresentar elementos de fato constitutivos da presunção de uma discriminação direta ou indireta. Note-se que o ônus probatório não é automaticamente invertido, tendo como pressuposto a demonstração de indícios de discriminação.

---

(242) BRONSTEIN, Arturo. *International and comparative labour law*: current chalenges. Genebra: Palgrave Macmillan, 2009. p. 163-164.
(243) LIMA, Firmino Alves. *Mecanismos antidiscriminatórios nas relações de trabalho*. São Paulo: LTr, 2008. p. 299. p. 220.
(244) LIMA, Firmino Alves. *Mecanismos antidiscriminatórios nas relações de trabalho*. São Paulo: LTr, 2008. p. 299. p. 220-221.
(245) LIMA, Firmino Alves. *Mecanismos antidiscriminatórios nas relações de trabalho*. São Paulo: LTr, 2008. p. 299. p. 221-223.
(246) LIMA, Firmino Alves. *Mecanismos antidiscriminatórios nas relações de trabalho*. São Paulo: LTr, 2008. p. 299. p. 221.
(247) LIMA, Firmino Alves. *Mecanismos antidiscriminatórios nas relações de trabalho*. São Paulo: LTr, 2008. p. 222.
(248) GALANTINO, Luisa. *Diritto comunitario del lavoro*. Torino: G. Giappichelli Editore, 2008. p. 215.

A possibilidade de inversão do ônus probatório, nesses casos, parte do entendimento que a discriminação acontece, geralmente, de maneira insidiosa e velada, de forma que impor à vítima o encargo probatório traria enorme dificuldade prática. Assim, sendo evidenciados indícios ou elementos que suportem a presunção da discriminação, cabe ao empregador comprovar que os critérios ou parâmetros utilizados para a adoção da conduta são válidos e necessários, objetivamente considerados. Nas palavras de Paula Oliveira Cantelli: "quem põe o *discrímen* precisa provar a sua necessidade"[249].

Após a celebração do Tratado de Amsterdam, em 1997, houve verdadeira ampliação do combate à discriminação nas normas editadas no âmbito europeu em função do reconhecimento de novos motivos discriminatórios. As diretivas adotadas a partir de então refletem essa nova forma de encarar o problema, merecendo destaque duas diretivas editadas no ano 2000.

A diretiva 2000/43, datada de 29 de junho de 2000, trata da discriminação por outros fatores além do sexo, consagrando o princípio da igualdade de tratamento entre pessoas, sem distinção de origem racial ou étnica. Em suas considerações iniciais, faz referência a diversas normas das Nações Unidas de combate à discriminação, e reconhece que a União Europeia deverá procurar eliminar as desigualdades e promover a igualdade entre homens e mulheres em especial, tendo em vista que as mulheres são frequentemente vítimas de discriminação de múltipla índole (incluindo a discriminação racial)[250].

Cumpre observar, ainda, que a diretiva em questão reconhece que deve ser aproveitado todo o tratamento normativo, jurisprudencial e doutrinário relativo ao combate à discriminação por razão de gênero como modelo ideal a ser utilizado para lutar contra os demais tipos de discriminação. Além disso, repete as disposições da diretiva 97/80 quanto à inversão do ônus da prova, alterando, contudo, os conceitos dados para a discriminação direta e indireta: para a nova diretiva, a discriminação direta seria aquela que venha propiciar tratamento menos favorável que foi, é, ou será dado a outra pessoa em situação comparável, ao passo que a discriminação indireta ocorre em situações em que a vítima se encontra em desvantagem comparativa com outras pessoas (deixando, portanto, de focar no impacto de uma medida sobre um determinado grupo).

No mais, a diretiva reconhece o assédio como forma de discriminação, estimula a prática do diálogo social, prevê a instituição de órgão de promoção da igualdade de tratamento, além de possibilitar a implementação de ações afirmativas. Por fim, é relevante a previsão da adoção de um eficaz mecanismo de proteção contra a discriminação: sanções por meio de indenizações eficazes, proporcionais e dissuasivas em favor da vítima[251].

Por sua vez, a diretiva 2000/78, de 27 de novembro de 2000, ampliou a proteção contra a discriminação, criando um quadro geral de igualdade de tratamento no emprego e na atividade profissional, editando uma norma aberta para a defesa da igualdade de tratamento, com papel semelhante ao da Convenção n. 111 da OIT.

Foi adotado o mesmo princípio de que as normas, a doutrina e a jurisprudência relativas à proteção contra a discriminação em razão de gênero deveriam servir como princípios de aplicação da diretiva, revelando a preocupação da União Europeia de promover um mercado de trabalho favorável à inserção social[252].

A norma adota conceitos de discriminação direta e indireta similares aos fixados pela diretiva 2000/43, diferenciando apenas a questão da discriminação em relação aos portadores de deficiência. Prevê, em seu artigo 7º, a possibilidade de adoção de ações afirmativas.

Em seu artigo 8º, estabelece que suas regras representam requisitos mínimos, não obstando os Estados-membros de adotarem outras normas protetivas contra a discriminação. Em âmbito processual, prevê a ampla defesa em juízo, o auxílio e amparo judicial de entidades que promovam a defesa dos grupos envolvidos e a inversão do ônus da prova, prevendo também o estímulo ao diálogo social e a proteção contra atos de retaliação[253].

A diretiva 2002/73, adotada em 23 de setembro de 2002, alterou a antiga diretiva 76/207, implementando uma série de conceitos fundamentais para o reconhecimento e o combate à discriminação em virtude do gênero. Ela prevê, em seu artigo 21, a igualdade de todos os cidadãos europeus e um princípio geral de não discriminação, adotando os conceitos de discriminação direta e indireta utilizados nas diretivas 2000/43 e 2000/78, apenas adequando-os para motivação por sexo.

---

(249) CANTELLI, Paula Oliveira. *O trabalho feminino no divã*: dominação e discriminação. São Paulo: LTr, 2007. p. 155.
(250) LIMA, Firmino Alves. *Mecanismos antidiscriminatórios nas relações de trabalho*. São Paulo: LTr, 2008. p. 299. p. 226-227.
(251) LIMA, Firmino Alves. *Mecanismos antidiscriminatórios nas relações de trabalho*. São Paulo: LTr, 2008. p. 299. p. 229-230.
(252) LIMA, Firmino Alves. *Mecanismos antidiscriminatórios nas relações de trabalho*. São Paulo: LTr, 2008. p. 299. p. 230-231.
(253) LIMA, Firmino Alves. *Mecanismos antidiscriminatórios nas relações de trabalho*. São Paulo: LTr, 2008. p. 299. p. 231-233.

Segundo Firmino Alves Lima, a diretiva recebe um efeito direto de aplicação, por força do artigo 141, parágrafo 3º, do Tratado de Amsterdam. Ademais, adota um conceito de transversalidade, pretendendo promover a integração de todas as políticas gerais desenvolvidas pela União Europeia, além de prever o princípio de adição do valor comunitário aos valores locais (e não de substituição das normas nacionais por normas comunitárias).

Interessante notar, ainda, a incorporação expressa do assédio sexual como conteúdo específico da discriminação por razão de gênero, e a previsão do comprometimento de diversos atores sociais na aplicação do princípio da igualdade de tratamento entre homens e mulheres[254].

Em 5 de julho de 2006, o Parlamento Europeu e o Conselho da Europa entenderam por bem editar a diretiva 2006/54, que engloba em um único instrumento diretivas adotadas entre 1975 e 2002 (tendo substituído as disposições contidas nas diretivas 75/117 sobre paridade retributiva, 76/207 sobre paridade de condições de trabalho, 86/378, sobre paridade de regimes profissionais na seguridade social, e 97/80 sobre o ônus da prova da discriminação), no que concerne à igualdade de tratamento e de remuneração entre homens e mulheres[255], buscando coordená-las com a jurisprudência da Corte de Justiça Europeia.

A diretiva, sobre a implementação do princípio de igualdade de oportunidades e de tratamento entre homens e mulheres em matéria de emprego e ocupação, reafirma os conceitos de discriminação direta e indireta, prevê como manifestações particulares de discriminação o assédio, notadamente o assédio sexual, bem como os tratamentos desfavoráveis em virtude da gravidez ou a licença maternidade, e mantém as disposições relativas à facilitação do ônus da prova em questões de discriminação. Além disso, mantém os procedimentos de efetividade da tutela judicial contra a discriminação e as sanções contidas na diretiva 2002/73.

Relevante destacar que, em seu artigo 3º, a nova diretiva afirma que os Estados membros deverão adotar medidas visando a assegurar a igualdade prática entre homens e mulheres na relação de trabalho, prevendo a possibilidade de instituições de ações afirmativas[256].

Todas essas diretivas da União Europeia tiveram influência direta sobre as ordens jurídicas internas dos Estados membros, aumentando e complementando a proteção contra a discriminação em razão de gênero.

Em outras regiões, apesar de não ter sido alcançado o mesmo nível de integração obtido na União Europeia, outras organizações regionais estabelecem normas supranacionais que preveem a proteção contra a discriminação das mulheres, sendo aplicáveis no âmbito trabalhista. Serão examinadas as normas editadas nas Américas.

3.3.2. Normas editadas nas Américas

Os Estados situados nas Américas (América do Norte, América Central e América do Sul) não implementaram um bloco regional com a integração econômica e política no nível de aprofundamento identificado na Europa. No entanto, existem algumas tentativas de integração regional, com a participação da maioria dos Estados americanos ou relativas a parte deles.

As que exercem maior influência no Brasil são a Organização dos Estados Americanos (OEA) e o Mercado Comum do Sul (MERCOSUL).

A Organização dos Estados Americanos (OEA) foi criada em 1948, com a assinatura da Carta da OEA, a partir da anterior União Pan Americana, que foi renomeada, tendo 21 membros àquela época. Gradualmente, foi expandindo o número de Estados membros, contando atualmente com 35 membros[257].

Em abril de 1948, junto com o estabelecimento da OEA, foi adotada uma Declaração Americana dos Direitos e Deveres do Homem, tendo sido criada uma Comissão Interamericana de Direitos Humanos para receber denúncias de violações de direitos humanos. Ao se tornar membro da OEA, o Estado membro automaticamente reconhece a competência desta Comissão[258].

Já na Carta da OEA, de 1948, os Estados Americanos proclamam direitos fundamentais da pessoa humana, sem distinção de raça, nacionalidade, credo ou sexo (artigo 3º, "l"), reiterando que todos os seres humanos, sem distinção de raça, sexo, nacionalidade, credo ou condição social, têm direito ao bem-estar material e a seu desen-

---

(254) LIMA, Firmino Alves. *Mecanismos antidiscriminatórios nas relações de trabalho*. São Paulo: LTr, 2008. p. 299. p. 234-235.
(255) BRONSTEIN, Arturo. *International and comparative labour law*: current chalenges. Genebra: Palgrave Macmillan, 2009. p. 132.
(256) BRONSTEIN, Arturo. *International and comparative labour law*: current chalenges. Genebra: Palgrave Macmillan, 2009. p. 177.
(257) ORGANIZAÇÃO DOS ESTADOS AMERICANOS. *Quem somos*. Disponível em: <http://www.oas.org/pt/sobre/quem_somos.asp>. Acesso em: 19 set. 2015.
(258) SCHUTTER, Olivier de. *International Human Rights Law*. Cambridge: Cambridge University Press, 2010. p. 26.

volvimento espiritual em condições de liberdade, dignidade, igualdade de oportunidades e segurança econômica (artigo 45).

No âmbito da OEA, portanto, foi organizado o sistema interamericano de proteção aos direitos humanos, com a criação de órgãos supranacionais para exame das queixas sobre violações dos direitos assegurados nos tratados interamericanos de direitos humanos.

Para Miguel F. Canessa Montejo, o sistema normativo da Organização Internacional do Trabalho e o sistema interamericano se complementam perfeitamente, já que o primeiro é um sistema especializado no campo trabalhista que conta com convenções internacionais muito mais detalhadas e precisas que no nível interamericano, ao passo que o segundo criou mecanismos de natureza jurisdicional mais aptos a assegurar o cumprimento dos tratados[259].

O Mercado Comum do Sul (MERCOSUL), por sua vez, é um bloco econômico regional na América do Sul, formado originalmente em 1991 por Brasil, Argentina, Uruguai e Paraguai, com o ingresso posterior da Venezuela, em agosto de 2012.

O MERCOSUL foi formado para a criação de um mercado comum, mas ainda se encontra na etapa de união aduaneira. Apresenta como órgãos institucionais o Grupo Mercado Comum, autoridade competente para a solução de controvérsias dentro do bloco, e o Conselho do Mercado Comum, criada para gerenciar as decisões políticas.

Serão examinadas as principais convenções relativas aos direitos humanos adotadas no âmbito dos dois organismos regionais.

A) *Convenção Americana de Direitos do Homem (Pacto de San José da Costa Rica), de 1969*

A Declaração Americana dos Direitos e Deveres do Homem, de 1948, que foi adotada com a criação da OEA, não possui natureza de tratado internacional ratificado pelos Estados, pelo que não teria força vinculante. No entanto, a assembleia geral da OEA, em diversas oportunidades, reconheceu o documento como fonte de obrigações internacionais para os Estados membros, já que contém e define os direitos humanos essenciais a que os órgãos da OEA se referem em suas práticas, complementando as disposições da Carta da OEA[260].

Para reforçar a obrigação de proteção aos direitos humanos no sistema interamericano, foi adotada, em 22 de novembro de 1969, em São José da Costa Rica, a Convenção Americana de Direitos Humanos, que entrou em vigor apenas em 18 de julho de 1978. O documento possui natureza de tratado internacional, ratificado pelos Estados membros da OEA, detendo força vinculante perante os Estados que a incorporaram em suas ordens jurídicas.

A Convenção Americana de Direitos Humanos contém previsões importantes no que se refere ao direito de não discriminação em seus artigos 1º e 24.

De acordo com o artigo 1º:

1. Os Estados-Partes nesta Convenção comprometem-se a respeitar os direitos e liberdades nela reconhecidos e a garantir seu livre e pleno exercício a toda pessoa que esteja sujeita a sua jurisdição, sem discriminação alguma por motivo de raça, cor, sexo, idioma, religião, opiniões políticas ou de qualquer natureza, origem nacional ou social, posição econômica, nascimento ou qualquer outra condição social.

2. Para os efeitos desta Convenção, pessoa é todo ser humano.

Já o artigo 24 estabelece igualdade de tratamento perante a lei afirmando que, por consequência, toda pessoa tem direito, sem discriminação, à igual proteção da lei.

Como visto, não há previsões expressas no Pacto de São José da Costa Rica que especifiquem a vedação da discriminação nas relações de trabalho, mas esta obrigação pode ser extraída das disposições gerais que asseguram tal proteção em todas as esferas da vida social.

---
(259) MONTEJO, Miguel F. Canessa. *El sistema interamericano de derechos humanos y la proteccion de los derechos humanos laborales*. Lima: Palestra Editores, 2014. p. 18.
(260) MONTEJO, Miguel F. Canessa. *El sistema interamericano de derechos humanos y la proteccion de los derechos humanos laborales*. Lima: Palestra Editores, 2014. p. 35.

De acordo com Miguel F. Canessa Montejo, a Corte Interamericana de Direitos Humanos entende que a não discriminação e a igualdade perante a lei são elementos constitutivos de um princípio básico e geral relacionado com os direitos humanos, e o fato destes direitos estarem previstos em tantos instrumentos internacionais é um reflexo de que existe um dever universal de respeitar e garantir os direitos humanos sem qualquer discriminação. Por esse dever universal, todos os Estados têm a obrigação de não introduzir em seus ordenamentos internos regulações discriminatórias, de eliminar de seus ordenamentos as regras de caráter discriminatório e de combater todas as práticas discriminatórias[261].

B) Protocolo Adicional à Convenção Americana de Direitos Humanos em matéria de Direitos Econômicos, Sociais e Culturais (Protocolo de San Salvador), de 1988

A Convenção Americana de Direitos Humanos foi complementada em 1988 por um Protocolo Adicional em matéria de Direitos Econômicos, Sociais e Culturais, firmado na cidade de San Salvador.

Considerando a estreita relação que existe entre os direitos econômicos, sociais e culturais e os direitos civis e políticos, o protocolo demonstra a indissociabilidade entre essas espécies de direitos humanos, e prevê a adoção progressiva de medidas pelos Estados membros visando a efetivação de tais direitos.

No artigo 3º, o Protocolo consagra a obrigação de não discriminação:

Artigo 3

Obrigação de não discriminação

Os Estados Partes neste Protocolo comprometem-se a garantir o exercício dos direitos nele enunciados, sem discriminação alguma por motivo de raça, cor, sexo, idioma, religião, opiniões políticas ou de qualquer outra natureza, origem nacional ou social, posição econômica, nascimento ou qualquer outra condição social.

Essa disposição se aplica no campo trabalhista e, como nota Arion Sayão Romita, a proibição de discriminar aplica-se à relação de emprego como um todo, desde a fase pré-contratual até o término, passando pela execução. Isto porque "pode ocorrer discriminação na etapa do recrutamento, seleção e admissão, como pode dar-se também no curso do contrato de trabalho e na cessação"[262].

Além disso, são relevantes as previsões do artigo 6º, que reconhece o direito ao trabalho a todas as pessoas. Em seu parágrafo 2º, dispõe o seguinte:

2. Os Estados Partes comprometem-se a adotar medidas que garantam plena efetividade do direito ao trabalho, especialmente as referentes à consecução do pleno emprego, à orientação vocacional e ao desenvolvimento de projetos de treinamento técnico-profissional, particularmente os destinados aos deficientes. Os Estados Partes comprometem-se também a executar e a fortalecer programas que coadjuvem um adequado atendimento da família, a fim de que a mulher tenha real possibilidade de exercer o direito ao trabalho.

Em que pese a redação adotada deixar transparecer o entendimento que as responsabilidades familiares são reservadas às mulheres, tal fato apenas reflete parcela da realidade social dos países americanos, em que tradicionalmente as tarefas domésticas e os cuidados com os filhos são desempenhados pelas mulheres e, portanto, assegurar tais programas garante o acesso das mulheres ao mercado de trabalho. Com efeito, sem políticas públicas que auxiliem a realização destes encargos, como a implementação de creches para as crianças pequenas, o acesso e a permanência feminina no mercado de trabalho são mais fortemente prejudicados.

No artigo 7º, é previsto o direito a condições justas, equitativas e satisfatórias de trabalho, tanto para homens quanto para mulheres, o que complementa a proteção contra a discriminação em razão de gênero, notadamente na alínea "c", que menciona o direito a promoções ou avanços na carreira levando em conta a competência, a probidade, o tempo de serviço e as qualificações do trabalhador ou trabalhadora.

---

(261) MONTEJO, Miguel F. Canessa. *El sistema interamericano de derechos humanos y la proteccion de los derechos humanos laborales*. Lima: Palestra Editores, 2014. p. 170-171.
(262) ROMITA, Arion Sayão. O combate à discriminação da mulher no mundo do trabalho, à luz das fontes internacionais com reflexos no ordenamento interno. In: FRANCO FILHO, Georgenor de Sousa (Coord.). *Trabalho da mulher*: homenagem a Alice Monteiro de Barros. São Paulo: LTr, 2009. p. 125.

O Protocolo de San Salvador, portanto, ampliou a proteção dos direitos humanos das mulheres no campo das relações de trabalho, trazendo previsões tendentes a combater a discriminação contra a mão de obra feminina nas Américas.

Ainda na esfera de atuação da Organização dos Estados Americanos, outros tratados trazem dispositivos de proteção contra a discriminação da mulher, que podem ser aplicados no campo trabalhista.

A Convenção Interamericana para Prevenir, Punir e Erradicar a Violência contra a Mulher, de 9 de junho de 1994, denominada Convenção de Belém do Pará, pretende proteger os direitos da mulher eliminando as formas de violência contra ela.

Em seu artigo 2, "b", menciona expressamente o assédio sexual no local do trabalho como forma de violência contra a mulher a ser combatida. Além disso, no artigo 6, "a", ressalta o direito de todas as mulheres de serem livres de qualquer forma de discriminação, o que pode ser estendido ao campo laboral[263].

A Convenção Interamericana contra Toda Forma de Discriminação e Intolerância, adotada em 5 de junho de 2013, pretende ampliar a proteção contra a discriminação pelos mais variados motivos. Em seu artigo 1º, define a discriminação:

> Discriminação é qualquer distinção, exclusão, restrição ou preferência, em qualquer área da vida pública ou privada, cujo propósito ou efeito seja anular ou restringir o reconhecimento, gozo ou exercício, em condições de igualdade, de um ou mais direitos humanos e liberdades fundamentais consagrados nos instrumentos internacionais aplicáveis aos Estados Partes. A discriminação pode basear-se em nacionalidade, idade, sexo, orientação sexual, identidade e expressão de gênero, idioma, religião, identidade cultural, opinião política ou de outra natureza, origem social, posição socioeconômica, nível educacional, condição de migrante, refugiado, repatriado, apátrida ou deslocado interno, deficiência, característica genética, estado de saúde física ou mental, inclusive infectocontagioso, e condição psíquica incapacitante, ou qualquer outra condição[264].

Assim, possível afirmar que a OEA vem paulatinamente expandindo o seu âmbito de atuação para vedar cada vez mais motivos discriminatórios, sempre reafirmando o direito a não discriminação em razão do gênero.

C) Declaração Sociolaboral do MERCOSUL

Quando da criação do Mercado Comum do Sul (MERCOSUL), em 1991, pelo Tratado de Assunção, a preocupação dos Estados signatários era de caráter econômico, pelo que não foram previstas normas de caráter social.

Posteriormente, em 10 de dezembro de 1998, foi firmada a Declaração Sociolaboral do MERCOSUL, composta de quatro partes: direitos individuais, direitos coletivos, outros direitos, e aplicação.

Oscar Ermida Uriarte explica que a edição do documento foi essencial para a construção de um espaço social do MERCOSUL:

> Assim, esta Declaração vem fazer parte da construção do espaço social do MERCOSUL, isto é, o conjunto de normas de instituições destinadas a atender a dimensão social do Mercado Comum do Sul, é dizer, o conjunto de efeitos sociais que provoca a integração regional. É que, efetivamente, todo processo de integração econômica — e mais ainda um como o MERCOSUL, que é uma união aduaneira multilateral e que aspira a constituir um mercado comum — gera um lado social, desenvolve uma dimensão social que deve ser considerada. Para atender esta 'dimensão social' (efeitos sociais permanentes e irreversíveis), é necessário construir um 'espaço social' (normas e órgãos que regulamentem e administrem tais efeitos).[265]

Assim, somada às ratificações das Convenções Internacionais do Trabalho da OIT por parte dos Estados membros, a Declaração Sociolaboral do MERCOSUL foi instituída para complementar a rede de proteção internacional dos trabalhadores deste bloco regional[266].

---

(263) MONTEJO, Miguel F. Canessa. *El sistema interamericano de derechos humanos y la proteccion de los derechos humanos laborales.* Lima: Palestra Editores, 2014. p. 74.
(264) ORGANIZAÇÃO DOS ESTADOS AMERICANOS. Convenção Interamericana contra Toda Forma de Discriminação e Intolerância. Disponível em: <http://www.oas.org/en/sla/dil/docs/inter_american_treaties_A-69_Convencao_Interamericana_discriminacao_intolerancia_POR.pdf>. Acesso em 15 out. 2015.
(265) URIARTE, Oscar Ermida. La declaración sociolaboral del MERCOSUR y su eficacia jurídica. In: ORGANIZAÇÃO INTERNACIONAL DO TRABALHO. *Direito internacional do trabalho e direito interno:* manual de formação para juízes, juristas e docentes em direito. Editado por Xavier Beaudonnet. Turim: Centro Internacional de Formação da OIT, 2011. p. 2.
(266) URIARTE, Oscar Ermida. La declaración sociolaboral del MERCOSUR y su eficacia jurídica. In: ORGANIZAÇÃO INTERNACIONAL DO TRABALHO. *Direito internacional do trabalho e direito interno:* manual de formação para juízes, juristas e docentes em direito. Editado por Xavier Beaudonnet. Turim: Centro Internacional de Formação da OIT, 2011. p. 3.

Os direitos à igualdade e a não discriminação nas relações de trabalho são previstos já nos artigos 1º e 2º, acentuando a relevância dada pelo documento a estes princípios.

O artigo 1º enuncia o princípio geral da não discriminação:

ARTIGO 1º

Não discriminação

1. Todo trabalhador tem garantida a igualdade efetiva de direitos, tratamento e oportunidades no emprego e ocupação, sem distinção ou exclusão por motivo de raça, origem nacional, cor, sexo ou orientação sexual, idade, credo, opinião política ou sindical, ideologia, posição econômica ou qualquer outra condição social ou familiar, em conformidade com as disposições legais vigentes.

2. Os Estados Partes comprometem-se a garantir a vigência deste princípio de não discriminação. Em particular, comprometem-se a realizar ações destinadas a eliminar a discriminação no que tange aos grupos em situação desvantajosa no mercado de trabalho.

O artigo 2º trata da vedação da discriminação de pessoas portadoras de necessidades especiais, estipulando a obrigação dos Estados partes de promover medidas em matéria de educação, formação, adequação dos ambientes de trabalho e acesso aos serviços coletivos para assegurar o exercício de atividades produtivas por parte dos portadores de necessidades especiais.

No artigo 3º, ficou estabelecida a obrigação dos Estados partes de garantir, mediante legislação e práticas trabalhistas, a igualdade de tratamentos e oportunidades entre mulheres e homens.

Em 17 de julho de 2015, foi assinada a nova versão da Declaração Sociolaboral do MERCOSUL, que efetuou uma revisão naquela de 1998. Já no preâmbulo da Declaração revista, ficou consignado que os Estados partes concordam com os princípios e valores da Declaração da Filadélfia (1944) da OIT, "particularmente, que todos os seres humanos, sem distinção de raça, credo ou sexo, tem direito a perseguir seu bem estar material em condições de liberdade e dignidade, de segurança econômica e de igualdade de oportunidades, e que alcançar estas condições deve ser o objetivo da política nacional e internacional dos países".

Ainda, é afirmado que os Estados signatários apoiaram a edição da Declaração da OIT relativa aos Princípios e Direitos Fundamentais no Trabalho (1998) e reafirmam o compromisso de promovê-la e respeitá-la, além de estarem comprometidos com as declarações, pactos, protocolos e outros tratados que "integram o patrimônio jurídico da Humanidade, entre eles a Declaração Universal dos Direitos Humanos (1948), o Pacto Internacional dos Direitos Civis e Políticos (1966), o Pacto Internacional dos Direitos Econômicos, Sociais e Culturais (1966), a Declaração Americana de Direitos e Obrigações do Homem (1948), a Carta Interamericana de Garantias Sociais (1947) e a Carta da Organização dos Estados Americanos (1948)".

No artigo 4º da Declaração revista é reafirmado o princípio da não discriminação, inclusive em razão de sexo, e no artigo 5º é ressaltada a obrigação de promoção da igualdade de oportunidades e de tratamento entre mulheres e homens.

Todos esses tratados internacionais e provenientes das organizações regionais formam um tecido normativo incidente nos Estados que consentem com sua aplicação. Incidem, portanto, nos territórios nacionais de grande parte dos países, se relacionando com as ordens jurídicas internas de cada Estado para compor uma estrutura de tutela contra a discriminação nas relações de trabalho.

Serão examinados, a seguir, como se deu a incorporação dessas normas pela Itália e pelo Brasil, bem como as disposições normativas nacionais desses países que incrementam a proteção contra a discriminação em razão do gênero.

4
PROTEÇÃO CONTRA A DISCRIMINAÇÃO EM RAZÃO DO GÊNERO NA ITÁLIA E NO BRASIL

Nos ordenamentos jurídicos italiano e brasileiro, podem ser identificadas várias normas tendentes a proteção do mercado de trabalho feminino, vedando a discriminação em razão do gênero.

Historicamente, é sabido que as normas de tutela da mão de obra feminina foram, junto com as de proteção ao trabalho do menor, as que surgiram primeiramente nas ordens jurídicas em todo o mundo. Para Alice Monteiro de Barros, a gênese da legislação sobre o trabalho feminino remonta às próprias causas do aparecimento do próprio Direito do Trabalho[267].

Luisa Galantino identifica que, na Itália, é possível afirmar que as normas relacionadas ao trabalho feminino são caracterizadas por três fases sucessivas: se inicia com disposições normativas tendentes à proteção da mulher, passando para uma legislação de paridade de tratamento, para atingir, finalmente, a promoção da igualdade de oportunidades[268].

No Brasil, Alice Monteiro de Barros aponta como fundamentos para o surgimento de uma tutela especial do trabalho feminino os motivos fisiológicos e de eugenia, ligados à função reprodutora e de fortalecimento da raça, para justificar normas de proteção à maternidade; motivos de ordem biológica, provenientes da maior debilidade física, para justificar a vedação de trabalhos insalubres ou perigosos e medidas especiais de segurança no trabalho; e motivos de ordem espiritual, moral e familiar, para resguardar o papel feminino no lar, utilizados para justificar restrições ao trabalho extraordinário e noturno das mulheres[269].

Com a evolução social e o reconhecimento paulatino do direito à igualdade entre homens e mulheres, muitas das normas que impunham limites ao trabalho feminino (como a vedação do trabalho extraordinário ou noturno) foram sendo revogadas, de forma a implementar maior igualdade de oportunidades e de tratamento entre os sexos.

Atualmente, observa Paula Oliveira Cantelli que as normas trabalhistas relacionadas ao trabalho da mulher vigentes se referem a dois grupos: as de proteção à condição especial de gestante ou de proteção à maternidade, e as relativas à vedação contra a discriminação de gênero[270].

Essas normas vigentes na Itália e no Brasil na matéria da proteção contra a discriminação em razão do gênero provêm de atos normativos internos de cada um dos países, como também de tratados internacionais ou normas jurídicas dos blocos regionais dos quais estes Estados fazem parte e que incidam nos respectivos ordenamentos.

Os tratados e convenções internacionais, após serem assinados pelos Estados perante o organismo internacional, passam por procedimentos internos de incorporação às ordens jurídicas nacionais, nos quais há a atuação conjunta do Poder Legislativo, que concede a devida autorização ao Poder Executivo, que ratifica o diploma inter-

---
(267) BARROS, Alice Monteiro de. *A mulher e o direito do trabalho*. São Paulo: LTr, 1995. p. 31.
(268) GALANTINO, Luisa. *Diritto del lavoro*. Torino: G. Giappichelli Editore, 2010. p. 204-205.
(269) BARROS, Alice Monteiro de. *A mulher e o direito do trabalho*. São Paulo: LTr, 1995. p. 36.
(270) CANTELLI, Paula Oliveira. *O trabalho feminino no divã*: dominação e discriminação. São Paulo: LTr, 2007. p. 160.

nacional. Explica Flávia Piovesan que a ratificação é o ato jurídico que irradia efeitos no plano internacional[271], a partir do qual o Estado deve dar cumprimento das obrigações assumidas perante a comunidade internacional.

Os magistrados italianos e brasileiros, ao apreciarem casos relativos à discriminação em razão do gênero, devem, portanto, dar aplicação não apenas às disposições nacionais que vedam esta espécie discriminatória, mas também tornar efetivas as promessas contidas nas normas internacionais de proteção aos direitos humanos vigentes nas respectivas ordens jurídicas.

Isto porque, segundo o princípio da complementaridade dos sistemas, os ordenamentos jurídicos internacional e interno estão em interação constante, no propósito comum de salvaguardar os direitos humanos, devendo ser dada prevalência à norma, de origem internacional ou interna, que melhor proteja o ser humano[272].

Serão examinadas as normas específicas de proteção da mulher contra a discriminação no mercado de trabalho incidentes nos ordenamentos italiano e brasileiro, as quais formam o arcabouço normativo que deve ser manejado pelos magistrados para dar maior efetividade ao direito a não discriminação.

4.1. A PROTEÇÃO CONTRA A DISCRIMINAÇÃO DO TRABALHO DA MULHER NA ITÁLIA

No ordenamento jurídico italiano, pode ser identificada uma diversidade de normas que instituíram proteções específicas das trabalhadoras contra a discriminação em razão do gênero. Antonio Vallebona afirma que a evolução deste sistema normativo demonstra uma tendência de passagem da tutela à paridade, isto é, de normas de proteção rígida (tutela da maternidade, do matrimônio, restrições de funções e de horários de trabalho) que não incentivam a contratação de mão de obra feminina, a normas tendentes a promover uma efetiva igualdade de acesso ao trabalho, de condições de trabalho e na carreira, inclusive com a adoção de ações afirmativas[273].

Além das normas italianas, vigentes dentro do território nacional, também incidem as normas internacionais, provenientes de tratados e convenções internacionais das quais o Estado italiano é signatário e procedeu à devida incorporação ao direito interno, bem como as normas de direito comunitário, emanadas no bojo da União Europeia e, por isso, vinculantes para a Itália.

O magistrado italiano, portanto, ao lidar com um caso em que se discuta um tratamento discriminatório em virtude do gênero, deve levar em consideração não apenas as normas nacionais que tratam especificamente dos fatos alegados, mas deve estar atento aos princípios e diretrizes mais gerais de proteção contra a discriminação das mulheres no mercado de trabalho, contidos em normas de tratados internacionais e nas normas da União Europeia, as quais serão examinadas a seguir.

4.1.1. Normas internacionais e da União Europeia vigentes na Itália

De acordo com o artigo 10, parágrafo 1º da Constituição Italiana, o ordenamento nacional se conforma às normas de direito internacional geralmente reconhecidas.

Luisa Galantino ensina que a doutrina e a jurisprudência prevalentes na Itália entendem que o dispositivo se refere às normas internacionais de origem consuetudinária, ou seja, ao *jus cogens* internacional. As normas internacionais contidas em tratados internacionais estariam disciplinadas pelos artigos 80 e 87 da Constituição Italiana como fontes indiretas de direito, no sentido de que não produziriam efeitos jurídicos imediatos no ordenamento interno, mas exigiriam sua transformação em direito interno mediante um ato formal de ratificação por parte do Presidente da República e prévia autorização legal pelo Poder Legislativo[274].

Tendo em vista que a transformação de tratados internacionais em normas de direito interno geralmente se dá por intermédio de uma lei ordinária, é este o *status* atribuído às normas internacionais incorporadas pelo ordenamento italiano. No entanto, em se tratando de direitos humanos fundamentais, Luisa Galantino afirma que a Corte Constitucional já se pronunciou, ao analisar questões atinentes à aplicação da Convenção Europeia de Direitos Humanos e Liberdades Fundamentais, afirmando que as normas que tutelam direitos fundamentais da pessoa humana e, portanto, integradas por valores e princípios fundamentais protegidos constitucionalmente, assumem

---

(271) PIOVESAN, Flávia. *Direitos Humanos e o direito constitucional internacional*. 1. ed. rev. e atual. São Paulo: Saraiva, 2013. p. 109.
(272) TRINDADE, Antônio Augusto Cançado. *Desafios e conquistas do direito internacional dos direitos humanos no início do século XXI*. Disponível em: <http://www.oas.org/dil/esp/407-490%20cancado%20trindade%20OEA%20CJI%20%20.def.pdf>. Acesso em: 10 set. 2015. p. 413.
(273) VALLEBONA, Antonio. *Istituzioni di diritto del lavoro: Il Il raporto di lavoro*. 5. ed. Padova: Casa Editrice Dott. Antonio Milani, 2005. p. 273.
(274) GALANTINO, Luisa. *Diritto del lavoro*. Torino: G. Giappichelli Editore, 2010. p. 82.

uma posição subordinada à Constituição, mas superior às leis ordinárias. O entendimento se fundamenta no artigo 117 da Constituição Italiana, segundo o qual o poder legislativo é exercido com respeito às restrições oriundas não só do ordenamento comunitário, como também das obrigações internacionais. Assim, as normas da referida Convenção seriam dotadas de maior força em relação às normas internas[275].

A Itália se tornou Estado membro da Organização das Nações Unidas em 14 de dezembro de 1955[276], tendo, nesta condição, consentido com os preceitos trazidos na Carta da ONU, de 1945, e na Declaração Universal dos Direitos Humanos, de 1948.

O Pacto Internacional de Direitos Civis e Políticos, e o Pacto Internacional de Direitos Econômicos, Sociais e Culturais, ambos de 1966, obtiveram do Poder Legislativo italiano a autorização de ratificação e ordem de execução pela Lei n. 881, de 25 de outubro de 1977[277], tendo sido efetivamente ratificados em 15 de setembro de 1978, entrando em vigor em 15 de dezembro de 1978.

A Convenção sobre a Eliminação de todas as formas de Discriminação contra a Mulher, de 1979, teve sua autorização de ratificação e ordem de execução proferida pela Lei n. 132 de 14 de março de 1985[278].

Ainda, tendo sido um dos Estados signatários do Tratado de Versalhes, de 28 de junho de 1919, e sendo membro da Organização Internacional do Trabalho, consentiu com as disposições contidas na Constituição da OIT de 1919, e em seu Anexo, a Declaração de Filadélfia, de 1946. Além disso, tem a obrigação de respeitar e promover os princípios fundamentais contidos na Declaração de Princípios e Liberdades Fundamentais no Trabalho, de 1998.

A Itália é signatária de diversas Convenções Internacionais do Trabalho, tendo efetuado o devido procedimento de incorporação de tais normas a seu direito interno.

A Convenção n. 100 da OIT, de 1951, teve sua ratificação e ordem de execução por intermédio da Lei n. 741, de 22 de maio de 1976[279].

A Convenção n. 111 da OIT, de 1958, foi ratificada e teve sua ordem de execução pela Lei n. 405 de 6 de fevereiro de 1963[280].

A Convenção n. 117 da OIT, de 1962, teve sua autorização de ratificação e ordem de execução na Lei n. 657 de 13 de julho de 1966[281].

A Convenção n. 122 da OIT, de 1964, foi ratificada, com a devida ordem de execução, pela Lei n. 864 de 19 de outubro de 1970[282].

Registre-se que a Itália não ratificou as Convenções n. 156, de 1981, e n. 158, de 1982, mencionadas no capítulo anterior. Não obstante, as garantias contidas nesses diplomas internacionais, relativos à proteção de traba-

---

(275) Consoante as decisões proferidas pela Corte Constitucional Italiana em 24.10.2007, n. 348 e 349 (GALANTINO, Luisa. *Diritto del lavoro*. Torino: G. Giappichelli Editore, 2010. p. 82-83).

(276) Consoante informação constante no portal eletrônico da ONU ITÁLIA. Disponível em: <http://www.onuitalia.com/eng/2015/01/19/italian-odyssey-ten-years-enter-un/>. Acesso em: 6 set. 2015.

(277) ITÁLIA. *Lei n. 881, de 25 de outubro de 1977. Ratifica ed esecuzione del patto internazionale relativo ai diritti economici, sociali e culturali, nonché del patto internazionale relativo ai diritti civili e politici, con protocollo facoltativo, adottati e aperti alla firma a New York rispettivamente il 16 e il 19 dicembre 1966*. Disponível em: <http://legxv.camera.it/cartellecomuni/leg14/RapportoAttivitaCommissioni/commissioni/allegati/03/03_all_legge1977881.pdf>. Acesso em: 6 ago. 2015.

(278) ITÁLIA. *Lei n. 132, de 14 de março de 1985. Ratifica ed esecuzione della convenzione sull'eliminazione di ogni forma di discriminazione nei confronti della donna, adottata a New York il 18 dicembre 1979*. Disponível em: <http://www.gazzettaufficiale.it/atto/serie_generale/caricaDettaglioAtto/originario;jsessionid=LwbcyEgMG9wsdqKUp80Qw__.ntc-as2-guri2b?atto.dataPubblicazioneGazzetta=1985-04-15&atto.codiceRedazionale=085U0132&elenco30giorni=false>. Acesso em: 6 set. 2015.

(279) ITÁLIA. *Lei n. 741, de 22 de maio de 1956. Ratifica ed esecuzione delle Convenzioni numeri 100, 101 e 102 adottate a Ginevra dalla 34ª e dalla 35ª sessione della Conferenza generale dell'Organizzazione internazionale del lavoro*. Disponível em: <http://www.normattiva.it/uri-res/N2Ls?urn:nir:stato:legge:1956;741>. Acesso em: 6 set. 2015.

(280) ITÁLIA. *Lei n. 405, de 6 de fevereiro de 1963. Ratifica ed esecuzione della Convenzione internazionale del lavoro n. 111, concernente la discriminazione in materia di impiego e di professione adottata a Ginevra il 25 giugno 1958*. Disponível em: <http://www.normattiva.it/atto/caricaDettaglioAtto?atto.dataPubblicazioneGazzetta=1963-04-06&atto.codiceRedazionale=063U0405>. Acesso em: 6 set. 2015.

(281) ITÁLIA. *Lei n. 657, de 13 de julho de 1966. Ratifica ed esecuzione delle seguenti Convenzioni internazionali adottate dalla Conferenza internazionale del lavoro: Convenzione internazionale del lavoro n. 117 concernente gli obiettivi e le norme di base della politica sociale, adottata a Ginevra il 22 giugno 1962; Convenzione internazionale del lavoro n. 118 concernente l'uguaglianza di trattamento dei nazionali e dei non nazionali in materia di sicurezza sociale adottata a Ginevra il 28 giugno 1962*. Disponível em: <http://www.normattiva.it/atto/caricaDettaglioAtto?atto.dataPubblicazioneGazzetta=1966-08-27&atto.codiceRedazionale=066U0657>. Acesso em: 6 set. 2015.

(282) ITÁLIA. *Lei n. 864, de 19 de outubro de 1970. Ratifica ed esecuzione delle Convenzioni numeri 91, 99, 103, 112, 115, 119, 120, 122, 123, 124 e 127 dell'Organizzazione Internazionale del lavoro*. Disponível em: <http://www.normattiva.it/atto/caricaDettaglioAtto?atto.dataPubblicazioneGazzetta=1970-11-28&atto.codiceRedazionale=070U0864>. Acesso em: 6 set. 2015.

lhadores com responsabilidades familiares e à proteção contra a dispensa imotivada, são efetivadas por intermédio de outras normas internas italianas, pelo que a ausência de sua ratificação não significa que os princípios nelas consagrados não sejam válidos naquele país.

Cumpre observar, aliás, que para alguns doutrinadores, os atos normativos editados pela OIT, em que pese expressarem importantes princípios trabalhistas, tiveram influência apenas relativa sobre a evolução do ordenamento jurídico italiano, tendo em vista que as normas já existentes no plano nacional previam níveis de tutela qualitativamente e quantitativamente mais elevados do que os estipulados nas Convenções internacionais da OIT, como nota Giuseppe Santoro-Passarelli[283].

Ocorre que, como já ressaltado, os tratados e convenções internacionais possuem a tarefa de estabelecer um patamar mínimo de garantias trabalhistas no âmbito dos Estados signatários, pretendendo a instituição de políticas a serem implementadas nas respectivas jurisdições. A ratificação de diversas Convenções da OIT, portanto, não deixa de ter importância para assinalar os compromissos assumidos pelo Estado italiano perante a comunidade internacional, e também como forma de estipular um patamar em relação ao qual não poderá haver retrocesso.

As fontes comunitárias de direito do trabalho, isto é, as normas oriundas da União Europeia, possuem grande relevância no direito italiano.

Ao contrário das normas internacionais editadas contidas em tratados e convenções ratificadas pelos Estados no âmbito da ONU e da OIT, as normas supranacionais apresentam maior força vinculante em relação aos ordenamentos jurídicos internos.

Ensina Giancarlo Perone que a aplicabilidade direta das disposições dos tratados e regulamentos oriundos da União Europeia é constantemente proclamada pela Corte de Justiça Europeia, sem a necessidade de normas internas de adaptação ou de recepção[284]. Recorda o autor que, em que pese a falta de organicidade e a existência de lacunas no direito comunitário europeu, posto que não abarca toda a disciplina trabalhista, mas se restringe a regulação de pontos específicos de crucial relevância, não há como se negar a influência desta ordem normativa no território italiano. Além disso, deve-se considerar também uma influência ainda mais relevante exercida pelo fato em si da inserção da Itália no contexto europeu. Segundo o autor:

> Se trata de uma influência que transcende a incorporação de normas comunitárias singulares e, de reflexo, transcende também a evolução dos institutos particulares aos quais as normas se dirigem; e requer seja avaliado com sensibilidade comparatista tais perfis transnacionais das conexões normativas e das convergências nos ordenamentos de fundo dos sistemas trabalhistas.
>
> Toda a fisionomia do direito do trabalho nacional é afetada pelo contato com a experiência comunitária e com o direito vigente nos Estados europeus. Além das mesmas disposições implementadas, no campo do trabalho, pelas diversas fontes comunitárias, [...] pelo próprio fato de entrar em uma relação mais estreita com os ordenamentos de outros Estados pertencentes à União Europeia, o sistema italiano é levado a se orientar para determinadas direções, comuns àquele ordenamento. Por outro lado, normas específicas comunitárias, mesmo sem conterem um reconhecimento explícito neste sentido, mostram sofrer influências, ao menos de forma indireta, das tendências prevalentes nos Estados europeus, ou naqueles que no continente ocupam uma posição proeminente, como a França e a Alemanha.[285]

Assim, com o passar dos anos, pode-se observar uma progressiva adaptação das normas italianas ao ordenamento europeu.

Como notam Roberto Adam e Antonio Tizzano, os magistrados italianos são provocados a atribuir cada vez mais, na tutela das situações jurídicas levadas à apreciação judicial, um crescente e fundamental papel ao direito da União Europeia, graças ao desenvolvimento do processo de integração europeia. Assim, os juízes nacionais podem

---

(283) SANTORO-PASSARELLI, Giuseppe. *Diritto dei lavori*: Diritto sindacale e rapporti di lavoro. 4. ed. Torino: G. Giappichelli Editore, 2013. p. 2.
(284) PERONE, Giancarlo. *Lineamenti di diritto del lavoro*: evoluzione e partizione della materia, tipologia lavorative e fonti. Torino: G. Giappichelli Editore, 1999. p. 301-302.
(285) PERONE, Giancarlo. *Lineamenti di diritto del lavoro*: evoluzione e partizione della materia, tipologia lavorative e fonti. Torino: G. Giappichelli Editore, 1999. p. 308.

e devem tutelar as posições jurídicas subjetivas com base nas normas comunitárias, além de deixar de aplicar as normas internas italianas que forem incompatíveis com as normas europeias[286].

Exemplo interessante dessa relação entre as normas italianas e europeias é o ocorrido na questão relativa ao trabalho noturno das mulheres. De acordo com Giancarlo Perone, na sensibilidade italiana, o problema do trabalho feminino foi enfrentado em uma perspectiva que conjuga o princípio da paridade com o de uma proteção especial, em razão da posição familiar especial e de mãe, que coloca a mulher em condições fáticas de desvantagem. Por isso, a regra, na Itália, era a vedação ao trabalho feminino noturno. No entanto, a orientação prevalente na Europa se baseia exclusivamente na busca pela paridade e se limita a algumas proteções especiais. Em decorrência dessa divergência, o Estado italiano foi condenado pela Corte de Justiça Europeia em 4 de dezembro de 1997, em virtude da proibição do trabalho noturno das mulheres, que motivou a alteração da legislação nacional para restringir a vedação apenas no período da gestação até um ano de idade do filho[287].

Neste ponto, cumpre ressaltar que tanto a Convenção Europeia de Proteção dos Direitos Humanos quanto a Carta dos Direitos Fundamentais da União Europeia registram que todos os cidadãos têm o direito à proteção judicial dos direitos que derivam da ordem legal comunitária. Assim, as normas europeias se tornam diretamente aplicáveis pelos juízes nacionais.

Os tratados institutivos da União Europeia e suas modificações posteriores (Tratado de Roma, de 1957, Tratado de Maastricht, de 1992, Tratado de Amsterdam, de 1997, e Tratado de Lisboa, de 2007) são, naturalmente, incidentes na ordem jurídica italiana, já que o Estado italiano é membro da União Europeia desde a criação do bloco regional, tendo participado de todas as negociações dos referidos tratados e manifestado seu consenso em relação a seus termos.

A Convenção Europeia de Direitos Humanos, de 1950, foi firmada em Roma, com a participação do Estado italiano, tendo sido ratificada pela Lei n. 848, de 4 de agosto de 1955. A Carta Social Europeia, de 1961, foi ratificada pela Lei n. 929, de 3 de julho de 1965, ao passo que sua revisão, de 1996, foi ratificada pela Lei n. 30, de 9 de fevereiro de 1999.

As diretivas da União Europeia concernentes à proteção contra a discriminação em relação ao gênero possuem incidência no território italiano, e foram progressivamente influenciando nas alterações legislativas promovidas ao longo dos anos na legislação italiana. As diretivas mais recentes, editadas após o Tratado de Amsterdam, de 1997, amplamente descritas no capítulo anterior, têm reflexos em normas atualmente vigentes na Itália.

As diretivas europeias 2000/43 e 2000/78 foram recepcionadas mediante os decretos legislativos de 9 de julho de 2003, de n. 215 e 216, garantindo a paridade de tratamento aos trabalhadores, sem distinção de raça, origem étnica, religião, convicções pessoais, deficiência, idade, orientação sexual.

A diretiva n. 2002/73 foi incorporada à ordem jurídica italiana pelo Decreto legislativo n. 145/2005, sendo que suas disposições foram posteriormente inseridas no Decreto legislativo n. 198/2006, que instituiu o Código de paridade de oportunidade entre homens e mulheres.

A diretiva n. 2006/54, que consolidou o tratamento dado por outras diretivas anteriores sobre a proteção contra a discriminação, foi incorporada ao ordenamento italiano mediante o Decreto legislativo n. 5, de 2010, efetuando alterações no referido Decreto legislativo n. 198/2006.

Assim, observa-se que as diretivas europeias, cujo conteúdo já foi examinado no capítulo anterior, foram influenciando a evolução das normas nacionais relativas à proteção da mão de obra feminina, como se passa a analisar.

4.1.2. Normas internas

No âmbito do direito interno, também são relevantes numerosos dispositivos legais que consagram o princípio da não discriminação em razão do gênero, seja afirmando o direito à igualdade de remuneração entre homens e mulheres, seja ampliando a proteção para o direito à paridade de tratamento e de oportunidade.

Serão analisadas as principais normas contidas no ordenamento jurídico interno da Itália, relevantes para o incremento da proteção contra a discriminação das mulheres no campo juslaborista, mostrando sua evolução com

---

(286) ADAM, Roberto; TIZZANO, Antonio. *Manuale di diritto dell'Unione Europea*. Torino: G. Giappichelli Editore, 2014. p. 371-372.
(287) PERONE, Giancarlo. *Lineamenti di diritto del lavoro*: evoluzione e partizione della materia, tipologia lavorative e fonti. Torino: G. Giappichelli Editore, 1999. p. 343-344.

o passar do tempo e as alterações promovidas em virtude da influência das normas internacionais e comunitárias sobre o tema.

A) Constituição Italiana, de 1947

A Constituição Italiana, promulgada em 27 de dezembro de 1947, afirma, já em seu artigo 1º, que a Itália é uma república democrática, fundada sobre o trabalho.

Dentre as normas constitucionais, detém relevância primária a previsão contida no artigo 3º, parágrafo 2º, concernente ao empenho, assumido pela República Italiana, de remover os obstáculos de ordem econômica e social que, limitando de fato a liberdade e a igualdade dos cidadãos, impedem o pleno desenvolvimento da pessoa humana e a efetiva participação de todos os trabalhadores nas organizações políticas, econômicas e sociais[288].

São objetivos a igualdade não apenas formal, mas também substancial, como dispõe o primeiro parágrafo do mesmo artigo da Constituição:

> Todos os cidadãos possuem a mesma dignidade social e são iguais perante a lei, sem distinção de sexo, de raça, de língua, de religião, de opiniões políticas, de condições pessoais e sociais.

A igualdade efetiva entre os cidadãos, notadamente entre os trabalhadores, é concebida como resultado da ação equilibrada entre os poderes públicos e todas as formas de expressão da sociedade civil[289].

O artigo 37 da Constituição Italiana traz normas específicas sobre o trabalho da mulher. Seu parágrafo 1º assim prevê:

> A mulher trabalhadora detém os mesmos direitos e, em igualdade de trabalho, as mesmas retribuições que são devidas ao trabalhador do sexo masculino. As condições de trabalho devem permitir o adimplemento de sua essencial função familiar e assegurar à mãe e à criança uma proteção especial adequada.

Importa destacar que, consoante tal disposição constitucional, a mulher aparece como destinatária de proteção específica no momento em que se torna mãe, em consideração das exigências de cuidados de sua saúde e da criança. Se, ao contrário, é ressaltada a posição da mulher enquanto trabalhadora, esta é considerada em um plano de paridade em relação ao homem trabalhador, como registra Luisa Galantino[290].

A referência à função familiar essencial desempenhada pela mulher deu ensejo a um intenso debate constitucional.

Alice Monteiro de Barros registra que, na Constituição Italiana, o princípio da igualdade formal de direitos entre homens e mulheres foi atenuado pela particularidade da condição feminina, sendo condicionado ao "papel familiar" a ser exercido pelas mulheres. A menção constitucional a essa função pode ser explicada também pela insuficiência dos serviços sociais relativos principalmente ao cuidado e educação dos filhos, como acentua Tiziano Treu[291].

Maria Vittoria Ballestrero explica que o compromisso ambíguo assinalado no artigo 37 da Constituição Italiana reflete o contexto histórico em que ocorreram as discussões da assembleia constituinte. A reivindicação das mulheres pela paridade de direitos, inclusive em questões trabalhistas e retributivas, era recente, explicada pela inserção maciça das mulheres no contexto produtivo durante a Segunda Guerra Mundial, com sua participação no movimento sindical e grevista, e também na luta armada. A conquista do direito ao voto feminino em 1945 também foi determinante para trazer ao texto constitucional o reconhecimento do direito à igualdade salarial às mulheres. Entretanto, a tradição conservadora que afirmava a função familiar e materna das mulheres, reforçada por pronunciamentos do Papa Pio XII, e os discursos políticos que pregavam a reconstrução da unidade da família, influenciaram na consagração do papel familiar das mulheres no texto constitucional[292].

---

(288) PERONE, Giancarlo. *Lineamenti di diritto del lavoro*: evoluzione e partizione della materia, tipologia lavorative e fonti. Torino: G. Giappichelli Editore, 1999. p. 239.
(289) PERONE, Giancarlo. *Lineamenti di diritto del lavoro*: evoluzione e partizione della materia, tipologia lavorative e fonti. Torino: G. Giappichelli Editore, 1999. p. 279-280.
(290) GALANTINO, Luisa. *Diritto del lavoro*. Torino: G. Giappichelli Editore, 2010. p. 205.
(291) TREU, Tiziano. Lavoro femminile e ugualianza: in appendice di dibattito político in Italia e la legislazione in Europa e in America. Bari: De Donato, 1977. p. 17, *apud* BARROS, Alice Monteiro de. *A mulher e o direito do trabalho*. São Paulo: LTr, 1995. p. 259.
(292) BALLESTRERO, Maria Vittoria. *Dalla tutela alla parità*: la legislazione italiana sul lavoro delle donne. Bologna: Il Mulino, 1979. p. 111-118.

Para Luisa Galantino, a interpretação correta e contemporânea da norma deve ser no sentido de entender que a função da mulher no âmbito familiar não seja exclusiva ou "mais essencial" que a do homem, mas sim de valor social fundamental, em virtude da função da maternidade. Em outras palavras, explica a autora que a Constituição se empenha em garantir às mulheres a compatibilidade entre o papel familiar e o papel de trabalhadora, removendo os obstáculos fáticos que possam impedir o exercício simultâneo das duas posições[293].

Nota-se que a proteção constitucional dá especial destaque à igualdade de tratamento retributivo entre homens e mulheres, o que demonstra a mesma tendência observada no campo internacional de iniciar o reconhecimento do direito a não discriminação em razão do gênero pela questão salarial, para, posteriormente, estender o alcance da proteção a outros aspectos do contrato de trabalho.

Antonio Vallebona afirma que, em decorrência da previsão constitucional de paridade retributiva, são consideradas nulas todas as disposições contidas em normas coletivas que prevejam, para as mesmas tarefas, tabelas retributivas diferenciadas para mulheres[294].

Também merece ser ressaltada a previsão contida no artigo 51 da Constituição, conforme alterações promovidas pela lei constitucional n. 1 de 2003, que garante o acesso aos cargos públicos e aos cargos eletivos a todos os cidadãos, de ambos os sexos, em condições de igualdade, conforme os requisitos estabelecidos em lei. Luisa Galantino registra a forte influência que as diretivas antidiscriminatórias da União Europeia exerceram para a alteração do texto constitucional[295].

B) A Lei n. 7, de 9 de janeiro de 1963

Nos anos cinquenta, eram frequentes, como relata Alice Monteiro de Barros, os debates promovidos por associações femininas, sindicatos e juristas sobre as "cláusulas de nubilato" contidas em regulamentos empresariais e em contratos individuais ou coletivos, que previam a rescisão dos contratos de trabalho por causa do matrimônio contraído pela trabalhadora. À míngua de disciplina legal a respeito, tais cláusulas foram se difundindo, acarretando uma série de denúncias, que culminaram com a edição da Lei n. 7, de 9 de janeiro de 1963, prevendo a nulidade destes atos[296].

O artigo 1º da lei veda a rescisão contratual da trabalhadora em virtude do matrimônio, que é expressamente considerada nula pelo legislador, sendo previstas, no parágrafo 1º do artigo 2º, as consequências típicas da nulidade: o pagamento da retribuição devida desde o afastamento até o dia da readmissão ao serviço. Como ensina Luisa Galantino, tais consequências pressupõem que se considere o ato nulo como incapaz de produzir efeitos jurídicos[297].

Note-se que a lei utiliza o termo "readmissão", e não "reintegração" ao serviço. No entanto, as consequências para a nulidade da dispensa fundada no matrimônio são semelhantes às dos casos em que o legislador optou pelo termo "reintegração", pelo que parte da doutrina utiliza ambas as expressões como sinônimas[298].

Presume-se que a motivação da rescisão foi o matrimônio contraído, quando a dispensa for verificada entre o pedido de publicações de editais e um ano após a celebração do mesmo. É facultado ao empregador comprovar a licitude da rescisão contratual, se tiver sido motivada por justa causa da trabalhadora, cessação da atividade da empresa, término do serviço para o qual a trabalhadora foi admitida ou implemento do contrato a termo.

A lei foi posteriormente derrogada pelo Decreto Legislativo n. 198, de 11 de abril de 2006, denominado Código de paridade de oportunidades entre homens e mulheres (vide item *infra*), que, em seu artigo 35, incorporou esta mesma vedação da rescisão contratual em virtude do matrimônio.

C) A Lei n. 300, de 20 de maio de 1970 — Estatuto dos Trabalhadores

O Estatuto dos Trabalhadores, como é conhecida a Lei n. 300, de 20 de maio de 1970, foi criado para garantir o respeito, sem discriminações, aos princípios constitucionais de dignidade, liberdade e segurança dos trabalha-

---

(293) GALANTINO, Luisa. *Diritto del lavoro*. Torino: G. Giappichelli Editore, 2010. p. 206.
(294) VALLEBONA, Antonio. *Istituzioni di diritto del lavoro: II Il raporto di lavoro*. 5 ed. Padova: Casa Editrice Dott. Antonio Milani, 2005. p. 272.
(295) GALANTINO, Luisa. *Diritto comunitario del lavoro*. Torino: G. Giappichelli Editore, 2008. p. 233.
(296) BARROS, Alice Monteiro de. *A mulher e o direito do trabalho*. São Paulo: LTr, 1995. p. 260.
(297) GALANTINO, Luisa. *Diritto del lavoro*. Torino: G. Giappichelli Editore, 2010. p. 479.
(298) Neste sentido, Alice Monteiro de Barros utiliza o vocábulo "reintegração" ao descrever as previsões do art. 2º da Lei n. 7, de 1963 (BARROS, Alice Monteiro de. *A mulher e o direito do trabalho*. São Paulo: LTr, 1995. p. 262).

dores no local onde desenvolvem suas atividades, limitando as prerrogativas do empregador e, acima de tudo, o seu poder de rescisão contratual[299].

Esta Lei não apresentava norma específica de proteção contra a discriminação em razão do gênero, tendo sido concebida para a proteção dos trabalhadores em virtude de suas atividades sindicais e proteção do exercício de sua liberdade de opiniões políticas e religiosas.

Entretanto, algumas normas protetivas contra a discriminação antissindical tiveram seu alcance estendido para a proteção contra outras formas de discriminação, notadamente a discriminação de mulheres no contexto laborativo.

Com efeito, o artigo 15 do Estatuto dos Trabalhadores, alterado posteriormente pela Lei n. 903, de 9 de dezembro de 1977 e pelo decreto legislativo n. 216 de 2003, veda qualquer tipo de ato dirigido a subordinar a contratação de um trabalhador à condição de aderir ou não, ou de deixar de participar de uma entidade sindical, proibindo, ainda, qualquer tipo de discriminação política, religiosa, racial, de língua, de sexo ou baseada na situação de deficiência, na idade, na orientação sexual ou nas convicções pessoais do trabalhador.

A modificação efetuada no artigo 15 do Estatuto dos Trabalhadores pelo artigo 13 da Lei n. 903, de 1977, acrescentou o gênero entre os motivos de discriminação. Assim, qualquer ato cometido pelo empregador que possa prejudicar a trabalhadora em razão do sexo passa a ser vedado, na extensão da proteção concedida contra a discriminação em virtude da participação em atividades sindicais.

O critério adotado pelo legislador italiano de reprimir a dispensa discriminatória, de acordo com Renato Scognamiglio, se funda sobre a consideração de que se trata de um abuso intolerável do empregador contra um empregado particularmente exposto ao risco e ao prejuízo de perder o posto de trabalho, exatamente pela condição de fraqueza a que fica exposto em virtude da discriminação[300].

Observa Luisa Galantino que a rescisão do contrato de trabalho por motivo discriminatório relacionado ao gênero é, portanto, ilícita, sendo considerada nula. Para a autora, essa regra que veda a extinção discriminatória da relação de trabalho pode ser encarada como espécie do gênero da invalidade dos atos de rescisão baseados em motivos ilícitos determinantes, contida nos artigos 1345 e 1324 do Código Civil Italiano[301].

Giancarlo Perone afirma, com propriedade, que a espécie discriminatória vedada é determinada pela finalidade, mas não pela estrutura do ato, compreendendo qualquer espécie de ato juridicamente relevante, inclusive os de natureza omissiva, que possa gerar, mesmo indiretamente, prejuízos ao trabalhador pelos motivos especificados[302].

A ação de nulidade com base no artigo 15 do Estatuto dos Trabalhadores é, portanto, o remédio processual fundamental a ser utilizado nos casos de discriminação em razão do gênero, principalmente durante o curso do contrato de trabalho, como afirma Antonio Vallebona[303]. Além disso, ainda é possível requerer a reparação dos danos acarretados pela prática discriminatória.

Em situações de rescisão do contrato de trabalho por motivos discriminatórios, como é o caso de dispensas por discriminação em razão do gênero, o artigo 18 do Estatuto dos Trabalhadores, com a redação dada pela recente reforma promovida pela Lei n. 92, de 28 de junho de 2012 (Reforma Fornero), prevê a ação a ser utilizada pelos trabalhadores ou pelos sindicatos profissionais em caso de rescisão ilegítima do contrato, para requerer a reintegração ao trabalho.

Ao verificar a ilicitude da rescisão do contrato, o juiz declara sua nulidade e determina a reintegração da trabalhadora vítima da discriminação ao posto de trabalho. Na mesma sentença, há a condenação do empregador ao pagamento de uma indenização equivalente aos salários devidos do dia da rescisão até o da efetiva reintegração, a qual não pode ser inferior a 5 meses da retribuição de fato. Além disso, deverá o empregador efetuar todos os recolhimentos previdenciários e fiscais do período, realizando, assim, a tutela ressarcitória plena[304].

---

(299) PERONE, Giancarlo. Lo statuto dei lavoratori. 3 ed. Torino: UTET Giuridica, 2009. p. 4.
(300) SCOGNAMIGLIO, Renato. Diritto del lavoro. Terza edizione ampiamente riveduta ed aggiornata. Napoli: Jovene Editore, 1994. p. 512.
(301) GALANTINO, Luisa. Diritto del lavoro. Torino: G. Giappichelli Editore, 2010. p. 478.
(302) PERONE, Giancarlo. Lo statuto dei lavoratori. 3 ed. Torino: UTET Giuridica, 2009. p. 23.
(303) VALLEBONA, Antonio. Istituzioni di diritto del lavoro: II Il raporto di lavoro. 5. ed. Padova: Casa Editrice Dott. Antonio Milani, 2005. p. 267.
(304) TESORIERE, Giovanni. Diritto processuale del lavoro. 6 ed. Padova: Casa Editrice Dott. Antonio Milani, 2012. p. 354.

Em substituição à reintegração, a trabalhadora pode optar pelo recebimento de uma indenização correspondente a 15 vezes a última retribuição global de fato, desde que faça o requerimento dentro de 30 dias da comunicação do depósito da sentença ou da convocação do empregador para reassumir o serviço, ocorrendo a resolução do contrato de trabalho.

O artigo 28 do Estatuto dos Trabalhadores, relativo à repressão da conduta antissindical, prevê ainda um procedimento de urgência para que seja determinada a imediata cessação do comportamento ilegítimo e a remoção de seus efeitos. Em que pese a aplicação do artigo 28 do Estatuto dos Trabalhadores ser específico para a proteção contra condutas antissindicais, é importante notar que, posteriormente, a Lei n. 903/1977 criou um procedimento de urgência específico para a proteção contra a discriminação de gênero, inspirado nesse procedimento de repressão da conduta antissindical (vide item infra).

Essa tutela de urgência, de caráter inibitório e repristinatório, constitui um instrumento jurisdicional bastante eficaz, na percepção de Antonio Vallebona, já que é acompanhada por sanções de natureza penal, civil e administrativa[305]. Com efeito, o artigo 38 do Estatuto dos Trabalhadores prevê sanções penais no caso de violação de seus artigos 2º, 5º, 6º e 15, como ocorre no caso de discriminações na contratação.

Como sanção de caráter administrativo, posteriormente foi prevista pela Lei n. 125/1991 (vide item infra) a revogação de benefícios e exclusão de contratos públicos em casos de discriminação fundada no gênero.

D) Lei n. 1.204, de 30 de dezembro de 1971

A tutela da maternidade e da gestação é parte relevante da proteção contra a discriminação em razão do gênero.

A maternidade tem uma função social, como recorda Alice Monteiro de Barros, pois dela depende a renovação das gerações. As normas que protegem a mulher nos períodos de gravidez e após o parto não constituem, portanto, tratamentos discriminatórios, pois fundamentam-se na salvaguarda da saúde da mulher e das futuras gerações[306].

No entanto, infelizmente é bastante comum a adoção de atos discriminatórios, por parte dos empregadores, em relação a mulheres gestantes ou que acabaram de se tornar mães, em grande parte por temerem os ônus que as responsabilidades familiares poderão acarretar à trabalhadora. Sendo assim, são de extrema relevância as normas que pretendem coibir prejuízos ou desvantagens em virtude do estado de gestação (como as de proibição da exigência de atestado de gravidez em processos seletivos) ou em decorrência da maternidade (como a garantia provisória de emprego desde a gestação até determinado período após o parto).

Ressalta Antonio Vallebona que, na Itália, a trabalhadora mãe, além da tutela contra a rescisão imotivada de seu contrato de trabalho, goza de uma série de proteções para garantir não só a sua saúde e de seu filho, mas também a própria função da maternidade[307].

A Lei n. 1.204, de 30 de dezembro de 1971, trouxe a importante inovação de tratar de forma semelhante trabalhadoras de diferentes setores, apresentando normas aplicáveis também ao trabalho doméstico, ao trabalho a domicílio e a aprendizes[308].

Para Renato Scognamiglio, a tutela da maternidade trazida na Lei n. 1.204/1971 e em outras leis italianas pretende dar efetividade à previsão do artigo 37 da Constituição, no sentido de que deve ser garantido às mulheres o adimplemento de sua essencial função familiar e assegurada às mães e às crianças uma proteção adequada e especial. Assim, a legislação infraconstitucional institui direitos preordenados não apenas à conservação do posto de trabalho da trabalhadora mãe, mas também à salvaguarda das suas condições de saúde na delicada fase anterior e posterior ao parto e à satisfação das necessidades de assistência e cuidado dos filhos no primeiro período de vida[309].

A norma apresentava importantes dispositivos sobre a tutela da saúde da trabalhadora mãe, alargando o período de ausência do trabalho antes e após o parto (artigo 4º), e vedava trabalhos com carregamento de peso,

---

(305) VALLEBONA, Antonio. Istituzioni di diritto del lavoro: II Il raporto di lavoro. 5. ed. Padova: Casa Editrice Dott. Antonio Milani, 2005. p. 268.
(306) BARROS, Alice Monteiro de. A mulher e o direito do trabalho. São Paulo: LTr, 1995. p. 39.
(307) VALLEBONA, Antonio. Istituzioni di diritto del lavoro: II Il raporto di lavoro. 5. ed. Padova: Casa Editrice Dott. Antonio Milani, 2005. p. 331.
(308) BALLESTRERO, Maria Vittoria. Dalla tutela alla parità: la legislazione italiana sul lavoro delle donne. Bologna: Il Mulino, 1979. p. 175-176.
(309) SCOGNAMIGLIO, Renato. Diritto del lavoro. Terza edizione ampiamente riveduta ed aggiornata. Napoli: Jovene Editore, 1994. p. 449.

perigosos, insalubres ou fatigantes para trabalhadoras gestantes até sete meses após o parto, prevendo a alteração de função, quando esta for prejudicial a sua saúde (artigo 3º).

Com essa lei, foi reforçada a estabilidade da trabalhadora mãe no posto de trabalho, estabelecendo a vedação da dispensa em relação ao estado objetivo de gravidez, e não mais submetida à certificação de tal estado.

Cumpre ressaltar que foi discutida perante a Corte Constitucional Italiana a ilegitimidade constitucional do artigo 2º da Lei 1.204/1971, na parte em que previa a ineficácia temporária da dispensa da trabalhadora gestante, ao invés da nulidade do ato de rescisão contratual. Na sentença n. 61, de 8 de fevereiro de 1991[310], a Corte Constitucional pronunciou-se no sentido de que uma vedação à dispensa que representasse um mero adiamento da eficácia do ato rescisório, e não sua nulidade, representaria uma medida insuficiente de tutela à trabalhadora.

Na decisão, notou a Corte Constitucional que a interpretação da norma no sentido de que haveria apenas uma ineficácia temporária da dispensa acarretaria o efeito de manter a trabalhadora gestante ou em gozo da licença maternidade sob a preocupação de estar sujeita à rescisão de seu contrato após seu filho completar um ano de idade, privando-a da tranquilidade necessária para que possa cuidar da própria saúde e de sua criança, com previsíveis consequências negativas no desenvolvimento fisiológico da gestação e da amamentação. Além disso, restou consignado nos fundamentos da sentença que, apesar de ser verdade que após o período da estabilidade o empregador recupere os poderes de rescisão contratual nas hipóteses previstas em lei, uma vez que o contrato de trabalho tenha sido retomado e reingressado na normalidade, é mais difícil que se verifiquem hipóteses de dispensas para evitar os "inconvenientes" para a empresa.

Desse modo, entendeu a Corte Constitucional que a proteção da maternidade não se limita apenas à tutela da saúde física da mulher e da criança, mas sim que o princípio da igualdade entre homens e mulheres deve impedir que, em decorrência da maternidade e dos encargos decorrentes do cuidado com os filhos, derivem consequências negativas e discriminatórias para as mulheres. Por isso, devem ser garantidas às mulheres medidas especiais e mais enérgicas de proteção para remover as graves discriminações decorrentes da maternidade.

Desse modo, a trabalhadora dispensada durante a gestação, tem o direito a obter a reintegração ao contrato de trabalho, dentro de noventa dias da data da dispensa, se comprovar que esta condição existia na data da rescisão. Além disso, a lei prevê que o período compreendido entre a rescisão e a data da apresentação do atestado de gravidez é computado como tempo de serviço.

Segundo Renato Scognamiglio, a lei pretende evitar que a mulher seja submetida a uma piora nas condições econômico-normativas de tratamento em decorrência da abstenção obrigatória do trabalho[311]. Essa proteção tem grande impacto antidiscriminatório, pois pretende coibir a represália dos empregadores contra a maternidade.

São também relevantes as previsões relativas a ausências no trabalho, contidas no artigo 7º. O primeiro parágrafo prevê a possibilidade de prorrogar por seis meses o período de ausência obrigatória após o parto, com o recebimento de 30% da retribuição, período pelo qual permanece o direito à manutenção do posto de trabalho. O parágrafo 2º garante à trabalhadora mãe o direito de se ausentar do trabalho em caso de doenças do filho de idade inferior a 3 anos.

O artigo 10 prevê a concessão de dois períodos de repouso durante o primeiro ano de vida de seu filho, de uma hora, durante os quais a mulher fica autorizada a se ausentar do local de trabalho, ou de meia hora cada, se a mulher se utiliza do local para amamentação instalado pelo empregador no local de trabalho.

As disposições contidas na Lei n. 1.204, de 30 de dezembro de 1971, foram posteriormente incorporadas ao Decreto Legislativo n. 151, de 26 de março de 2001, denominado "Texto Único das disposições legislativas em matéria de tutela e sustento da maternidade e da paternidade", que unificou várias normas relativas à proteção das mulheres em razão da condição de gestação e de maternidade, junto com as normas de proteção à paternidade, no caso dos trabalhadores do sexo masculino.

O Decreto Legislativo n. 151/2001 manteve expressamente as disposições da antiga Lei n. 1.204/1971 concernentes à vedação da rescisão discriminatória do contrato em virtude do estado de gravidez ou da condição de mãe (artigos 3º e 54);à tutela da saúde da trabalhadora mãe durante a gravidez até os sete meses de idade do filho, com vedação de trabalhos perigosos, fatigantes, insalubres e com carregamento de peso (artigos 6º e 7º); ao período

---

(310) ITÁLIA. CORTE CONSTITUCIONAL. *Sentenza n. 61 de Corte Costituzionale, 08 febbraio 1991*. Disponível em: <http://vlex.it/vid/-20729636>. Acesso em: 29 set. 2015.
(311) SCOGNAMIGLIO, Renato. *Diritto del lavoro*. Terza edizione ampiamente riveduta ed aggiornata. Napoli: Jovene Editore, 1994. p. 451.

de licença-maternidade com ausência obrigatória do trabalho (artigos 16 e 17); à licença parental (artigo 32); às ausências em caso de doença do filho até três anos de idade (artigo 47).

E) Lei n. 903, de 9 de dezembro de 1977

A Lei n. 903, de 9 de dezembro de 1977, dispõe sobre a paridade de tratamento entre homens e mulheres, e visava a expandir a ocupação feminina, vedando as discriminações diretas e indiretas em razão do gênero[312].

O artigo 1º da lei veda qualquer discriminação fundada no sexo no que se refere ao acesso ao trabalho, independentemente da modalidade de contratação, em qualquer setor ou ramo de atividade, em todos os níveis da hierarquia profissional.

Luisa Galantino aponta que a discriminação também é proibida se verificada através de referência ao estado civil, familiar ou de gravidez, ou se ocorrer de forma indireta, por intermédio de mecanismos na fase pré-contratual, como por anúncios ou qualquer forma publicitária que indique como requisito profissional o pertencimento a um ou outro gênero. A vedação se aplica inclusive às iniciativas de orientação, formação, aperfeiçoamento e atualização profissional, no que concerne tanto ao acesso, como ao conteúdo[313].

A lei sobre paridade de tratamento tem como destinatários, naturalmente, trabalhadores homens e mulheres, já que nenhum dos sexos poderá ser preterido para o acesso ao trabalho, formação e orientação profissional, desenvolvimento do contrato de trabalho e atualização e aperfeiçoamento profissional. No entanto, observa Maria Vittoria Ballestrero que, como de fato e graças às previsões normativas anteriores relativas à formação profissional, as mulheres eram discriminadas em relação aos homens, considera-se naturalmente serem elas as destinatárias das normas sobre a paridade de tratamento[314].

Há, contudo, artigos que se referem realmente a proteções específicas da mulher, como a que assegura a paridade retributiva das mulheres em relação aos homens (artigo 2º), a que veda o tratamento inferior da trabalhadora em virtude de encargos familiares (artigo 9º), ou as normas que alteram a proteção concedida pela Lei n. 1.204/1971 para as trabalhadoras mulheres (artigos 3º, 6º e 8º).

A norma permite eventuais derrogações às suas disposições para funções particularmente penosas, a serem especificadas através de negociação coletiva. Ainda, importa destacar, que a lei expressamente reconhece, que não constitui discriminação condicionar ao pertencimento a um determinado gênero a contratação em atividades no ramo da moda, da arte e do espetáculo, quando for essencial à natureza do trabalho ou da função.

O artigo 2º da lei trata do direito da igualdade de remuneração entre homens e mulheres, quando as prestações sejam iguais ou de igual valor. Alice Monteiro de Barros considera que a igualdade de salário foi reconhecida com base em critérios objetivos, destacando que devem ser comparados os conteúdos profissionais desempenhados, consoante sistemas de avaliação objetiva das funções realizadas por homens e mulheres[315].

Entretanto, ressalta a autora que a lei em comento não resolvia o problema da disparidade retributiva proveniente do enquadramento das trabalhadoras mulheres em funções com menor remuneração, em virtude da exigência de nível de qualificação inferior. Aponta que, além da deficiência na formação profissional das mulheres, que normalmente são qualificadas para trabalhos menos especializados e menos técnicos que os realizados pelos homens, os condicionamentos psicoculturais conduzem as mulheres a funções que guardam certa analogia com atividades familiares e a atividades de tempo parcial, contribuindo para um patamar inferior de retribuição[316].

O artigo 3º veda a discriminação das mulheres em relação à qualificação profissional, às funções e à progressão de carreira.

O artigo 5º da Lei n. 903/1977 manteve a vedação do trabalho noturno de mulheres, entendido este como o desempenhado entre as 24 horas de um dia até as 6 horas do dia seguinte, nas empresas manufatureiras, com exceção das mulheres que desenvolvam funções diretivas e em serviços sanitários empresariais, permitindo que tal vedação seja suprimida via negociação coletiva, exceto para mulheres em início da gestação, até que a criança complete sete meses de idade.

---

(312) BARROS, Alice Monteiro de. *A mulher e o direito do trabalho*. São Paulo: LTr, 1995. p. 277.
(313) GALANTINO, Luisa. *Diritto del lavoro*. Torino: G. Giappichelli Editore, 2010. p. 114.
(314) BALLESTRERO, Maria Vittoria. *Dalla tutela alla parità*: la legislazione italiana sul lavoro delle donne. Bologna: Il Mulino, 1979. p. 224.
(315) BARROS, Alice Monteiro de. *A mulher e o direito do trabalho*. São Paulo: LTr, 1995. p. 279.
(316) BARROS, Alice Monteiro de. *A mulher e o direito do trabalho*. São Paulo: LTr, 1995. p. 280.

Luisa Galantino relata que, em virtude da manutenção da proibição do trabalho noturno para mulheres, a Itália foi considerada pela Corte de Justiça Europeia em 4 de dezembro de 1997, na causa C-207/96, inadimplente nas obrigações contidas no direito comunitário concernentes à paridade de tratamento entre homens e mulheres. Para adequar o ordenamento interno à decisão, a Lei n. 25, de 5 de fevereiro de 1999 substituiu o artigo 5º da Lei n. 903, de 1977, vetando o trabalho noturno apenas para mulheres grávidas, até a data em que seu filho complete um ano de idade, bem como prevendo limites ao trabalho noturno de trabalhadores com filhos menores ou responsáveis por algum portador de necessidades especiais. Essa vedação foi mantida no já citado Decreto Legislativo n. 151, de 26 de março de 2001, denominado "Texto Único das disposições legislativas em matéria de tutela e sustento da maternidade e da paternidade".

Importa assinalar que o artigo 7º da Lei n. 903/1977 alterou a Lei n. 1.204/1971, no que se refere à ausência da trabalhadora em caso de doença do filho menor de 3 anos, estendendo a mesma possibilidade ao trabalhador pai, no lugar da mãe. Maria Vittoria Ballestrero observa que essa inovação é certamente significativa da vontade de alterar o costume social, ao considerar menos rígido o papel familiar exclusivo da mulher, aumentando a possibilidade do seu trabalho fora de casa e da divisão de responsabilidades familiares com o pai da criança[317].

No campo processual, como já assinalado (vide item *supra* sobre o Estatuto dos trabalhadores), o artigo 13 da referida lei promoveu importante alteração no artigo 15 da Lei n. 300, de 20 de maio de 1970 (Estatuto dos Trabalhadores), incluindo, dentre os motivos de discriminação vedados, a discriminação em razão do gênero.

Desse modo, as mesmas condutas discriminatórias já vedadas pelo Estatuto dos Trabalhadores em relação a opiniões políticas, sindicais e religiosas dos trabalhadores, também são proibidas com base em discriminação política, religiosa, racial, de língua ou de sexo, para fins de acesso ao emprego, rescisão do contrato de trabalho, transferências, procedimentos disciplinares, designação de tarefas e de funções.

Como visto, a inclusão da discriminação em razão do gênero dentre as condutas vedadas pelo Estatuto dos Trabalhadores acarreta a possibilidade de efetivação de uma tutela real contra a rescisão discriminatória, consoante as previsões contidas no artigo 18 da referida lei. O juiz, na sentença em que declare a nulidade da dispensa, determinará a reintegração da trabalhadora ao posto de trabalho, além de condenar o empregador ao ressarcimento do dano, como o pagamento de uma indenização correspondente à retribuição do período compreendido desde o afastamento até a data da efetiva reintegração, além dos recolhimentos previdenciários e assistenciais correspondentes.

A trabalhadora poderá optar pela substituição da reintegração por uma indenização equivalente a 15 vezes a última retribuição, desde que manifesta a opção dentro de 30 dias da notificação da sentença ou da comunicação para retornar ao trabalho.

Além de estender a proteção contra a dispensa discriminatória, o artigo 15 da Lei n. 903/1997 criou um procedimento jurisdicional de urgência inspirado no artigo 28 do Estatuto dos Trabalhadores, de natureza inibitória e restitutiva[318], para casos de discriminação previstos nos artigos 1º e 5º da mesma lei. No procedimento, pode ser determinada a cessação do comportamento discriminatório e a remoção de seus efeitos.

Importante, ainda, a previsão contida no artigo 19, que afirma a nulidade de todas as disposições das convenções coletivas ou contratos individuais de trabalho, de regulamentos empresariais e de estatutos profissionais que sejam contrários às normas contidas na Lei n. 903, de 1977.

Posteriormente, a Lei n. 903 de 1977 foi ab-rogada praticamente em sua totalidade pelo Decreto Legislativo n. 198, de 11 de abril de 2006, denominado "Código de paridade de oportunidades entre homens e mulheres" (vide item *infra*), o qual incorporou a maioria de seus dispositivos, inclusive no que se refere à proteção contra a discriminação em razão do gênero.

F) *Lei n. 125, de 10 de abril de 1991*

A Lei n. 125, publicada em 10 de abril de 1991, procurou corrigir as falhas identificadas na legislação anterior e favorecer a ocupação feminina, prevendo ações afirmativas para a realização da igualdade substancial entre homem e mulher.

---

(317) BALLESTRERO, Maria Vittoria. *Dalla tutela alla parità*: la legislazione italiana sul lavoro delle donne. Bologna: Il Mulino, 1979. p. 181.
(318) BALLESTRERO, Maria Vittoria. *Dalla tutela alla parità*: la legislazione italiana sul lavoro delle donne. Bologna: Il Mulino, 1979. p. 264.

Diferentemente do sistema de tutela do trabalho feminino de tipo estático ou defensivo que estava vigente por intermédio da Lei n. 903/1977, consoante ensina Renato Scognamiglio, a Lei n. 125/1991 representa o objetivo mais ambicioso de obter a efetiva promoção do acesso da mulher ao mercado de trabalho[319].

Referida lei, na visão de Alice Monteiro de Barros, atende às sugestões contidas na Convenção da ONU para a Eliminação de Todas as Formas de Discriminação contra a Mulher, de 1979, ratificada pela Itália em 1985, e à Diretiva 76/207 da Comunidade Europeia, bem como as resoluções e recomendações do Conselho da Europa. A autora explica que a lei pretendeu remover obstáculos com os quais deparam as mulheres trabalhadoras no acesso ao trabalho e nas progressões de carreira, no que concerne a sua formação escolar e profissional[320].

O artigo 1º da Lei n. 125 busca incentivar o acesso da mulher ao trabalho, através das ações afirmativas. Segundo o dispositivo, tratam-se de medidas voltadas a remover os obstáculos que impedem faticamente a realização da paridade de oportunidades, tendentes a favorecer a ocupação feminina e a realizar a igualdade substancial entre homens e mulheres no trabalho.

No artigo 4º, é relevante a vedação de qualquer forma de discriminação, sendo repetidas, nos parágrafos 1º e 2º, as definições de discriminação direta e de discriminação indireta. Nos parágrafos 2º-*bis*, 2º-*ter* e 2º-*quarter*, também são mencionados como formas de discriminação em razão do gênero os assédios e os assédios sexuais, além dos comportamentos desfavoráveis recebidos em virtude da resistência da trabalhadora a essas condutas. O parágrafo 3º do artigo 4º veda qualquer discriminação para fins de acesso ao trabalho, à formação e à promoção profissional, e nas condições de trabalho.

No que se refere aos aspectos processuais, os outros parágrafos do artigo 4º da Lei n. 125, de 1991, buscaram considerar a dificuldade das mulheres de ingressarem em juízo em caso de discriminações individuais, bem como a falta de interesse em agir nos casos de discriminações coletivas, pelas dificuldades probatórias. Assim, foi diferenciada a discriminação individual da coletiva, sendo introduzida uma ação ordinária e uma ação de urgência para tais casos.

Além disso, foi inserido um dispositivo tendente a facilitar que a empregada consiga se desincumbir do ônus probatório concernente à discriminação.

A regra relativa ao ônus da prova, contida no parágrafo 6º do artigo 4º da mencionada Lei, corresponde às previsões contidas na diretiva comunitária n. 97/80, prevendo que, quando forem fornecidos elementos de fato idôneos a indicarem a presunção da existência de atos ou comportamentos discriminatórios em razão do sexo, incumbirá ao empregador o ônus de comprovar a insubsistência da discriminação.

Entre os elementos presuntivos, são mencionados expressamente aqueles de caráter estatístico, os quais são úteis sobretudo para demonstração das discriminações indiretas.

Na visão de Antonio Vallebona, a inversão do ônus da prova, como prevista pela Lei n. 125/1991, ocorre se a recorrente fornecer elementos que permitam presumir a discriminação em uma cognição semiplena, ou seja, uma mera verossimilhança. Para o autor, se tais elementos devessem constituir uma verdadeira presunção simples, como previsto no artigo 2.729 do código civil, não estaria se tratando de inversão de ônus probatório, mas sim de se desincumbir do ônus, mediante uma presunção idônea a determinar o convencimento pleno do magistrado. Quando os elementos de prova apresentados, portanto, permitirem apenas a inversão do ônus da prova em um juízo de verossimilhança, incumbirá ao empregador a demonstração da insubsistência da discriminação em razão do gênero, podendo se valer também, em virtude do princípio da paridade de armas no processo, de elementos de prova verossímeis aptos a reestabelecer a repartição originária do ônus da prova[321].

A lei foi posteriormente revogada, com exceção de seu artigo 11, pelo Decreto Legislativo n. 198, de 11 de abril de 2006, o Código de paridade de oportunidades entre homens e mulheres (vide item *infra*), a qual incorporou vários de seus dispositivos, inclusive no que se refere à tutela judiciária.

G) Decreto Legislativo n. 198, de 11 de abril 2006 — *Código de paridade de oportunidades entre homens e mulheres*

O Código de paridade de oportunidades entre homens e mulheres, editado pelo Decreto Legislativo n. 198, de 11 de abril de 2006, consolidou muitas das normas já existentes no ordenamento italiano, tendo revogado dis-

---

(319) SCOGNAMIGLIO, Renato. *Diritto del lavoro*. Terza edizione ampiamente riveduta ed aggiornata. Napoli: Jovene Editore, 1994. p. 86.
(320) BARROS, Alice Monteiro de. *A mulher e o direito do trabalho*. São Paulo: LTr, 1995. p. 284.
(321) VALLEBONA, Antonio. *Istituzioni di diritto del lavoro*: II Il raporto di lavoro. 5. ed. Padova: Casa Editrice Dott. Antonio Milani, 2005. p. 266.

posições das Leis n. 7, de 1963, n. 903, de 1977, n. 125, de 1991, n. 215, de 1992, e dos Decretos Legislativos n. 303, de 1999, n. 24, de 2000, n. 196, de 2000, e n. 226, de 2003.

Luisa Galantino afirma que o Código sofreu uma série de críticas, de caráter formal e substancial, já que não se referiu a uma série de importantes dispositivos já presentes no direito italiano, como por exemplo, a própria disciplina da rescisão discriminatória contida no artigo 15 do Estatuto dos Trabalhadores. Registra que a norma apresenta um caráter de mera compilação, e não de sistematização racional e orgânica da disciplina da paridade entre os sexos, sendo carente de reais inovações[322].

De toda forma, são importantes as previsões contidas já no início do diploma legal, em seu artigo 1º, que reafirma a proibição da discriminação em razão do gênero, prevendo o seguinte:

1. Vedação de discriminação e paridade de tratamento e de oportunidades entre mulheres e homens, além da integração do objetivo de paridade entre mulheres e homens em todas as políticas e atividades

1. As disposições do presente decreto têm como objeto as medidas voltadas para eliminar qualquer discriminação baseada no sexo, que tenha como consequência ou como escopo comprometer ou impedir o reconhecimento, o gozo ou o exercício dos direitos humanos e das liberdades fundamentais no campo político, econômico, social, cultural e civil, ou em qualquer outro campo.

2. A paridade de tratamento e de oportunidade entre mulheres e homens deve ser assegurada em todos os campos, incluindo aquele da ocupação, do trabalho e da retribuição.

3. O princípio da paridade não obsta a manutenção ou a adoção de medidas que prevejam vantagens específicas em favor do sexo sub-representado.

4. O objetivo da paridade de tratamento e de oportunidade entre mulheres e homens deve estar presente na formulação e aplicação, em todos os níveis e nas ações de todos os atores, das leis, regulamentos, atos administrativos, políticas e atividades.

O Código é dividido em quatro livros, sendo o primeiro relativo às disposições iniciais para a promoção da paridade de oportunidades entre homens e mulheres (artigos 1º a 22), o segundo referente à paridade de oportunidades nas relações ético-sociais (artigos 23 e 24, que remetem ao tratamento dado pelo código civil às relações familiares e pela Lei n. 154, de 2001, sobre a violência doméstica), o terceiro concernente à paridade nas relações econômicas, de trabalho ou de atividades empresariais (artigos 25-55), e o quarto relativo à paridade nas relações civis e políticas (artigos 56 e 57).

No terceiro título, o artigo 25 do Código reproduz as definições de discriminação direta e indireta contidas na Lei n. 125, de 1991 e, conforme alterações promovidas pela Lei n. 101, de 2008, acrescentou ao âmbito da discriminação direta não só um ato ou comportamento que tenha o efeito de criar uma disparidade de tratamento entre homens e mulheres, como também a fim de colocar em prática tal ato ou comportamento[323].

São também considerados discriminatórios quaisquer tratamentos menos favoráveis em razão do estado de gravidez, ou de maternidade e paternidade, inclusive em virtude de adoção, ou mesmo em razão do exercício de direitos decorrentes deste estado (parágrafo 2-bis do artigo 25).

O artigo 26 prevê expressamente que o assédio, inclusive o assédio sexual, é considerado prática discriminatória, repetindo as previsões da Lei n. 125, de 1991, sobre o tema.

Em seu parágrafo 3º, esse artigo estabelece a nulidade de todos os procedimentos relativos à relação de trabalho do trabalhador ou trabalhadora vítimas do assédio, quando adotados em consequência da recusa ou da submissão a esses comportamentos. Para Luisa Galantino, a norma se refere não só aos atos imputáveis ao empregador, como também aos cometidos pelo trabalhador, como o pedido de demissão[324].

Do mesmo modo, são considerados discriminatórios os tratamentos desfavoráveis adotados pelo empregador como reação a uma reivindicação ou a uma ação com o intuito de obter o respeito ao princípio da paridade de tratamento entre homens e mulheres.

---

(322) GALANTINO, Luisa. *Diritto del lavoro*. Torino: G. Giappichelli Editore, 2010. p. 207-208.
(323) SANTORO-PASSARELLI, Giuseppe. *Diritto dei lavori*: Diritto sindacale e rapporti di lavoro. 4. ed. Torino: G. Giappichelli Editore, 2013. p. 326.
(324) GALANTINO, Luisa. *Diritto del lavoro*. Torino: G. Giappichelli Editore, 2010. p. 212.

O artigo 27, que revogou parcialmente a Lei n. 903, de 1977, e a Lei n. 125, de 1991, incorporou as disposições contidas naquelas normas relativas à vedação de discriminação para fins de acesso ao trabalho, e em matéria de orientação e formação profissional. Foram mantidas as possibilidades de derrogação da vedação nos casos em que a especificação do gênero do trabalhador seja essencial à natureza da atividade (moda, arte, espetáculos) ou em que, via negociação coletiva, sejam estabelecidas limitações ao trabalho feminino em atividades penosas.

O artigo 38 prevê, para a hipótese de violação das vedações descritas no artigo 27, o mesmo procedimento de urgência para a proteção contra a discriminação em razão de gênero estabelecido pelo artigo 15 da Lei n. 903, de 1977.

Em seu artigo 28, o Código de paridade de oportunidades entre homens e mulheres, com a redação dada pelo Decreto legislativo n. 5, de 25 de janeiro de 2010, confirma a vedação já contida na Lei n. 903, de 1977, da discriminação em razão do gênero no que se refere ao tratamento remuneratório, ao dispor:

28 — Vedação de discriminação retributiva

1. É vedada qualquer discriminação, direta e indireta, concernente a qualquer aspecto ou condição da retribuição, no que se refere a um mesmo trabalho ou a um trabalho ao qual é atribuído igual valor.

2. Os sistemas de classificação profissional, com finalidade de determinar a retribuição, devem adotar critérios comuns para homens e mulheres e serem elaborados de forma a eliminar as discriminações.

O artigo 35 do Decreto Legislativo n. 198, de 2006, ao incorporar as previsões da Lei n. 7, de 1963, dispõe sobre a vedação da rescisão contratual por causa do matrimônio, declarando nulas as cláusulas contidas em contratos individuais ou coletivos, e em regulamentos, que prevejam a rescisão do contrato de trabalho por esse motivo, bem como as rescisões operadas por essa razão. Presumem-se motivadas pelo matrimônio a rescisão ocorrida entre o dia do requerimento de publicação de editais, até um ano da celebração do matrimônio (vide item supra).

A tutela judiciária contra a discriminação (artigos 36 a 41) incorporou as previsões processuais contidas nas Leis n. 903, de 1977, e n. 125, de 1991 (vide itens respectivos supra).

Na ação individual, verificada a prática discriminatória na fase sumária do procedimento, o magistrado determina a cessação do comportamento ilegítimo e a imediata remoção de seus efeitos, podendo prever, inclusive, o ressarcimento dos danos causados. A partir da comunicação da determinação, o empregador poderá propor uma ação de oposição, de cognição plena e exauriente, para buscar evidenciar a inexistência de discriminação e revogar a execução do decreto emitido na fase sumária[325]. É previsto, também, um procedimento coletivo para a tutela contra a discriminação em razão do gênero, consoante as disposições contidas na anterior Lei n. 125, de 1991.

São relevantes, ainda, as disposições dos artigos 42 a 50, que preveem ações afirmativas com o escopo de eliminar as disparidades que criam obstáculos fáticos à igualdade das mulheres no acesso ao trabalho. Neste campo, são mantidas previsões já contidas na Lei n. 125, de 1991, e das diretivas comunitárias 2000/43, 2000/78 e 2002/78, sendo elencadas de modo exemplificativo, como destaca Luisa Galantino[326].

O Código de paridade de oportunidades sofreu posteriormente alterações pelo Decreto Legislativo n. 5, de 25 de janeiro de 2010, responsável pela transposição para o ordenamento italiano da diretiva europeia 2006/54.

Outras normas italianas contêm dispositivos aptos a conferir maior proteção às trabalhadoras contra discriminações sofridas antes, durante e no término do contrato de trabalho, como a previsão relativa à necessidade de observância de um percentual de mão de obra feminina nas empresas em casos de dispensas coletivas (introduzida pela Lei n. 236, de 1993), ou a vedação de rescisão contratual de trabalhadoras casadas há menos de um ano (Lei n. 223, de 1991)[327].

Como visto, as normas editadas internamente pela Itália são intrinsecamente relacionadas com o arcabouço normativo internacional, que influenciou diretamente na edição de diversas leis e na alteração de alguns dispositivos. Possível perceber, ainda, que a existência de várias normas que pretendem consagrar o direito a não discri-

---

(325) TESORIERE, Giovanni. *Diritto processuale del lavoro*. 6. ed. Padova: Casa Editrice Dott. Antonio Milani, 2012. p. 368-369.
(326) GALANTINO, Luisa. *Diritto del lavoro*. Torino: G. Giappichelli Editore, 2010. p. 221.
(327) GALANTINO, Luisa. *Diritto del lavoro*. Torino: G. Giappichelli Editore, 2010. p. 544.

minação em razão de gênero confirma a complementaridade de tais regras e princípios, que devem se somar para tornar mais eficaz a proteção das mulheres trabalhadoras contra a discriminação nas relações de trabalho.

4.2. A PROTEÇÃO CONTRA A DISCRIMINAÇÃO DO TRABALHO DA MULHER NO BRASIL

No Brasil, a preocupação com a proteção contra a discriminação da mão de obra feminina também se reflete em muitos textos normativos. Além da incorporação de normas internacionais ou provenientes de organizações regionais (Organização de Estados Americanos — OEA — e do Mercado Comum do Sul — MERCOSUL), são relevantes as disposições internas que buscam efetivar a igualdade de tratamento entre homens e mulheres em diversos campos da vida social, inclusive no mercado de trabalho.

4.2.1. Normas internacionais e de âmbito regional vigentes no Brasil

No Brasil, os tratados e convenções internacionais ratificados são incorporados à ordem jurídica interna através da atuação conjunta do Poder Legislativo e do Poder Executivo, que emite o decreto de ratificação.

A Constituição Brasileira de 1988 prevê, em seu artigo 5º, parágrafo 2º, que os direitos e garantias nela expressos "não excluem outros decorrentes do regime e dos princípios por ela adotados, ou dos tratados internacionais em que a República Federativa do Brasil seja parte".

Para Flávia Piovesan, referida norma tem o efeito de incluir, no catálogo dos direitos constitucionalmente protegidos, os direitos previstos nos tratados internacionais, que passam a ter uma natureza especial e diferenciada, com força de norma constitucional. Esta interpretação também pode ser extraída da força expansiva dos valores da dignidade humana e dos direitos fundamentais, os quais possuem natureza materialmente constitucional[328].

A autora defende que os tratados internacionais de direitos humanos, ao serem incorporados ao direito brasileiro, ingressam na ordem jurídica interna com a mesma hierarquia jurídica de norma constitucional, com *status* superior ao garantido aos demais tratados internacionais, os quais teriam força infraconstitucional em virtude do dispositivo contido no artigo 102, III, "b" da Constituição, que prevê a competência do Supremo Tribunal Federal para julgar causas em que se declare a inconstitucionalidade de tratado ou lei federal[329].

Não é esse, contudo, o posicionamento prevalente no Brasil, em virtude das reiteradas decisões proferidas pelo Supremo Tribunal Federal sobre o tema. A jurisprudência da corte constitucional brasileira é no sentido de conferir aos tratados internacionais de direitos humanos uma hierarquia infraconstitucional, mas supralegal, isto é, superior à legislação ordinária.

Após a Emenda Constitucional n. 45/2004, foi incluído na Constituição brasileira o parágrafo 3º do artigo 5º, prevendo o seguinte:

> Os tratados e convenções internacionais sobre direitos humanos que forem aprovados, em cada Casa do Congresso, em dois turnos, por três quintos dos votos dos respectivos membros, serão equivalentes às emendas à Constituição.

A partir de então[330], todos os tratados de direitos humanos que forem aprovados pelo procedimento legislativo descrito, que é o exigido para a aprovação de uma emenda constitucional, são considerados a ela equiparados. Caso não obtenham o quórum qualificado para sua aprovação, terão *status* infraconstitucional, mas permanecerão em uma posição superior à da lei ordinária, ou seja, de supralegalidade.

Este entendimento foi consagrado, em decisão paradigmática, pelo Supremo Tribunal Federal em 2008, ao apreciar o Recurso Extraordinário n. 466.343, ocasião em que foi assinalado o lugar privilegiado dos tratados

---

(328) PIOVESAN, Flávia. *Direitos Humanos e o direito constitucional internacional*. 1. ed. rev. e atual. São Paulo: Saraiva, 2013. p. 114-116.

(329) PIOVESAN, Flávia. *Direitos Humanos e o direito constitucional internacional*. 1. ed. rev. e atual. São Paulo: Saraiva, 2013. p. 122.

(330) Para Antônio Augusto Cançado Trindade, a EC n. 45/2004 representa um retrocesso em relação ao modelo aberto consagrado pelo artigo 5º, parágrafo 2º, da Constituição de 1988, tendo criado um imbróglio jurídico no que se refere à hierarquia dos tratados de direitos humanos aprovados antes da edição da referida EC, que não foram submetidos à votação pelo quórum qualificado, já que não havia esta exigência anteriormente. Para o autor, este retrocesso põe em risco a indivisibilidade dos direitos humanos, submetendo-os a uma fragmentação em benefício do excesso de formalismo, além da nova exigência ser irrelevante sob o ponto de vista da responsabilidade internacional do Estado brasileiro, já que, ao ratificar o tratado de direitos humanos, já se compromete perante a comunidade internacional, independentemente dos subterfúgios internos para evadir-se dos compromissos de proteção ao ser humano (TRINDADE, Antônio Augusto Cançado. *Desafios e conquistas do direito internacional dos direitos humanos no início do século XXI*. Disponível em: <http://www.oas.org/dil/esp/407-490%20cancado%20trindade%20OEA%20CJI%20%20.def.pdf>. Acesso em: 10 set. 2015).

internacionais sobre direitos humanos no ordenamento jurídico brasileiro, conferindo-lhes a hierarquia especial e privilegiada da supralegalidade[331].

De toda forma, verifica-se que os tratados internacionais de direitos humanos, dentre os quais se incluem as convenções internacionais do trabalho, por tratarem de direitos humanos sociais, detêm grande relevância no ordenamento jurídico brasileiro.

No que se refere aos tratados internacionais de direitos humanos editados no âmbito da Organização das Nações Unidas, releva salientar que o Estado Brasileiro foi um dos fundadores da organização, estando presente quando da elaboração da Carta das Nações Unidas, de 1945. Além disso, o documento foi promulgado internamente, por intermédio do Decreto n. 19.841 de 22 de outubro de 1945[332].

Da mesma forma, como Estado membro da ONU, o Brasil participou da assembleia geral ocorrida em Paris, em 10 de dezembro de 1948, tendo votado favoravelmente para a aprovação da Declaração Universal dos Direitos Humanos, de 1948.

O Pacto dos Direitos Civis e Políticos, de 1966, foi ratificado pelo Estado brasileiro apenas em 12 de dezembro de 1991, tendo sido promulgado pelo Decreto n. 592 de 6 de julho de 1992[333].

Por sua vez, o Pacto dos Direitos Econômicos, Sociais e Culturais, de 1966, foi ratificado em 19 de dezembro de 1991, e promulgado pelo Decreto n. 591, de 6 de julho de 1992[334].

A Convenção sobre a Eliminação de todas as formas de discriminação contra as mulheres, de 1979, foi ratificada pelo Brasil em 1º de fevereiro de 1984, tendo o Estado brasileiro apresentado reservas aos artigos 15, parágrafo 4º, e 16, parágrafo 1º, alíneas "a", "c", "g" e "h", considerando as restrições ao pleno reconhecimento da capacidade civil das mulheres no Código Civil de 1916, em vigor na época da ratificação. Posteriormente, em 20 de dezembro de 1994, o Brasil retirou as mencionadas reservas, tendo em vista que o decreto legislativo que autorizava a ratificação aprovou a totalidade da Convenção, sem reservas, já sinalizando a tendência de reforma do ordenamento interno a este respeito (o que veio a ser realizado pelo Código Civil de 2002). A Convenção foi promulgada anos mais tarde, pelo Decreto n. 4.377 de 13 de setembro de 2002[335], tendo promulgado o protocolo facultativo à Convenção pelo Decreto n. 4.316 de 30 de julho de 2002[336].

No que se refere aos instrumentos editados no âmbito da Organização Internacional do Trabalho, cumpre salientar que, em que pese o Brasil não ter participado da assinatura do Tratado de Versalhes em 1919, é considerado um dos membros fundadores do organismo internacional[337], pelo que pode se inferir que participou dos encontros preparatórios da Constituição da OIT.

No mais, como Estado membro da OIT, participou das conferências internacionais que aprovaram a Declaração da Filadélfia, de 1944 (Anexo da Constituição da OIT) e a Declaração sobre os princípios e direitos fundamentais no trabalho, de 1988.

A Convenção n. 100 da OIT, de 1951, foi ratificada pelo Brasil em 25 de abril de 1957 e promulgada pelo Decreto n. 41.721 de 25 de junho de 1957[338].

---

(331) PIOVESAN, Flávia. *Direitos Humanos e o direito constitucional internacional*. 1. ed. rev. e atual. São Paulo: Saraiva, 2013. p. 137-140.
(332) BRASIL. *Decreto n. 19.841 de 22 de outubro de 1945. Promulga a Carta das Nações Unidas*. Disponível em: <http://www.planalto.gov.br/ccivil_03/decreto/1930-1949/d19841.htm>. Acesso em: 12 set. 2015.
(333) BRASIL. *Decreto n. 592 de 6 de julho de 1992. Promulga o Pacto dos Direitos Civis e Políticos*. Disponível em: <http://www.planalto.gov.br/ccivil_03/decreto/1990-1994/D0592.htm>. Acesso em: 6 set. 2015.
(334) BRASIL. *Decreto n. 591 de 6 de julho de 1992. Promulga o Pacto dos Direitos Econômicos, Sociais e Culturais*. Disponível em: <http://www.presidencia.gov.br/ccivil_03/decreto/1990-1994/D0591.htm>. Acesso em: 6 set. 2015.
(335) BRASIL. *Decreto n. 4.377 de 13 de setembro de 2002. Promulga a Convenção da ONU sobre a Eliminação de todas as formas de discriminação contra as mulheres, de 1979*. Disponível em: <http://www.planalto.gov.br/ccivil_03/decreto/2002/D4377.htm>. Acesso em: 6 set. 2015.
(336) BRASIL. *Decreto n. 4.316 de 30 de julho de 2002. Promulga o Protocolo Facultativo à Convenção da ONU sobre a Eliminação de todas as formas de discriminação contra as mulheres*. Disponível em: <http://www.planalto.gov.br/ccivil_03/decreto/2002/D4316.htm>. Acesso em: 6 set. 2015.
(337) Consoante informações do próprio Escritório da Organização Internacional do Trabalho no Brasil. Disponível em: <http://www.ilo.org/brasilia/conheca-a-oit/hist%C3%B3ria/lang--pt/index.htm>. Acesso em: 6 set. 2015.
(338) BRASIL. *Decreto n. 41.721, de 25 de junho de 1957. Promulga as Convenções Internacionais do Trabalho de ns. 11, 12, 13, 14, 19, 26, 29, 81, 88, 89, 95, 99, 100 e 101, firmadas pelo Brasil e outros países em sessões da Conferência Geral da Organização Internacional do Trabalho*. Disponível em: <http://www.planalto.gov.br/ccivil_03/decreto/Antigos/D41721.htm>. Acesso em: 10 set. 2015.

A Convenção n. 111 da OIT, de 1958, ratificada em 26 de novembro de 1965, foi promulgada pelo Decreto n. 62.150 de 19 de janeiro de 1968[339].

A Convenção n. 117 da OIT, de 1962, foi ratificada em 24 de março de 1969 e promulgada pelo Decreto n. 66.496 de 27 de abril de 1970[340].

A Convenção n. 122 da OIT, de 1964, ratificada pelo Brasil em 24 de março de 1964, foi promulgada pelo Decreto n. 66.499 de 27 de abril de 1970[341].

O Brasil não ratificou a Convenção n. 156 da OIT, de 1981, que dispõe sobre a proteção de trabalhadores com responsabilidades familiares. Não há, tampouco, normas jurídicas internas que estabeleçam proteção direta de trabalhadores da iniciativa privada contra prejuízos ou tratamentos desfavoráveis recebidos em virtude de sua dedicação a encargos familiares. No campo do serviço público, a Lei n. 8.112, de 11 de dezembro de 1990, prevê apenas, em seu artigo 83, a possibilidade de licença para o servidor público por motivo de doença na família, em casos de necessidade de assistência indispensável que não possa ser prestada simultaneamente com o exercício do cargo público, mas não há menção expressa acerca de tratamentos discriminatórios a estes trabalhadores.

Alguns regulamentos empresariais e normas autonomamente negociadas, constantes de convenções coletivas de trabalho ou de acordos coletivos de trabalho, estabelecem alguns benefícios para trabalhadores que tenham responsabilidades com filhos menores ou familiares inválidos, mas não há como se estabelecer uma obrigação geral, fruto de lei, que proteja trabalhadores brasileiros contra tratamentos discriminatórios em virtude da maior dedicação à vida familiar trazida por essas situações especiais.

Grande controvérsia foi estabelecida no Brasil no que se refere à Convenção n. 158 da OIT, sobre a proteção contra a dispensa imotivada. Editada em 1982 no plano internacional, a Convenção havia sido ratificada pelo Estado brasileiro em 05 de janeiro de 1995, tendo sido promulgada pelo Decreto n. 1.855 de 10 de abril de 1996[342].

Muitos doutrinadores passaram a defender que, com a incorporação da Convenção n. 158 da OIT pelo ordenamento jurídico brasileiro, teria sido finalmente regulamentada a proteção contra a dispensa arbitrária ou sem justa causa prevista constitucionalmente, desde 1988, no artigo 7º, I, da Constituição, que prevê como direito dos trabalhadores urbanos e rurais a "proteção contra a despedida arbitrária ou sem justa causa, nos termos de lei complementar, que preverá indenização compensatória, dentre outros direitos".

Após breve período de vigência, o Presidente da República à época, Fernando Henrique Cardoso, promoveu a denúncia do instrumento internacional junto à OIT, denúncia esta que foi publicada no Decreto n. 2.100 de 20 de dezembro de 1996[343].

Está em trâmite perante o Supremo Tribunal Federal a Ação Direta de Inconstitucionalidade n. 1.625/DF, ajuizada pela Confederação Nacional dos Trabalhadores na Agricultura (CONTAG) e pela Central Única dos Trabalhadores (CUT), afirmando a inconstitucionalidade do ato unilateral de denúncia, pois o procedimento exigiria a participação do Poder Legislativo, em paralelismo com as formalidades de incorporação dos tratados à ordem jurídica interna. O julgamento ainda está em andamento, mas alguns votos proferidos por Ministros sinalizam no sentido de acolhimento da tese autoral[344]. Resta, agora, aguardar o desfecho do julgamento e os atos que o Estado brasileiro deverá adotar perante a OIT para formalizar a eventual invalidade da denúncia já comunicada ao organismo internacional. De toda forma, até o final do pronunciamento do STF, a jurisprudência majoritária tem entendido pela não incidência da Convenção n. 158 da OIT no território brasileiro.

---

(339) BRASIL. *Decreto n. 62.150, de 19 de janeiro de 1968. Promulga a Convenção n. 111 da OIT sobre discriminação em matéria de emprego e profissão*. Disponível em: <http://www.planalto.gov.br/ccivil_03/decreto/1950-1969/D62150.htm>. Acesso em: 10 set. 2015.
(340) BRASIL. *Decreto n. 66.496, de 27 de abril de 1970. Promulga a Convenção da OIT número 117 sobre Objetivos e Normas Básicas da Política Social*. Disponível em: <http://legis.senado.gov.br/legislacao/ListaNormas.action?numero=66496&tipo_norma=DEC&data=19700427&link=s>. Acesso em: 10 set. 2015.
(341) BRASIL. *Decreto n. 66.499, de 27 de abril de 1970. Promulga a Convenção da OIT número 122 sobre Política de Emprego*. Disponível em: <http://legis.senado.gov.br/legislacao/ListaNormas.action?numero=66499&tipo_norma=DEC&data=19700427&link=s>. Acesso em: 10 set. 2015.
(342) BRASIL. *Decreto n. 1.855, de 10 de abril de 1996. Promulga a Convenção n. 158 relativa ao Término da Relação de Trabalho por Iniciativa do Empregador, de 22 de junho de 1982*. Disponível em: <http://www.planalto.gov.br/ccivil_03/decreto/1996/D1855.htm>. Acesso em: 12 set. 2015.
(343) BRASIL. *Decreto n. 2.100, de 20 de dezembro de 1996. Torna pública a denúncia, pelo Brasil, da Convenção da OIT n. 158 relativa ao Término da Relação de Trabalho por Iniciativa do Empregador*. Disponível em: <http://www.planalto.gov.br/ccivil_03/decreto/1996/d2100.htm>. Acesso em: 12 set. 2015.
(344) SUPREMO TRIBUNAL FEDERAL. *Ação direta de inconstitucionalidade n. 1625/DF — acompanhamento processual*. Disponível em: <http://www.stf.jus.br/portal/processo/verProcessoAndamento.asp?numero=1625&classe=ADI&origem=AP&recurso=0&tipoJulgamento=M>. Acesso em 19 set. 2015.

No que se refere aos instrumentos regionais, é relevante assinalar que o Brasil faz parte tanto da Organização dos Estados Americanos (OEA), quanto do Mercado Comum do Sul (MERCOSUL), estando sujeito a estruturas normativas editadas no âmbito de ambas as organizações.

O Estado brasileiro ratificou a Convenção Americana de Direitos Humanos (Pacto de San Jose da Costa Rica), de 1969, em 07 de setembro de 1992, tendo promulgado o instrumento por meio do Decreto n. 678 de 6 de novembro de 1992[345].

O Protocolo Adicional à Convenção Americana de Direitos Humanos em matéria de direitos econômicos, sociais e culturais (Protocolo de San Salvador), de 1988, foi ratificado em 08 de agosto de 1996, e promulgado pelo Decreto n. 3.321 de 30 de dezembro de 1999[346].

A Declaração Sociolaboral do MERCOSUL de 1998 foi assinada pelo Brasil, em 10 de novembro de 1998, bem como a sua revisão, assinada em 17 de julho de 2015, sendo válidas no território brasileiro.

4.2.2. Normas internas

Internamente, também pode ser identificado amplo arcabouço normativo que pretende assegurar o direito a não discriminação em razão do gênero nos vários aspectos da vida social, inclusive nas relações de trabalho.

A) Constituição Brasileira de 1988

A Constituição Brasileira de 1988 traz, já em seu preâmbulo, menção à igualdade e a justiça como valores supremos de uma sociedade fraterna, pluralista e sem preconceitos. Várias de suas normas reafirmam o princípio de proteção contra todas as formas de discriminação.

Já em seu artigo 1º, a dignidade da pessoa humana é apresentada como um dos fundamentos da República Federativa do Brasil, irradiando sua força norteadora para a interpretação das demais disposições constitucionais e expressando a valorização da ética social e a importância do ser humano.

O artigo 3º, inciso IV, menciona como objetivo fundamental da República promover o bem de todos, sem preconceitos de origem, raça, sexo, cor, idade e quaisquer outras formas de discriminação.

Em seu artigo 4º, a Constituição dispõe que o país rege suas relações internacionais, dentre outros, pelo princípio da prevalência dos direitos humanos, ressaltando a importância dos diplomas internacionais desta área para o Estado brasileiro.

O *caput* do artigo 5º consagra a igualdade formal, ao deixar expresso, em uma cláusula geral de proteção, que "Todos são iguais perante a lei, sem distinções de qualquer natureza". O primeiro inciso do artigo 5º refere-se especificamente à igualdade entre os gêneros, deixando registrado que "homens e mulheres são iguais em direitos e obrigações, nos termos desta Constituição".

Nota Estêvão Mallet que a redundância não se trata de deficiência técnica na redação da norma, mas é justificada pelo processo histórico da discriminação por motivo de sexo, bem evidenciado pelo tratamento dado ao tema no plano internacional[347].

No artigo 7º, relativo aos direitos sociais dos trabalhadores urbanos e rurais, são importantes para a proteção contra a discriminação em razão do gênero as previsões contidas nos incisos XVIII, XX, XXV e XXX.

O inciso XVIII prevê o direito da licença à gestante, sem prejuízo do emprego e do salário, com a duração de cento e vinte dias, norma essa essencial para a proteção da maternidade. O inciso XXV também é relacionado com a proteção à maternidade (e à paternidade), pois prevê a assistência gratuita aos filhos e dependentes desde o nascimento até os cinco anos de idade em creches e pré-escolas, o que representa política pública importante para possibilitar a compatibilização das responsabilidades familiares e profissionais.

---

(345) BRASIL. *Decreto n. 678, de 6 de novembro de 1992. Promulga a Convenção Americana sobre Direitos Humanos (Pacto de São José da Costa Rica), de 22 de novembro de 1969.* Disponível em: <http://www.planalto.gov.br/ccivil_03/decreto/D0678.htm>. Acesso em: 12 set. 2015.

(346) BRASIL. *Decreto n. 3.321, de 30 de dezembro de 1999. Promulga o Protocolo Adicional à Convenção Americana sobre Direitos Humanos em Matéria de Direitos Econômicos, Sociais e Culturais "Protocolo de São Salvador", concluído em 17 de novembro de 1988, em São Salvador, El Salvador.* Disponível em: <http://www.planalto.gov.br/ccivil_03/decreto/D3321.htm>. Acesso em: 12 set. 2015.

(347) MALLET, Estêvão. *Igualdade e discriminação em direito do trabalho.* São Paulo: LTr, 2013. p. 31.

O inciso XX estipula a "proteção do mercado de trabalho da mulher, mediante incentivos específicos, nos termos da lei", fundamentando a adoção de ações afirmativas e políticas públicas tendentes a facilitar a inserção e a manutenção da mulher no mercado de trabalho.

O inciso XXX trata expressamente da vedação da discriminação, mencionando a proibição de diferenças de salários, exercício de funções e de critério de admissão por motivo de sexo, idade, cor ou estado civil.

Ressalta Yara Maria Pereira Gurgel que a Constituição brasileira, ao tratar da vertente negativa do princípio da igualdade — a não discriminação — o faz em cláusula constitucional aberta, de forma que a proibição de discriminação não se exaure nos motivos mencionados, mas se estende a toda e qualquer forma de discriminação motivada por preconceito[348].

No Ato das Disposições Constitucionais Transitórias, foi inserido importante proteção contra uma das principais práticas discriminatórias contra as mulheres: a estabilidade provisória da gestante.

No artigo 10, inciso II, alínea "b", foi instituída a vedação da dispensa da empregada gestante, desde a confirmação da gravidez, até cinco meses após o parto. A garantia de emprego é importante medida de proteção da trabalhadora, como também ao nascituro, assegurando a preservação do posto de trabalho para a mulher durante este período especial e pretendendo coibir medidas de retaliação por parte do empregador.

Paula Oliveira Cantelli aponta que, com a promulgação da Constituição de 1988 e a consagração de todas essas normas, diversos dispositivos constantes na legislação ordinária foram derrogados, já que, sob o aparente manto tutelar, produziam efeito discriminatório em relação às mulheres e violavam os princípios constitucionais de igualdade e não discriminação.

Em decorrência, foi editada logo após a promulgação da Constituição de 1988 a Lei n. 7.855, de 24 de outubro de 1989, que revogou expressamente alguns dispositivos da CLT, para adequá-la aos novos comandos constitucionais. Por essa lei, foram revogados os preceitos que autorizavam a interferência do marido ou do pai no contrato de trabalho da mulher adulta (artigo 446), parte expressiva do capítulo de proteção ao trabalho da mulher, notadamente os que restringiam a prestação de certos tipos de trabalho, como o noturno e em locais insalubres e perigosos (artigos 374, 375, 378 a 380 e 387)[349].

B) *Consolidação das Leis do Trabalho, de 1943*

A Consolidação das Leis do Trabalho (CLT), aprovada no Decreto-Lei n. 5.452, de 1º de maio de 1943, é o diploma normativo que regula as relações individuais e coletivas de trabalho, bem como os dispositivos processuais aplicáveis à área trabalhista. Em diversos artigos, há proibições de práticas discriminatórias em razão do gênero, já que o diploma normativo foi construído em torno da proteção do trabalhador.

O artigo 5º da CLT traz a vedação da discriminação salarial ao prever que "A todo trabalho de igual valor corresponderá salário igual, sem distinção de sexo". O tema da igualdade remuneratória é complementado pelo disposto no artigo 461, que trata do direito à equiparação salarial. Em seu *caput*, o referido artigo estabelece que, sendo idêntica a função, a todo trabalho de igual valor, prestado ao mesmo empregador e na mesma localidade, corresponderá igual salário, sem distinção de sexo.

Nesse particular, a legislação trabalhista brasileira se afasta dos critérios estipulados pela Convenção n. 100 da OIT e pela Recomendação n. 90, ambas de 1951. É que as normas internacionais não exigem a identidade funcional para que os trabalhadores tenham direito à igualdade salarial, sendo expressas na possibilidade de trabalhos desenvolvidos em funções diferentes serem considerados de igual valor, a partir de critérios objetivos de avaliação.

De toda forma, a tradição brasileira é de entender que o trabalho de igual valor é aquele realizado na mesma função, com igual produtividade e mesma perfeição técnica, por trabalhadores com diferença de tempo de serviço não superior a dois anos, a teor do parágrafo 1º do artigo 461 da CLT.

O capítulo da CLT relativo à proteção do trabalho da mulher (artigos 372 e seguintes), como já mencionado, teve diversos dispositivos revogados após a promulgação da Constituição de 1988, no intuito de eliminar restrições ao trabalho feminino que não mais se justificavam perante a nova ordem constitucional. É o caso da já

---

(348) GURGEL, Yara Maria Pereira. *Direitos humanos, princípio da igualdade e não discriminação*: sua aplicação às relações de trabalho. São Paulo: LTr, 2010. p. 139.
(349) CANTELLI, Paula Oliveira. *O trabalho feminino no divã*: dominação e discriminação. São Paulo: LTr, 2007. p. 159-160.

mencionada Lei 7.855/1989, e da Lei 10.244/2001, que revogou o art. 376, a qual limitava o trabalho extraordinário das mulheres.

Foram mantidos, entretanto, alguns dispositivos que estabelecem proteções especiais à mulher trabalhadora, como o que prevê um intervalo de quinze minutos antes do trabalho extraordinário (artigo 384)[350] e o que estipula limites de peso para serviços que demandam força muscular (artigo 390).

No mais, os dispositivos relativos à proteção da maternidade (artigos 391 a 400) são válidos, e estabelecem medidas necessárias para assegurar o gozo da licença maternidade e para possibilitar tratamentos especiais à gestante e à lactante.

Posteriormente, a CLT recebeu alterações pela Lei n. 9.799, de 1999, que incluiu o artigo 373-A que, por sua relevância para a proteção contra a discriminação em função do gênero, será examinada em separado (vide item infra).

No mais, a Lei n. 10.244/2001 revogou expressamente o artigo 376 da CLT, para permitir a realização de trabalho extraordinário pelas mulheres, o que, segundo a doutrina, já estava tacitamente revogado pela Constituição de 1988[351].

C) Lei n. 9.029, de 1995

O diploma legal brasileiro editado especificamente para promover a proteção contra a discriminação nas relações de trabalho é a Lei n. 9.029, de 13 de abril de 1995, que proíbe a exigência de atestados de gravidez e esterilização, e outras práticas discriminatórias, para efeitos admissionais ou de permanência da relação jurídica de trabalho.

A Lei 9.029/1995 é um amálgama de vários projetos de lei apresentados no Congresso Nacional com a finalidade de aumentar a proteção contra a discriminação em razão do gênero. A Lei foi resultante de um projeto de lei substitutivo, que incorporou outros três projetos de lei apresentados por deputadas federais em 1991 e 1992[352].

Essa lei exerceu grande impacto na defesa dos direitos de personalidade dos empregados, oferecendo ampla proteção contra várias formas de discriminação nas relações de trabalho, ampliando o rol constante dos dispositivos constitucionais[353].

Em seu artigo 1º, prevê o seguinte:

> Fica proibida a adoção de qualquer prática discriminatória e limitativa para efeito de acesso a relação de emprego, ou sua manutenção, por motivo de sexo, origem, raça, cor, estado civil, situação familiar ou idade, ressalvadas, neste caso, as hipóteses de proteção ao menor previstas no inciso XXXIII do art. 7º da Constituição Federal.

Assim, estão proibidas as práticas discriminatórias nas fases pré-contratual e durante o curso do contrato de trabalho, sendo relevantes para a proteção contra a discriminação em razão do gênero a menção ao estado civil e à situação familiar, que também são critérios utilizados como motivo para prejudicar mulheres no contexto trabalhista. O rol de motivos discriminatórios não é taxativo, sendo recorrente a utilização dessa lei para a punição de atos discriminatórios por motivos não listados no artigo 1º, como no caso de empregados portadores de doenças graves, ou ao trabalhador que ingressou na justiça[354]. Valem ser transcritos alguns julgamentos proferidos pelo Tribunal Superior do Trabalho neste sentido:

---

(350) A constitucionalidade do artigo 384, por criar uma circunstância que pode onerar os empregadores apenas na contratação de mulheres e por não conceder o descanso especial a ambos os sexos, já foi questionada perante o Tribunal Superior do Trabalho, no Incidente de Inconstitucionalidade n. TST-IIN_RR-1540/2005-046-12-00.5. No julgamento, proferido em 17.11.2008, foi rejeitada a arguição de inconstitucionalidade, sendo declarado válido o dispositivo, em virtude das particularidades do trabalho feminino. (Inteiro teor do acórdão disponível em: <http://aplicacao5.tst.jus.br/consultaunificada2/inteiroTeor.do?action=printInteiroTeor&highlight=true&numeroFormatado=RR%20-%20154000-83.2005.5.12.0046&base=acordao&numProcInt=133296&anoProcInt=2007&dataPublicacao=13/02/2009%2007:00:00&query=>. Acesso em: 10 set. 2015).

(351) CANTELLI, Paula Oliveira. O trabalho feminino no divã: dominação e discriminação. São Paulo: LTr, 2007. p. 161.

(352) O projeto substitutivo incorporou os projetos de lei de números 229/91, apresentado pela Deputada Benedita da Silva, 677/91, apresentado pela Deputada Jandira Feghali, e 3466/92, apresentado pela Deputada Maria Luiza Fontenele (LIMA, Firmino Alves. Mecanismos antidiscriminatórios nas relações de trabalho. São Paulo: LTr, 2008. p. 251-252).

(353) GURGEL, Yara Maria Pereira. Direitos humanos, princípio da igualdade e não discriminação: sua aplicação às relações de trabalho. São Paulo: LTr, 2010. p. 155.

(354) VIANA, Márcio Túlio; PIMENTA, Raquel Betty de Castro. A proteção trabalhista contra atos discriminatórios (análise da Lei n. 9.029/95). In: RENAULT, Luiz Otávio Linhares; VIANA, Márcio Túlio; CANTELLI, Paula Oliveira (Coord.). Discriminação. 2. ed. São Paulo: LTr, 2010. p. 141.

AGRAVO. AGRAVO DE INSTRUMENTO EM RECURSO DE REVISTA. DISPENSA DISCRIMINATÓRIA. LEI N. 9.029/1995. Nega-se provimento ao agravo em que a reclamada não consegue desconstituir os fundamentos da decisão agravada, no sentido de que não se configurou violação de dispositivo de lei federal, tampouco divergência jurisprudencial. Em face das garantias constitucionais que vedam a prática discriminatória e preservam a dignidade da pessoa humana, é de se concluir que as hipóteses de dispensa discriminatória não se resumem a motivo de sexo, origem, raça, cor, estado civil, situação familiar ou idade. O rol previsto em lei não é exaustivo, podendo ser classificada como discriminatória a dispensa sem justa causa, do trabalhador doente, quando a empresa tem conhecimento de que o empregado é portador de limitação de saúde e não promove esforços para enquadrá-lo em nova função, hipótese registrada pelo Tribunal Regional do Trabalho. Incólume, portanto, o art. 1º da Lei n. 9.029/1995. O aresto colacionado a cotejo, por sua vez, não parte da mesma premissa, ou seja, de que o empregador tinha conhecimento da doença do empregado e, ainda assim, o dispensou sem tentar promover o seu enquadramento em nova função. Não serve, portanto, ao fim pretendido, porque inespecífico, de acordo com a Súmula n. 296, I, do TST. Agravo a que se nega provimento. (Ag-AIRR — 112000-74.2009.5.04.0006, Relator Ministro: Walmir Oliveira da Costa, Data de Julgamento: 04.06.2014, 1ª Turma, Data de Publicação: DEJT 06.06.2014)

AGRAVO DE INSTRUMENTO EM RECURSO DE REVISTA EM FACE DE DECISÃO PUBLICADA ANTES DA VIGÊNCIA DA LEI N. 13.015/2014. DISPENSA DISCRIMINATÓRIA. AÇÃO TRABALHISTA. RETALIAÇÃO. NULIDADE. REINTEGRAÇÃO. ÔNUS DA PROVA. O Tribunal Regional negou provimento ao recurso da reclamada, confirmando a tese da dispensa discriminatória ao entendimento de que a mesma se deu em retaliação ao ajuizamento de ação trabalhista contra a empregadora, considerando-a nula e determinando a reintegração ao emprego. O TRT registra que o reclamante foi dispensado imotivadamente 40 dias após o ajuizamento de ação visando ao reconhecimento de direitos trabalhistas, assinalando que, nessa situação, recai sobre o empregador o ônus da prova de que a dispensa não teve caráter discriminatório. Consigna que a inversão do ônus se justifica em face do princípio da aptidão para a prova, na medida em que somente a reclamada pode demonstrar as razões alegadas para a dispensa, daí ter o encargo de evidenciar a razoabilidade da diferenciação adotada. Fixa que não ficou demonstrada a tese patronal de que a dispensa decorreu da readequação do quadro de pessoal, adicionando que o argumento "serve apenas para emprestar manto de legalidade à conduta discriminatória", de modo que o viés discriminatório mais se evidencia pelo fato de o reclamante contar quase 27 anos de trabalho prestado à empresa, com ficha funcional ilibada. Conclui, após ampla análise da prova, transcrevendo depoimentos, que o acervo não afasta a alegação obreira de que foi vítima de conduta discriminatória, concluindo por sua caracterização e pelo reconhecimento do direito à reintegração, na linha da Súmula n. 443/TST. Posto o acórdão regional, com relação à alegada violação aos arts. 818 da CLT e 333, I, do CPC, incide a teoria dinâmica do ônus da prova, de acordo com a qual a prova incumbe a quem reúne melhores condições de produzi-la, à luz das especificidades do caso concreto. Decorre da teoria o princípio da aptidão para a prova, cujo conteúdo indica que o ônus probatório recai sobre quem pode provar, extraindo-se dos arts. 818 da CLT e 333 do CPC que o ônus incumbe àquele que, à luz das circunstâncias do caso, pode melhor suportá-lo. No caso, fixando o acórdão que a dispensa deu-se 40 dias após o ajuizamento de reclamatória, caberia à reclamada demonstrar que o desligamento deu-se por necessidade de reestruturação empresarial, alegação que inevitavelmente conduz à inversão do ônus da prova, atraindo a incidência do art. 333, II, do CPC. Acrescente-se que, nada obstante o acórdão ter articulado a tese de atribuição do ônus da prova à reclamada, sua conclusão quanto à natureza discriminatória da dispensa também se funda no conjunto fático-probatório. Agravo de instrumento desprovido. DISPENSA DISCRIMINATÓRIA. AÇÃO TRABALHISTA. RETALIAÇÃO. NULIDADE. DANO MORAL. O Tribunal Regional negou provimento ao recurso da reclamada, confirmando a indenização por dano moral em face da dispensa ter ocorrido por retaliação decorrente do exercício do direito constitucional de ação, concluindo que a dispensa discriminatória gera dano moral e impõe a correspondente reparação pecuniária. Reconhecendo o acórdão regional a caracterização da dispensa discriminatória, deferindo em consequência indenização por dano moral, a revista não se viabiliza com apoio nas alegadas violações aos arts. 186 e 927 do CC ou por dissenso jurisprudencial, esta por incidência da Súmula n. 296, I, do TST. Agravo de instrumento desprovido." (AIRR — 904-55.2013.5.03.0034, Relator Desembargador Convocado: Arnaldo Boson Paes, Data de Julgamento: 25.02.2015, 7ª Turma, Data de Publicação: DEJT 06.03.2015)

Outro caso interessante foi julgado no Tribunal Regional do Trabalho da 4ª Região (Rio Grande do Sul), em que a Lei n. 9.029/95 foi utilizada, junto à Convenção n. 111 da OIT, como fundamento para a condenação de uma empresa ao pagamento de indenização por danos morais impingidos a um candidato a emprego, recusado em virtude de uma passagem na polícia inexistente:

RECURSO ORDINÁRIO DA RÉ E RECURSO ORDINÁRIO DO AUTOR. DANO PRÉ-CONTRATUAL. PROMESSA DE EMPREGO E CONTRATAÇÃO FRUSTRADA. INDENIZAÇÃO POR DANOS MORAIS. MAJORAÇÃO. Atitude empresarial caracterizadora de ofensa ao princípio da boa fé objetiva, insculpido no art. 422 do Código Civil, pois, uma vez iniciados os trâmites de contratação (realização de exame médico admissional e abertura de conta bancária para percepção de salário), e frustrada a expectativa quanto ao cargo a ser assumido, há configuração de ofensa à honra subjetiva do autor, resguardada no art. 5º, XIII, da Constituição da República. Devida indenização por danos de ordem moral, majorando-se o valor arbitrado na sentença. DANO MORAL. INDENIZAÇÃO. DISCRIMINAÇÃO PUTATIVA — RECUSA DE EMPREGO POR PASSAGEM NA POLÍCIA INEXISTENTE. 1. A Convenção 111 da OIT sobre discriminação em matéria de emprego e profissão, estabelece como discriminatória "toda distinção, exclusão ou preferência fundada na raça, cor, sexo, religião, opinião política, ascendência nacional ou origem social, que tenha por efeito destruir ou alterar a igualdade de oportunidades ou de tratamento em matéria de emprego ou profissão". Da mesma forma, o ordenamento jurídico brasileiro, fundamentado nos valores sociais do trabalho e dignidade da pessoa humana rechaça qualquer conduta que implique discriminação entre as pessoas, destacando-se a Lei 9.029/95, que proíbe práticas discriminatórias nas relações de trabalho, inclusive na fase de tratativas para contratação. 2. A nova ordem constitucional, portanto, não admite a prática da discriminação ocorrida na espécie, em que o autor deixou de ser contratado em razão de uma suposta "passagem pela polícia" que se revelou inexistente. De modo que a desistência da ré na contratação do autor, por elemento discriminatório putativo — imaginou a existência de uma passagem na polícia, indubitavelmente revela-se atentatória às garantias constitucionais, violando o princípio igualitário, sem observar nem mesmo o princípio da presunção de inocência. 3. Abuso do direito diretivo empresarial evidenciado mediante ilícito cometido no ato de seleção de pessoal, aventando critério ilegítimo e inexistente para recusa da vaga de emprego, ofendendo, com isso, o valor social do trabalho e a função social da propriedade. Ato ilícito caracterizado na forma do art. 187 do Código Civil. 4. Nítida a violação da honra e imagem do autor, configurando dano moral cuja responsabilização prescinde da prova de efetivo abalo suportado pela vítima, bastando a prova tão somente da prática do ilícito do qual ele emergiu (*dano in re ipsa*), dado o caráter discriminatório. 5. Expedição de ofício ao MPT para apuração da prática de ato discriminatório resultante de preconceito de etnia, raça ou cor, capitulado na Lei 9029/95". (TRIBUNAL REGIONAL DO TRABALHO DA 4ª REGIÃO. Processo 0000399-36.2014.5.04.0702 RO, Segunda Turma, Redator: Marcelo José Ferlin D Ambroso, Data: 11.06.2015)

O artigo 2º dessa lei cria um tipo penal, prevendo como crimes a exigência de teste, exame, perícia, laudo, atestado, declaração ou qualquer outro procedimento relativo à esterilização ou a estado de gravidez, bem como a adoção de quaisquer medidas, de iniciativa do empregador, que configurem indução ou instigamento à esterilização genética ou a promoção do controle de natalidade, assim não considerado o oferecimento de serviços e de aconselhamento ou planejamento familiar, realizados através de instituições públicas ou privadas, submetidas às normas do Sistema Único de Saúde (SUS).

Para Adriana Goulart de Sena, a exceção contida no tipo penal demonstra que o legislador brasileiro buscou acolher a tendência contemporânea de planejamento familiar, excluindo-o da condição discriminatória delituosa, já que possibilita o alcance de um patamar de civilização mais elevado[355].

Além da sanção penal para as práticas especificadas no artigo 2º, qualquer violação aos preceitos da Lei n. 9.029/95 é passível de ser punido pelas penalidades administrativas previstas pelo artigo 3º: o pagamento de multa administrativa e a proibição de obter empréstimo ou financiamento junto a instituições financeiras oficiais.

O artigo 4º trata das rescisões do contrato de trabalho por motivos discriminatórios. Além de prever a possibilidade da reparação dos danos morais, a lei faculta ao empregado optar entre:

I — a readmissão com ressarcimento integral de todo o período de afastamento, mediante pagamento das remunerações devidas, corrigidas monetariamente, acrescidas dos juros legais;

II — a percepção, em dobro, da remuneração do período de afastamento, corrigida monetariamente e acrescida dos juros legais.

A primeira alternativa, apesar de ter sido utilizado o termo "readmissão", trata-se de hipótese de reintegração ao posto de trabalho, como se fosse estável, recebendo tudo a que teria direito se tivesse trabalhado no período, inclusive promoções e reajustes concedidos à categoria. Se preferir a segunda solução, o empregado estará trocando o emprego pelo pagamento dobrado das mesmas parcelas[356].

Posteriormente, a Lei n. 9.263/1996 agravou as sanções previstas nos casos de indução ou instigamento dolosos à pratica da esterilização cirúrgica e a exigência de apresentação de atestado de esterilização para qualquer

---

(355) SENA, Adriana Goulart de. Mulher e trabalho na cena jurídica brasileira contemporânea. In: *AMATRA III — Associação dos Magistrados da Justiça do Trabalho da 3ª Região* (Coord.). Temas de direito e processo do trabalho. Belo Horizonte: Del Rey, 1996. p. 14.
(356) VIANA, Márcio Túlio; PIMENTA, Raquel Betty de Castro. A proteção trabalhista contra atos discriminatórios (análise da Lei n. 9.029/95). In: RENAULT, Luiz Otávio Linhares; VIANA, Márcio Túlio; CANTELLI, Paula Oliveira (Coord.). *Discriminação*. 2. ed. São Paulo: LTr, 2010. p. 140.

fim, substituindo a pena de detenção por reclusão, sem prejuízo das sanções administrativas previstas no artigo 3º da Lei n. 9.029/1995.

D) Lei n. 9.799, de 1999

Com o intuito de incrementar a proteção contra a discriminação em razão do gênero, foi editada a Lei n. 9.799, de 26 de maio de 1999, que promoveu alterações na Consolidação das Leis do Trabalho, acrescentando os artigos 373-A, 390-B, 390-C, 390-E e o parágrafo 4º do artigo 392.

O artigo 373-A veda a adoção de uma série de atos quando da contratação das empregadas, por seus evidentes efeitos discriminatórios:

> Art. 373-A. Ressalvadas as disposições legais destinadas a corrigir as distorções que afetam o acesso da mulher ao mercado de trabalho e certas especificidades estabelecidas nos acordos trabalhistas, é vedado: (Incluído pela Lei n. 9.799, de 26.5.1999)
>
> I — publicar ou fazer publicar anúncio de emprego no qual haja referência ao sexo, à idade, à cor ou situação familiar, salvo quando a natureza da atividade a ser exercida, pública e notoriamente, assim o exigir;
>
> II — recusar emprego, promoção ou motivar a dispensa do trabalho em razão de sexo, idade, cor, situação familiar ou estado de gravidez, salvo quando a natureza da atividade seja notória e publicamente incompatível;
>
> III — considerar o sexo, a idade, a cor ou situação familiar como variável determinante para fins de remuneração, formação profissional e oportunidades de ascensão profissional;
>
> IV — exigir atestado ou exame, de qualquer natureza, para comprovação de esterilidade ou gravidez, na admissão ou permanência no emprego;
>
> V — impedir o acesso ou adotar critérios subjetivos para deferimento de inscrição ou aprovação em concursos, em empresas privadas, em razão de sexo, idade, cor, situação familiar ou estado de gravidez;
>
> VI — proceder o empregador ou preposto a revistas íntimas nas empregadas ou funcionárias.
>
> Parágrafo único. O disposto neste artigo não obsta a adoção de medidas temporárias que visem ao estabelecimento das políticas de igualdade entre homens e mulheres, em particular as que se destinam a corrigir as distorções que afetam a formação profissional, o acesso ao emprego e as condições gerais de trabalho da mulher.

Para Arion Sayão Romita, quando um anúncio de emprego fixa condições discriminatórias baseadas em critérios proibidos por lei incide o juízo de reprovabilidade. O interessado que estipulou o *discrímen*, então, deverá fazer prova séria e convincente de que a discriminação é justificada por algum aspecto relevante, quando a natureza da atividade assim o exigir[357].

Ressalte-se, também, a expressa vedação da exigência de atestado ou exame para comprovação de esterilidade ou gravidez, prática que já era proibida pela Lei n. 9.029/1995, que inclusive a tipifica como crime (vide item *supra*). A jurisprudência é pacífica ao entender como discriminatória a falta de contratação de candidata ao emprego em virtude do estado de gravidez:

> EMENTA: INDENIZAÇÃO POR DANOS MORAIS. DISCRIMINAÇÃO. GRAVIDEZ. O contexto probatório demonstra que a reclamada praticou ato discriminatório ao não contratar a reclamante após conhecimento de seu estado gravídico. A conduta da reclamada violou o direito à cidadania, à dignidade da pessoa humana, ao valor social do trabalho, à igualdade, à não--discriminação, à proteção ao emprego, dentre outros direitos constitucionalmente assegurados." (TRT da 3ª Região; Processo: 01072-2008-140-03-00-0 RO; Data de Publicação: 10.06.2009; Órgão Julgador: Primeira Turma; Relator: Maria Laura Franco Lima de Faria)

A proibição de revistas íntimas, contida no inciso VI do artigo, visa coibir uma das práticas discriminatórias que mais ferem a dignidade das mulheres trabalhadoras, em que, em nome da proteção ao patrimônio do empregador, trabalhadoras são submetidas a procedimentos de exames íntimos e invasivos de sua privacidade, ainda

---

(357) ROMITA, Arion Sayão. O combate à discriminação da mulher no mundo do trabalho, à luz das fontes internacionais com reflexos no ordenamento interno. In: FRANCO FILHO, Georgenor de Sousa (Coord.). *Trabalho da mulher*: homenagem a Alice Monteiro de Barros. São Paulo: LTr, 2009. p. 126.

que realizados por outras trabalhadoras do mesmo sexo. A prática de revistas íntimas é fortemente rejeitada pela jurisprudência brasileira:

EMENTA: REVISTA ÍNTIMA — PODER DE FISCALIZAÇÃO VERSUS DIREITO À PRIVACIDADE — SISTEMA DE PESOS E CONTRAPRESOS — AS PARTES ÍNTIMAS SÃO COMO QUE UMA EXTERIZAÇÃO DA ALMA DA MULHER — CONFIGURAÇÃO DA IMPUTABILIDADE MORAL-TRABALHISTA — Historicamente, a mulher sofreu e ainda sofre discriminação no trabalho, embora na atualidade em menor grau. A empresa detém o poder de fiscalização, visando à proteção do seu patrimônio, mas deve exercê-lo com prudência e com equilíbrio, de modo a não violar o direito à privacidade da trabalhadora. Dizia Voltaire que "un droit porté trop loin devient une injustice". Mesmo que a revista em uma mulher seja realizada por outra mulher, essa circunstância, só por si, não assegura a licitude do ato consistente na revista pessoal, que, apesar disso, pode se constituir na prática de ato ilícito, tipificado no art. 186, do CC, transgressor do direito à privacidade. Os direitos da personalidade tutelam a dignidade da pessoa humana, art. 1º, III, da Constituição Federal, abrangida a proteção à integridade moral, que alcança a imagem, o segredo, a boa fama, a honra, a intimidade, a opção sexual, a privacidade, bem como a liberdade civil, política e religiosa. O conceito de privacidade é mais amplo que o de intimidade. Esta se refere às relações subjetivas puras, de trato íntimo, como as travadas com familiares e com amigos. Aquela, por sua vez, protege a pessoa humana dos atos invasivos, hostis e agressivos ao seu patrimônio moral e pessoal, seja no âmbito das relações comerciais, sociais ou trabalhistas. Em outras palavras, a privacidade estabelece um núcleo de proteção, de centralidade além do qual ninguém pode ir sem a permissão hígida, livre e consentida da pessoa. Dentro deste núcleo, cercado de valores éticos, morais e até religiosos, situam-se bens materiais e imateriais das mais diversas naturezas: corpo, sentimentos, pensamentos, desejos, fraquezas, medos, paixões, e toda sorte de emoções. No fundo e em última análise, a proteção legal é transferida para onde quer que tais bens/valores se encontrem, sob a ótica física, metafísica e até metafórica, tais como a residência, os armários, as gavetas, a bolsa, a mochila, o escaninho, o pen drive, o i-cloud, e tantos outros esconderijos que a vida vai criando para todos nós. Disse Novalis que "só há um templo no mundo e é o corpo humano. Nada é mais sagrado que esta forma sublime. Toca-se o céu quando se toca o corpo humano". Por essa e por tantas outras razões, a privacidade, inclusive a corporal, é reconhecida como um direito humano, estatuindo o art. XII, da Declaração Universal dos Direitos do Homem (1948), que: "Ninguém será sujeito a interferências na sua vida privada, na sua família, no seu lar ou na sua correspondência, nem a ataques à sua honra e reputação. Toda pessoa tem direito à proteção da lei contra tais interferências ou ataques." De igual forma, o direito à privacidade constitui direito fundamental, tutelado pelo art. 5º, V e X, da Constituição Federal, aplicável nas relações privadas, vale dizer, entre particulares, porque os direitos fundamentais têm também eficácia horizontal, ou como diria Rubem Braga porque constituem "o sussurro das estrelas, no fundo da noite". Ao celebrar o contrato de trabalho, a pessoa física, homem ou mulher, não abdica dessa proteção jurídica, porque o seu corpo, a sua privacidade não é uma coisa ou mercadoria, decorrendo, ao revés, sous la peau et interiéurment, da própria natureza e condição humana (art. I, "a", da Declaração da Filadélfia, de 1944). Ainda que o patrimônio da empresa esteja sob alegado risco e necessite de proteção, é preciso levar em conta que, no Estado Democrático de Direito, existe a presunção de inocência em favor de eventuais suspeitos (art. 5º, LVII, da Constituição Federal) e existe o monopólio estatal do poder de polícia (art. 21, XIV, da Constituição Federal), pelo que o poder de fiscalização, genericamente exercido sem uma suspeita concreta, deve ser exercido com moderação e equilíbrio, com respeito ao empregados e às empregadas, sem se retirar a parte de cima da roupa e sem que a parte debaixo da roupa seja apalpada. No caso dos autos, a prova oral demonstrou que a empresa exacerbou o poder de fiscalização, invadindo, de forma contundente, o direito à privacidade, que se situa na esfera subjetiva/objetiva da pessoa humana, por isso que o dano moral ocorre in re ipsa, presumido pelo que ordinariamente demonstram as máximas da experiência (art. 334, IV, do CPC). O nexo causal e a culpa estão presentes, eis que a revista foi ordenada e realizada por prepostos da empresa, desvelada, em sua inteireza, a responsabilidade moral-trabalhista. (TRT da 3ª Região; Processo: 0000852-23.2012.5.03.0025 RO; Data de Publicação: 11.7.2014; Órgão Julgador: Primeira Turma; Relator: Luiz Otavio Linhares Renault)

No entanto, uma corrente jurisprudencial entende ser possível a revista aos pertences dos trabalhadores, de forma impessoal, quando justificada por circunstâncias específicas[358]. Como exemplo, pode ser citado o seguinte julgado do Tribunal Regional do Trabalho da 3ª Região (Minas Gerais):

EMENTA: REVISTA PESSOAL. INDENIZAÇÃO POR DANOS MORAIS. As revistas aptas a gerar o direito à indenização por danos morais são aquelas em que o empregador, abusando de seu poder diretivo e fiscalizador, submete seus empregados a situação vexatória e humilhante no momento em que são revistados, tal como ocorre em revistas íntimas. Havendo cuidado na realização da revista nas bolsas dos empregados, de forma discreta, sem submetê-los a situações constrangedoras, não se pode cogitar de indenização por danos morais. (TRT da 3ª Região; Processo: 0000393-89.2014.5.03.0109 RO; Data de Publicação: 28.08.2015; Órgão Julgador: Sétima Turma; Relator: Convocada Sabrina de Faria F. Leão)

---

(358) GURGEL, Yara Maria Pereira. *Direitos humanos, princípio da igualdade e não discriminação*: sua aplicação às relações de trabalho. São Paulo: LTr, 2010. p. 168.

Retomando a análise do artigo 373-A da CLT, note-se que o parágrafo único faz referência à possibilidade de adoção de ações afirmativas para o estabelecimento de políticas de igualdade entre homens e mulheres.

A mesma lei também acresceu à CLT os artigos 390-B, 390-C e 390-E, que tratam de programas de qualificação da mão de obra a serem oferecidos a empregados de ambos os sexos e da possibilidade de execução de projetos para o incentivo do trabalho da mulher.

O parágrafo 4º do artigo 392 da CLT, também acrescentado pela lei em comento, assegura à empregada gestante, durante a gravidez, sem prejuízo de salário e demais direitos, a transferência de função, quando necessário por questões de saúde, bem como a dispensa do horário de trabalho para a realização de, no mínimo, seis consultas médicas e exames complementares. Essas normas de proteção à gestação são importantes para possibilitar à trabalhadora o cuidado com sua saúde e a da criança.

Em 2000, a Comissão de Peritos em aplicação de Convenções da Organização Internacional do Trabalho, ao examinar o cumprimento da Convenção n. 111 da OIT, reconheceu o empenho do Estado brasileiro no combate à discriminação nas relações de trabalho, tendo mencionado expressamente a promulgação da Lei n. 9.799/99[359].

Para Yara Maria Pereira Gurgel, a proteção contra a discriminação das mulheres deve ser enfrentada pela aplicação conjunta das previsões da Lei n. 9.029/1995 e das acrescidas à CLT pela Lei n. 9.799/1999:

> Dessa forma, sempre que a mulher sofrer discriminação ou atentado contra sua privacidade e dignidade, deve ser aplicada, além do art. 373-A da CLT, a Lei n. 9.029/95, inclusive seus arts. 3º e 4º, que dispõem sobre as sanções aplicadas ao empregador (multa administrativa e proibição de empréstimo), e a opção de ser reintegrado ou receber remuneração em dobro pelo período de afastamento.[360]

Tratam-se, portanto, de mecanismos complementares, que podem ser utilizados conjuntamente para incrementar a proteção das mulheres contra práticas discriminatórias.

4.3. A EFICÁCIA DA PROTEÇÃO CONTRA A DISCRIMINAÇÃO EM RAZÃO DO GÊNERO POR MEIO DA COOPERAÇÃO JUDICIÁRIA INTERNACIONAL

Como visto, as normas internacionais de proteção contra a discriminação em razão do gênero pretendem combater uma das principais formas de violação aos direitos humanos no campo das relações de trabalho, mas apesar de sua amplitude, aplicabilidade na maioria dos Estados e sua pretensão de universalidade, não têm se mostrado eficazes na realidade do mundo do trabalho. As mulheres trabalhadoras continuam, por todo o mundo, sujeitas aos mais diversos tipos de tratamentos prejudiciais e desfavoráveis no seu cotidiano laboral.

Observa Olivier de Schutter que a necessária proibição normativa de discriminação exige mais que a existência de leis e regras para impor tal vedação. Faz-se necessária sua aplicação efetiva[361].

Desse modo, é fundamental buscar mecanismos que possam trazer maior eficácia a essa importante garantia de respeito aos direitos humanos nas relações de trabalho, de forma a construir, em escala global, um movimento de resistência às tendências de mera desconstrução das proteções trabalhistas em virtude da globalização econômica.

Nesse contexto, a importância do papel exercido, em cada país, pelo Poder Judiciário, que atua como copartícipe do processo de efetiva implementação dos direitos e garantias assegurados nas normas internacionais ratificadas, em relação de complementaridade com as normas internas.

Segundo Antônio Augusto Cançado Trindade, a responsabilidade internacional de assegurar o cumprimento dos tratados e convenções ratificados não é só dos governos que participam da elaboração de tais normas, mas sim dos Estados, incluindo todos os seus poderes, órgãos e agentes. Cabe ao Poder Judiciário aplicar efetivamente tais normas no plano do direito interno, e assegurar que sejam respeitadas[362].

---

(359) GURGEL, Yara Maria Pereira. *Direitos humanos, princípio da igualdade e não discriminação*: sua aplicação às relações de trabalho. São Paulo: LTr, 2010. p. 117.
(360) GURGEL, Yara Maria Pereira. *Direitos humanos, princípio da igualdade e não discriminação*: sua aplicação às relações de trabalho. São Paulo: LTr, 2010. p. 166.
(361) SCHUTTER, Olivier de. *International Human Rights Law*. Cambridge: Cambridge University Press, 2010. p. 622.
(362) TRINDADE, Antônio Augusto Cançado. *Desafios e conquistas do direito internacional dos direitos humanos no início do século XXI*. Disponível em: <http://www.oas.org/dil/esp/407-490%20cancado%20trindade%20OEA%20CJI%20%20.def.pdf>. Acesso em: 10 set. 2015. p. 478.

No campo da discriminação de gênero nas relações de trabalho, o Comitê de Peritos da OIT já ressaltou diversas vezes a importância decisiva da atuação dos tribunais locais na aplicação de normas relacionadas à igualdade. O órgão costuma solicitar aos Estados que encaminhem, nos relatórios periódicos, informações sobre como seus tribunais têm implementado os princípios das convenções relativas a não discriminação e tem notado que o avanço na efetivação desses direitos em vários países foi alcançado por meio da interpretação judicial, mais que devido à ação legislativa[363].

A solução jurisdicional de conflitos que envolvam situações de discriminação no trabalho pede das decisões judiciais a construção de novas teorias sobre o combate à discriminação, para concretizar e fixar o alcance das normas antidiscriminatórias. As decisões judiciais podem estabelecer novos conceitos, definir modalidades discriminatórias, fixar procedimentos para a investigação e para a prevenção da discriminação[364].

E, no atual contexto globalizado, o próprio exercício da atividade jurisdicional pode aproveitar dos avanços e tecnologias advindos dessa globalização para aprimorar as formas de comunicação e cooperação entre Poderes Judiciários de Estados diferentes, seja pelas vias institucionais, seja através de redes internacionais compostas por magistrados. Essas redes atuariam com o objetivo de estreitar seus laços, promover a troca de experiências e de entendimentos e construir, conjuntamente, um processo de efetivação dos direitos humanos em escala global.

Tais mecanismos de cooperação judiciária internacional, institucionais ou por intermédio das redes de juízes, serão examinados nos capítulos a seguir.

---

(363) ORGANIZAÇÃO INTERNACIONAL DO TRABALHO. *Direito internacional do trabalho e direito interno*: manual de formação para juízes, juristas e docentes em direito. Editado por Xavier Beaudonnet. Turim: Centro Internacional de Formação da OIT, 2011. p. 145.
(364) LIMA, Firmino Alves. *Mecanismos antidiscriminatórios nas relações de trabalho*. São Paulo: LTr, 2008. p. 157.

5

COOPERAÇÃO JUDICIÁRIA INTERNACIONAL: ESPECIAL POSSIBILIDADE PARA A EFETIVIDADE DAS DECISÕES JUDICIAIS

A efetividade das normas internacionais de proteção de direitos humanos, como as que pretendem combater a discriminação em razão do gênero, depende, em grande medida, da atuação do Poder Judiciário na sua interpretação, na sua aplicação e no seu cumprimento.

A todo o momento, os magistrados do mundo inteiro são provocados a apreciar casos em que se discute o descumprimento de direitos assegurados nesse tecido normativo internacional, que incide, em conjunto com as normas internas de seus países, nas relações trabalhistas.

Ao apreciar e decidir questões relacionadas à discriminação das mulheres no campo trabalhista, haverá casos, em um contexto de globalização econômica, transnacionalização de empresas e crescimento exponencial da circulação de pessoas, nos quais o juiz terá que lidar com uma lide composta por elementos com conexão internacional, por exemplo, em que as partes estejam em Estados diferentes, ou quando os bens a serem executados não estejam situados no território de sua jurisdição.

Nesses casos, precisará se valer de meios institucionais de cooperação judiciária internacional, para que os valores compartilhados pela comunidade internacional e difundidos universalmente por meio dos instrumentos internacionais consagrados de proteção aos direitos humanos possam ser protegidos onde quer que seja, independentemente das jurisdições envolvidas no exercício desses direitos.

A cooperação judiciária internacional institucional surge, portanto, para assegurar que a internacionalização das relações privadas não represente impunidade para os descumpridores dos patamares internacionais de direitos humanos e trabalhistas, de forma a fazer valer, globalmente, as decisões que dão aplicação aos diplomas normativos que os reconhecem.

Antes de adentrar, porém, no exame da cooperação judiciária internacional, é necessário diferenciar este instituto do propagado "princípio da cooperação" no campo do direito processual.

No Brasil, com a recente edição do novo Código de Processo Civil, uma das novidades é a ênfase dada ao princípio da cooperação, consagrado expressamente no artigo 6º, que prevê: "Todos os sujeitos do processo devem cooperar entre si para que se obtenha, em tempo razoável, decisão de mérito justa e efetiva".

De acordo com Fredie Didier Jr., esse princípio cria um novo modelo de organização do processo, que redimensiona o princípio do contraditório, ao incluir o órgão jurisdicional no rol dos sujeitos do diálogo processual. Segundo o autor:

> O modelo cooperativo de processo caracteriza-se exatamente por articular os papéis processuais das partes e do juiz, com o propósito de harmonizar a eterna tensão entre a liberdade individual e o exercício do poder pelo Estado.

Dessa forma, o princípio da cooperação diz respeito ao comportamento das partes do processo, que devem pautar seu comportamento processual com base na boa fé processual e no auxílio mútuo, com vistas à resolução da lide levada à apreciação do Poder Judiciário.

Já a cooperação judiciária internacional tratada neste trabalho diz respeito ao comportamento cooperativo do magistrado nacional em relação ao magistrado investido de outra jurisdição, ou seja, da atuação cooperativa entre jurisdições.

Com o aumento da circulação de pessoas, bens e serviços por todo o globo, também houve o incremento no fluxo de atos de cooperação judiciária internacional[365]. Nesse sentido, observam Ricardo Andrade Saadi e Camila Colares Bezerra que o alargamento e aprimoramento dos mecanismos para a cooperação judiciária internacional é reflexo da preocupação dos Estados em mitigar os efeitos negativos da globalização no que se refere à concretização da justiça no plano internacional, adaptando gradativamente as modalidades existentes às necessidades atuais[366].

Os fundamentos da cooperação judiciária internacional repousam, portanto, nos conceitos de confiança mútua e de solidariedade entre os Estados e a existência de um padrão de convergência, no plano normativo, entre as concepções de proteção e assecuratórias dos direitos humanos. Para Fábio Ramazzini Bechara, é por meio dos tratados internacionais que se torna possível, ao mesmo tempo, identificar valores considerados essenciais por todas as ordens jurídicas, e respeitá-los segundo a diversidade que caracteriza nossa sociedade plural e multicultural. Assim, as normas internacionais de direitos humanos aparecem como pontos de consenso, constituindo uma base segura para orientar a relação de confiança mútua e solidariedade entre os Estados[367].

Surgem, para tanto, mecanismos institucionais que propiciam a cooperação judiciária internacional, como se tratará neste capítulo.

5.1. COOPERAÇÃO JUDICIÁRIA INTERNACIONAL INSTITUCIONAL

A cooperação judiciária internacional pode ser descrita como o fenômeno em que ocorrem relações de colaboração e auxílio entre órgãos judiciários de Estados diferentes.

Tratar desse tema significa lidar, inicialmente, com o desafio terminológico, já que a mesma expressão pode ter diferentes alcances, ao passo que a mesma espécie de procedimento pode ser designada de formas variadas.

O termo "cooperação judiciária internacional" é utilizado no presente trabalho para designar todas as formas de relação estabelecida entre órgãos ou agentes do Poder Judiciário de Estados diferentes, que se correspondem internacionalmente, para diferentes finalidades.

Para diferenciar das demais formas de cooperação, os mecanismos procedimentais necessários para se dar aplicação a decisões emanadas em um Estado no território de outro Estado soberano, em que se faz necessário solicitar a colaboração desse último para fazer valer a decisão do primeiro, é utilizada a expressão "cooperação judiciária internacional institucional", já que se tratam de medidas instituídas formalmente em tratados internacionais ou em normas internas.

Nádia de Araújo explica que esse intercâmbio internacional, para o cumprimento extraterritorial de medidas processuais do Poder Judiciário de outro Estado em território nacional, e vice-versa, decorre do fato do Poder Judiciário sofrer uma limitação territorial de sua jurisdição, precisando pedir a colaboração do outro Estado para auxiliar em casos em que suas necessidades transbordam suas fronteiras. Lembra a autora que, atualmente, o fenômeno evoluiu para abarcar, também, solicitações de medidas administrativas entre os Estados[368].

Esse mesmo instituto, em que um Estado solicita ao outro que tome medidas para realizar atos pertinentes ao cumprimento de decisões em seu território, é designado por várias outras expressões, como aponta Adriana Beltrame: "assistência judiciária internacional", "cooperação internacional das jurisdições", "cooperação judicial

---

(365) ARAÚJO, Nadia de. *A importância da cooperação jurídica internacional para a atuação do Estado brasileiro no plano interno e internacional*. In: BRASIL. SECRETARIA NACIONAL DE JUSTIÇA. *Manual de cooperação jurídica internacional e recuperação de ativos*: cooperação em matéria civil. 4. ed. Brasília: Ministério da Justiça, 2014. p. 29.
(366) SAADI, Ricardo Andrade; BEZERRA, Camila Colares. A autoridade central no exercício da cooperação jurídica internacional. In: BRASIL. SECRETARIA NACIONAL DE JUSTIÇA. *Manual de cooperação jurídica internacional e recuperação de ativos*: cooperação em matéria civil. 4. ed. Brasília: Ministério da Justiça, 2014. p. 17.
(367) BECHARA, Fábio Ramazzini. Cooperação jurídica internacional: equilíbrio entre eficiência e garantismo. In: BRASIL. SECRETARIA NACIONAL DE JUSTIÇA. *Manual de cooperação jurídica internacional e recuperação de ativos*: cooperação em matéria civil. 4. ed. Brasília: Ministério da Justiça, 2014. p. 46-47.
(368) ARAÚJO, Nadia de. *A importância da cooperação jurídica internacional para a atuação do Estado brasileiro no plano interno e internacional*. In: BRASIL. SECRETARIA NACIONAL DE JUSTIÇA. *Manual de cooperação jurídica internacional e recuperação de ativos*: cooperação em matéria civil. 4. ed. Brasília: Ministério da Justiça, 2014. p. 29.

internacional", "cooperação jurídica internacional", "cooperação jurisdicional internacional" e "cooperação interjurisdicional"[369].

Entre os termos "assistência" e "cooperação", é preferível o segundo, que transmite melhor a noção de interdependência e colaboração mútua. A manutenção do adjetivo "internacional" pretende ressaltar o caráter que extrapola as fronteiras dos Estados nacionais. Por fim, a opção pelo adjetivo "judiciária" pretendeu ressaltar ser um fenômeno que exige a participação, prioritariamente, de órgãos dos Poderes Judiciários dos Estados, além de ser a terminologia frequentemente adotada na Europa[370].

Registre-se, ainda, que os termos "judiciária", "jurídica", "judicial" e "jurisdicional" aparecem como sinônimos em diferentes textos normativos que tratam do mesmo fenômeno, sem prejuízo de serem utilizados com o mesmo significado.

A cooperação judiciária internacional institucional, portanto, corresponde à colaboração entre os Estados no campo judiciário, penal ou civil, para promover o reconhecimento das decisões estrangeiras e dar cumprimento às solicitações feitas por um Estado ao Poder Judiciário do outro.

Como registra Antonietta Carestia, uma controvérsia judicial pode apresentar elementos de conexão entre dois ou mais ordenamentos jurídicos, seja porque trata de relações entre cidadãos nacionais e estrangeiros, seja porque aborda relações entre cidadãos estrangeiros que ocorrem dentro de um território nacional, seja por tratar de atos que deverão ser executados em território de outro país. Em todos esses casos, há uma interferência entre diferentes ordens jurídicas, não apenas no que se refere à legislação material aplicável (campo de estudo do Direito Internacional Privado), mas também sob o plano processual[371].

A cooperação judiciária internacional institucional, portanto, é essencial para o enfrentamento de situações em que um Estado necessita da colaboração de outro para fazer valer suas decisões, principalmente em um contexto de globalização, em que a circulação de pessoas, bens e serviços é crescente e determinante[372].

Nesse contexto, observou-se o desenvolvimento de modalidades diferentes de cooperação, com a necessidade de constante mutação e aperfeiçoamento, para tornar eficazes os meios de comunicação e colaboração entre os diferentes Estados. Ela é classificada em cooperação ativa, quando o Estado requer providências de outro, ou cooperação passiva, quando o Estado está recebendo o pedido de cooperação[373].

Ricardo Andrade Saadi e Camila Colares Bezerra notam que, com o passar do tempo, houve uma mudança de paradigma: a cooperação judiciária internacional, que antes era vista como uma cortesia entre os Estados, uma vez que era considerada como possível ameaça à soberania, hoje se apresenta como essencial para o próprio exercício das atividades soberanas dos Estados, que passam a depender vitalmente da ajuda internacional para garantir os direitos individuais, coletivos e difusos da população mundial, além de combater o crime internacional, garantir a estabilidade de sistemas econômicos, entre outros temas a cargo desses Estados[374].

Anteriormente, os mecanismos para sua implementação eram previstos em tratados bilaterais ou se baseavam em normas consuetudinárias, tendo, posteriormente, passado a ser previstos também em convenções de caráter regional, como nos regulamentos editados pela União Europeia, ou nos protocolos do MERCOSUL.

A cooperação judiciária internacional institucional teve amplo campo para seu surgimento e desenvolvimento na área penal, tendo em vista as necessidades de atuação conjunta dos Estados para o combate à criminalidade organizada transnacional, e outros delitos que extrapolam as fronteiras estatais.

---

(369) BELTRAME, Adriana. Cooperação jurídica internacional. In: *Revista de Processo*, n. 162, ano 33, agosto de 2008. p. 188.

(370) No Brasil, a nomenclatura normalmente adotada é "cooperação jurídica internacional", conforme consta no portal eletrônico do Ministério da Justiça, e no Código de Processo Civil. A opção brasileira se decorre da noção de que a cooperação pode se dar também em atos que não importem em exercício jurisdicional, podendo também se dar administrativamente.

(371) CARESTIA, Antonietta. La rete giudiziaria europea in materia civile e commerciale. In: AMBROSI, Irene; SACARANO, Luigi A. (a cura di). *Diritto civile comunitario e cooperazione giudiziaria civile*. Milano: Giuffrè Editore, 2005. p. 33.

(372) AGUIAR, Ana Carolina Campos. O Protocolo de Las Leñas como importante instrumento para o processo de integração e cooperação jurídica no Mercosul. In: ESCOLA DE MAGISTRATURA FEDERAL DA 1ª REGIÃO. *I Jornada sobre cooperação judicial nacional e internacional*. Brasília: Escola de Magistratura Federal da 1ª Região — ESMAF, 2014. p. 22.

(373) ARAÚJO, Nadia de. A importância da cooperação jurídica internacional para a atuação do Estado brasileiro no plano interno e internacional. In: BRASIL. SECRETARIA NACIONAL DE JUSTIÇA. *Manual de cooperação jurídica internacional e recuperação de ativos*: cooperação em matéria civil. 4. ed. Brasília: Ministério da Justiça, 2014. p. 33.

(374) SAADI, Ricardo Andrade; BEZERRA, Camila Colares. A autoridade central no exercício da cooperação jurídica internacional. In: BRASIL. SECRETARIA NACIONAL DE JUSTIÇA. *Manual de cooperação jurídica internacional e recuperação de ativos*: cooperação em matéria civil. 4. ed. Brasília: Ministério da Justiça, 2014. p. 18.

As Nações Unidas promoveram convenções multilaterais gerais, como a Convenção única sobre o narcotráfico, de 1961, seguida por convenções específicas, como a de Tóquio, relativa às infrações e determinados atos cometidos a bordo de aeronaves, e a de Haia para a repressão da captura ilícita de carros, de 1970.

Dentre os tratados mais recentes está a Convenção das Nações Unidas contra o crime organizado transnacional (adotada pela Conferência de Palermo de 2000, em vigor desde 2003), com três protocolos adicionais.

No âmbito europeu, foram importantes a Convenção Europeia de Extradição de 1957 e a Convenção Europeia de assistência judiciária em matéria penal de 1959.

Pelo que concerne à cooperação judiciária internacional em matéria civil, são relevantes as Convenções de Haia de 1954, de 1965 e de 1970, sobre processo civil, sobre a notificação de atos judiciários e extrajudiciários em matéria civil e comercial, e sobre a obtenção de provas no estrangeiro em matéria civil e comercial.

Na Europa, ressalte-se a Convenção Europeia de Londres, de 1968, no setor de informação sobre o direito estrangeiro, que permitiu a criação de um instrumento destinado a facilitar a obtenção de informações sobre o direito civil e comercial, o direito processual e as organizações jurídicas entre os Estados membros.

Para além desses tratados multilaterais, são também relevantes os tratados bilaterais firmados entre Estados que pretendem aumentar a efetividade de sua cooperação judiciária.

Serão analisadas as regras institucionais incidentes nos ordenamentos jurídicos da Itália e do Brasil, inclusive as provenientes das organizações regionais de que fazem parte, para verificar como se dá a previsão formal da cooperação judiciária internacional nesses Estados.

5.2. A COOPERAÇÃO JUDICIÁRIA INTERNACIONAL INSTITUCIONAL NA ITÁLIA

A cooperação judiciária internacional institucionalizada compreende o reconhecimento das sentenças estrangeiras, a execução de decisões estrangeiras, e o cumprimento de requerimentos de realização de procedimentos de produção de provas ou de atos de notificação provenientes de outros Estados.

A possibilidade da cooperação judiciária institucional entre a Itália e outros Estados está estabelecida em normas supranacionais, como nas normas da União Europeia sobre a cooperação judiciária entre os Estados membros, em tratados internacionais bilaterais ou multilaterais, estabelecendo as formas de cooperação judiciária entre os Estados signatários dos instrumentos, ou em normas internas da Itália, prevendo a disciplina geral, para casos em que não existir a disciplina específica.

Na Itália, a Lei n. 218 de 31 de maio de 1995[375] reformou o sistema italiano de direito internacional privado. Além de trazer disposições acerca das normas aplicáveis a conflitos de direito internacional privado, trata também do reconhecimento da eficácia, no território italiano, de pronúncias de autoridades estrangeiras. Além disso, há normas aplicáveis em casos específicos, como a relativa à adoção internacional.

Necessário, inicialmente, diferenciar o reconhecimento de decisões estrangeiras da sua execução em território nacional. Como explica Fabrizio Vismara, o reconhecimento da decisão estrangeira implica à atribuição de efeitos próprios do ato jurisdicional à decisão que tenha sido proferida fora do território nacional, e pode se dar de forma automática, nos casos em que a lei prevê esse *status* quando o ato estrangeiro cumpra certos requisitos previstos, ou de forma não automática, nos casos em que é exigida uma intervenção por parte da autoridade judiciária italiana, mediante procedimento judicial próprio, para a obtenção desse reconhecimento. Por sua vez, a execução da decisão estrangeira consiste no procedimento de realização, pela via coativa, do comando contido no título estrangeiro, com a utilização de regras processuais do Estado em que se realiza a execução[376].

No âmbito da União Europeia, a evolução das normas supranacionais foi no sentido de garantir, desde 1968, o reconhecimento automático das decisões proferidas por outros Estados membros, de forma a possibilitar uma maior integração dentro do espaço comunitário, como será examinado a seguir.

---

(375) ITÁLIA. *Lei n. 218 de 31 de maio de 1995. Riforma del sistema italiano di diritto internazionale privato*. Disponível em: <http://www.normattiva.it/uri-res/N2Ls?urn:nir:stato:legge:1995-05-31;218!vig=>. Acesso em: 12 set. 2015.

(376) VISMARA, Fabrizio. Efficacia di sentenze ed atti stranieri. In: CONETTI, Giorgio; TONOLO, Sara; VISMARA, Fabrizio. *Manuale di diritto internazionale privato*. Torino: G. Giappichelli Editore, 2013. p. 66.

5.2.1. União Europeia

A cooperação judiciária internacional tem ganhado destaque nos processos de integração regionais, tendo seu modelo mais aperfeiçoado na União Europeia, podendo-se falar, inclusive, em um espaço jurídico europeu[377].

Desde a criação da Comunidade Econômica Europeia pelo Tratado de Roma, de 1957, já era prevista a cooperação entre os Estados membros em questões judiciárias. Com efeito, o artigo 220 daquele tratado (posteriormente convertido no artigo 293) convidava à "simplificação das formalidades que regem o recíproco reconhecimento e a recíproca execução das decisões judiciais e das sentenças arbitrais".

Gian Paolo Romano sinaliza com a preocupação demonstrada, desde o início da organização regional, pela Comissão Europeia com a ameaça de perturbações e dificuldades na vida econômica comunitária que poderiam surgir quando fosse necessário efetivar, pela via judicial, os direitos subjetivos originados da multiplicidade de relações jurídicas supranacionais[378].

Nota Fabrizio Vismara que a criação de um espaço de livre circulação de pessoas pressupõe a facilitação do acesso à justiça, através, particularmente, do reconhecimento recíproco das decisões judiciais e extrajudiciais em matéria civil[379].

Em 27 de setembro de 1968, foi editada a Convenção de Bruxelas, concernente à competência jurisdicional e à execução das decisões em matéria civil e comercial, documento esse que foi sucessivamente editado. Desde sua adoção em 1968, foi previsto o reconhecimento recíproco automático das decisões em matéria civil e comercial proferidas por um órgão judicial de outro Estado membro, sejam estas sentenças, ordens ou decretos.

O Tratado de Maastricht de 1992 considerou a cooperação judiciária entre as matérias de interesse comum dos Estados membros, com a finalidade de realização dos objetivos da União Europeia, notadamente a livre circulação de pessoas[380].

Com o Tratado de Amsterdam de 1997, que modificou o tratado da União Europeia, a cooperação judiciária em matéria civil foi incluída como matéria de competência comunitária. O artigo 65 do tratado previu a adoção de medidas no setor da cooperação judiciária em matéria civil e comercial com implicações transfronteiriças, dentre as quais o melhoramento e a simplificação do reconhecimento e da execução de sentenças estrangeiras[381].

Para acelerar a transmissão de atos judiciais e extrajudiciais de notificação e comunicação entre os Estados membros, o Conselho Europeu adotou o Regulamento n. 1348, de 29 de abril de 2000, com base nas previsões do Tratado de Amsterdam e da Convenção de Haia de 1965[382].

O Regulamento n. 44, de 22 de dezembro de 2001[383], em vigor a partir de 1º de março de 2002, alterou o Título III da Convenção de Bruxelas I, instituindo algumas inovações e pretendendo conferir, o quanto for possível, a livre circulação de decisões judiciais entre os Estados membros. Já na exposição de motivos do regulamento, é mencionada a relação existente entre a circulação das decisões judiciais estrangeiras e a facilitação das relações comerciais internacionais, sendo os Estados membros instados a abreviar as formalidades exigidas para o reconhecimento das decisões judiciais proferidas pelos demais[384].

---

(377) ARAÚJO, Nadia de. A importância da cooperação jurídica internacional para a atuação do Estado brasileiro no plano interno e internacional. In: BRASIL. SECRETARIA NACIONAL DE JUSTIÇA. *Manual de cooperação jurídica internacional e recuperação de ativos*: cooperação em matéria civil. 4. ed. Brasília: Ministério da Justiça, 2014. p. 31-32.
(378) ROMANO, Gian Paolo. Riconoscimento ed esecuzione delle decisioni nel Regolamento "Bruxelles I". In: BONOMI, Andrea (a cura di). *Diritto internazionale privato e cooperazione giudiziaria in materia civile*. Torino: G. Giappichelli Editore, 2009. p. 150.
(379) VISMARA, Fabrizio. Efficacia di sentenze ed atti stranieri. In: CONETTI, Giorgio; TONOLO, Sara; VISMARA, Fabrizio. *Manuale di diritto internazionale privato*. Torino: G. Giappichelli Editore, 2013. p. 67.
(380) CARESTIA, Antonietta. La rete giudiziaria europea in materia civile e commerciale. In: AMBROSI, Irene; SACARANO, Luigi A. (a cura di). *Diritto civile comunitario e cooperazione giudiziaria civile*. Milano: Giuffrè Editore, 2005. p. 36-37.
(381) VISMARA, Fabrizio. Efficacia di sentenze ed atti stranieri. In: CONETTI, Giorgio; TONOLO, Sara; VISMARA, Fabrizio. *Manuale di diritto internazionale privato*. Torino: G. Giappichelli Editore, 2013. p. 67-68.
(382) UNIÃO EUROPEIA. *Regulamento n. 1348, de 29 de maio de 2000. Relativo alla notifica e alla comunicazione negli Stati membri degli atti giudiziari ed extragiudiziali in materia civile e commerciale*. Disponível em: <http://eur-lex.europa.eu/legal-content/IT/TXT/?uri=uriserv:l33042>. Acesso em: 12 set. 2015.
(383) UNIÃO EUROPEIA. *Regulamento n. 44, de 22 de dezembro de 2001. Concernente la competenza giurisdizionale, il riconoscimento e l'esecuzione delle decisioni in materia civile e commerciale*. Disponível em: <http://eur-lex.europa.eu/LexUriServ/LexUriServ.do?uri=OJ:L:2001:012:0001:0023:it:PDF>. Acesso em: 12 set. 2015.
(384) SILVA, Ricardo Perlingeiro Mendes da. Reconhecimento de decisão judicial estrangeira no Brasil e o controle da ordem pública internacional no regulamento (CE) 44: análise comparativa. In: *Revista de Processo*, ano 29, n. 118, nov/dez 2004. p. 174.

Assim, o Regulamento trata do reconhecimento automático de decisões estrangeiras pelos Estados membros, que deverão conferir autoridade e eficácia a decisões proferidas em outros Estados dentro de seu território, sem necessidade de algum procedimento preliminar ou formal de valor constitutivo[385].

Nota Gian Paolo Romano que, na maioria dos casos, o reconhecimento da decisão estrangeira se dá incidentalmente, no curso de outro procedimento principal, sendo permitido, inclusive, um reconhecimento parcial[386].

Desse modo, em virtude do princípio do reconhecimento automático das decisões estrangeiras, não era necessário nenhum procedimento para ver reconhecida, na Itália, uma decisão de outro Estado membro da União Europeia, com base na confiança mútua comunitária.

Isso não impede, entretanto, a possibilidade de contestar o reconhecimento da decisão, com base nos motivos obstativos listados nos artigos 34 e 35 do Regulamento n. 44/2001, como a contrariedade a normas de ordem pública ou às normas fundamentais do ordenamento do Estado requerido, dentre outros.

Entretanto, para que se permita a execução de uma decisão proferida em outro Estado membro da União Europeia, o regulamento exige o processamento de um procedimento de *exequatur*, no qual a parte requer uma declaração de executividade da decisão, ou seja, uma declaração que constate a força executiva ao título judicial. O procedimento do *exequatur* de sentenças proferidas em outros Estados da União Europeia, na Itália, tramitava perante a Corte de Apelo.

Nos termos do Regulamento n. 44/2001, essa ordem de execução poderia ser concedida *inaudita altera parte* e, após ser notificado da concessão do *exequatur*, a parte executada poderia se insurgir contra a execução, podendo arguir apenas questões relativas à subsistência de causas obstativas do reconhecimento da decisão estrangeira, não sendo permitida a rediscussão do mérito da causa.

Em 2009, com a entrada em vigor do Tratado de Lisboa, sobre o funcionamento da União Europeia, foi previsto, no artigo 81, parágrafo 1º, que a União Europeia desenvolve uma cooperação judiciária nas matérias cíveis com implicação transnacionais, fundada sobre o princípio do reconhecimento recíproco das decisões judiciais e extrajudiciais, permitindo ao Parlamento e ao Conselho Europeus a adoção de medidas tendentes a garantir o referido reconhecimento recíproco de decisões entre os Estados membros, de modo a assegurar o bom funcionamento do mercado interno.

Na reunião ocorrida em Bruxelas em dezembro de 2009, foi adotado o Programa de Estocolmo, onde foi previsto um processo de abolição de todos os procedimentos intermediários (*exequatur*) para a atuação executiva das decisões em matéria civil.

Em decorrência da recomendação constante do Programa de Estocolmo, foi editado o Regulamento n. 1.215, de 12 de dezembro de 2012[387], da União Europeia, que entrou em vigor em 10 de janeiro de 2015, sobre o reconhecimento e a execução de sentenças, em substituição ao antigo Regulamento n. 44/2001, com importantes novidades no que se refere à abolição do exequatur.

A partir de então, não é mais necessário o procedimento para tornar exequível nos Estados membros da União Europeia uma sentença que já detenha força executiva no Estado da União Europeia de qual provém.

Assim, além do reconhecimento automático das decisões estrangeiras, sua execução poderá ser promovida, tão somente, mediante a apresentação de uma cópia autenticada da decisão, seguida de uma declaração ou um atestado emitido pela autoridade do Estado membro que pronunciou a decisão, que certifique sua executividade. A parte executada é notificada e poderá apresentar oposição, com vistas a comprovar motivos obstativos da execução, os quais estão previstos no artigo 45 do Regulamento n. 1215/2012.

Essa facilitação da execução das decisões proferidas em outros Estados membros da União Europeia evidencia a preocupação com a redução da duração e dos custos dos procedimentos judiciários transnacionais, o

---

(385) ROMANO, Gian Paolo. Riconoscimento ed esecuzione delle decisioni nel Regolamento "Bruxelles I". In: BONOMI, Andrea (a cura di). *Diritto internazionale privato e cooperazione giudiziaria in materia civile*. Torino: G. Giappichelli Editore, 2009. p. 157-158.

(386) ROMANO, Gian Paolo. Riconoscimento ed esecuzione delle decisioni nel Regolamento "Bruxelles I". In: BONOMI, Andrea (a cura di). *Diritto internazionale privato e cooperazione giudiziaria in materia civile*. Torino: G. Giappichelli Editore, 2009. p. 159.

(387) UNIÃO EUROPEIA. *Regulamento n. 1215, de 12 de dezembro de 2012. Concernente la competenza giurisdizionale, il riconoscimento e l'esecuzione delle decisioni in materia civile e commerciale (rifusione)*. Disponível em: <http://eur-lex.europa.eu/LexUriServ/LexUriServ.do?uri=OJ:L:2012:351:0001:0032:it:PDF>. Acesso em: 12 set. 2015.

que justifica a abolição da necessidade da declaração de executividade, como se observa nos "considerandos" do Regulamento[388].

Importa destacar, ainda, que tanto o Regulamento n. 44/2001 como o Regulamento n. 1.215/2012 autorizam a solicitação de procedimentos cautelares a serem cumpridos em outros Estados membros da União Europeia, os quais devem ter sido resultado de um procedimento realizado em contraditório entre as partes[389].

No mais, há outros regulamentos da União Europeia que tratam da cooperação judiciária internacional em campos específicos, como o Regulamento n. 1.346/2000, em relação ao procedimento falimentar, o Regulamento n. 805/2004, sobre o título executivo europeu para os créditos não contestados, o Regulamento n. 1.896/2006, relativo ao procedimento europeu de injunção de pagamento, o Regulamento n. 861/2007, sobre o procedimento europeu para as controvérsias de pequeno valor, e, fora de questões comerciais, o Regulamento n. 2.201/2013 em questões matrimoniais e de responsabilidade parental, e o Regulamento n. 650/2012, sobre direito de sucessão.

Todas essas normas trataram do reconhecimento de sentenças estrangeiras provenientes de outros Estados membros da União Europeia, merecendo ser examinados, ainda, os procedimentos de cooperação judiciária internacional utilizados para a obtenção de provas e para solicitar atos de notificação em outros Estados europeus.

No que se refere aos requerimentos de obtenção de provas formulados por Estados estrangeiros, foi emitido pelo Conselho Europeu, em 28 de maio de 2001, o Regulamento n. 1.206/2001[390], aplicável a partir de janeiro de 2004. Esse Regulamento é aplicável nos casos em que a autoridade judiciária de um Estado membro solicite que a autoridade judiciária de outro Estado efetue a colheita de provas para a utilização em um processo em trâmite no Estado de origem, ou autorize que o requerente efetue diretamente a colheita de provas em seu território.

No primeiro caso, a autoridade judiciária requerente deverá solicitar, mediante formulário próprio que consta do anexo do Regulamento n. 1.206/2001, a colheita de provas, que será efetuada conforme as regras vigentes no Estado requerido. Poderá ser solicitada a observância de um procedimento específico previsto no ordenamento do Estado requerente, mas este só será seguido se não for incompatível com a ordem jurídica do Estado requerido, ou imponha grandes dificuldades de ordem prática. As partes interessadas poderão acompanhar a produção da prova, se isso não for vedado no ordenamento do Estado requerido; nesses casos, deverá haver sua devida notificação.

Quanto aos atos de notificação (citação e outras intimações), a União Europeia também detém regramento próprio: o Regulamento n. 1.358/2000 emanado pelo Conselho Europeu em 29.5.2000, posteriormente substituído pelo Regulamento n. 1.393/2007, emitido pelo Parlamento e Conselho Europeus, em 13 de novembro de 2007.

Nos termos desses regulamentos, os Estados membros da União Europeia devem designar autoridades públicas oficiais como competentes para transmitir e receber atos judiciais ou extrajudiciais que devam ser comunicados no território de outro Estado membro. Entre tais órgãos, é prevista a transmissão direta de atos judiciais, com a respectiva solicitação de cumprimento, a ser redigida segundo previsões dos Regulamentos. A transmissão de atos de notificação também poderá ser feita pela via diplomática.

O Estado requerido deverá proceder à notificação solicitada consoante sua própria legislação nacional, ou conforme a modalidade particular requerida, quando esta não for incompatível com a lei nacional.

Estes procedimentos previstos nos Regulamentos europeus prevalecem sobre as disposições gerais vigentes no plano internacional em virtude das Convenções de Haia, de 1954, sobre processo civil, e de 1965, sobre notificações de atos judiciais e extrajudiciais em matéria civil e comercial, as quais, também nestes casos, serão aplicáveis apenas de forma subsidiária[391].

---

(388) VISMARA, Fabrizio. Efficacia di sentenze ed atti stranieri. In: CONETTI, Giorgio; TONOLO, Sara; VISMARA, Fabrizio. *Manuale di diritto internazionale privato*. Torino: G. Giappichelli Editore, 2013. p. 72.

(389) VISMARA, Fabrizio. Efficacia di sentenze ed atti stranieri. In: CONETTI, Giorgio; TONOLO, Sara; VISMARA, Fabrizio. *Manuale di diritto internazionale privato*. Torino: G. Giappichelli Editore, 2013. p. 72-73.

(390) UNIÃO EUROPEIA. *Regulamento n. 1206, de 28 de maio de 2001. elativo alla cooperazione fra le autorità giudiziarie degli Stati membri nel settore dell'assunzione delle prove in materia civile o commerciale*. Disponível em: <http://eur-lex.europa.eu/LexUriServ/LexUriServ.do?uri=OJ:L:2001:174:0001:0024:it:PDF>. Acesso em: 12 set. 2015.

(391) VISMARA, Fabrizio. Efficacia di sentenze ed atti stranieri. In: CONETTI, Giorgio; TONOLO, Sara; VISMARA, Fabrizio. *Manuale di diritto internazionale privato*. Torino: G. Giappichelli Editore, 2013. p. 104.

5.2.2. A cooperação judiciária em relação a Estados extracomunitários

No que se refere a Estados não integrantes da União Europeia, a cooperação judiciária internacional institucional pode ser dar em cumprimento a tratados bilaterais ou multilaterais dos quais a Itália e o Estado de onde provém a decisão sejam signatários, ou de acordo com as normas italianas que regem a matéria de forma subsidiária.

Entre a Itália e o Brasil, foi firmado o Tratado relativo à cooperação judiciária e ao reconhecimento e execução de sentenças em matéria civil entre a República Federativa do Brasil e a República Italiana, de 17 de outubro de 1989. O tratado foi promulgado no Brasil pelo Decreto n. 1.476, de 02 de maio de 1995[392].

O artigo 1º do Tratado deixa claro seu âmbito de aplicação a "todas as matérias cíveis, inclusive aquelas referentes ao direito comercial, direito de família e direito do trabalho".

O instrumento normativo dispõe que a cooperação será prestada entre os Estados partes para o cumprimento de atos e procedimentos judiciários, em particular procedendo à comunicação de atos judiciais, obtenção e remessa de provas, assim como perícias e audiências das partes processuais e das testemunhas, bem como à transmissão dos atos respectivos, para o reconhecimento e declaração como exequíveis das sentenças proferidas em matéria civil pela autoridade judiciária da outra Parte, como também as disposições relativas ao ressarcimento de danos e à restituição de bens contidas na sentença penal, bem como para o requerimento de informações referentes às suas leis, regulamentos e jurisprudência.

O tratado estabelece, em seu artigo 3º, como autoridades centrais para coordenar e tramitar os pedidos de cooperação, o Ministério da Justiça brasileiro e o Ministero de Grazia e Giustizia italiano, mas também admite, no artigo 4º, a tramitação pela via diplomática.

O artigo 9º dispensa os cidadãos de um dos Estados parte, residentes ou domiciliados no outro Estado parte, da prestação de caução para garantir despesas processuais. Esses cidadãos poderão se beneficiar, de acordo com o artigo 10, nas mesmas condições e medidas que os cidadãos nacionais, da assistência judiciária gratuita.

Os artigos 11 e 12 do tratado tratam da atribuição de validade aos documentos públicos emitidos pelo outro Estado parte, e da dispensa de procedimentos de legalização.

São, ainda, especificados os procedimentos e requisitos exigidos para a carta rogatória (artigos 14 a 17) e para o reconhecimento e execução de sentenças (artigos 18 a 21), merecendo destaque a menção do artigo 19 a um procedimento específico para a homologação e execução de sentenças. Assim, à luz desse tratado, não está previsto o reconhecimento automático da decisão proferida no outro Estado signatário do instrumento. Entretanto, como esclarecido pelo artigo 21, a autoridade que decidirá sobre a homologação e a execução da decisão estrangeira deverá verificar exclusivamente o cumprimento dos requisitos estabelecidos pelo tratado.

Em outras situações, à míngua de tratados específicos entre os Estados que se relacionarão por intermédio do pedido de cooperação judiciária, os procedimentos a serem adotados são regidos pelas normas processuais internas italianas.

O título VII do livro quarto do Código de Processo Civil italiano (artigos 796 a 805) disciplinava um procedimento específico a ser adotado para o reconhecimento e execução das sentenças estrangeiras, laudos arbitrais estrangeiros, procedimentos estrangeiros de jurisdição voluntária e atos públicos recebidos do exterior, denominado juízo de delibação, a ser processado perante a Corte de Apelo[393].

O artigo 800, que disciplinava a declaração de eficácia de laudos arbitrais estrangeiros, foi derrogado pela Lei n. 25, de 05 de janeiro de 1994, que introduziu, nos artigos 839 e 840, uma nova disciplina de reconhecimento e execução dos laudos estrangeiros.

Por sua vez, o reconhecimento e a execução de sentenças estrangeiras e outros requerimentos de cooperação judiciária internacional passaram a ser regidos pela Lei n. 218, de 31 de maio de 1995, que promoveu uma reforma no sistema de direito internacional privado italiano, tratando do tema em seus artigos 64 e seguintes.

---

(392) Texto integral do documento foi reproduzido no documento: BRASIL. SECRETARIA NACIONAL DE JUSTIÇA. *Manual de cooperação jurídica internacional e recuperação de ativos: cooperação em matéria civil.* 4. ed. Brasília: Ministério da Justiça, 2014.

(393) LUGO, Andrea. *Manuale di diritto processuale civile.* 18. ed. aggiornata alla legge n. 10 del 1012. A cura di Claudio de Angelis. Milano: Giuffrè Editore, 2012. p. 602.

De acordo com Fabrizio Vismara, a novidade mais relevante promovida pela Lei n. 218/1995 foi a previsão de reconhecimento automático das sentenças estrangeiras, independentemente do anterior juízo de delibação, que era exigido pelo ordenamento italiano desde 1942[394].

Passaram a ser objeto de reconhecimento automático todos os pronunciamentos estrangeiros considerados como atos jurisdicionais nos respectivos ordenamentos de origem, independentemente do nome adotado, que sejam considerados sentenças segundo o ordenamento italiano. A verificação dos requisitos exigidos pelo artigo 64 é feita de forma sucessiva e eventual, e caso seja contestado o seu reconhecimento, ou quando seja necessário promover a execução forçada, quem possua interesse no reconhecimento deverá requerer à Corte de apelo da localidade em que a decisão deverá produzir seus efeitos a conferência dos requisitos de reconhecimento, em um controle que terá natureza tão somente declaratória.

Esse procedimento, previsto no artigo 67 da lei em apreço, não se confunde com o anterior juízo de delibação. Este configurava, à luz das previsões anteriores contidas no Código de Processo Civil italiano, como uma sentença constitutiva, enquanto adequada para atribuir eficácia interna à sentença estrangeira, mediante a prévia conferência da presença das condições exigidas em lei. Por sua vez, o procedimento previsto no artigo 67 da Lei n. 218/1995, resulta em uma mera pronúncia de presença dos requisitos previstos nos artigos 64 a 66 da mesma lei, declarando a preexistência da possibilidade do reconhecimento automático da decisão[395].

Ressalte-se, também, que foi acrescida, como requisito de validade da sentença estrangeira, a exigência de que já tenha transitado em julgado no ordenamento de origem, pelo que não é previsto o reconhecimento automático de decisões que possuam natureza provisoriamente executiva, nem de sentenças que sejam contrárias a decisões pronunciadas por juízes italianos ou quando haja litispendência em relação a um processo em curso na Itália, a fim de preservar a coerência interna do ordenamento.

Importante destacar, ainda, que não pode haver o reconhecimento de sentença estrangeira que contrarie a ordem pública, entendida esta como as previsões destinadas à salvaguarda dos princípios fundamentais morais, políticos, sociais e jurídicos sobre os quais se funda a ordem jurídica[396].

Os atos públicos recebidos de um Estado estrangeiro, ou seja, os documentos redigidos, com os requisitos formais, por uma autoridade notarial ou outro servidor público autorizado a atribuir fé-pública ao documento, podem também produzir efeitos no território italiano, prevendo o artigo 68 da lei a possibilidade de aplicação do procedimento previsto no artigo 67 também para a conferência dos requisitos desses atos.

Os artigos 69 e 70 tratam da produção de provas ou procedimentos requeridos por juízes estrangeiros, os quais devem ser autorizados pela Corte de apelo, com decreto deliberado pela câmera de conselho, por pedido da parte interessada, ou sob requerimento do juiz estrangeiro, transmitido pela via diplomática.

Ao avaliar o acolhimento do requerimento, a Corte de apelo pode adotar critérios de compatibilidade do procedimento requerido pelo juiz estrangeiro com o ordenamento italiano, não devendo ser consideradas como incompatíveis meras diferenças formais, mas sim as medidas que contrastem evidentemente com os princípios de ordem pública interna[397].

As solicitações de citações ou outros atos de notificação provenientes de Estados estrangeiros devem ser autorizados ou acompanhados pelo Ministério Público que atue perante o tribunal em cuja jurisdição deva ser cumprida a notificação, consoante o artigo 71 da Lei n. 218/1995. A notificação deverá ser feita consoante previsões da lei processual italiana, sendo permitidas, contudo, modalidades requeridas por autoridades estrangeiras que sejam compatíveis com os princípios do ordenamento italiano[398].

---

(394) VISMARA, Fabrizio. Efficacia di sentenze ed atti stranieri. In: CONETTI, Giorgio; TONOLO, Sara; VISMARA, Fabrizio. *Manuale di diritto internazionale privato*. Torino: G. Giappichelli Editore, 2013. p. 77.

(395) VISMARA, Fabrizio. Efficacia di sentenze ed atti stranieri. In: CONETTI, Giorgio; TONOLO, Sara; VISMARA, Fabrizio. *Manuale di diritto internazionale privato*. Torino: G. Giappichelli Editore, 2013. p. 89.

(396) VISMARA, Fabrizio. Efficacia di sentenze ed atti stranieri. In: CONETTI, Giorgio; TONOLO, Sara; VISMARA, Fabrizio. *Manuale di diritto internazionale privato*. Torino: G. Giappichelli Editore, 2013. p. 83.

(397) Nesse sentido, já se pronunciou a Corte de Apelo de Milão, em decisão de 11.12.1998, RIPP, 2000. p. 451, citada por VISMARA, Fabrizio. *Efficacia di sentenze ed atti stranieri*. In: CONETTI, Giorgio; TONOLO, Sara; VISMARA, Fabrizio. Manuale di diritto internazionale privato. Torino: G. Giappichelli Editore, 2013. p. 100.

(398) VISMARA, Fabrizio. Efficacia di sentenze ed atti stranieri. In: CONETTI, Giorgio; TONOLO, Sara; VISMARA, Fabrizio. *Manuale di diritto internazionale privato*. Torino: G. Giappichelli Editore, 2013. p. 104.

5.3. A COOPERAÇÃO JUDICIÁRIA INTERNACIONAL INSTITUCIONAL NO BRASIL

No Brasil, a cooperação judiciária internacional institucional se dava, tradicionalmente, por intermédio dos institutos da homologação da sentença estrangeira e das cartas rogatórias, bem como, na área penal, pela extradição. Posteriormente, surgiu a figura do auxílio direto, com o objetivo de suprir limitações das antigas modalidades de cooperação e conferir maior celeridade à tramitação dos pedidos de realização de atos que não demandariam o exercício decisório por parte do Estado requerido[399].

A tramitação dos pedidos de cooperação judiciária internacional institucional ocorre, prioritariamente, pela via diplomática, por meio do Ministério das Relações Exteriores (denominado "Itamaraty", em virtude do nome do edifício em que é sediado), já que grande parte das situações que demandavam a execução de um procedimento de cooperação judiciária internacional institucional está abarcada por um tratado internacional bilateral, ou multilateral (como no caso do MERCOSUL).

No entanto, como registra Susan Kleebank, a experiência demonstra que nos casos em que não havia tratados semelhantes, ante a inexistência de moldura normativa interna apropriada no Brasil, fazia-se necessário trabalho diplomático para garantir o cumprimento de solicitações de cooperação judiciária internacional, notadamente na modalidade ativa, sendo que algumas gestões diplomáticas têm se mostrado insuficientes para tanto[400]. Assim, recomenda um maior empenho das vias diplomáticas brasileiras na elaboração de tratados internacionais com outros Estados, para garantir o cumprimento de pedidos ativos de cooperação judiciária por parte do Brasil.

A atuação do Itamaraty pode ser por contato direto com os juízos requerentes e requeridos, ou por intermédio do Ministério da Justiça, encaminhando os pedidos e as respectivas respostas, monitorando o andamento dos processos e, principalmente, negociando diplomaticamente instrumentos internacionais que possam assegurar, com a maior rapidez e os menores custos possíveis, o cumprimento das diligências requeridas[401]. Susan Kleebank ressalta como vantagens no processamento dos pedidos de cooperação pela via diplomática a centralização das informações, já que o Itamaraty tem uma visão conjunta dos pedidos, sendo possível a qualificação do corpo de funcionários para melhor desempenhar o papel de facilitadores da cooperação judiciária e para orientar devidamente a Justiça brasileira a expedir suas solicitações em formato e conteúdo que atendam às exigências dos Poderes Judiciários dos outros Estados[402].

De forma minoritária e subsidiária, a tramitação dos pedidos de cooperação era feita diretamente pelo Ministério da Justiça, em caso de previsão específica de sua atuação direta, sem a necessidade da via diplomática. Nos termos do Decreto n. 6.061, de 15 de março de 2007, que aprova a estrutura regimental do Ministério da Justiça, o papel de autoridade central para fins de cooperação judiciária internacional é de atribuição do Departamento de Recuperação de Ativos e Cooperação Jurídica Internacional (artigo 11, IV, do Anexo I)[403].

A tendência atual é que se transfira boa parte da tramitação dos pedidos de cooperação judiciária internacional institucional para o Ministério da Justiça, já que o novo Código de Processo Civil, editado em 2015, indica expressamente este órgão como autoridade central (*vide* item *infra*), retirando, portanto, a atribuição que antes era desempenhada prioritariamente pelo Itamaraty. Nesse contexto, é possível prever que o Ministério da Justiça passará a figurar como o órgão técnico responsável pelos procedimentos de tramitação, passando o Itamaraty a atuar em cooperação com o Ministério da Justiça em casos em que seja necessária a intervenção diplomática para negociações com outros Estados com vias à resolução de pendências e facilitação dos trâmites.

No que se refere ao reconhecimento de sentenças estrangeiras, de acordo com Ricardo Perlingeiro Mendes da Silva, o entendimento prevalecente no Brasil é de que os atos judiciais estrangeiros devem se sujeitar a um controle jurisdicional interno, para que não haja risco de que decisões coercitivas incompatíveis com a ordem pública produzam efeitos no território nacional, ferindo a soberania do Estado brasileiro. Assim, o reconhecimento da decisão

---

(399) SANTOS, Camile Lima. Auxílio direto e assistência jurídica internacional: instrumentos para a tutela do direito dos brasileiros no exterior. In: ESCOLA DE MAGISTRATURA FEDERAL DA 1ª REGIÃO. *I Jornada sobre cooperação judicial nacional e internacional*. Brasília: Escola de Magistratura Federal da 1ª Região — ESMAF, 2014. p. 40.
(400) KLEEBANK, Susan. *Cooperação judiciária por via diplomática*: avaliação e propostas de atualização do quadro normativo. Brasília: Instituto Rio Branco: Fundação Alexandre de Gusmão, 2004. p. 19.
(401) KLEEBANK, Susan. *Cooperação judiciária por via diplomática*: avaliação e propostas de atualização do quadro normativo. Brasília: Instituto Rio Branco: Fundação Alexandre de Gusmão, 2004. p. 329.
(402) KLEEBANK, Susan. *Cooperação judiciária por via diplomática*: avaliação e propostas de atualização do quadro normativo. Brasília: Instituto Rio Branco: Fundação Alexandre de Gusmão, 2004. p. 53-54.
(403) BRASIL. *Decreto n. 6.061, de 15 de março de 2007, que aprova a estrutura regimental do Ministério da Justiça*. Disponível em: <http://www.planalto.gov.br/ccivil_03/_ato2007-2010/2007/decreto/d6061.htm>. Acesso em: 12 set. 2015.

judicial estrangeira pelo Poder Judiciário interno é considerada condição *sine qua non* para que seja garantido o respeito à soberania nacional no processo de cooperação judiciária internacional[404].

Como será mais bem explicitado, verifica-se que a tradição jurídica do Brasil é resistente ao reconhecimento automático das decisões estrangeiras, exigindo a realização de procedimentos formais para que atos judiciais produzidos fora do território nacional possam produzir seus efeitos. Com o passar do tempo, a evolução da legislação e dos entendimentos jurisprudenciais foi produzindo algumas aberturas e maior flexibilidade em procedimentos que não necessitem de um conteúdo jurisdicional, mas ainda se vislumbram mais exigências formais que no caso da Itália, inclusive no que se refere a Estados membros do bloco regional do Mercado Comum do Sul. É o que se passa a analisar.

5.3.1. Normas editadas no âmbito do MERCOSUL — o Protocolo de Las Leñas e o Protocolo de Ouro Preto

Para facilitar e aumentar o processo de integração regional do Mercado Comum do Sul (MERCOSUL), foram editados, como tratados complementares ao Tratado de Assunção de 1991 (que instituiu o bloco regional sul americano), diversos Protocolos complementares, inclusive no que se refere à integração jurídica.

Dentre eles, foram criados Protocolos envolvendo a cooperação judiciária internacional institucional entre os Estados membros do MERCOSUL: o Protocolo de Las Leñas, de 1992, o Protocolo de Medidas Cautelares de Ouro Preto, de 1994, e o Protocolo de Assistência Jurídica Mútua em Assuntos Penais, de 1996.

O Protocolo de Las Leñas, de 1992, designado como Protocolo de Cooperação e Assistência Jurisdicional em Matéria Civil, Comercial, Trabalhista e Administrativa, foi aprovado em 27 de junho de 1992, tendo sido incorporado à ordem jurídica brasileira por sua promulgação pelo Decreto n. 2.067, de 12 de novembro de 1996[405].

O artigo 1º desse protocolo assinala que os Estados parte comprometem-se a prestar assistência mútua e ampla cooperação jurisdicional em matéria civil, comercial, trabalhista e administrativa, que se estenderá aos procedimentos administrativos em que se admitam recursos para tribunais.

O artigo 2º institui as autoridades centrais no MERCOSUL, a serem indicadas por cada Estado, responsáveis por receber e dar andamento aos pedidos de cooperação, comunicando-se diretamente entre si. Será autorizada a intervenção de outras autoridades competentes, quando necessário.

Os artigos 3º e 4º preveem a igualdade no tratamento processual para os cidadãos e residentes permanentes de um Estado parte em outro Estado parte, bem como às pessoas jurídicas, desobrigando-os à prestação de depósito ou caução para ingressarem com uma ação.

A cooperação em atividades de simples trâmite e probatória é prevista no artigo 5º, a ser feita por meio de carta rogatória. Os requisitos da carta rogatória são estipulados pelos artigos 6º e 7º, sendo que o artigo 8º deixa claro que a solicitação deverá ser cumprida, de ofício, pela autoridade competente, que só poderá deixar de fazê-lo quando a medida solicitada atentar contra a ordem pública do Estado requerido.

O artigo 10 prevê a redação da carta rogatória e dos documentos que a acompanham no idioma da autoridade requerente, acompanhadas de tradução para o idioma do Estado requerido.

Pelo artigo 11, é possibilitado o acompanhamento de diligências por parte da autoridade requerente, das partes interessadas ou seus respectivos representantes, devendo, para tanto, ser informado o lugar e a data em que a medida solicitada será cumprida.

Interessantes os mecanismos instituídos para a facilitação das comunicações e dos procedimentos, como a transmissão de documentos e a comunicação acerca do não cumprimento da medida solicitada por intermédio das autoridades centrais (artigo 14), a necessidade de esgotamento de todos os meios para atender o pedido, mesmo se contiver dados incompletos ou inexatos relativos ao domicílio da ação ou da pessoa citada (artigo 16) e a prática de ofício dos trâmites necessários para o cumprimento da carta rogatória, sem necessidade de intervenção da parte solicitante (artigo 17).

---

(404) SILVA, Ricardo Perlingeiro Mendes da. Reconhecimento de decisão judicial estrangeira no Brasil e o controle da ordem pública internacional no regulamento (CE) 44: análise comparativa. In: *Revista de Processo*, ano 29, n. 118, nov./dez. 2004. p. 173.

(405) BRASIL. *Decreto n. 2.067, de 12 de novembro de 1996. Promulga o Protocolo de Cooperação e Assistência Jurisdicional em Matéria Civil, Comercial, Trabalhista e Administrativa do MERCOSUL*. Disponível em: <http://www2.camara.leg.br/legin/fed/decret/1996/decreto-2067-12-novembro-1996-444964-publicacaooriginal-1-pe.html>. Acesso em: 10 set. 2015.

O artigo 18 trata do reconhecimento, homologação e execução de sentenças e laudos arbitrais estrangeiros, inclusive no que se refere à reparação de danos e restituição de bens pronunciadas na esfera penal.

É prevista a utilização da carta rogatória, tramitada por intermédio da autoridade central, para o pedido de reconhecimento e execução de sentença ou laudo arbitral estrangeiro, conforme o artigo 19.

Nota Ana Carolina Campos Aguiar que, em virtude desse artigo, não se faz mais necessária a ação de homologação de sentença estrangeira para garantir o reconhecimento de sentenças proferidas por outro Estado membro do MERCOSUL pelo poder judiciário brasileiro, bastando a concessão do *exequatur* à carta rogatória, o que representa mais celeridade no procedimento, já que essse mecanismo é muito mais simples e não causa nenhum prejuízo ao contraditório[406].

O artigo 20 elenca as condições para o reconhecimento da sentença ou laudo arbitral estrangeiro, cabendo destacar a exigência de que não devem contrariar os princípios de ordem pública (alínea *f*).

Interessante notar que o artigo 23 autoriza seja reconhecida eficácia parcial à sentença ou laudo arbitral estrangeiros, mediante pedido da parte interessada.

Os artigos 25 e 26 dispõem que documentos públicos de qualquer Estado parte terão, no outro Estado, a mesma força probatória que seus próprios instrumentos públicos, podendo ser reconhecidos como prova legítima. Deverão ser remetidos pelas autoridades centrais e ficam isentos de toda legalização, certificação ou formalidade análoga.

Os artigos 28 a 32 tratam da função exercida pela autoridade central de fornecimento de informações sobre sua legislação interna, e da possibilidade de realização de consultas e solução de controvérsias mediante negociações diplomáticas diretas.

Por fim, os artigos 33 e 34 deixam claro que o Protocolo de Las Leñas é parte integrante do Tratado de Assunção, sendo vinculante para os Estados membros do MERCOSUL.

Outro Protocolo complementar ao Tratado de Assunção de relevância em matérias cíveis é o Protocolo de Medidas Cautelares de Ouro Preto, concluído em 16 de dezembro de 1994 e promulgado no Brasil por meio do Decreto n. 2.626, de 15 de junho de 1998[407].

O artigo 1º dispõe ser o Protocolo aplicável entre os Estados do MERCOSUL para dar cumprimento às medidas cautelares destinadas a impedir a irreparabilidade de um dano em relação às pessoas, bens e obrigações de dar, de fazer ou de não fazer.

Os artigos 5º a 7º estabelecem que as medidas cautelares solicitadas serão cumpridas conforme a lei do Estado requerido.

Sobre a autonomia da cooperação cautelar, o artigo 10 do Protocolo de Ouro Preto registra que a autoridade judicial requerida, ao cumprir uma medida cautelar, não está se comprometendo a reconhecer ou executar a sentença definitiva estrangeira proferida no processo principal.

Quando da execução de uma sentença estrangeira, o artigo 11 permite ao juiz ou tribunal, ao qual for requerido o cumprimento, determinar medidas cautelares garantidoras da execução, de acordo com a sua legislação nacional[408].

Os artigos 14 e 15 tratam da obrigação recíproca de informar o outro Estado acerca do prazo para interposição do processo principal nas cautelares preparatórias e da data em que foi dado cumprimento à medida cautelar solicitada, ou as razões pelas quais deixou de ser cumprida.

O artigo 17 traz a cláusula de ordem pública, segundo a qual poderá ser recusado o cumprimento de uma carta rogatória referente a medidas cautelares que estejam manifestamente contrárias à ordem pública.

O artigo 18 deixa claro que a carta rogatória é o meio empregado para a formulação do pedido.

---

(406) AGUIAR, Ana Carolina Campos. O Protocolo de Las Leñas como importante instrumento para o processo de integração e cooperação jurídica no Mercosul. In: ESCOLA DE MAGISTRATURA FEDERAL DA 1ª REGIÃO. *I Jornada sobre cooperação judicial nacional e internacional*. Brasília: Escola de Magistratura Federal da 1ª Região — ESMAF, 2014. p. 21-27.

(407) BRASIL. *Decreto n. 2.626, de 15 de junho de 1998*. Promulga o Protocolo de Medidas Cautelares do MERCOSUL. Disponível em: <http://www.justica.gov.br/sua-protecao/cooperacao-internacional/cooperacao-juridica-internacional-em-materia-civil/arquivos/protocolo-de-medidas-cautelares.pdf>. Acesso em: 10 set. 2015.

(408) NERY JUNIOR, Nelson; NERY, Rosa Maria de Andrade. *Comentários ao Código de Processo Civil*: novo CPC — Lei n. 13.105/2015. São Paulo: Revista dos Tribunais, 2015. p. 284.

O artigo 19 permite que a transmissão da carta rogatória possa ser feita pela via diplomática ou consular, por intermédio da autoridade central ou das partes interessadas, caso em que deverá ser legalizada perante os agentes diplomáticos ou consulares do Estado requerido. A legalização é dispensada entre Juízes e Tribunais das zonas fronteiriças. O último parágrafo do artigo explicita que não será exigido o procedimento homologatório de sentença estrangeira no cumprimento de medidas cautelares.

O artigo 21 estabelece os requisitos que devem ser observados na carta rogatória, sendo exigida, pelo artigo 23, a tradução para o idioma do Estado requerido das cartas rogatórias e dos documentos que a acompanham.

Os artigos 29 e 30 expressamente preveem que o Protocolo de Ouro Preto é parte integrante do Tratado de Assunção, sendo vinculante para os Estados membros do MERCOSUL.

Como visto, as disposições especiais contidas nos Protocolos de Las Leñas e de Ouro Preto pretenderam estreitar os laços entre os Estados membros do MERCOSUL, criando mecanismos para facilitar a cooperação judiciária internacional no âmbito do bloco regional. Tais dispositivos são mais simples e céleres que os procedimentos previstos pela legislação brasileira para a cooperação judiciária a ser prestada em relação a requerimentos efetuados por Estados com os quais o Brasil não tenha firmado tratado específico, em relação aos quais são aplicáveis as normas processuais internas, que serão examinadas a seguir.

5.3.2. *A cooperação judiciária e sua previsão em normas internas*

A tradição brasileira na área da cooperação judiciária internacional é que os atos judiciais estrangeiros sejam recepcionados ou reconhecidos no território nacional por três procedimentos: a carta rogatória, a homologação de sentença estrangeira e a extradição[409].

A carta rogatória consiste no meio mais tradicional de cooperação judiciária internacional institucional, utilizada quando um órgão do Poder Judiciário de um Estado necessita da prática de um ato processual fora do território sobre o qual exerce jurisdição, devendo rogar ao Poder Judiciário de outro Estado que realize tal ato processual. No Brasil, para o cumprimento da solicitação encaminhada por carta rogatória, é necessária a prévia concessão do *exequatur*, ordem de cumprimento pelo qual se declara que o pedido de cooperação cumpre os requisitos para tanto, após passar pelo juízo de delibação, em que se analisa o cumprimento destes requisitos (não adentrando no reexame do mérito da decisão)[410].

A ação de homologação de sentença estrangeira, por sua vez, é o mecanismo processual exigido para o reconhecimento da decisão proferida em outro Estado no território brasileiro. Nessa ação, também se exerce apenas o juízo de delibação, com a análise do cumprimento dos requisitos para o reconhecimento da decisão, não havendo reexame de mérito.

A Lei de introdução às normas do direito brasileiro (Decreto-Lei n. 4.657/1942) prevê, em seu artigo 12, parágrafo 2º, que a autoridade judiciária brasileira cumprirá, concedido o *exequatur* e segundo a forma estabelecida pela lei brasileira, as diligências deprecadas por autoridade estrangeira competente.

No Código de Processo Civil brasileiro de 1973 (que será substituído quando da entrada em vigor do novo Código de Processo Civil de 2015), não há um tratamento exaustivo e sistemático da matéria da cooperação judiciária internacional.

Seus artigos 202 a 210 disciplinam a carta rogatória ativa, através do envio dos requerimentos pela via diplomática, salvo no caso de existência de tratado prevendo de forma diversa, ao passo que o artigo 211 limita-se a estabelecer, para as cartas rogatórias passivas, que deve ser observado o Regimento Interno do Supremo Tribunal Federal.

O Supremo Tribunal Federal era o órgão competente para apreciar as cartas rogatórias e as ações de homologação de sentença estrangeira, nos termos da redação anterior do artigo 102, I, "h", da Constituição Brasileira de 1998, o que sofreu alterações posteriormente pela Emenda Constitucional n. 45/2004.

À época em que detinha tal competência, o STF regulamentou a matéria em seu Regimento Interno, nos artigos 225 a 229, além de ter desenvolvido, em sua jurisprudência, entendimento limitativo da cooperação judi-

---

(409) SILVA, Ricardo Perlingeiro Mendes da. Anotações sobre o anteprojeto de lei de cooperação jurídica internacional. In: *Revista de Processo*, n. 129, ano 30, novembro de 2005. p. 141.

(410) PINHEIRO, Érico Rodrigo Freitas. Cartas rogatórias passivas de natureza executória na ordem jurídica brasileira. In: ESCOLA DE MAGISTRATURA FEDERAL DA 1ª REGIÃO. *I Jornada sobre cooperação judicial nacional e internacional*. Brasília: Escola de Magistratura Federal da 1ª Região — ESMAF, 2014. p. 87-88.

ciária para o cumprimento de atos de caráter executório. Para o STF, não era admitida a concessão do *exequatur* a cartas rogatórias cujo objeto fosse a solicitação do cumprimento de algum ato que afetasse a esfera patrimonial ou de liberdade do indivíduo, para o que se exigiria a prolação de decisão definitiva de mérito estrangeira, a qual deveria primeiramente ser homologada, para então poder ser executada. Com o passar do tempo, o entendimento foi abrandado, passando o STF a admitir a concessão de *exequatur* a cartas rogatórias executórias em caso de previsão expressa no tratado internacional que disciplinasse o pedido de cooperação[411].

Com a Emenda Constitucional n. 45/2004, foi alterada a competência para o processamento da homologação de sentenças estrangeiras e a concessão de *exequatur* às cartas rogatórias, tendo esse papel sido assinalado, no artigo 105, I, "i", para o Superior Tribunal de Justiça (STJ).

Em sua Resolução n. 9, de 4 de maio de 2005, o Superior Tribunal de Justiça regulamentou algumas questões decorrentes da competência acrescida pela Emenda Constitucional n. 45/2004. Em seu artigo 7º, a Resolução prevê o seguinte:

> Artigo 7º. As cartas rogatórias podem ter por objeto atos decisórios ou não decisórios.
>
> Parágrafo único: Os pedidos de cooperação jurídica internacional que tiverem por objeto atos que não ensejem juízo de delibação pelo Superior Tribunal de Justiça, ainda que denominados como carta rogatória, serão encaminhados ou devolvidos ao Ministério da Justiça para as providências necessárias ao cumprimento por auxílio direto.[412]

Com base no referido artigo, o STJ efetuou alterações importantes no entendimento jurisprudencial em relação ao cumprimento das cartas rogatórias executórias, além de prever a nova modalidade de cooperação judiciária, consistente no auxílio direto.

Com efeito, ao mencionar que a carta rogatória poderia ter como objeto atos decisórios e não decisórios, passou-se a admitir essa modalidade para requerer o cumprimento de decisões que demandassem atos executórios, mesmo que não se tratasse da decisão definitiva de mérito. Segundo Érico Rodrigo Freitas Pinheiro, considera-se possível a prática desses atos quando a medida requerida também for admitida segundo as normas brasileiras, mesmo que ainda na fase instrutória do processo[413].

No mais, o parágrafo único previu, expressamente, a modalidade do auxílio direto para os casos em que não era necessário juízo de delibação, em que pese a ausência de dispositivos legais sobre o tema. O objetivo foi simplificar os procedimentos, deixando a cargo do Superior Tribunal de Justiça apenas a apreciação das decisões estrangeiras que realmente necessitam de homologação para produzir efeitos no Brasil, e das cartas rogatórias em que se faz necessária a concessão do *exequatur*. Nos demais casos, o STJ optou por devolver os requerimentos ao Ministério da Justiça, para que desse encaminhamento às providências necessárias.

A possibilidade de utilização do auxílio direto, como solução alternativa de cooperação judiciária internacional, corresponde à necessidade de responder à velocidade com que as relações transfronteiriças ocorrem em um mundo globalizado[414]. A morosidade dos procedimentos tramitados no Superior Tribunal de Justiça, assoberbado pela enorme quantidade de processos, bem como a existência de mais requisitos formais a serem cumpridos na ação de homologação de sentença estrangeira ou na carta rogatória fizeram com que se buscasse uma nova forma de dar vazão aos requerimentos de cooperação internacional, valendo-se de um modelo mais horizontal de cooperação já presente em alguns tratados internacionais.

O auxílio direto, portanto, foi concebido para lidar com várias espécies de requerimento de cooperação judiciária internacional, desde a simples solicitação de informações ou outras medidas administrativas (isto é, que não demandam necessariamente de um juízo decisório), até pedidos de atos judiciais a serem realizados no país, a serem conhecidos como se, na verdade, o procedimento fosse interno[415].

---

(411) PINHEIRO, Érico Rodrigo Freitas. Cartas rogatórias passivas de natureza executória na ordem jurídica brasileira. In: ESCOLA DE MAGISTRATURA FEDERAL DA 1ª REGIÃO. *I Jornada sobre cooperação judicial nacional e internacional*. Brasília: Escola de Magistratura Federal da 1ª Região — ESMAF, 2014. p. 90-91.

(412) BRASIL. SUPERIOR TRIBUNAL DE JUSTIÇA. *Resolução n. 9, de 4 de maio de 2005. Dispõe, em caráter transitório, sobre competência acrescida ao Superior Tribunal de Justiça pela Emenda Constitucional n. 45/2004*. Disponível em: <http://www.stj.jus.br/SCON/legislacao/doc.jsp?numero=%229%22&norma=%27RES%27&&b=LEGI&p=true&t=&l=20&i=1>. Acesso em: 12 set. 2015.

(413) PINHEIRO, Érico Rodrigo Freitas. Cartas rogatórias passivas de natureza executória na ordem jurídica brasileira. In: ESCOLA DE MAGISTRATURA FEDERAL DA 1ª REGIÃO. *I Jornada sobre cooperação judicial nacional e internacional*. Brasília: Escola de Magistratura Federal da 1ª Região — ESMAF, 2014. p. 94.

(414) MENDONÇA, Luzia Farias da Silva. Aspectos teóricos e pragmáticos do auxílio direto. In: ESCOLA DE MAGISTRATURA FEDERAL DA 1ª REGIÃO. *I Jornada sobre cooperação judicial nacional e internacional*. Brasília: Escola de Magistratura Federal da 1ª Região — ESMAF, 2014. p. 148.

(415) MENDONÇA, Luzia Farias da Silva. Aspectos teóricos e pragmáticos do auxílio direto. In: ESCOLA DE MAGISTRATURA FEDERAL DA 1ª REGIÃO. *I Jornada sobre cooperação judicial nacional e internacional*. Brasília: Escola de Magistratura Federal da 1ª Região — ESMAF, 2014. p. 149-150.

Entre os anos de 2004 e 2005, o Ministério da Justiça do Brasil instituiu uma Comissão para Elaboração de Anteprojeto de Lei de Cooperação Jurídica Internacional, composta por vários estudiosos do tema, motivado pela necessidade de criar uma nova legislação para o combate ao crime organizado transnacional e para a efetividade das decisões civis em processos internacionais[416].

O Anteprojeto dispõe tanto sobre a cooperação judicial em matéria civil, trabalhista, previdenciária, comercial, tributária, financeira e administrativa, quanto sobre a cooperação em matéria penal, prevendo em seu artigo 1º que a cooperação se dará especialmente por intermédio dos procedimentos da carta rogatória, da ação de homologação de decisão estrangeira, do auxílio direto, da transferência de processos penais, da extradição e da transferência de pessoas apenadas.

A menção expressa ao auxílio direto como modalidade de cooperação judiciária é relevante, pois representa o intuito de simplificação dos procedimentos e de conferir mais celeridade na tramitação das solicitações recebidas de Estados estrangeiros. Segundo o artigo 35, os pedidos de auxílio direto seriam encaminhados diretamente à autoridade central, que poderia inclusive efetuar de imediato atos que não necessitem de prestação jurisdicional, consoante o artigo 36. Se o auxílio direto demandar prestação jurisdicional, seria competente o juiz federal do local em que deva ser executada a medida, devendo a autoridade central encaminhar o pedido à Advocacia-Geral da União para requerer em juízo a medida solicitada, salvo se a autoridade central for o Ministério Público, que poderá requerê-la diretamente, conforme o artigo 37.

No artigo 4º do anteprojeto restou estipulado que, na ausência de tratado, o pedido de cooperação pode ser atendido com base na reciprocidade de tratamento, a critério da autoridade central. Ricardo Perlingeiro Mendes da Silva critica a exigência de reciprocidade, afirmando que isso deveria ocorrer apenas nas relações de direito público, já que os indivíduos, titulares de relações de direito privado, não poderiam ser privados do exercício de seus direitos em função de omissão do Estado estrangeiro, sob pena de ofensa ao direito de acesso à justiça[417]. Ademais, como recorda Nádia de Araújo, a tradição jurídica no Brasil nunca foi a de exigência da reciprocidade[418].

Foi prevista a possibilidade do reconhecimento de decisão judicial estrangeira de natureza cautelar, assim como a antecipação de tutela nos procedimentos de reconhecimento de decisão estrangeira, medidas inerentes ao princípio da inafastabilidade da jurisdição[419].

Interessante a previsão contida no artigo 16 do anteprojeto do reconhecimento automático, independentemente de homologação, das decisões relativas ao estado e capacidade das pessoas, das decisões proferidas por tribunais internacionais de que o Estado brasileiro reconheça a jurisdição e outras decisões previstas em tratado.

Na visão de Ricardo Perlingeiro Mendes da Silva, não haveria qualquer risco de ofensa à soberania com a adoção do sistema de reconhecimento automático de decisões judiciais estrangeiras, já que a soberania somente seria sacrificada se fosse vedado o poder jurisdicional. Para o autor, a admissão voluntária de decisões judiciais estrangeiras, enquanto necessárias à efetividade da jurisdição nacional e, portanto, do Estado de Direito, seriam legítimas e fortaleceriam ainda mais a soberania interna, ressaltando a manutenção da possibilidade do controle judicial sobre a compatibilidade das decisões judiciais estrangeiras, em relação aos princípios fundamentais do Estado brasileiro[420].

O anteprojeto de lei de cooperação jurídica internacional não foi transformado em lei especial. Segundo Nádia de Araújo, a conclusão dos trabalhos da comissão especial sequer chegou a ser remetida ao Congresso Nacional[421].

---

(416) SILVA, Ricardo Perlingeiro Mendes da. Anotações sobre o anteprojeto de lei de cooperação jurídica internacional. In: *Revista de Processo*, n. 129, ano 30, novembro de 2005. p. 133.
(417) SILVA, Ricardo Perlingeiro Mendes da. Anotações sobre o anteprojeto de lei de cooperação jurídica internacional. In: *Revista de Processo*, n. 129, ano 30, novembro de 2005. p. 142.
(418) ARAÚJO, Nadia de. A importância da cooperação jurídica internacional para a atuação do Estado brasileiro no plano interno e internacional. In: BRASIL. SECRETARIA NACIONAL DE JUSTIÇA. *Manual de cooperação jurídica internacional e recuperação de ativos*: cooperação em matéria civil. 4. ed. Brasília: Ministério da Justiça, 2014. p. 32.
(419) SILVA, Ricardo Perlingeiro Mendes da. Anotações sobre o anteprojeto de lei de cooperação jurídica internacional. In: *Revista de Processo*, n. 129, ano 30, novembro de 2005. p. 165.
(420) SILVA, Ricardo Perlingeiro Mendes da. Reconhecimento de decisão judicial estrangeira no Brasil e o controle da ordem pública internacional no regulamento (CE) 44: análise comparativa. In: *Revista de Processo*, ano 29, n. 118, nov./dez. 2004. p. 184.
(421) ARAÚJO, Nadia de. A importância da cooperação jurídica internacional para a atuação do Estado brasileiro no plano interno e internacional. In: BRASIL. SECRETARIA NACIONAL DE JUSTIÇA. *Manual de cooperação jurídica internacional e recuperação de ativos*: cooperação em matéria civil. 4. ed. Brasília: Ministério da Justiça, 2014. p. 41.

Entretanto, a maior parte dos seus dispositivos referentes à cooperação jurídica em matéria cível foi incorporada ao projeto de lei que deu origem ao novo Código de Processo Civil brasileiro, editado em 2015, com algumas importantes diferenças (*vide* item *infra*).

Para além desse projeto, encontros promovidos pelo Instituto Iberoamericano de Direito Processual, entre 2005 a 2008, culminaram na elaboração de uma Proposta de Código Modelo de Cooperação Interjurisdicional para Iberoamérica, difundida pela Rede Iberoamericana de Cooperação Jurídica Internacional (IberRed)[422].

Nota Adriana Beltrame que a opção pela utilização do termo "interjurisdicional" foi justificada pela comissão elaboradora do código modelo por entendê-la como a mais adequada à tutela judicial transnacional, já que não seria correto utilizar o termo "judicial", que restringiria a cooperação a atos judiciais, nem "jurídica", por ser demasiadamente extensiva, uma vez que a cooperação deve estar adstrita aos atos judiciais, administrativos ou legislativos que sirvam concretamente à jurisdição[423].

A comissão elaboradora da proposta foi composta por representantes do Brasil, Panamá, Uruguai, Portugal, Espanha, Colômbia e Argentina, e registrou, na exposição de motivos, que o tratamento diferenciado dispensado à cooperação interjurisdicional em cada Estado é um sério obstáculo para a efetividade da tutela judicial transnacional, sendo necessário buscar uniformidade no tratamento do tema. Assim, a busca pela construção de um espaço judicial Iberoamericano depende de um consenso sobre os princípios que norteiam essa cooperação, que sejam passíveis de aplicação em todos os sistemas jurídicos envolvidos[424].

Ainda, ficou consignado que a Proposta do Código Modelo não é um projeto de tratado internacional a ser ratificado, mas sim uma proposta de normas nacionais a serem incorporadas internamente pelos países iberoamericanos, destinada à cooperação interjurisdicional com qualquer Estado, iberoamericano ou não[425].

É digna de nota a previsão do artigo 2º, IV, da Proposta de Código Modelo, que estabelece como princípio a não dependência da reciprocidade de tratamento entre os Estados. O objetivo dessa sugestão, que rompe com a tradição internacional de exigência de reciprocidade, foi o de assegurar, em um contexto transnacional, o exercício dos direitos pertencentes aos indivíduos, de modo a não sacrificá-los por culpa de um Estado que não oferece a promessa de reciprocidade. Essa omissão deverá resultar em uma restrição apenas aos interesses exclusivos desse Estado, sob pena de se configurar uma ofensa à tutela judicial, no entendimento da comissão[426].

No mais, registre-se que a proposta dividiu a cooperação interjurisdicional em duas modalidades: entre os atos de mero trâmite e probatórios que não reclamem uma decisão judicial do Estado requerido, em que o procedimento a ser adotado seria o do auxílio mútuo; e os atos que reclamam uma decisão, que exigiriam os procedimentos da carta rogatória e ações ou incidentes de reconhecimento da decisão estrangeira[427].

Essa proposta não foi transformada em lei no Brasil, mas alguns de seus dispositivos inspiraram as propostas de alteração da legislação processual civil que resultaram no novo Código de Processo Civil editado em 2015.

A) *O novo Código de Processo Civil, de 2015*

Como visto, não havia no Brasil um regulamento geral acerca dos pedidos de cooperação judiciária internacional, ficando a disciplina procedimental da matéria a cargo da Resolução n. 9/2005 do Superior Tribunal de Justiça. Com efeito, o Código de Processo Civil de 1973 não tinha previsões específicas acerca da cooperação judiciária internacional passiva, fazendo mera remissão ao Regimento Interno do Supremo Tribunal Federal (órgão competente antes da EC n. 45/2004).

O novo Código de Processo Civil brasileiro (CPC), Lei n. 13.105, de 16 de março de 2015, trouxe previsões sobre a cooperação judiciária internacional, no capítulo II do título II do livro II (artigos 26 a 41). Referido capítulo, intitulado "Da cooperação internacional", apresenta disposições gerais sobre a matéria e normas específicas sobre o auxílio direto e a carta rogatória.

---

[422] A IberRed será examinada no capítulo seguinte.
[423] BELTRAME, Adriana. Cooperação jurídica internacional. In: *Revista de Processo*, n. 162, ano 33, agosto de 2008. p. 194.
[424] Código Modelo de Cooperación Interjurisdicional para Iberoamérica. In: *Revista de Processo*, n. 166, ano 33, dezembro de 2008. p. 203-204.
[425] Código Modelo de Cooperación Interjurisdicional para Iberoamérica. In: *Revista de Processo*, n. 166, ano 33, dezembro de 2008. p. 206.
[426] Código Modelo de Cooperación Interjurisdicional para Iberoamérica. In: *Revista de Processo*, n. 166, ano 33, dezembro de 2008. p. 207.
[427] Código Modelo de Cooperación Interjurisdicional para Iberoamérica. In: *Revista de Processo*, n. 166, ano 33, dezembro de 2008. p. 208 e 215.

Além disso, o novo CPC traz previsões sobre os procedimentos de homologação de decisão estrangeira e da concessão do *exequatur* à carta rogatória, no capítulo VI do título I do livro III (artigos 960 a 965).

Além da cooperação jurídica internacional, o novo CPC também instituiu o dever de recíproca cooperação entre os órgãos do Poder Judiciário Brasileiro, em seus artigos 67 a 69, em todas as instâncias e graus de jurisdição, abarcando inclusive pedidos de cooperação entre diferentes ramos do Judiciário. Para Fernanda Alvim Ribeiro de Oliveira, essa previsão tem a função de permitir o intercâmbio e o auxílio recíproco entre juízes para incrementar a eficiência do serviço judiciário[428].

O novo CPC, portanto, deixa clara a opção brasileira pelo incentivo da cooperação judiciária como medida de incremento da efetividade das decisões, sendo internas ou estrangeiras. A regulamentação detalhada da cooperação judiciária internacional, das ações de homologação de sentença estrangeira e da concessão do *exequatur* às cartas rogatórias demonstra o reconhecimento da importância das relações entre as jurisdições para a realização da justiça.

Retomando o exame da cooperação judiciária internacional no novo CPC, interessante notar que, segundo Nelson Nery Junior e Rosa Maria de Andrade Nery, o Projeto de Código Modelo de Cooperação Interjurisdicional para Iberoamérica organizava a cooperação internacional em matérias cíveis e penais, mencionando, em seu artigo 3º, que as matérias cíveis abrangiam as áreas civil propriamente dita, a comercial ou empresarial, a de família, a do trabalho, a da previdência social, a tributária, a financeira e a administrativa. O Anteprojeto de Lei de Cooperação Jurídica Internacional não fazia a divisão em áreas, mas abrangia todos os campos referidos. Por sua vez, o novo Código de Processo Civil brasileiro, aplicável na área cível, também estende o alcance de suas normas ao direito empresarial, tributário, administrativo, trabalhista e previdenciário[429].

Quanto às disposições gerais da cooperação jurídica internacional, o artigo 26 do novo CPC dispõe, em seu *caput*, que o instituto será regido por tratado de que o Brasil faz parte, devendo ser observados, conforme os incisos I a V, o respeito às garantias do devido processo legal no Estado requerente, a igualdade de tratamento entre nacionais e estrangeiros em relação ao acesso à justiça e à tramitação dos processos, a publicidade processual como regra geral, a existência de autoridade central para a recepção e tramitação dos pedidos de cooperação e a espontaneidade na transmissão de informações a autoridades estrangeiras.

O parágrafo 1º do artigo registra que, na ausência de tratado, a cooperação jurídica internacional poderá realizar-se com base na reciprocidade, manifestada por via diplomática, requisito este que não é exigido para a homologação de sentença estrangeira, como prevê o parágrafo 2º.

Notam Nelson Nery Junior e Rosa Maria de Andrade Nery que a exigência de reciprocidade também estava prevista no Anteprojeto de Lei de Cooperação Jurídica Internacional, já que é nesse sentido o direcionamento da jurisprudência do Superior Tribunal de Justiça[430]. Entretanto, cabe aqui repetir as críticas de boa parte da doutrina sobre a exigência de reciprocidade, entendendo que esta deveria se dar apenas em questões de direito público, já que os indivíduos, titulares de relações de direito privado, não poderiam ser privados do exercício de seus direitos em função de omissão do Estado estrangeiro, sob pena de ofensa ao direito de acesso à justiça[431].

O parágrafo 3º do artigo 26 afirma expressamente:

> Na cooperação jurídica internacional não será admitida a prática de atos que contrariem ou que produzam resultados incompatíveis com as normas fundamentais que regem o Estado brasileiro.

Eis a consagração do princípio de não cumprimento de decisões que contrariem a ordem pública, presente em praticamente todos os tratados internacionais multilaterais ou bilaterais relativos a cooperação judiciária internacional.

---

[428] OLIVEIRA, Fernanda Alvim Ribeiro de. A cooperação. In: THEODORO JÚNIOR, Humberto; OLIVEIRA, Fernanda Alvim Ribeiro de; REZENDE, Ester Camila Gomes Norato (Coord.). *Primeiras lições sobre o novo direito processual civil brasileiro* (de acordo com o Novo Código de Processo Civil, Lei n. 13.105, de 16 de março de 2015). Rio de Janeiro: Forense, 2015. p. 62.
[429] NERY JUNIOR, Nelson; NERY, Rosa Maria de Andrade. *Comentários ao Código de Processo Civil: novo CPC — Lei n. 13.105/2015*. São Paulo: Revista dos Tribunais, 2015. p. 284-285.
[430] NERY JUNIOR, Nelson; NERY, Rosa Maria de Andrade. *Comentários ao Código de Processo Civil: novo CPC — Lei n. 13.105/2015*. São Paulo: Revista dos Tribunais, 2015. p. 286.
[431] SILVA, Ricardo Perlingeiro Mendes da. Anotações sobre o anteprojeto de lei de cooperação jurídica internacional. In: *Revista de Processo*, n. 129, ano 30, novembro de 2005. p. 142.

Não poderá ser exigido do Estado brasileiro, portanto, atos que contrariem seus fundamentos de respeito à soberania, à cidadania, à dignidade da pessoa humana, aos valores sociais do trabalho e da livre iniciativa, e ao pluralismo político. Por isso, qualquer ofensa à ordem pública nacional, ou o desrespeito aos direitos fundamentais consagrados na Constituição brasileira ou em tratados internacionais dos quais o país faz parte, ensejarão a rejeição do pedido de cooperação formulado por outro Estado[432].

O entendimento é reforçado posteriormente pelo artigo 39, que dispõe que "O pedido passivo de cooperação jurídica internacional será recusado se configurar manifesta ofensa à ordem pública".

Retomando o exame do artigo 26, seu parágrafo 4º indica o Ministério da Justiça para exercer as funções de autoridade central, na ausência de designação específica de outro órgão nos tratados sobre cooperação judiciária. Desse modo, o novo CPC alterou a prática vigente no Brasil, que concentrava a tramitação da maioria dos pedidos de cooperação judiciária internacional na via diplomática, diminuindo uma das etapas da tramitação do pedido de cooperação — já que, na prática, recebido o pedido de cooperação pelo Itamaraty, era recorrente a necessidade de atuação conjunta com o Ministério da Justiça para o devido encaminhamento ao órgão do Poder Judiciário em que deveria ser cumprida a medida. O novo CPC, portanto, suprimiu uma etapa, dando mais celeridade ao procedimento.

Na estrutura do Ministério da Justiça, a atribuição para atuação como autoridade central nos casos de cooperação judiciária é do Departamento de Recuperação de Ativos e Cooperação Jurídica Internacional[433]. Esse órgão, atuando como autoridade central, se torna gerenciador da cooperação judiciária internacional institucional.

O artigo 27 do novo CPC elenca as medidas que podem ser objeto de solicitações de cooperação judiciária internacional:

> Art. 27. A cooperação jurídica internacional terá por objeto:
>
> I — citação, intimação e notificação judicial e extrajudicial;
>
> II — colheita de provas e obtenção de informações;
>
> III — homologação e cumprimento de decisão;
>
> IV — concessão de medida judicial de urgência;
>
> V — assistência jurídica internacional;
>
> VI — qualquer outra medida judicial ou extrajudicial não proibida pela lei brasileira.

Quanto à concessão de medida de urgência (inciso IV), registre-se que, no que se refere a outros Estados membros do MERCOSUL, está em vigor no Brasil o Protocolo de Ouro Preto de Medidas Cautelares, de 1994 (*vide* item *supra*), devendo ser adotados os procedimentos previstos naquele tratado.

Para outros Estados solicitantes, o CPC prevê a desnecessidade de prévia homologação do Superior Tribunal de Justiça para o cumprimento de uma medida cautelar, já que não se trata de decisão judicial definitiva, devendo o pedido de execução ser feito por meio de carta rogatória, nos termos dos artigos 961 e 962[434].

A previsão contida no inciso VI do artigo, que possibilita que qualquer outra medida não proibida pela lei brasileira seja objeto de cooperação internacional é, na visão de Felipe Fröner, "fundamental para a manutenção da abertura do sistema face ao rápido câmbio e à multiplicidade de possibilidades que se manifestam na interação internacional"[435].

Os artigos 28 a 34 tratam da modalidade de cooperação denominada de "auxílio direto". A definição é trazida pelo artigo 28 como medida que não decorre diretamente de decisão de autoridade jurisdicional estrangeira a ser submetida a juízo de delibação no Brasil.

---

(432) NERY JUNIOR, Nelson; NERY, Rosa Maria de Andrade. *Comentários ao Código de Processo Civil*: novo CPC — Lei n. 13.105/2015. São Paulo: Revista dos Tribunais, 2015. p. 286.
(433) BRASIL. *Decreto n. 6.061, de 15 de março de 2007, que aprova a estrutura regimental do Ministério da Justiça*. Disponível em: <http://www.planalto.gov.br/ccivil_03/_ato2007-2010/2007/decreto/d6061.htm>. Acesso em: 12 set. 2015.
(434) NERY JUNIOR, Nelson; NERY, Rosa Maria de Andrade. *Comentários ao Código de Processo Civil: novo CPC — Lei 13.105/2015*. São Paulo: Revista dos Tribunais, 2015. p. 287.
(435) FRÖNER, Felipe. Anotações aos artigos 26 a 41. In: OAB RS. *Novo Código de Processo Civil anotado*. Porto Alegre: OAB RS, 2015. p. 66.

Essa forma de cooperação evita procedimentos intermediários, e surgiu tendo em vista a necessidade de prestação jurisdicional mais célere na cooperação internacional que nos procedimentos de homologação de sentença estrangeira e da carta rogatória.

Explica Felipe Fröner que o pedido de auxílio direto tramita administrativamente, podendo ensejar tanto o cumprimento direto de uma providência administrativa requerida, quanto, nos casos em que seu conteúdo é um pedido de medida jurisdicional, ser encaminhado para o órgão encarregado da representação da União em juízo para que tome as devidas providências[436].

O artigo 29 esclarece que o auxílio direto é tramitado por intermédio das autoridades centrais, ao mencionar que a solicitação será encaminhada diretamente pelo Estado requerente, assegurando-se da autenticidade e clareza do pedido.

Nos incisos do artigo 30 são especificadas medidas que podem ser requeridas mediante o auxílio direto, além de outras previstas em tratados específicos que tratem da cooperação judiciária internacional: a obtenção ou prestação de informações sobre o ordenamento jurídico e sobre processos administrativos ou judiciais findos ou em curso, a colheita de provas, salvo se a medida for adotada em processo de competência exclusiva de autoridade judiciária brasileira em curso no estrangeiro, e qualquer outra medida judicial ou extrajudicial não proibida pela lei brasileira.

Como registram Nelson Nery Junior e Rosa Maria de Andrade Nery, os procedimentos de citação, intimação e notificação judicial e extrajudicial estão incluídos no inciso III do mencionado artigo, ou seja, dentre as outras medidas não proibidas pela lei brasileira, já que foi excluída a referência explícita a essas solicitações[437]. Note-se que tais procedimentos não são sujeitos ao juízo de delibação pelo Superior Tribunal de Justiça, pelo que tal conclusão pode também ser extraída do artigo 28 do CPC.

O artigo 31 prevê que a autoridade central se comunicará diretamente com as demais autoridades centrais ou outros órgãos estrangeiros responsáveis pela cooperação judiciária nos outros Estados. Essa comunicação direta permite a construção de uma rede de órgãos especializados, que pode vir a padronizar as boas práticas identificadas nessa área.

Registre-se que a autoridade central, além de centralizar o recebimento e transmissão dos pedidos de cooperação, procede à análise da adequação das solicitações à legislação do Estado em que será feito o cumprimento da medida e ao tratado que eventualmente regulamente a cooperação internacional. Desse modo, atua não apenas encaminhando os requerimentos mas, em virtude de seu conhecimento agregado acerca da matéria, pode promover mais efetividade nas relações de cooperação judiciária[438].

No artigo 32, fica autorizado que a autoridade central adote diretamente as providências necessárias para o cumprimento de um pedido de cooperação judiciária internacional que não necessite de prestação jurisdicional segundo a lei brasileira.

Tratam-se de medidas de cunho administrativo, podendo ser citado como exemplo o requerimento de informações sobre a legislação ou o sistema judiciário nacionais, ou sobre a existência de processos em curso no país. Tais providências podem ser realizadas diretamente pela autoridade central, sem a necessidade de provocação do poder judiciário brasileiro.

O artigo 33 trata de outros órgãos que irão atuar nos procedimentos de cooperação judiciária internacional institucionalizada, além da autoridade central. De acordo com o *caput* do artigo 33, a autoridade central, ao receber um pedido de auxílio direto passivo, o encaminhará à Advocacia-Geral da União, que deverá requerer em juízo a providência solicitada pelo Estado estrangeiro. O seu parágrafo único dispõe que, nos casos em que o Ministério Público é indicado como autoridade central, será ele o órgão responsável por requerer em juízo as providências, como medida de celeridade.

Como visto, não foi concedida ao Ministério da Justiça, que é o órgão geralmente indicado como autoridade central em casos de cooperação judiciária internacional, capacidade postulatória, pelo que se faz necessária a

---

(436) FRÖNER, Felipe. *Anotações aos artigos 26 a 41*. In: OAB RS. Novo Código de Processo Civil anotado. Porto Alegre: OAB RS, 2015. p. 67.
(437) NERY JUNIOR, Nelson; NERY, Rosa Maria de Andrade. *Comentários ao Código de Processo Civil*: novo CPC — Lei n. 13.105/2015. São Paulo: Editora Revista dos Tribunais, 2015. p. 290.
(438) SAADI, Ricardo Andrade; BEZERRA, Camila Colares. A autoridade central no exercício da cooperação jurídica internacional. In: BRASIL. SECRETARIA NACIONAL DE JUSTIÇA. *Manual de cooperação jurídica internacional e recuperação de ativos*: cooperação em matéria civil. 4. ed. Brasília: Ministério da Justiça, 2014. p. 19.

atuação colaborativa da Advocacia-Geral da União, ou do próprio Ministério Público, quando atuar como autoridade central.

No artigo 34, fica estabelecida a competência da Justiça Federal do local em que deva ser executada a medida para apreciar o pedido de auxílio direto passivo que demande prestação de atividade jurisdicional.

Desde a tramitação do Anteprojeto de lei de Cooperação Jurídica Internacional, que resultou neste capítulo do novo Código de Processo Civil, a doutrina questiona a inconstitucionalidade desse dispositivo. Nelson Nery Junior e Rosa Maria de Andrade Nery mencionam os argumentos de Ricardo Perlingeiro Mendes da Silva, no sentido de que o artigo 109 da Constituição Brasileira, ao fixar a competência material da Justiça Federal, não prevê a hipótese tratada no artigo 34 do novo CPC[439].

Em prosseguimento, a Seção III deste capítulo diz respeito à carta rogatória passiva, já que a carta rogatória ativa é o mecanismo que o Estado brasileiro utiliza para requerer a cooperação judiciária institucional de outro Estado, e portanto, segue a disciplina prevista nas normas do Estado requerido, ou em tratado internacional que trate a matéria.

Registre-se, a este respeito, a existência do já mencionado Tratado relativo à cooperação judiciária e ao reconhecimento e execução de sentenças em matéria civil entre a República Federativa do Brasil e a República Italiana, de 17 de outubro de 1989[440], tratado bilateral que foi incorporado a ordem jurídica interna brasileira pelo Decreto n. 1.476/1995 e trata da carta rogatória entre esses países em seus artigos 14 e 15.

O artigo 35 foi vetado pela Presidência da República. A redação proposta para o artigo dizia que a carta rogatória era o meio pelo qual se dava o pedido de cooperação entre órgão jurisdicional brasileiro e estrangeiro para a prática dos atos de citação, intimação, notificação judicial, colheita de provas, obtenção de informações e de cumprimento de decisão interlocutória, sempre que o ato estrangeiro constituir decisão a ser executada no Brasil. Nas razões do veto, há menção a consulta feita ao Ministério Público Federal e ao Superior Tribunal de Justiça, com base na qual se entendeu que o dispositivo proposto impunha que determinados atos fossem praticados exclusivamente por meio de carta rogatória, o que afetaria a celeridade e efetividade da cooperação internacional, já que tais medidas poderiam ser processadas pelo auxílio direto[441].

Esse veto demonstra o posicionamento do Poder Executivo brasileiro de tentar a simplificação e a agilização dos procedimentos de cooperação judiciária internacional, seguindo as tendências mundiais de maior utilização dos auxílios diretos e menor burocratização no cumprimento das solicitações.

O artigo 36 do novo CPC dispõe que o procedimento da carta rogatória perante o Superior Tribunal de Justiça é de jurisdição contenciosa e deve assegurar as garantias do devido processo legal, repetindo previsão contida no Regimento Interno do STJ, que regula o rito procedimental interno àquele tribunal nos artigos 216-O a 216-X[442].

Os parágrafos 1º e 2º do artigo estabelecem limites para a defesa, a qual deve ficar restrita ao atendimento dos requisitos para que o pronunciamento judicial estrangeiro produza efeitos no Brasil, bem como para o próprio judiciário brasileiro, ao mencionar que, em qualquer hipótese, é vedada a revisão do mérito do pronunciamento judicial estrangeiro. Esses limites são decorrentes da soberania do Estado que proferiu a decisão a que se dá cumprimento pela rogatória.

A Seção seguinte (artigos 37 a 41) traz dispositivos comuns ao auxílio direto e à carta rogatória. É previsto que, no caso de solicitação de cooperação judiciária internacional ativa (isto é, oriunda de autoridade judiciária brasileira), o requerimento deve ser encaminhado à autoridade central para posterior envio ao Estado requerido, acompanhado de documentos anexos, com a devida tradução para a língua oficial do Estado requerido (artigos 37 e 38).

O já mencionado artigo 39 reitera que, na cooperação judiciária passiva, o pedido será recusado se configurar ofensa à ordem pública.

---

(439) NERY JUNIOR, Nelson; NERY, Rosa Maria de Andrade. *Comentários ao Código de Processo Civil*: novo CPC — Lei n. 13.105/2015. São Paulo: Revista dos Tribunais, 2015. p. 292.
(440) Texto integral do documento foi reproduzido em: BRASIL. SECRETARIA NACIONAL DE JUSTIÇA. *Manual de cooperação jurídica internacional e recuperação de ativos*: cooperação em matéria civil. 4. ed. Brasília: Ministério da Justiça, 2014.
(441) NERY JUNIOR, Nelson; NERY, Rosa Maria de Andrade. *Comentários ao Código de Processo Civil*: novo CPC — Lei n. 13.105/2015. São Paulo: Revista dos Tribunais, 2015. p. 295.
(442) NERY JUNIOR, Nelson; NERY, Rosa Maria de Andrade. *Comentários ao Código de Processo Civil*: novo CPC — Lei n. 13.105/2015. São Paulo: Revista dos Tribunais, 2015. p. 295.

O artigo 40 deixa claro que quando a cooperação jurídica internacional se der para a execução de decisão estrangeira, será exigido o procedimento da carta rogatória ou da homologação de sentença estrangeira, proibindo, portanto, que a execução se valha da modalidade do auxílio direto.

Registra Felipe Fröner que a tendência já predominante na jurisprudência do Superior Tribunal de Justiça de permitir o cumprimento de atos executórios por meio da carta rogatória (consoante previsão no artigo 7º da sua Resolução n. 9/2005) ganhou legitimação formal no novo CPC[443].

Por fim, o artigo 41 traz previsões acerca da autenticação dos documentos, inclusive das traduções para a língua portuguesa, que instruem os pedidos de cooperação internacional passiva. Segundo esse dispositivo, basta o encaminhamento ao Estado brasileiro por meio de autoridade central ou pela via diplomática, dispensando-se a juramentação, autenticação, ou qualquer outro procedimento de legalização. Contudo, o parágrafo único do artigo ressalva que essa previsão "não impede, quando necessária, a aplicação pelo Estado brasileiro do princípio da reciprocidade de tratamento".

Nelson Nery Junior e Rosa Maria de Andrade Nery notam que essa dispensa de procedimentos de autenticação é uma novidade trazida pelo CPC/2015, já que o Regimento Interno do Superior Tribunal de Justiça, ao regular o procedimento, previa a autenticação dos documentos pela autoridade consular como requisito necessário para o processamento da homologação de sentença estrangeira[444].

Para Fernanda Alvim Ribeiro de Oliveira, a redução das formalidades existentes para a cooperação, como a consideração da autenticidade dos documentos encaminhados por meio de autoridade central ou via diplomática, pretendeu facilitar a cooperação internacional[445].

Nos artigos 960 a 965, estão as previsões do Código de Processo Civil concernentes aos processos de homologação de sentença estrangeira e de concessão do *exequatur* às cartas rogatórias, mecanismos prévios de admissibilidade para que uma decisão estrangeira possa produzir efeitos no território nacional.

A circulação internacional de julgados é uma realidade cada vez maior, e sua efetividade interessa ao bom funcionamento do direito internacional[446]. No que diz respeito à aplicação dos patamares mínimos universais de proteção aos direitos humanos, faz-se imprescindível que as decisões proferidas em todo o mundo no sentido de assegurar esses direitos possam ser reconhecidas e executadas de maneira global.

O artigo 960 prevê, em seu *caput*, a necessidade da ação de homologação de sentença estrangeira, salvo disposição especial em sentido contrário prevista em tratado. Registre-se que a necessidade da prévia homologação da sentença estrangeira para que ela possa produzir efeitos no Brasil também é prevista na Lei de Introdução às Normas do Direito Brasileiro (Decreto-Lei n. 4.657, de 4 de setembro de 1942) que, em seu artigo 15, lista os requisitos para a possibilidade do reconhecimento da decisão estrangeira:

Art. 15. Será executada no Brasil a sentença proferida no estrangeiro, que reúna os seguintes requisitos:

a) haver sido proferida por juiz competente;

b) terem sido os partes citadas ou haver-se legalmente verificado à revelia;

c) ter passado em julgado e estar revestida das formalidades necessárias para a execução no lugar em que foi proferida;

d) estar traduzida por intérprete autorizado;

e) ter sido homologada pelo Supremo Tribunal Federal.

Ressalve-se que a previsão contida no referido inciso "e" da homologação pelo Supremo Tribunal Federal está desatualizada, tendo em vista a alteração promovida pela Emenda Constitucional n. 45/2004, que passou a

---

(443) FRÖNER, Felipe. Anotações aos artigos 26 a 41. In: OAB RS. *Novo Código de Processo Civil anotado*. Porto Alegre: OAB RS, 2015. p. 78.
(444) NERY JUNIOR, Nelson; NERY, Rosa Maria de Andrade. *Comentários ao Código de Processo Civil*: novo CPC — Lei n. 13.105/2015. São Paulo: Revista dos Tribunais, 2015. p. 297.
(445) OLIVEIRA, Fernanda Alvim Ribeiro de. A cooperação. In: THEODORO JÚNIOR, Humberto; OLIVEIRA, Fernanda Alvim Ribeiro de; REZENDE, Ester Camila Gomes Norato (Coord.). *Primeiras lições sobre o novo direito processual civil brasileiro* (de acordo com o Novo Código de Processo Civil, Lei n. 13.105, de 16 de março de 2015). Rio de Janeiro: Forense, 2015. p. 62.
(446) ARAÚJO, Nadia de. A importância da cooperação jurídica internacional para a atuação do Estado brasileiro no plano interno e internacional. In: BRASIL. SECRETARIA NACIONAL DE JUSTIÇA. *Manual de cooperação jurídica internacional e recuperação de ativos*: cooperação em matéria civil. 4. ed. Brasília: Ministério da Justiça, 2014. p. 37.

prever a competência do Superior Tribunal de Justiça para o processamento da ação de homologação de sentença estrangeira.

O parágrafo 1º do artigo 960 diz respeito à execução de decisão interlocutória estrangeira, afirmando ser desnecessária a ação de homologação de sentença estrangeira, já que aquela medida poderá ser requerida mediante carta rogatória. Nesse caso, será necessária a concessão do *exequatur*, que autoriza o cumprimento da solicitação.

O parágrafo 2º prevê que a ação de homologação deverá obedecer as previsões dos tratados em vigor sobre o tema e o Regimento Interno do Superior Tribunal de Justiça. Desse modo, o *iter processual* da ação é descrito nos artigos 216-A a 216-N do Regimento Interno do STJ, que revogaram a anterior Resolução n. 9/2005, responsável por regular a matéria anteriormente.

O parágrafo 3º faz menção à homologação de decisão arbitral estrangeira, a qual deverá obedecer ao disposto nos tratados internacionais dos quais o Brasil faça parte, e, subsidiariamente, às disposições deste capítulo do CPC.

No artigo 961, é ressaltado que a decisão estrangeira somente produzirá efeitos no país após a homologação de sentença estrangeira ou a concessão do *exequatur* às cartas rogatórias, salvo dispositivo contrário em lei ou tratado. Odilon Marques Garcia Junior registra que esses procedimentos são necessários para que a eficácia já inerente ao ato decisório estrangeiro possa se manifestar no território brasileiro[447].

A natureza jurídica da homologação da sentença estrangeira é constitutiva, e a atividade homologatória do STJ é jurisdicional. É importante notar que, independente do nome e a forma dada pelo sistema jurídico estrangeiro, é considerada sentença, a ser devidamente homologada por esta ação, qualquer ato emanado por Estado estrangeiro que, segundo o direito brasileiro, tenha conteúdo e eficácia de sentença, prevalecendo o caráter substancial do ato[448].

Nesse sentido, afirma Fábio Ramazzini Bechara que nem toda diferença de procedimento revela uma incompatibilidade insuperável com a ordem jurídica brasileira, de forma que devem ser reconhecidas quaisquer espécies de decisões estrangeiras, desde que atendam os parâmetros de respeito às garantias processuais exigidos constitucionalmente e nos tratados internacionais[449].

O parágrafo 1º menciona que são passíveis de homologação tanto a decisão judicial definitiva, como a decisão não judicial que teria natureza jurisdicional pela lei brasileira. O parágrafo 2º permite a homologação parcial da decisão estrangeira.

Segundo o parágrafo 3º, é possível deferir pedidos de urgência e realizar atos de execução provisória no processo de homologação de sentença estrangeira. Essa previsão garante que não haverá risco de perecimento do direito ao longo do trâmite do processo, como notam Nelson Nery Junior e Rosa Maria de Andrade Nery[450].

Se estiver previsto em tratado, ou em caso de promessa de reciprocidade apresentada à autoridade brasileira, o parágrafo 4º permite a homologação de sentença estrangeira para fim de execução fiscal.

O parágrafo 5º trata do único caso em que o CPC permite o reconhecimento automático de uma decisão estrangeira, sem necessidade da homologação pelo STJ: quando se tratar de sentença estrangeira de divórcio consensual. Nesse caso, o parágrafo 6º dispõe que qualquer juiz será competente para examinar a validade da decisão, em caráter principal ou incidental, caso a questão seja suscitada em processo de sua competência.

Além disso, o Conselho Nacional de Justiça editou recentemente o Provimento n. 51, de 22 de setembro de 2015, no qual permite aos Cartórios de Registros Civis de Pessoas Naturais brasileiros a promover a averbação de Carta de Sentença de divórcio ou separação judicial, oriunda de homologação de sentença estrangeira pelo STJ, independentemente de seu cumprimento ou execução em Juízo Federal, o que também simplifica o cumprimento dessas decisões estrangeiras em território brasileiro[451].

---

(447) GARCIA JUNIOR, Odilon Marques. Anotações aos artigos 960 a 965. In: OAB RS. *Novo Código de Processo Civil anotado*. Porto Alegre: OAB RS, 2015. p. 717.
(448) NERY JUNIOR, Nelson; NERY, Rosa Maria de Andrade. *Comentários ao Código de Processo Civil*: novo CPC — Lei n. 13.105/2015. São Paulo: Revista dos Tribunais, 2015. p. 1897.
(449) BECHARA, Fábio Ramazzini. Cooperação jurídica internacional: equilíbrio entre eficiência e garantismo. In: BRASIL. SECRETARIA NACIONAL DE JUSTIÇA. *Manual de cooperação jurídica internacional e recuperação de ativos*: cooperação em matéria civil. 4. ed. Brasília: Ministério da Justiça, 2014. p. 49.
(450) NERY JUNIOR, Nelson; NERY, Rosa Maria de Andrade. *Comentários ao Código de Processo Civil*: novo CPC — Lei n. 13.105/2015. São Paulo: Revista dos Tribunais, 2015. p. 1898.
(451) CONSELHO NACIONAL DE JUSTIÇA. Provimento n. 51, de 22 de setembro de 2015. *Dispõe sobre a averbação de carta de sentença expedida após homologação de sentença estrangeira relativa a divórcio ou separação judicial*. DJe 28.09.2015, n. 173. p. 5.

O Anteprojeto de Lei de Cooperação Jurídica Internacional, segundo Nelson Nery Junior e Rosa Maria de Andrade Nery, previa outras hipóteses nas quais haveria reconhecimento automático de sentenças estrangeiras: decisões relativas ao estado e capacidade das pessoas, decisões proferidas por tribunais internacionais de que o Estado brasileiro reconheça a jurisdição e outras decisões previstas em tratados. Explicam os autores que isso era possível porque na sistemática daquele Anteprojeto, a homologação da sentença estrangeira era condição apenas para sua execução, e não para produzir efeitos de modo geral. Entretanto, essa orientação não foi seguida pelo texto aprovado para o novo CPC brasileiro[452].

O artigo 962 trata das decisões estrangeiras concessivas de medidas de urgência, sendo prevista que sua execução dar-se-á por meio de carta rogatória (parágrafo 1º). É autorizada a execução de medida de urgência concedida sem a audiência do réu, desde que garantido o contraditório em momento posterior (parágrafo 2º). É expressamente afirmado que o juízo sobre a urgência da medida compete exclusivamente à autoridade estrangeira prolatora da decisão (parágrafo 3º), pelo que não cabe ao magistrado brasileiro examinar o mérito da decisão, tratando-se de mero juízo de delibação. Nos casos em que for dispensada a homologação para que a sentença produza efeitos no Brasil, a decisão concessiva de medida de urgência deverá ter sua validade expressamente reconhecida pelo juiz competente para dar-lhe cumprimento, sem necessidade de homologação pelo STJ (parágrafo 4º).

O artigo 963 do novo CPC traz os requisitos exigidos para a homologação de uma sentença estrangeira, que também se aplicam para a concessão do *exequatur* às cartas rogatórias:

Art. 963. Constituem requisitos indispensáveis à homologação da decisão:

I — ser proferida por autoridade competente;

II — ser precedida de citação regular, ainda que verificada a revelia;

III — ser eficaz no país em que foi proferida;

IV — não ofender a coisa julgada brasileira;

V — estar acompanhada de tradução oficial, salvo disposição que a dispense prevista em tratado;

VI — não conter manifesta ofensa à ordem pública.

Parágrafo único. Para a concessão do exequatur às cartas rogatórias, observar-se-ão os pressupostos previstos no *caput* deste artigo e no art. 962, § 2º.

Importa notar que o entendimento prevalecente na doutrina e na jurisprudência do STJ é que a análise do requisito previsto no inciso I deve limitar-se à competência internacional, não adentrando nas repartições de competência interna dos outros Estados[453].

Tais requisitos também eram exigidos pelo Anteprojeto de Lei de Cooperação Jurídica Internacional, como observam Nelson Nery Junior e Rosa Maria de Andrade Nery, com a única diferença da exigência, pelo CPC/2015, de tradução oficial. Notam os autores que a exigência de tradução oficial consta do Regimento Interno do STJ[454].

Segundo Fernanda Alvim Ribeiro de Oliveira, considerando que o novo Código de Processo Civil passou a regular expressamente a matéria dos requisitos necessários para a homologação da sentença estrangeira e para a concessão do *exequatur*, entende-se revogado o artigo 15 da Lei de Introdução às Normas do Direito Brasileiro (Decreto-Lei n. 4.657/1942)[455].

O artigo 964 prevê a vedação de homologação de sentença estrangeira ou de concessão do *exequatur* à carta rogatória em casos de competência exclusiva da autoridade judiciária brasileira, os quais estão previstos no artigo 23 do novo CPC[456].

---

(452) NERY JUNIOR, Nelson; NERY, Rosa Maria de Andrade. *Comentários ao Código de Processo Civil*: novo CPC — Lei n. 13.105/2015. São Paulo: Revista dos Tribunais, 2015. p. 1896.
(453) GARCIA JUNIOR, Odilon Marques. Anotações aos artigos 960 a 965. In: OAB RS. *Novo Código de Processo Civil anotado*. Porto Alegre: OAB RS, 2015. p. 718.
(454) NERY JUNIOR, Nelson; NERY, Rosa Maria de Andrade. *Comentários ao Código de Processo Civil*: novo CPC — Lei 13.105/2015. São Paulo: Revista dos Tribunais, 2015. p. 1903.
(455) OLIVEIRA, Fernanda Alvim Ribeiro de. Da homologação de decisão estrangeira e da concessão do *exequatur* à carta rogatória. In: THEODORO JÚNIOR, Humberto; OLIVEIRA, Fernanda Alvim Ribeiro de; REZENDE, Ester Camila Gomes Norato (Coord.). *Primeiras lições sobre o novo direito processual civil brasileiro* (de acordo com o Novo Código de Processo Civil, Lei 13.105, de 16 de março de 2015). Rio de Janeiro: Forense, 2015. p. 706.
(456) "*Artigo 23 (CPC/2015): Compete à autoridade judiciária brasileira, com exclusão de qualquer outra:*

I — conhecer de ações relativas a imóveis situados no Brasil;

Por fim, o artigo 965 dispõe que o cumprimento da decisão estrangeira devidamente homologada pelo STJ será feito pelo juízo federal competente, a requerimento da parte, conforme normas previstas para o cumprimento de decisão nacional. O parágrafo único exige que o pedido de execução seja instruído com cópia autenticada da decisão homologatória ou do *exequatur*, conforme o caso.

Nelson Nery Junior e Rosa Maria de Andrade Nery ressaltam que a sentença estrangeira homologada perante o SJT constitui título executivo judicial. Homologada a sentença estrangeira, será extraída carta de sentença, a qual deverá ser apresentada ao juízo de primeiro grau da Justiça Federal competente para seu cumprimento[457].

Com a entrada em vigor do novo Código de Processo Civil, o que está previsto após o decurso de 1 ano da sua publicação oficial (artigo 1.045), a expectativa é de que haja um aprimoramento do sistema de cooperação judiciária institucional no Brasil, com a maior utilização da modalidade do auxílio direto, de forma a imprimir mais celeridade a várias solicitações internacionais.

Como já mencionado, essas modalidades institucionais de cooperação judiciária são necessárias quando uma decisão proferida em um Estado precisa da colaboração de outro para produzir seus efeitos. Há situações, entretanto, que a cooperação internacional se verifica entre os juízes que apreciam casos relativos a normas internacionais e editadas no âmbito supranacional, a partir da construção de redes para a troca de experiências.

Nesses casos, a cooperação judiciária internacional é informal, dinâmica, e construída fora do aparato institucional dos Estados soberanos. São essas estruturas que serão analisadas a seguir.

II — *em matéria de sucessão hereditária, proceder à confirmação de testamento particular e ao inventário e à partilha de bens situados no Brasil, ainda que o autor da herança seja de nacionalidade estrangeira ou tenha domicílio fora do território nacional;*

III — *em divórcio, separação judicial ou dissolução de união estável, proceder à partilha de bens situados no Brasil, ainda que o titular seja de nacionalidade estrangeira ou tenha domicílio fora do território nacional".*

(457) NERY JUNIOR, Nelson; NERY, Rosa Maria de Andrade. *Comentários ao Código de Processo Civil:* novo CPC — Lei n. 13.105/2015. São Paulo: Revista dos Tribunais, 2015. p. 1907.

6
AS REDES INTERNACIONAIS DE JUÍZES: MECANISMOS PARA MAIOR EFICÁCIA DA PROTEÇÃO AOS DIREITOS HUMANOS

A cooperação judiciária internacional não fica limitada aos mecanismos institucionalizados mencionados. Essas formas institucionais de cooperação entre órgãos judiciários e administrativos de diferentes Estados são necessárias para fazer valer as decisões proferidas em um território nacional com efeitos transfronteiriços. Por outro lado, em casos em que é o direito a ser aplicado que tem elementos de internacionalidade, como nas situações de discriminação em razão do gênero, em que incidem diversos tratados e convenções internacionais e de âmbito regional, a cooperação internacional se dá de outras maneiras.

Em todos os casos em que haja incidência das normas internacionais de proteção dos direitos humanos, o juiz poderá, além de se valer da própria tradição jurídica de seu país, ser influenciado e até mesmo buscar o seu convencimento inspirado por interpretações ou entendimentos construídos em outros locais, que também lidam com as mesmas normas e os mesmos problemas de violação aos direitos fundamentais trabalhistas.

Partindo da concepção de que as tecnologias e as ferramentas eletrônicas, o intenso fluxo de informações e a facilitação das comunicações propiciadas pela globalização podem também contribuir para uma construção coletiva e abrangente de entendimentos em prol da efetividade dos direitos humanos e da eficácia das normas internacionais, o juiz se insere em uma nova realidade, participando de estruturas em rede, que são construídas para propiciar colaboração e influência recíproca entre os magistrados.

Como explica Manuel Castells, a informação representa o principal ingrediente de nossa atual organização social, e os fluxos de mensagens entre as redes constituem o encadeamento básico em todas as áreas de nossa estrutura social[458].

No contexto de uma nova ordem mundial, em que as relações internacionais não ocorrem mais apenas entre Estados soberanos, mas se dão em diversos níveis e entre diferentes atores, surgem redes globais de governança, capazes de influenciar nos processos de tomada de decisão e de implementação de direitos. Essas redes de cooperação não institucionais privilegiam a horizontalidade e a interdependência entre seus membros. Quando são compostas por juízes, que se relacionam internacionalmente de modo a cooperar uns com os outros, formam uma nova modalidade de aplicação globalizada do direito.

A cooperação judiciária internacional por meio das redes é, assim, um novo instrumento que privilegia as relações diretas e informais entre seus membros, de modo a reduzir exponencialmente os tempos burocráticos e a contribuir para a evolução positiva das práticas de cooperação judiciária. As redes podem ser utilizadas tanto para agilizar e facilitar a própria cooperação judiciária institucionalizada como também para contribuir na troca de informações sobre os respectivos sistemas jurídicos, além de possibilitar o estreitamento das relações entre seus membros.

José Eduardo de Resende Chaves Junior ressalta que, no mundo contemporâneo, desapareceu a figura do gênio solitário, segundo a qual o magistrado, isoladamente, e valendo-se apenas das próprias concepções e conclusões extraídas das fontes do direito, chegava ao resultado do caso submetido à sua apreciação. Em um mundo

---
(458) CASTELLS, Manuel. *A sociedade em rede*. 8. ed. São Paulo: Paz e Terra, 1999. p. 573.

globalizado e assoberbado pelo intenso fluxo de informações, com a facilitação das comunicações principalmente pela rede mundial de computadores (*internet*),

> ... ninguém pode competir com a velocidade e com a riqueza criativa dos fluxos de conhecimento que se irradiam pela rede. Ninguém, isoladamente, detém sequer o conhecimento disponível de uma única área do saber.
>
> [...]
>
> A sentença não é mais um sentimento isolado, fruto de uma racionalidade jurídica particular, de uma justiça individual. O sentimento contemporâneo de justiça é eminentemente coletivo, solidário e cooperativo. Esse sentimento, cristalizado na própria etimologia da sentença, ao invés de ser individual, é indivisível, comum e compartilhado em sua integralidade.[459]

Assim, a construção de redes internacionais de juízes contribui para superar os limites antigos da função jurisdicional e para, por meio do princípio da conexão, alterar o próprio processo de formação da convicção do juiz, que passa a ser mais cooperativo, coletivo e, nesse sentido, mais eficaz[460].

A importância da troca cultural e de experiências profissionais entre magistrados atuantes em redes internacionais também é ressaltada por Antonietta Carestia. Segundo a autora, a promoção de uma formação e qualificação técnica comum dos juízes que compõem as redes constitui um dos objetivos estratégicos para a realização das políticas de cooperação judiciária internacional institucionais[461].

Anne-Marie Slaughter registra que, cada vez mais, juízes de todo o mundo estão trocando decisões entre si por meio de conferências, organizações judiciais e pela rede mundial de computadores (Internet), tendo sido observado o aumento de citações destas decisões intercambiadas como fundamento de suas próprias decisões. Além disso, os juízes estão interagindo diretamente com colegas magistrados de cortes supranacionais ponderando sobre questões de abrangência mundial, como o comércio e os direitos humanos[462].

Analisando os diferentes efeitos que a participação em redes internacionais pode provocar na formação do convencimento dos juízes que as compõem, a autora verifica que a aprendizagem coletiva propiciada por essas estruturas pode tanto representar um incremento à realização da atividade jurisdicional, quando os entendimentos de juízes estrangeiros são vistos como fontes de informação e trazem novas perspectivas, auxiliando o magistrado a lidar com um caso sob um ponto de vista, como, de forma mais profunda, pode promover uma verdadeira convergência entre os entendimentos, dando início à formação de uma jurisprudência globalizada[463].

Assim, na construção de uma jurisprudência comum, que fortaleça e dê mais eficácia às normas internacionais que vedam qualquer forma de discriminação em razão do gênero, as redes de juízes podem contribuir para um movimento global que resista aos impactos da globalização econômica de violação aos direitos trabalhistas.

A estipulação de redes de juízes cria o que Paola Andrea Acosta Alvarado identifica como diálogo judicial. No âmbito interamericano, a autora aponta a existência de um profundo diálogo estabelecido entre magistrados nacionais e organismos de supervisão regionais, propiciando o surgimento de uma rede judicial, cuja centralidade está na aplicação das normas protetivas dos direitos humanos[464].

O crescente uso da jurisprudência estrangeira ou internacional por parte dos juízes nacionais para justificar ou reforçar suas decisões seria, assim, nítido exemplo do fenômeno do diálogo judicial[465]. Mas, para além da mera citação de julgados proferidos por outros magistrados, o diálogo judicial se trata de um tipo particular de

---

(459) CHAVES JÚNIOR, José Eduardo de Resende. *El juez y la conectividad — el nuevo principio de la conexión del proceso judicial*. Disponível em: <http://www.redlaj.net/new/images/stories/juezylaconectiv.pdf>. Acesso em: 6 ago. 2015. p. 2.
(460) CHAVES JÚNIOR, José Eduardo de Resende. *El juez y la conectividad — el nuevo principio de la conexión del proceso judicial*. Disponível em: <http://www.redlaj.net/new/images/stories/juezylaconectiv.pdf>. Acesso em: 6 ago. 2015. p. 3.
(461) CARESTIA, Antonietta. *La rete giudiziaria europea in materia civile e commerciale*. In: AMBROSI, Irene; SACARANO, Luigi A. (a cura di). Diritto civile comunitario e cooperazione giudiziaria civile. Milano: Giuffrè Editore, 2005. p. 55.
(462) SLAUGHTER, Anne-Marie. *A New World Order*. Princeton: Princeton University Press, 2004. p. 3.
(463) SLAUGHTER, Anne-Marie. *A New World Order*. Princeton: Princeton University Press, 2004. p. 77-78.
(464) ALVARADO, Paola Andrea Acosta. *Diálogo judicial y constitucionalismo multinivel*: El caso interamericano. Bogotá: Universidad Externado de Colombia, 2014. p. 59.
(465) ALVARADO, Paola Andrea Acosta. *Diálogo judicial y constitucionalismo multinivel*: El caso interamericano. Bogotá: Universidad Externado de Colombia, 2014. p. 95.

comunicação transjudicial que implica a existência de um marco normativo comum, objetivos comuns a serem alcançados e a plena convicção dos interlocutores de que fazem parte de uma empreitada mútua[466].

Com efeito, as redes de juízes não propiciam apenas a mera referência ao trabalho dos juízes de outras partes do globo, indo além do exercício do direito comparado. O uso mútuo da jurisprudência nesse diálogo judicial reforça a natureza complementar dos ordenamentos e das normas internacionais, ajudando a formar um discurso comum que fortaleça a vigência dos direitos humanos e assegure sua universalidade e efetividade[467].

As redes internacionais de juízes podem se organizar de maneira mais ou menos formalizada. Isto é, podem ser identificadas redes de juízes instituídas como organismos institucionais, previstas em diplomas normativos internacionais firmados por Estados soberanos. Essas redes podem estar ao lado de outras que não dispõem de nenhum aparato ou documento que formalize a sua existência, que se baseia nas relações informais entre seus membros. Tal dado não dá menos força às redes estruturadas de maneira mais informal, pois o seu funcionamento se estrutura em relações de confiança mútua, padrões de comportamento comuns e práticas de trabalho e na própria reputação de seus membros[468], que podem ser até mesmo mais efetivos que os casos de redes formalizadas que possuem mera previsão abstrata sem real implementação.

Serão examinadas as principais redes internacionais de juízes que atuam na Itália e no Brasil, descrevendo sua criação, composição, forma de funcionamento e as possibilidades criadas por essas redes para a construção coletiva de mecanismos aptos a contribuir para a construção de uma globalização equitativa, pautada no respeito aos direitos humanos como forma de resistência necessária à desconstrução dos direitos trabalhistas.

6.1. A REDE JUDICIÁRIA EUROPEIA — EJN

A primeira rede internacional de juízes que merece ser destacada é, na realidade, uma mistura entre as formas institucionalizadas de cooperação judiciária internacional e as estruturas em rede. Estabelecida na União Europeia desde o final do século passado, inicialmente para tratar de questões de combate ao crime organizado transnacional, para depois se estender para o âmbito civil, essa rede é um mecanismo instituído dentro da própria União Europeia para, de forma reticular e horizontal, facilitar a cooperação judiciária institucional entre os Estados membros do bloco regional.

A criação da Rede Judiciária Europeia (European Judicial Network — EJN) advém da concepção de que o estabelecimento gradual de um genuíno espaço de justiça na Europa implica a necessidade de melhorar, simplificar e acelerar uma efetiva cooperação judicial entre os Estados membros em matérias civis e comerciais. Além disso, percebeu-se a necessidade de conferir mais homogeneidade aos procedimentos, no sentido de tornar mais efetivos os mecanismos institucionais de cooperação europeus.

Primeiramente, foi criada a Rede Judiciária Europeia em matéria penal, para combater de forma mais efetiva o crime organizado transnacional. Posteriormente, foi instituída a Rede Judiciária Europeia em matéria civil e comercial.

A Rede Judiciária Europeia em matéria penal tem como objetivo melhorar a cooperação judiciária entre os Estados membros da União Europeia, a nível jurídico e prático, com a finalidade de combater a grande criminalidade, em particular a criminalidade organizada, a corrupção, o tráfico de drogas e o terrorismo.

A partir da edição da Recomendação n. 21 do Conselho da União Europeia, que lançou o Plano de Ação para o combate ao crime organizado, em 28 de abril de 1997, a Rede Judiciária Europeia em matéria penal foi criada pela Ação Conjunta n. 98/428 de 29 de junho de 1998, estabelecendo uma rede de pontos de contato nacionais para facilitar a cooperação judiciária em matéria criminal, aproveitando o quadro de magistrados de ligação já instituído por meio da Ação Conjunta n. 96/277, de 26 de abril de 1996[469].

---

(466) ALVARADO, Paola Andrea Acosta. *Diálogo judicial y constitucionalismo multinivel*: El caso interamericano. Bogotá: Universidad Externado de Colombia, 2014. p. 97.
(467) ALVARADO, Paola Andrea Acosta. *Diálogo judicial y constitucionalismo multinivel*: El caso interamericano. Bogotá: Universidad Externado de Colombia, 2014. p. 99.
(468) VISSER, Maartje de. *Network-based governance in EC law*: the example of EC competition and EC communications law. Oregon: Oxford and Porland, 2009. p. 28.
(469) CARESTIA, Antonietta. La rete giudiziaria europea in materia civile e commerciale. In: AMBROSI, Irene; SACARANO, Luigi A. (a cura di). *Diritto civile comunitario e cooperazione giudiziaria civile*. Milano: Giuffrè Editore, 2005. p. 39.

Os magistrados de ligação (também conhecidos como magistrados de enlace), como explica Antonietta Carestia, são designados a operar no Estado de destino, perante a administração do Poder Judiciário, e possuem a função de facilitar e acelerar todas as formas de cooperação judiciária internacional, por meio de várias atividades, principalmente pelo contato direto com os serviços competentes e com as autoridades judiciárias do Estado de destino. Além disso, auxiliam a facilitar o conhecimento recíproco dos sistemas jurídicos e dos bancos de dados jurídicos, bem como as relações entre as profissões jurídicas dos respectivos países[470].

Os magistrados de ligação funcionam como verdadeira rede internacional de juízes, promovendo o estreitamento das relações entre os profissionais que a compõem. Por sua vez, os pontos de contato nacionais indicados para participar da Rede Judiciária Europeia podem ser tanto as autoridades centrais dos Estados ou os referidos magistrados de ligação, como também outras autoridades judiciárias ou administrativas, que possam fazer o papel institucional requerido pela estrutura da EJN.

A EJN em matéria penal foi oficialmente inaugurada em 25 de setembro de 1998 pelo Ministro Austríaco da Justiça que atuava como Presidente do Conselho da União Europeia. A EJN em matéria penal foi o primeiro mecanismo prático estruturado para a cooperação judiciária a se tornar verdadeiramente operacional.

A partir de 24 de dezembro de 2008, a Decisão do Conselho n. 2008/976 entrou em vigor atribuindo uma nova base legal para a rede, o que reforçou seu *status* jurídico, enquanto manteve o espírito de 1998.

A EJN em matéria penal individualiza nos Estados membros pessoas competentes que desenvolvam um papel fundamental, do ponto de vista prático, no setor da cooperação judiciária, com a finalidade de criar uma rede de especialistas para assegurar a correta execução dos requerimentos de cooperação. A rede desenvolve um papel particularmente importante no contexto da aplicação do princípio dos contatos diretos entre as autoridades judiciárias competentes, se articulando de forma descentralizada, flexível e horizontal.

Antonietta Carestia afirma que os pontos de contato também constituem uma verdadeira rede, que colocam em circulação conhecimentos e boas práticas, difundindo informações entre os Estados membros. Facilitam a cooperação judiciária internacional entre os Estados de forma sinérgica e dinâmica, segundo critérios de eficiência e efetividade, utilizando canais informais e formas de comunicação direta[471].

A Rede Judiciária Europeia em material penal é, portanto, composta por pontos de contato nos Estados membros, bem como da Comissão Europeia e de um secretariado, com sede em Haia.

Os pontos de contato nacionais são designados pelos Estados membros entre as autoridades centrais responsáveis pela cooperação judiciária internacional, autoridades judiciárias e outras autoridades competentes com responsabilidades específicas, tanto em geral, como para certas formas graves de criminalidade, como o crime organizado, corrupção, tráfico de drogas e terrorismo.

A indicação de pontos de contatos ocorre de acordo com as regras constitucionais, tradições legais e estruturas internas de cada país. A única condição é que ofereça cobertura efetiva contra todas as formas de criminalidade em todo o país. O resultado é a existência de mais de 350 pontos de contato nacionais entre os 28 Estados membros[472].

Dentre os pontos de contato, cada Estado membro deve designar um correspondente nacional. Um correspondente operacional também deve ser designado para lidar com questões relacionadas com as ferramentas eletrônicas da EJN.

A Rede Judiciária Europeia para matérias penais funciona através desses pontos de contato, que atuam como intermediários ativos para facilitar os requerimentos de cooperação judiciária, fornecem informações sobre as leis aplicáveis em cada Estado membro e sobre as práticas adotadas em cada sistema jurídico, e pretendem contribuir para a criação de uma cultura de cooperação judiciária no seio da União Europeia, além de estabelecer contatos com outras redes judiciárias e outros países.

---

(470) CARESTIA, Antonietta. La rete giudiziaria europea in materia civile e commerciale. In: AMBROSI, Irene; SACARANO, Luigi A. (a cura di). *Diritto civile comunitario e cooperazione giudiziaria civile*. Milano: Giuffrè Editore, 2005. p. 39.
(471) CARESTIA, Antonietta. La rete giudiziaria europea in materia civile e commerciale. In: AMBROSI, Irene; SACARANO, Luigi A. (a cura di). *Diritto civile comunitario e cooperazione giudiziaria civile*. Milano: Giuffrè Editore, 2005. p. 40.
(472) EUROPEAN JUDICIAL NETWORK IN CRIMINAL MATTERS. *About EJN*. Disponível em: <http://www.ejn-crimjust.europa.eu/ejn/EJN_StaticPage.aspx?Bread=2>. Acesso em: 06 set. 2015.

Para atuar na facilitação dos requerimentos de cooperação judiciária, os pontos de contato identificam e estabelecem a comunicação entre as autoridades requerentes e as autoridades locais competentes para tomarem as medidas solicitadas. Além disso, prestam informações sobre os sistemas jurídicos em que se encontram, mediam a solução de dificuldades burocráticas e atrasos na tramitação das solicitações e aconselham os requerentes sobre a abordagem adequada para obter a cooperação em casos complexos.

A Rede Judiciária Europeia também fornece uma rede de telecomunicações segura para a tramitação dos requerimentos, por meio da implementação de ferramentas eletrônicas de comunicações e difusão de informações.

Além de facilitar os procedimentos relativos à cooperação judiciária institucionalizada, a Rede Judiciária Europeia também atua em outras frentes, mais flexíveis e dinâmicas. Promove regularmente encontros de formação sobre cooperação judiciária, além dos encontros regulares dos membros da rede para aumentar sua confiança mútua, incrementar a difusão de conhecimento sobre os diferentes sistemas jurídicos europeus, trocar experiências e boas práticas e conhecer os demais pontos de contato dos outros países, aumentando os laços de confiança e reconhecimento recíproco.

Paralelamente à EJN em matéria penal, foi criada, em 2002, a EUROJUST (European Union's Judicial Cooperation Unit), que consiste em uma agência da União Europeia instituída para estimular e incrementar a cooperação judiciária entre autoridades competentes dos Estados Europeus, ao tratar questões de crimes transnacionais[473].

A EUROJUST tem atividades relacionadas, principalmente, com a cooperação entre autoridades competentes dos Estados membros da União Europeia, podendo atuar tanto na facilitação da cooperação judiciária internacional, como auxiliando na resolução de conflitos de jurisdição entre Estados europeus e coordenando investigações e ações conjuntas de persecução criminal. No mais, também pode organizar e apoiar encontros de coordenação de ações entre autoridades policiais e judiciárias de diferentes países e criar equipes conjuntas de investigação.

A estrutura institucional da EJN em matéria penal e da EUROJUST é interligada, de forma que o requerimento de cooperação judiciária em questões criminais pode ser encaminhado para qualquer uma das instituições, que irão identificar qual delas é mais adequada para dar prosseguimento ao pedido, potencializando a atuação desses mecanismos para a maior efetividade no combate à criminalidade transnacional[474].

Para além da cooperação em matéria penal, em 1999, o Conselho da Europa, reunido na Finlândia, estabeleceu objetivos para o acesso à justiça e cooperação judiciária, tendo criado, pela Decisão n. 2001/470, de 28 de maio de 2001, a Rede Judiciária Europeia em matéria civil e comercial, com o objetivo de fornecer valioso acesso à justiça para pessoas envolvidas em litígios transfronteiriços. A Decisão entrou em vigor em 1º de dezembro de 2002.

Registra Antonietta Carestia que a instituição da EJN em matéria civil e comercial por meio de uma Decisão confirma a importância dada a esse instrumento de cooperação, já que a Decisão consiste em um ato comunitário, obrigatório em todos os seus elementos para os destinatários nele assinalados[475].

As atividades da rede são projetadas com a intenção de promover procedimentos operacionais mais suaves onde os impactos dos processos judiciais atravessam fronteiras, bem como facilitar os requerimentos de cooperação judiciária institucional entre Estados membros, em particular onde não forem aplicáveis instrumentos comunitários ou internacionais.

Em outras palavras, a rede facilita a condução de casos que possuam conexões transnacionais, para simplificar requerimentos formais de cooperação judiciária entre Estados membros (por exemplo, para fornecer assistência em solicitações de documentos ou na obtenção de prova), e para garantir que a legislação comunitária e os tratados existentes entre Estados membros estão sendo adequadamente aplicados na prática.

Salvatore Patti afirma que a Rede Judiciária Europeia em matéria civil e comercial representa um instrumento de informação e conhecimento que, graças às possibilidades oferecidas pelas tecnologias modernas, contribui

---

(473) UNIÃO EUROPEIA. *EUROJUST — European Union's Judicial Cooperation Unit*. Disponível em: <http://www.eurojust.europa.eu/Pages/home.aspx>. Acesso em: 12 set. 2015.

(474) Conforme informações fornecidas pelas instituições no folheto explicativo *Assistance in International Cooperation in Criminal Matters for Practitioners: European Judicial Network and EUROJUST — What can we do for you?* (Disponível em: <http://www.ejn-crimjust.europa.eu/ejnupload/News/Paper%20on%20judicial%20coopereation%20in%20criminal%20matters_EJN_EJ.pdf>. Acesso em: 6 set. 2015).

(475) CARESTIA, Antonietta. La rete giudiziaria europea in materia civile e commerciale. In: AMBROSI, Irene; SACARANO, Luigi A. (a cura di). *Diritto civile comunitario e cooperazione giudiziaria civile*. Milano: Giuffrè Editore, 2005. p. 43.

para tornar mais eficaz a cooperação judiciária necessária para a livre circulação de pessoas no âmbito europeu, representando um pressuposto para a eliminação de obstáculos a uma efetiva possibilidade de acesso à justiça[476].

A EJN em matéria civil e comercial também é composta por pontos de contato designados pelos Estados membros. Podem ser indicados como pontos de contato as autoridades centrais e outros organismos e autoridades especificadas nos regulamentos comunitários, nos tratados internacionais em que os Estados membros são parte, ou em legislações domésticas relacionadas com a cooperação judiciária em matéria civil e comercial. Além disso, são considerados pontos de contato os magistrados de ligação previstos pela Ação Conjunta n. 96/277 que tenham atribuições no campo civil, bem como outras autoridades civis ou administrativas responsáveis pela cooperação judiciária, cuja participação seja considerada oportuna pelo Estado membro.

O número de pontos de contato indicados por cada Estado membro é limitado, como assinalado por Antonietta Carestia, que registra que o número máximo sugerido pela Comissão é o de quatro pessoas por cada Estado, para evitar problemas de comunicação e coordenação internos já identificados no funcionamento da EJN em matéria penal[477].

De acordo com o portal eletrônico da EJN, em 30 de setembro de 2009, a rede já era composta de aproximadamente 418 membros, divididos nas categorias mencionadas. Aproximadamente 83 pontos de contato haviam sido indicados pelos Estados membros[478].

Na Itália, em 2004, haviam sido indicados dois pontos de contato: o primeiro, que detém as funções de coordenação, atua perante o Departamento de Justiça do Ministério da Justiça, e o segundo atua perante a Procuradoria Geral da Corte de Cassação. Contatos diretos e reuniões periódicas asseguram ampla colaboração entre eles, repartindo internamente suas atribuições, como relata Antonietta Carestia[479].

Os pontos de contato de cada Estado membro exercem um papel crucial na rede. São colocados à disposição de outros pontos de contato e das autoridades judiciais locais no seu Estado, além de estarem disponíveis para as demais autoridades especificadas nos diplomas comunitários ou internacionais relacionados à cooperação judiciária em matéria civil e comercial. Esses pontos de contato prestam assistência a essas autoridades de todas as maneiras possíveis, e se comunicam regularmente com os pontos de contato de outros Estados membros.

A instituição da rede em matéria civil e comercial responde a uma dúplice finalidade. Além de acelerar, simplificar e melhorar os mecanismos institucionais de cooperação judiciária internacional entre os Estados membros, de forma a tornar real um efetivo acesso à justiça para a solução de controvérsias com elementos transnacionais, a EJN é responsável por construir um amplo sistema de troca de informações sobre as ordens jurídicas de seus membros, acessível ao público.

É interessante notar que em cada Estado membro da União Europeia, os pontos de contato e as autoridades especificadas nos instrumentos comunitários ou internacionais relativos à cooperação judiciária em matéria civil e comercial se encontram regularmente, com o intuito de trocar conhecimento e informações.

Sobre a atividade de instituição desse sistema de troca de informações acessível ao público, Antonietta Carestia destaca que o conhecimento dos sistemas jurídicos e das organizações judiciárias dos vários países da União Europeia é uma pré-condição para a realização da tutela efetiva dos direitos dos cidadãos europeus. Segundo a autora, o banco de dados instituído para consulta pela rede mundial de computadores reúne informações sobre os instrumentos comunitários vigentes no campo da cooperação judiciária internacional, as convenções internacionais ratificadas pelos Estados membros, as decisões proferidas pela Corte de Justiça Europeia, além de contribuições dos pontos de contato sobre diversos temas:

> a) sobre princípios do sistema judiciário e do ordenamento judiciário dos Estados membros; b) sobre as modalidades de acesso à justiça; c) sobre as condições para requerer assistência judiciária; d) sobre as normas nacionais na matéria de notificações de atos e de execução de sentenças emitidas por outro Estado

---

(476) PATTI, Salvatore. Introduzione. In: AMBROSI, Irene; SACARANO, Luigi A. (a cura di). *Diritto civile comunitario e cooperazione giudiziaria civile*. Milano: Giuffrè Editore, 2005. p. 3.
(477) CARESTIA, Antonietta. La rete giudiziaria europea in materia civile e commerciale. In: AMBROSI, Irene; SACARANO, Luigi A. (a cura di). *Diritto civile comunitario e cooperazione giudiziaria civile*. Milano: Giuffrè Editore, 2005. p. 44.
(478) EUROPEAN JUDICIAL NETWORK IN CIVIL AND COMMERCIAL MATTERS. *About the European Judicial Network*. Disponível em: <http://ec.europa.eu/civiljustice/network/network_en.htm>. Acesso em: 06 set. 2015.
(479) CARESTIA, Antonietta. La rete giudiziaria europea in materia civile e commerciale. In: AMBROSI, Irene; SACARANO, Luigi A. (a cura di). *Diritto civile comunitario e cooperazione giudiziaria civile*. Milano: Giuffrè Editore, 2005. p. 51.

membro; e) sobre as condições para obter medidas conservativas; f) sobre medidas alternativas de resolução de conflitos; g) sobre a organização e o funcionamento das profissões jurídicas.[480]

A atividade do fornecimento de informações sobre a cooperação judiciária internacional entre os Estados membros da União Europeia, por si só, já pode contribuir para agilizar os requerimentos de cooperação institucionais, e para superar as dificuldades práticas nesses procedimentos. Ademais, a elaboração de guias práticos e formulários que facilitam a difusão de informações sobre as possibilidades existentes de cooperação e sobre as diferentes ordens jurídicas permite aos cidadãos uma maior consciência de seus direitos e possibilidades no espaço europeu.

A Rede Judiciária Europeia em matéria civil e comercial também prevê a realização de jornadas de estudos e de encontros entre seus membros, bem como a promoção de congressos e conferências locais, promovidos pelos pontos de contato, sobre temas relativos ao poder judiciário, visitas guiadas a Tribunais e outros tipos de encontros com outros operadores do Direito.

A partir da nova Decisão do Parlamento Europeu e do Conselho da Europa, de 18 de junho de 2009, n. 568/2009, emendando a Decisão do Conselho n. 2001/470, em vigor a partir de 1º de janeiro de 2001, uma nova perspectiva foi dada para a Rede Judiciária Europeia em matéria civil e comercial.

A nova decisão pretende melhorar as condições de funcionamento da rede nos Estados membros por meio dos pontos de contato nacionais, e irá reforçar os seus papéis, tanto no âmbito da rede, como em relação aos juízes e outros profissionais do Direito.

Um dos principais resultados da reforma na EJN é a nova garantia de acesso de outros profissionais do direito às atividades da rede. As associações profissionais representantes de aplicadores do Direito em nível nacional, diretamente envolvidas com a aplicação de instrumentos comunitários ou internacionais relativos à cooperação judiciária em matéria civil e comercial poderão se tornar membros da rede, e os pontos de contato deverão estabelecer a comunicação apropriada com esses corpos profissionais.

Em particular, essas interações poderão incluir troca de experiência e informações relativas à efetividade e aplicação prática dos instrumentos e Convenções da Comunidade Europeia, colaboração com a preparação e atualização das informações disponibilizadas pelo portal eletrônico (*website*) da EJN e a participação em relevantes encontros promovidos pela EJN (notadamente o encontro anual dos membros da EJN)

No que se refere ao monitoramento da aplicação dos instrumentos internacionais e comunitários, prevista como finalidade específica da rede pela Decisão que a instituiu, registra Antonietta Carestia que a EJN em matéria civil e comercial se tornou um fórum permanente de discussão de dificuldades e desafios assinalados pelos pontos de contato, de modo a promover uma troca de experiências e de boas práticas entre os profissionais, na tentativa de contribuir para sua superação. No mais, podem oferecer materiais e reflexões para a Comissão Europeia e para o Conselho Europeu, propondo modificações necessárias nos instrumentos atualmente em vigor[481].

Nesse ponto, a Rede Judiciária Europeia atua no sentido de melhorar a observância dos instrumentos normativos internacionais e comunitários. Note-se que se trata de uma tarefa mais de gerenciamento que de aplicação forçada das normas internacionais, pois a rede atua no sentido de incentivar e oferecer assistência para seus membros, dando, inclusive, um suporte moral de pertencimento a uma empreitada comum[482]. Esse ponto é de extrema relevância para a construção de uma prática jurisdicional convergente, em todo o globo, para o aumento da efetividade dos direitos humanos assegurados universalmente. A EJN funciona, portanto, de forma a auxiliar os membros a se capacitarem a construir uma maior observância das obrigações internacionais assumidas pelos respectivos Estados.

6.2. A REDE IBEROAMERICANA DE COOPERAÇÃO JURÍDICA INTERNACIONAL — IBERRED

A Rede Iberoamericana de Cooperação Jurídica Internacional (IberRed) é uma estrutura formada por autoridades centrais e por pontos de contato procedentes dos Ministérios da Justiça, Ministérios Públicos e Poderes Judi-

---

(480) CARESTIA, Antonietta. La rete giudiziaria europea in materia civile e commerciale. In: AMBROSI, Irene; SACARANO, Luigi A. (a cura di). *Diritto civile comunitario e cooperazione giudiziaria civile*. Milano: Giuffrè Editore, 2005. p. 45.
(481) CARESTIA, Antonietta. La rete giudiziaria europea in materia civile e commerciale. In: AMBROSI, Irene; SACARANO, Luigi A. (a cura di). *Diritto civile comunitario e cooperazione giudiziaria civile*. Milano: Giuffrè Editore, 2005. p. 49.
(482) SLAUGHTER, Anne-Marie. *A New World Order*. Princeton: Princeton University Press, 2004. p. 184.

ciais dos 22 países que compõem a Comunidade Iberoamericana de Nações, assim como pelo Tribunal Supremo de Porto Rico. Beneficia a mais de 500 milhões de cidadãos e tem como línguas oficiais o espanhol e o português[483].

Essa rede internacional de juízes congrega o objetivo de facilitação das formas institucionalizadas de cooperação judiciária internacional com outras possibilidades trazidas pelas redes de juízes para acentuar o papel dos magistrados na garantia de maior eficácia das normas internacionais.

A IberRed foi criada em reunião ocorrida entre os dias 27 e 29 de outubro de 2004, onde pela primeira vez se reuniram em um foro completamente Iberoamericano representantes das três autoridades com competência em matéria de cooperação judiciária: a Conferência de Ministros de Justiça dos países Iberoamericanos (COMJIB), a Cúpula Judicial Iberoamericana (CJI) e a Associação Iberoamericana de Ministérios Públicos (AIAMP).

A rede está orientada para a otimização dos instrumentos de assistência judicial civil e penal, e para reforçar os laços de cooperação entre os países que a compõem. Constitui um passo fundamental para a conformação de um espaço judicial iberoamericano, entendido como um cenário específico onde a atividade de cooperação jurídica seja objeto de mecanismos reforçados, dinâmicas e instrumentos de simplificação e agilização na consecução de uma tutela judicial efetiva.

A criação da IberRed buscou aproveitar a sinergia derivada da integração de todos os atores envolvidos na cooperação judiciária internacional, bem como as vantagens que apresenta um âmbito como o iberoamericano, que possui duas línguas e uma tradição comum, com os objetivos de melhorar os mecanismos já existentes, reforçar as relações de cooperação entre os diversos países que a compõe, e avançar na realização de uma justiça mais ágil, eficaz e acessível para o cidadão, em geral, e para os operadores jurídicos e judiciais, em particular.

A IberRed possui uma secretaria geral e permanente, cujas funções são desempenhadas pela secretaria geral da Conferência dos Ministros de Justiça dos Países Iberoamericanos (COMJIB), com sede em Madrid.

São membros da IberRed os pontos de contato, as autoridades centrais e qualquer outra autoridade judicial ou administrativa com responsabilidade na cooperação judiciária em âmbito penal ou civil cuja participação na rede seja considerada conveniente pelos Estados membros.

Os pontos de contato são pessoas designadas pelos Ministros da Justiça, os Ministérios Públicos ou os Organismos Judiciais dos países iberoamericanos. Estas podem ser juízes, promotores, procuradores ou funcionários dos Ministérios da Justiça, e são quem tornam efetivas as ações operativas da rede.

As autoridades centrais são os órgãos estabelecidos em instrumentos de Direito Internacional dos quais os Estados iberoamericano façam parte ou em normas de direito interno relativas à cooperação judiciária em matéria penal e civil.

A IberRed trabalha de forma coordenada com a Conferência dos Ministros de Justiça dos Países Iberoamericanos (COMJIB), fazendo parte desse organismo, de forma que toda ação de cooperação judiciária internacional que for promovida no âmbito da IberRed será trabalhada de modo conjunto pela COMJIB.

De acordo com o portal eletrônico da IberRed, seus objetivos são otimizar a cooperação judiciária em matéria penal e civil entre os países iberoamericano, contribuindo para a boa tramitação dos procedimentos que tenham efeitos transfronteiriços e para a agilização das solicitações de cooperação judiciária, bem como contribuir para melhoria da aplicação efetiva e prática dos tratados de cooperação em vigor entre os Estados iberoamericanos. Além disso, estabelecer e manter atualizado um sistema de informação sobre os diferentes sistemas legais da Comunidade Iberoamericana de Nações.

Os pontos de contato possuem uma atuação dinâmica, proporcionando às autoridades judiciais de seu próprio país que solicitem aos demais pontos de contato dos outros Estados membros a informação necessária para uma cooperação judiciária mais eficaz e ágil, a identificação da autoridade judicial ou fiscal encarregada de cumprir as solicitações de cooperação judiciária, a facilitação de contato, a solução prática das dificuldades que podem se apresentar no trâmite dos requerimentos e a coordenação do exame das solicitações de cooperação judiciária nos Estados.

As autoridades centrais atuam no âmbito de processos transnacionais, onde a IberRed fornece apoio para melhorar a coordenação entre elas, de forma a atingir maior eficácia em sua atuação. As autoridades centrais na IberRed trabalham nas áreas de extradição e assistência penal mútua, busca e apreensão de menores, transferência

---

(483) IBERRED. *Red Iberoamericana de Cooperación Jurídica Internacional*. Disponível em: <https://www.iberred.org/>. Acesso em: 6 set. 2015.

de pessoas condenadas, cumprimento da Convenção das Nações Unidas contra a criminalidade organizada transnacional e Convenção das Nações Unidas contra a corrupção.

Os membros da IberRed atuam com as características de informalidade, complementaridade, horizontalidade, flexibilidade e confiança mútua.

Informalidade, no sentido de que as atividades realizadas por seus membros não se destinam a ser incorporadas nos processos judiciais, mas sim a agilizar, ampliar informações ou solucionar problemas em procedimentos que devem ter suas próprias vias de execução. Isto é, não substituem a cooperação judiciária institucionalizada e formal, mas atuam para facilitá-la.

A complementaridade representa a noção que a atividade da IberRed não substitui a das autoridades competentes, mas é complementar a esta. Não há qualquer alteração de competências nas autoridades designadas em cada país para a realização das medidas de cooperação solicitadas.

A característica da horizontalidade demonstra que a rede funciona sem hierarquia. Há um coordenador de cada uma das três instituições em cada país, com a função apenas de coordenar, no plano operacional, os pontos de contato nacionais com o intuito de promover uma cooperação judiciária mais eficaz, sem superposições entre os atores da cooperação. A coordenação se estende para aspectos não operacionais dos pontos de contato, e sua relação com a secretaria geral, a fim de otimizar as relações entre todos eles.

A IberRed apresenta flexibilidade, pois se adapta às características de cada sistema jurídico. Cada Estado pode organizar seus compromissos em atenção às características de seus juízes, promotores e funcionários que, por suas responsabilidades e conhecimentos, estejam em condição de melhor realizar as funções que são exigidas dos pontos de contato.

Por fim, releva salientar a confiança mútua. A IberRed, como as outras redes internacionais, se sustenta na confiança entre seus membros, gerada pelo conhecimento pessoal de seus integrantes, favorecendo os contatos diretos entre os juízes, promotores e demais membros de diversos países envolvidos em um mesmo procedimento. A comunicação pode se dar tanto pelas vias convencionais, como por intermédio de um canal de comunicação seguro gerado na *intranet* do portal eletrônico da IberRed.

A IberRed desenvolveu um sistema de comunicação virtual seguro, em sua página eletrônica, a qual possui uma área de acesso público e outra de acesso privado, denominada Iber@. Essa ferramenta eletrônica está à disposição de todos os pontos de contato e de outras redes ou atores da cooperação jurídica internacional, como a EUROJUST, a Secretaria Geral da INTERPOL e a Rede Iberoamericana de Promotores Especializados contra o Tráfico de Seres Humanos.

A ferramenta Iber@ se destaca por sua segurança, facilidade de utilização e acessibilidade, sendo assegurada a confidencialidade nos sistemas de comunicação. Representa uma plataforma em que as consultas e informações entre os usuários são trocadas por correio eletrônico, permitindo comunicação em tempo real pela rede mundial de computadores.

Esse é um exemplo interessante de como as novas tecnologias e as facilidades na comunicação advindas da globalização podem e devem ser utilizadas para a construção de um movimento, por parte dos juízes, de uma globalização equitativa, tendente a efetivação dos direitos humanos.

6.3. A REDE LATINO-AMERICANA DE JUÍZES — REDLAJ

A Rede Latino-americana de Juízes (REDLAJ) foi criada em 24 de novembro de 2006[484], em Barcelona, Espanha, sob a forma de um "organismo internacional de direito privado, sem fins lucrativos"[485].

A REDLAJ vem promovendo anualmente congressos de cooperação judicial e outros eventos relativos a temas específicos ligados a tecnologia, reforma judicial, família, incapacidade etc. Segundo informações contidas em seu portal eletrônico, a rede tem como objetivo "defender e representar interesses e prerrogativas perante as

---

(484) O atual Conselho Diretor da REDLAJ é composto por magistrados dos seguintes países: Argentina, Chile, Brasil, Paraguai, México, Equador, Colômbia, Peru e Honduras. Disponível em: <http://www.redlaj.net/new/index.php/institucional/junta-directiva.html>. Acesso em: 26 maio 2014.

(485) REDLAJ — Rede Latino-americana de Juízes. Disponível em: <http://www.redlaj.net/new/index.php/institucional/quienes-somos.html>. Acesso em: 26 maio 2014.

autoridades e entidades nacionais e internacionais, pugnando pelo crescente prestígio da atividade judicial, pela efetividade do Direito e pela integração dos países latino-americanos"[486].

Os objetivos da rede são defender e representar interesses e prerrogativas perante as autoridades e entidades nacionais e internacionais, buscando o crescente prestígio da atividade judicial, da efetividade do direito e da integração dos países latino-americanos.

Atualmente, a REDLAJ é formada por magistrados representantes de 18 países da América do Sul, América Central, Caribe, México e membros honorários da Suprema Corte da Espanha.

Podem se associar juízes latino-americanos que exercem ou exerceram a magistratura em países latinoamericanos, participantes de qualquer edição do Curso Aula Iberoamericana promovido pelo Conselho Geral do Poder Judiciário da Espanha, e as associações, instituições e órgãos de países Iberoamericanos cujas finalidades e objetivos sejam convergentes com os da REDLAJ.

Como visto, a REDLAJ não cuida das relações institucionalizadas de cooperação, mas parte da compreensão de que as relações estabelecidas entre magistrados de diferentes realidades pode contribuir para a construção da efetividade do direito nos países em que atuam.

Nos encontros, cursos e congressos promovidos, os membros dessa rede, em contato com os colegas provenientes de outras localidades, acabam trocando experiências e relatos que propiciam influências recíprocas. Ao compartilharem pontos de vista, entendimentos e suas compreensões acerca das normas de proteção de direitos humanos, acabam promovendo uma convergência, ou dando ensejo ao que Anne-Marie Slaughter denomina "divergência informada".

O fato de conhecerem como uma mesma norma é interpretada e aplicada em outras localidades não significa, automaticamente, que haverá a concordância e a assimilação entre os juízes participantes das redes. Entretanto, quando o juiz, ao tomar conhecimento das diferentes formas de entender o alcance de uma determinada norma, opta por não fazê-lo, fortalece seu próprio entendimento acerca das singularidades de suas tradições nacionais, de forma que a manutenção da divergência nos entendimentos não ocorre mais ao acaso, mas de forma deliberada e ponderada[487]. De acordo com Paola Andrea Acosta Alvarado, o diálogo judicial não implica apenas acordo ou harmonização na interpretação das normas, podendo também levar ao dissenso[488].

No tema do combate contra a discriminação nas relações de trabalho em razão do gênero, os mesmos dispositivos de tratados internacionais podem ser entendidos de forma diferente, a depender das circunstâncias culturais de cada Estado. O multiculturalismo e o respeito às diferenças entre os povos são, portanto, fundamentos para a existência de divergências informadas, o que não prejudica a riqueza da troca de experiências entre os magistrados de diferentes tradições sociais e culturais.

A REDLAJ é um exemplo, portanto, de como uma rede internacional de juízes pode contribuir para que a interpretação e a aplicação do direito sejam construídas de forma horizontal e progressiva, através da troca de experiências de magistrados que, influenciando-se reciprocamente, aprimoram o exercício de sua função jurisdicional.

6.4. OUTROS TIPOS DE REDES DE JUÍZES

Pela análise das mencionadas redes, escolhidas pela expressividade de sua atuação na Itália e no Brasil, é possível concluir que as redes de juízes podem se organizar de diferentes formas, algumas mais estruturadas, outras mais informais, com diferentes objetivos e propostas de atuação. São essenciais para sua caracterização a horizontalidade, a espontaneidade na transmissão de informações, a convergência de objetivos e a interatividade na utilização das tecnologias virtuais e eletrônicas.

É possível verificar que estão sendo instituídas por todo o mundo várias redes internacionais de juízes, compostas de maneira mais ou menos institucionalizada, com abrangências regionais ou com atuação em relação a um aspecto específico de cooperação internacional entre magistrados, o que evidencia a tendência crescente de articulação dos juízes para além dos limites de suas respectivas jurisdições.

---

(486) REDLAJ, — Rede Latino-americana de Juízes. Disponível em: <http://www.redlaj.net/new/index.php/institucional/quienes-somos.html>. Acesso em: 26 maio 2014.
(487) SLAUGHTER, Anne-Marie. *A New World Order*. Princeton: Princeton University Press, 2004. p. 181-182.
(488) ALVARADO, Paola Andrea Acosta. *Diálogo judicial y constitucionalismo multinivel*: El caso interamericano. Bogotá: Universidad Externado de Colombia, 2014. p. 115.

Um exemplo é a Rede de cooperação jurídica e judiciária internacional dos países de língua portuguesa (RJCPLP), que foi instituída no âmbito da Comunidade dos Países de Língua Portuguesa, em novembro de 2005, em uma reunião ocorrida em Cabo Verde entre os Ministros das Justiças destes Estados. São Estados membros da Rede: Angola, Brasil, Cabo Verde, Guiné-Bissau, Moçambique, Portugal, São Tomé e Príncipe, e Timor Leste.

No portal eletrônico da instituição, relata-se que a inspiração para a criação dessa rede veio das experiências bem sucedidas das redes de cooperação judiciária já existentes em outros blocos regionais, como a União Europeia e o espaço Iberoamericano[489].

A RJCPLP tem como objetivos facilitar, agilizar e otimizar a cooperação judiciária entre os Estados membros, construir um sistema integrado e atualizado de informações sobre os diferentes sistemas jurídicos da Comunidade dos Países de Língua Portuguesa e sobre cooperação judiciária internacional em geral, estabelecer contatos com organismos internos e internacionais para colaborar em atividades de formação realizadas e promover a aplicação efetiva e prática das convenções de cooperação judiciária internacional em vigor entre os Estados membros. Para auxiliar na consecução destes objetivos, a rede conta com um sistema integrado de informações e ferramentas eletrônicas colocados à disposição da comunidade jurídica dos Estados membros[490].

Outra espécie de rede internacional de juízes, de grande importância para os fins de aumento da eficácia das normas de proteção de direitos humanos, é aquela cuja função é de troca de conhecimentos e informações, que promovem uma difusão de interpretações e de boas práticas entre os magistrados que a compõem, propiciando um rico intercâmbio entre esses atores.

Dentre as redes de juízes destinadas à troca de conhecimentos, se mostram bastante eficientes as redes construídas a partir de Escolas Judiciais e Escolas de Formação de Magistrados, organismos estruturados nos diferentes países geralmente no âmbito interno dos tribunais ou ligados aos Ministérios da Justiça, responsáveis pela capacitação técnica e pelo aperfeiçoamento e atualização dos conhecimentos dos membros da magistratura.

A formação dos juízes — seja a formação inicial, que pode ser realizada após a nomeação para o cargo ou até mesmo antes da efetiva entrada em exercício na função, como parte do concurso público para ingresso na carreira, seja a formação continuada, em que se incentiva a participação dos magistrados em cursos e eventos de aperfeiçoamento e atualização — é terreno fértil para a realização de encontros de redes internacionais de juízes e a criação de fóruns internacionais de trocas de informação com magistrados de outras localidades.

Tais redes podem favorecer a circulação, dentre os países membros, não só de ideias e métodos, mas também de conteúdos abordados nos cursos de formação, de materiais doutrinários e bibliográficos, e das experiências formativas em sua integralidade, adquiridas no interior das várias realidades nacionais. Além disso, também é comum a realização de estágios temporários em tribunais e outros órgãos judiciários de outros países, para promover o conhecimento dos sistemas jurídicos de outras localidades e melhor compreender os entendimentos prevalentes em outros países.

Experiência interessante no sentido de estreitar os laços entre Escolas Judiciais de diferentes Estados foi criada na Europa: a Rede Europeia para a Formação Judiciária (REFJ).

A primeira reunião ocorrida entre representantes de instituições de formação de juízes de Estados europeus com o objetivo de criação dessa estrutura reticular ocorreu em 2 de março de 1999, em Paris, na sede da Ecole Nationale de la Magistrature (França), em que também estiveram presentes o Consiglio Superiore de la Magistratura (Itália), o Judicial Studies Board (Grã-Bretanha), a Escuela Judicial Española (Espanha), a National Courts Administration e o Office of the General Prosecutor (Suécia), a Academy of European Law of Trier — E.R.A. (Alemanha) e o Centro de Estudos Judiciários (Portugal). Na ocasião, se almejava a constituição de uma verdadeira rede europeia entre as estruturas de formação judiciária, "capaz de assegurar continuidade e coordenação entre as ações das instituições interessadas em âmbito europeu, para o melhoramento no nível de oferta formativa, a troca de ideias e informações, e o confronto de metodologias e de conteúdos"[491].

---

(489) RJCPLP — Rede de cooperação jurídica e judiciária internacional dos países de língua portuguesa. *História da criação da Rede Judiciária da CPLP.* Disponível em: <http://www.rjcplp.org/sections/sobre/anexos/historia-da-criacao-da5554/>. Acesso em: 12 set. 2015.

(490) RJCPLP — Rede de cooperação jurídica e judiciária internacional dos países de língua portuguesa. *Objetivos da Rede Judiciária da CPLP.* Disponível em: <http://www.rjcplp.org/sections/sobre/anexos/objetivos-da-rede7844/>. Acesso em: 12 set. 2015.

(491) CELENTANO, Carmelo; FERRANTI, Donatella. Introduzione. In: ITALIA. CONSIGLIO SUPERIORE DELLA MAGISTRATURA. *La partecipazione dell'Italia alla Rete Europea per la Formazione Giudiziaria: l'ativitá del Consiglio Superiore della Magistratura (1998-2002).* Quaderni del Consiglio Superiore della Magistratura, anno 2002, numero 129. p. 7.

Na apresentação do relatório sobre a participação da Itália na Rede Europeia para a Formação Judiciária, Giovanni Verde, Vice Presidente do Conselho Superior da Magistratura italiano ressaltou a importância dessa espécie de iniciativa de aprofundamento da integração jurídica na Europa:

> Durante o período como membro deste conselho (1998-2002) percebemos que a integração europeia não observou apenas a moeda comum e a liberalização das trocas no mundo da economia. O mecanismo posto em movimento é muito mais vasto e se aprofunda. Se está construindo, em tempos não muito longos, o cidadão europeu, ao qual se deve necessariamente reconhecer cidadania europeia.
>
> Um dos pilares da cidadania europeia é constituído de uma justiça igual para todos. Isto representa um objetivo de longo prazo extremamente difícil, mas que vale a pena perseguir.
>
> [...]
>
> O objetivo do qual se partiu e a direção para a qual se move são justas, [...] dentre as quais é a reivindicação da exigência da 'rápida ativação de uma rede europeia para encorajar a formação dos magistrados, que servirá para desenvolver a confiança entre os autores da cooperação judiciária'.[492]

Após a realização de grupos de trabalho, reunidos em Roma em outubro de 1999, para o estudo de temas concernentes à estrutura da futura rede e das ferramentas eletrônicas na Internet, os resultados foram discutidos em fevereiro, abril e maio de 2000, em outros encontros realizados em Treviri, Barcelona e Bruxelas, respectivamente. Todo esse trabalho culminou, em 3 de julho de 2000, em Estocolmo, na elaboração do texto de um projeto de Convenção sobre a estrutura da rede, organizado como uma declaração de princípios tendo em vista uma cooperação estável entre as instituições de quaisquer países responsáveis pela formação de magistrados[493].

No texto da Convenção Institutiva da Rede Europeia de Formação Judiciária podem ser identificadas disposições que evidenciam a importância das redes de cooperação de magistrados para dar maior efetividade às normas.

Já em seu preâmbulo, restou assinalado que o bom funcionamento do espaço judiciário europeu implica o conhecimento, por parte dos magistrados, dos sistemas jurídicos e judiciários dos outros Estados membros, além dos instrumentos nacionais, europeus e internacionais de cooperação, e que a formação dos magistrados é um meio essencial para promoção desses conhecimentos. É também ressaltado o objetivo de construção de uma cultura comum e uma identidade judiciária europeia[494].

Foi consignado, ainda no preâmbulo do documento, que a formação dos magistrados ressalta como um meio essencial para melhorar a eficácia dos sistemas judiciários e da qualidade do Estado de Direito[495].

O artigo 3º, sobre as atividades da rede, demonstra como essa estrutura pode contribuir para o incremento da efetividade das normas em escala global:

Artigo 3º: Atividades

(1) A REFJ elabora um programa anual das atividades, que serão realizadas por um ou mais de seus membros. As atividades serão financiadas segundo acordos entre os membros que participarem de cada atividade, beneficiando-se das contribuições financeiras que podem ser disponibilizadas pela Comissão Europeia.

(2) Em particular, o programa prevê atividades destinadas a promover:

- a comparação e a troca relativa a práticas judiciárias;
- a compreensão dos sistemas judiciários dos Estados membros;
- a compreensão dos mecanismos de cooperação judiciária no âmbito da União Europeia;

---

(492) VERDE, Giovanni. *Presentazione*. In: ITALIA. CONSIGLIO SUPERIORE DELLA MAGISTRATURA. *La partecipazione dell'Italia alla Rete Europea per la Formazione Giudiziaria: l'attività del Consiglio Superiore della Magistratura (1998-2002)*. Quaderni del Consiglio Superiore della Magistratura, anno 2002, numero 129. p. 5.
(493) CELENTANO, Carmelo; FERRANTI, Donatella. *Introduzione*. In: ITALIA. CONSIGLIO SUPERIORE DELLA MAGISTRATURA. *La partecipazione dell'Italia alla Rete Europea per la Formazione Giudiziaria: l'attività del Consiglio Superiore della Magistratura (1998-2002)*. Quaderni del Consiglio Superiore della Magistratura, anno 2002, numero 129. p. 7.
(494) ITALIA. CONSIGLIO SUPERIORE DELLA MAGISTRATURA. *La partecipazione dell'Italia alla Rete Europea per la Formazione Giudiziaria: l'attività del Consiglio Superiore della Magistratura (1998-2002)*. Quaderni del Consiglio Superiore della Magistratura, anno 2002, numero 129. p. 115.
(495) ITALIA. CONSIGLIO SUPERIORE DELLA MAGISTRATURA. *La partecipazione dell'Italia alla Rete Europea per la Formazione Giudiziaria: l'attività del Consiglio Superiore della Magistratura (1998-2002)*. Quaderni del Consiglio Superiore della Magistratura, anno 2002, numero 129. p. 115.

- o conhecimento linguístico;
- o suporte aos Países candidatos na elaboração e na execução dos seus programas de formação, além da promoção do conhecimento das modalidades de cooperação judiciária;
- o desenvolvimento de instrumentos comuns de formação, com atenção especial à cooperação judiciária;
- o desenvolvimento das habilidades judiciárias.

(3) A REFJ difunde entre os próprios membros as experiências de formação realizadas por eles próprios, a fim de promover o compartilhamento dos resultados. É assegurada ampla publicidade das atividades da rede entre os magistrados dos Estados membros, com o fim de obter o melhor conhecimento em relação aos programas. [...]

O documento foi assinado por representantes de escolas de formação de juízes da Itália, Espanha, Portugal, Irlanda, Escócia, Áustria, Bélgica, Dinamarca, Finlândia, França, Alemanha, Grécia, Luxemburgo, Países Baixos, Suécia e Reino Unido[496].

Interessante notar que não se trata de uma ratificação de um tratado internacional pelos Poderes Executivos dos Estados membros da Rede, a ser posteriormente promulgado no âmbito interno dos países, mas sim de um convênio institucional entre outros atores do cenário das relações internacionais, diferenciando esta espécie de rede de cooperação daquela cooperação judiciária internacional institucionalizada tratada anteriormente. No presente caso, não se trata de relação formal estabelecida entre Estados soberanos, nem de tratativas por vias diplomáticas.

Trata-se de verdadeira rede internacional de magistrados que, compreendendo seu papel de aplicadores de normas comuns a todas as suas respectivas jurisdições, e de responsáveis por dar máxima eficácia à cooperação judiciária internacional e às normas comunitárias, decidiram estabelecer, por vias próprias, uma estrutura em rede para potencializar suas atividades e o intercâmbio de conhecimento entre eles.

Como visto, a estrutura da Rede Europeia de Formação Judiciária é construída de forma a permitir a influência recíproca entre seus membros. Ao trocar experiências e compartilhar resultados, os juízes podem incrementar a sua própria prestação jurisdicional por meio de boas práticas identificadas em outras realidades.

Esse fenômeno de influências recíprocas entre os magistrados é o que Anne-Marie Slaughter denomina de "fertilização cruzada" de questões constitucionais, inclusive concernentes a direitos humanos. O termo evidencia que ao plantar ideias desenvolvidas em uma localidade, ela pode vir a render frutos em outra, e vice-versa, em um movimento de construção conjunta de conhecimentos. Segundo a autora, o fenômeno possui alguns traços distintivos: a identidade dos participantes das redes, a dimensão interativa do processo, os motivos para os empréstimos transnacionais e a construção autoconsciente de uma comunidade judicial global[497].

No mais, a promoção de encontros regulares pela rede aumenta a confiança mútua entre seus membros, seja nas reuniões realizadas entre os representantes dos países para a discussão de aspectos relacionados à estrutura da rede em si ou de avaliação de resultados e planejamento futuro, seja nos encontros de estudos, cursos e congressos promovidos entre os integrantes da magistratura dos diversos Estados.

A rede promove, ainda, intercâmbios judiciais, em que juízes, procuradores e formadores são enviados para instituições de outros Estados europeus, através do Programa de Intercâmbio criado em 2005. De acordo com as informações constantes do portal eletrônico da rede:

> Através da imersão num ambiente judicial estrangeiro, podem conduzir à partilha das melhores práticas, competências e conhecimentos e num sentimento mais sólido de pertença a uma cultura judicial comum.

O Programa de Intercâmbio registrou um crescimento exponencial desde a sua criação, em 2005. Atualmente, e numa base anual, coloca cerca de 850 juízes, procuradores e formadores em instituições homólogas nos diferentes Estados-Membros. Em 2013, 781 juízes e procuradores e 37 formadores participaram em 797 sessões de formação de curta duração (1 a 2 semanas), realizadas em 24 países europeus; em 21 sessões de formação de longa duração (de 3 a 9 meses), 6 das quais foram realizadas no Tribunal de Justiça da União Europeia, 7 ocorreram no Tribunal Europeu dos Direitos do Homem e 8 na Eurojust.[498]

---

(496) CELENTANO, Carmelo; FERRANTI, Donatella. Introduzione. In: ITALIA. CONSIGLIO SUPERIORE DELLA MAGISTRATURA. *La partecipazione dell'Italia alla Rete Europea per la Formazione Giudiziaria: l'atività del Consiglio Superiore della Magistratura (1998-2002)*. Quaderni del Consiglio Superiore della Magistratura, anno 2002, numero 129. p. 8.

(497) SLAUGHTER, Anne-Marie. *A New World Order*. Princeton: Princeton University Press, 2004. p. 71.

(498) REFJ — *Rede Europeia de Formação Judiciária*. Disponível em: <https://e-justice.europa.eu/content_european_training_networks_and_structures-122--maximizeMS-en.do?clang=pt&idSubpage=3&member=1>. Acesso em: 12 set. 2015.

Além disso, também são promovidas visitas de estudos de curta duração ao Tribunal de Justiça da União Europeia, ao Tribunal Europeu de Direitos do Homem, à EUROJUST e a outras instituições europeias em Bruxelas, para que os membros da rede possam se familiarizar com o funcionamento destas instituições.

A intensa troca de experiências proporcionada por esses programas institucionais promovidos pela rede pode potencializar, ainda mais, a "fertilização cruzada" para a construção coletiva da aplicação das normas internacionais e europeias de proteção contra a discriminação de forma mais eficaz.

Outro exemplo de rede internacional composta por juízes é a Escola Judicial da América Latina (EJAL), associação composta por Escolas Judiciais e Magistrados provenientes de países de língua espanhola e portuguesa.

A missão dessa associação é:

> Aprimorar e promover a formação continuada e o aperfeiçoamento dos Magistrados da América Latina, de forma a contribuir para uma prestação jurisdicional adequada ao seu tempo, diante dos reais anseios da sociedade, voltada para a cooperação judicial, diante dos pactos, tratados e convenções internacionais, com o escopo de integração da América Latina[499].

A rede propõe a construção do conhecimento horizontal dos magistrados latino-americanos, promovendo cursos, seminários e conferências, além de divulgar os esforços de cada escola judicial associada, para propiciar a multiplicação dos resultados. Prioriza a utilização de métodos de aprendizagem que aproveitem as tecnologias eletrônicas e possibilite uma formação judicial com o intercâmbio de conhecimentos entre os alunos e os formadores, de forma a aproveitar as diferentes experiências, para a construção conjunta de competências e habilidades[500].

Ainda, pode ser mencionado o exemplo de uma rede de troca de informações e documentação no espaço Iberoamericano: a Rede Iberoamericana de Informação e Documentação Judicial (IBERIUS)[501].

Essa rede foi construída para propiciar um acesso eficiente à informação jurídica, por meio da gestão documental facilitada por órgãos especializados de cada Estado membro, responsáveis pela sistematização e atualização constante da informação e documentação jurídica, a ser disponibilizada virtualmente, por meio da rede mundial de computadores (Internet).

A criação da rede partiu do entendimento de que o conhecimento dos sistemas jurídicos dos outros países era importante para a melhoria das decisões judiciais e da formação dos membros do Poder Judiciário dos Estados membros. Para tanto, era necessário garantir a estabilidade e a qualidade da informação, bem como sua atualização constante.

As redes de informação são importantes em um contexto globalizado, em que nos deparamos com um excesso de informação disponível (o fenômeno da "information overload"). À primeira vista, seria possível concluir que a maior quantidade de informação acessível seria sempre melhor. No entanto, a mera disponibilização de informações pode não contribuir positivamente, criando mais confusão e um paradoxo de plenitude, em que há dispersão de atenção e a impossibilidade de aproveitar de toda a informação disponível[502].

Assim, as redes de informação funcionam como importante mecanismo para "destilar" a imensa quantidade de dados e documentos disponibilizados, escolhendo os mais relevantes e garantindo a qualidade da informação. Os gestores documentais da IBERIUS, portanto, realizam a importante função de selecionar, editar e filtrar a informação que merece ser difundida entre os membros da rede, possuindo credibilidade junto aos juízes que a compõem.

No portal eletrônico da rede IBERIUS, estão listados como objetivos institucionais:

> 1. Contribuir para o fortalecimento institucional dos Poderes Judiciários Iberoamericanos e, em consequência, do Estado de Direito, mediante a criação da rede oficial de serviços de documentação jurídica;

---

(499) EJAL — Escola Judicial da América Latina. Disponível em: <http://www.ejal.org/index.php/es.html>. Acesso em: 29 ago. 2014.
(500) EJAL — Escola Judicial da América Latina. *Palavra do diretor*. Disponível em: <http://www.ejal.org/index.php/pt/joomla-overview.html>. Acesso em: 12 set. 2015.
(501) IBERIUS. *Red Iberoamericana de Información y Documentación Judicial*. Disponível em: <http://www.iberius.org/web/guest/inicio>. Acesso em: 12 set. 2015.
(502) SLAUGHTER, Anne-Marie. *A New World Order*. Princeton: Princeton University Press, 2004. p. 177.

2. Constituir um elemento que contribua para a realização dos princípios constitucionais da justiça;
3. Conhecer o funcionamento dos Poderes Judiciários dos diferentes países;
4. Estabelecer uma rede que integre as bases de dados e documentação jurídica pertinente, para permitir e facilitar seu acesso de todas as Unidades ou pontos de contato;
5. Promover o desenvolvimento e fortalecimento de Centros de Documentação Judicial que prestem serviços a todos os integrantes do Poder Judiciário, garantindo o melhor serviço a juízes e magistrados;
6. Informar aos cidadãos, de uma maneira ágil e compreensível, acerca dos sistemas judiciais e da legislação básica dos países que integram a rede;
7. Utilizar a Internet como o instrumento adequado para obter a fluidez da informação jurídica e um portal eletrônico com diversos níveis de acesso, em função dos serviços que ofereça;
8. Aspirar que a rede IBERIUS sirva para promover o conhecimento mútuo entre os países que a integrem, assim como para a transmissão de experiências de reforma e ação comum entre matérias de interesse dos seus membros.[503]

Como visto, mesmo em se tratando de uma rede especificamente direcionada para a gestão documental e disponibilização de informações, há o reconhecimento de que a troca de conhecimentos possibilita o fortalecimento dos princípios constitucionais e do Estado Democrático de Direito.

Outras espécies de redes internacionais compostas por magistrados e outros profissionais podem ser identificadas em todo o mundo. Instituições de ensino, professores e doutrinadores também fazem parte dessa teia de estruturas reticulares, das quais participam magistrados de diversos países, buscando aprimorar seus conhecimentos e trocar experiências com colegas de outras localidades.

Como exemplo desse tipo de rede, pode ser apontado o Instituto Ítalo-Brasileiro de Direito do Trabalho (IIBDT), fundado em 1998, que reúne juízes e professores universitários da área justrabalhista de ambos os países, com objetivo de realizar eventos acadêmicos em conjunto com os órgãos do poder judiciário italiano e brasileiro.

Pela descrição de todas essas redes internacionais, percebe-se que juízes de diferentes sistemas legais reconhecem a possibilidade de aprender por meio da experiência de outros e da estrutura de raciocínio em tais problemas. Os casos oriundos de cortes internacionais e de outros Estados podem ser utilizados para propiciar a análise dos casos domésticos de maneira mais criativa, porque oferecem novas informações e perspectivas que podem projetar uma questão sob um ponto de vista diferente e mais fácil de lidar[504].

Desse modo, a união de vários juízes do mundo, por meio de redes organizadas de diversas formas, está fazendo com que vários dos objetivos do sistema legal global sejam atingidos: a troca simultânea de informações legais; o fortalecimento de um conjunto de normas judiciais universais; a conscientização dos juízes em cada país para um empreendimento judicial comum; e a crescente possibilidade de disputas transnacionais serem resolvidas em apenas uma corte ou em várias cortes conjuntamente coordenadas. Acresça-se, como constatação extremamente importante, o fato de que os juízes estão, de diversas formas, criando sua própria versão do sistema, uma versão criada de baixo para cima guiada por seu reconhecimento de uma pluralidade de sistemas legais nacionais, regionais e internacionais, bem como seus próprios deveres de fidelidade para tais sistemas[505].

O potencial das redes internacionais de juízes pode e deve ser aproveitado para o incremento do combate à discriminação em todo o mundo, inclusive nas questões de gênero. A maior efetividade das normas de proteção aos direitos humanos pode ser alcançada pelo trabalho conjunto e cooperativo de magistrados, com vistas a tornar reais as normas protetivas contidas nos instrumentos internacionais vigentes nas diferentes ordens jurídicas, mas que reconhecem a condição similar de dignidade de todas as mulheres trabalhadoras.

---

(503) IBERIUS. *Red Iberoamericana de Información y Documentación Judicial*. Disponível em: <http://www.iberius.org/web/guest/inicio>. Acesso em: 12 set. 2015.
(504) SLAUGHTER, Anne-Marie. *A New World Order*. Princeton: Princeton University Press, 2004. p. 77.
(505) SLAUGHTER, Anne-Marie. *A New World Order*. Princeton: Princeton University Press, 2004. p. 102.

6.5. O POSSÍVEL PAPEL DAS REDES INTERNACIONAIS DE JUÍZES EM CASOS CONCRETOS: ANÁLISE DE JURISPRUDÊNCIA ITALIANA E BRASILEIRA

Como visto, as redes internacionais de juízes promovem o contato e o intercâmbio entre magistrados de todo o mundo, que podem implementar um frutífero diálogo, com troca de opiniões, encontros em seminários e organizações judiciais e, até mesmo, discutir sobre casos específicos[506].

Essa dinâmica propiciada pelas redes de juízes pode contribuir para a construção de uma jurisprudência global, que dê proeminência às normas internacionais de proteção aos direitos humanos. O diálogo judicial assegura a consecução dos objetivos comuns de tutela e, assim, de efetividade do direito internacional dos direitos humanos[507].

A própria conformação das redes de juízes demonstra a mútua permeabilidade e interdependência entre as ordens jurídicas nacional e internacional, e a necessidade de que os magistrados se reconheçam como atores que interagem em prol de um mesmo objetivo[508].

Em pesquisa jurisprudencial realizada nos Tribunais do Brasil e da Itália sobre o tema da discriminação contra mulheres nas relações de trabalho, verificou-se não ser comum a utilização das normas internacionais para fundamentar as decisões. Em muitos casos, a questão é decidida apenas com base em normas constitucionais e legislação infraconstitucional, deixando de considerar as normas editadas no âmbito dos organismos internacionais e nos blocos supranacionais que ingressaram nas respectivas ordens jurídicas.

Isso não significa que o sistema protetivo contido nas normas internacionais não seja necessário ou possa ser desconsiderado, mas reflete apenas o princípio da complementaridade e subsidiariedade do direito internacional dos direitos humanos em relação às ordens jurídicas internas. Como bem observa Paola Andrea Acosta Alvarado, a faceta negativa desses princípios implica que os mecanismos internacionais não são ativados quando a proteção nacional funciona, além do fato de que, quando as normas internacionais propiciam alterações nos ordenamentos jurídicos internos, basta dar-lhes aplicação direta, sem a necessidade do recurso às fontes internacionais[509].

De qualquer forma, os magistrados não podem descuidar-se de toda a trama protetiva incidente em suas jurisdições, devendo levar devidamente em conta as normas internacionais vigentes em seus países, bem como a construção protetiva dos direitos humanos efetuada a partir desses parâmetros.

A partir da pesquisa jurisprudencial realizada, foram selecionados alguns casos paradigmáticos julgados no Brasil e na Itália que trataram do tema da discriminação de mulheres nas relações de trabalho. O exame de tais decisões evidencia que o arcabouço normativo internacional relativo à proteção contra a discriminação em razão do gênero é utilizado, na maior parte dos casos, apenas como reforço argumentativo, e muitas vezes sequer é mencionado.

A partir desses casos concretos, pretende-se evidenciar como tais questões poderiam ter sido encaradas pelos julgadores de formas diferentes, dando maior efetividade à proteção internacional contra a discriminação, e até mesmo utilizando soluções ou estruturas de raciocínio adotadas em outros países, com o objetivo de ressaltar como a participação em redes internacionais de juízes poderia contribuir para concretizar as promessas contidas nas normas internacionais de proteção aos direitos humanos das mulheres trabalhadoras.

6.5.1. Discriminação indireta em processos seletivos

A Corte de Cassação italiana tem utilizado a noção de discriminação indireta em casos em que se discute a validade de critérios inseridos em editais de concursos públicos e processos seletivos para contratação de empregados, que possuem como efeito a discriminação em relação às candidatas do sexo feminino.

Como analisado no capítulo relativo à discriminação em razão do gênero, o conceito de discriminação indireta é bastante utilizado no âmbito internacional. De acordo com a Organização Internacional do Trabalho, repita-se, a discriminação indireta refere-se a situações, regulamentos ou práticas aparentemente neutras, mas que

---

(506) SLAUGHTER, Anne-Marie. *A New World Order.* Princeton: Princeton University Press, 2004. p. 65.
(507) ALVARADO, Paola Andrea Acosta. *Diálogo judicial y constitucionalismo multinivel*: El caso interamericano. Bogotá: Universidad Externado de Colombia, 2014. p. 157.
(508) ALVARADO, Paola Andrea Acosta. *Diálogo judicial y constitucionalismo multinivel*: El caso interamericano. Bogotá: Universidad Externado de Colombia, 2014. p. 294.
(509) ALVARADO, Paola Andrea Acosta. *Diálogo judicial y constitucionalismo multinivel*: El caso interamericano. Bogotá: Universidad Externado de Colombia, 2014. p. 88.

resultam na prática em tratamento desigual de pessoas com certas características — ou seja, quando o mesmo critério ou condição são aplicados a todos, mas resulta num impacto desproporcionalmente desfavorável em algumas pessoas, com base em características como raça, cor, sexo ou religião, quando não seja relacionado com os requisitos básicos para o trabalho[510].

Na sentença proferida pela Seção Laboral da Corte de Cassação Italiana n. 23562, de 13 de novembro de 2007[511], foi reconhecido o caráter discriminatório da previsão, para fins de contratação, de um requisito de estatura igual para homens e mulheres.

No caso concreto, a autora havia participado de processo seletivo para empregada de estações de metrô, tendo sido aprovada nos exames, mas recusada na contratação em virtude de sua estatura, de 1,53m, inferior à altura mínima exigida de 1,55m como requisito para exercer a função. Ajuizada ação perante o Tribunal de Roma, a sentença rejeitou a pretensão da candidata, entendendo que o requisito mínimo de altura garantia a segurança dos usuários e trabalhadores e não tinha caráter discriminatório, o que foi confirmado pela Corte de Apelação de Roma.

Ao apreciar o recurso da autora, a Seção Laboral da Corte de Cassação Italiana reformou a decisão, fazendo referência à sentença da Corte Constitucional n. 163 de 1993, segundo a qual:

> A previsão de uma altura mínima idêntica para os homens e para as mulheres — como requisito físico — para o acesso a um concurso público, viola o princípio de igualdade, enquanto pressupõe erroneamente a insubsistência da diversidade considerável de estatura mediana identificada entre homens e mulheres, de forma que comporta uma 'discriminação indireta' que desfavorece estas últimas, que resultam concretamente prejudicadas em média proporcionalmente maior do que os homens, em relação às diferenças antropomórficas estatisticamente identificáveis e objetivamente dependentes do sexo.

Segundo a decisão da Corte de Cassação, o princípio afirmado pela Corte Constitucional leva à conclusão que a previsão de uma estatura mínima, independente de qual seja ela, idêntica para homens e mulheres comporta em qualquer caso, e por si só, uma violação dos parâmetros constitucionais. Quanto à "razoabilidade" da exigência de altura mínima, ainda, foi observado que a decisão de origem resolveu a questão de forma insuficientemente motivada, limitando-se a afirmar que corresponderia a critérios de segurança e incolumidade de funcionários e usuários do serviço, sem verificar quais seriam as funções que a autora desenvolveria e se realmente não poderiam ser efetuadas por uma pessoa com a altura de 1,53m. Ressaltou-se que, se as funções fossem prevalentemente sedentárias, desenvolvidas atrás de um balcão ou uma mesa, não haveria justificativa para a exigência de altura mínima, e se as funções exigissem um empenho físico na posição vertical, ainda deveria ser verificado como a altura influenciaria no desempenho das atividades. Em decorrência, foi cassada a sentença impugnada, devolvendo-se os autos à Corte de Apelação para avaliação se a candidata teria direito à contratação apesar de sua altura ser inferior ao mínimo exigido no edital.

Esse caso demonstra que a Corte de Cassação Italiana está atenta à construção do conceito de discriminação indireta feita a partir das previsões contidas nas normas internacionais, notadamente a Convenção n. 111 da OIT, e nas Diretivas europeias que tratam da paridade de tratamento entre homens e mulheres.

No Brasil, casos semelhantes não são examinados sob o enfoque da discriminação de gênero. A estipulação de critérios em concursos públicos e processos seletivos que têm como efeito a discriminação indireta de candidatas mulheres não é atacada sob essa perspectiva, limitando-se a jurisprudência brasileira a discutir a razoabilidade dos critérios em relação às funções que serão desenvolvidas pelos candidatos, independente do gênero.

É o que ocorreu no julgamento pelo Supremo Tribunal Federal do recurso extraordinário 150.455-2, em 15 de dezembro de 1998[512], em que foi dado provimento ao recurso de uma candidata ao cargo de "escrivão de polícia", que havia sido reprovada por não cumprir o requisito mínimo de altura de 1,60m.

---

(510) ORGANIZAÇÃO INTERNACIONAL DO TRABALHO. *Giving globalization a human face: general survey on the fundamental conventions* (Parte "1b" do Relatório Geral do Comitê de Peritos na Aplicação de Convenções e Recomendações). 2012. Disponível em: <http://www.ilo.org/ilc/ILCSessions/101stSession/reports/reports-submitted/WCMS_174846/lang--en/index.htm>. Acesso em: 25 maio 2014.
(511) LEGGE E GIUSTIZIA. *La previsione, ai fini dell'assunzione, di un requisito di statura uguale per uomini e donne e' illegittima*. Disponível em: <http://www.legge-e-giustizia.it/index.php?option=com_content&task=view&id=2640&Itemid=131>. Acesso em: 17 out. 2015.
(512) SUPREMO TRIBUNAL FEDERAL. Recurso extraordinário 150455. Disponível em: <http://www.stf.jus.br/portal/processo/verProcessoAndamento.asp?numero=150455&classe=RE&codigoClasse=0&origem=JUR&recurso=0&tipoJulgamento=M>. Acesso em: 17 out. 2015.

No caso, a autora havia sido aprovada em todas as etapas do concurso público, até a matrícula no treinamento inicial na Academia de Polícia, quando foi reprovada pelo fato de sua altura de 1,59m ser inferior ao mínimo exigido para o cargo.

A autora se insurgiu contra a reprovação e obteve sucesso em primeiro grau. Entretanto, o Tribunal de Justiça do Mato Grosso do Sul[513] reformou a sentença de origem, entendendo que não revela discriminação nem constitui ofensa ao princípio constitucional de isonomia a fixação de altura mínima para o cargo em questão.

Interposto recurso extraordinário perante o Supremo Tribunal Federal, entenderam os ministros pela inconstitucionalidade dos critérios de admissão que impliquem discriminação, afirmando que, para o cargo em discussão, a exigência de altura mínima não seria aceitável, por tratar-se de cargo burocrático.

Nos fundamentos do voto, o ministro relator chegou a afirmar que:

A ora Recorrente, tendo em conta a moldura fática dos autos, acabou por deixar de atender à exigência do concurso em face de uma diferença mínima de um centímetro. Exigida a altura de um metro e sessenta, apresentou-se com um metro e cinquenta e nove centímetros de altura, o que, para a média brasileira, considerando o sexo feminino, é uma altura razoável.

Ocorre que, apesar de ter sido provido o recurso da autora, o caso não foi examinado nem provido pelo enfoque do combate à discriminação de gênero. Ao contrário do que evidenciado no caso italiano, no Brasil não houve qualquer discussão quanto aos efeitos de discriminação indireta de candidatas mulheres acarretada pela exigência de altura mínima semelhante para homes e mulheres.

Os julgados analisados indicam como o intercâmbio propiciado pelas redes internacionais de juízes poderia contribuir para a difusão de entendimentos consentâneos com as normas internacionais de proteção contra a discriminação. A compreensão dos efeitos de discriminação indireta contra as mulheres por esses tipos de exigências poderia auxiliar na compreensão da questão, de forma a dar mais efetividade ao arcabouço normativo vigente em ambos os países.

6.5.2. Tratamentos desfavoráveis às mulheres

Foram também identificados casos, na Itália e no Brasil, em que foi reconhecida a prática reiterada de tratamentos desfavoráveis e humilhantes às mulheres trabalhadoras por parte das empresas, as quais foram condenadas ao pagamento de indenizações para ressarcir os danos causados.

Na Itália, o julgamento proferido pelo Tribunal de Roma, na sentença n. 6.327, de 23 de junho de 2015[514], reconheceu o tratamento discriminatório sofrido pela autora da ação e por outras quatro empregadas, pelo simples fato de serem mulheres. Na decisão, consta que os depoimentos das testemunhas comprovaram que as trabalhadoras foram submetidas a contínuas repreensões verbais, a repetidos juízos que as denegriam, a ameaças de dispensa e convites para encontrarem outro emprego, além de lhes ser designada carga de trabalho excessiva. Ainda, considerou o Tribunal que a discriminação em razão do gênero teria sido evidenciada por dados estatísticos, na medida em que restou comprovado que apenas mulheres eram vítimas dos comportamentos agressivos e ofensivos do diretor e dos tratamentos por gritos e expressões depreciativas, e pela consciência por parte do empregador da situação, tendo em vista as queixas apresentadas pelas empregadas contra o diretor.

Restou consignado na decisão que a situação violou a normativa constitucional, legal e contratual referente à vedação de discriminação em razão de sexo, notadamente o artigo 37 da Constituição Italiana, o artigo 15 do Estatuto dos Trabalhadores, a Lei n. 903/1977, a Lei n. 125/1991 e o Decreto Legislativo n. 198/2006 (com as alterações do Decreto Legislativo n. 5/2010).

Interessantes, ainda, são as considerações tecidas em relação à repartição do ônus da prova, a teor do artigo 40 do Código de Paridade de Oportunidades (Decreto Legislativo n. 198/2006), que prevê que incumbe à trabalhadora demonstrar, através de elementos de fato, decorrentes inclusive de dados de caráter estatístico, a presunção da existência de atos ou comportamentos discriminatórios em razão do sexo. Por sua vez, incumbe ao empregador

---

(513) Cumpre notar que, no Brasil, em que pese existir uma Justiça Especializada para os casos trabalhistas (Justiça do Trabalho), o presente caso não foi por ela apreciado, por se tratar de relação de trabalho estabelecida com a Administração Pública, situação em que a competência para apreciar e julgar o caso é da Justiça Comum (de acordo com a interpretação dada pelo Supremo Tribunal Federal ao artigo 114, I, da Constituição de 1988).

(514) CENTRO STUDI DI DIRITTO DEL LAVORO DOMENICO NAPOLETANO — SEZIONE DI ROMA. *Datore di lavoro troppo severo con le lavoratrici deve risarciri loro i dani — Tribunale di Roma, sent. 23 giugno 2015, n. 6327.* Disponível em: <http://www.csdnroma.it/datore-di-lavoro-troppo-severo-con-le-lavoratrici-deve-risarcire-loro-i-danni-tribunale-di-roma-sent-23-giugno-2015-n-6327/>. Acesso em: 23 out. 2014.

comprovar a ausência da discriminação, por meio de um regime probatório atenuado, em consonância com o disposto no artigo 19 da Diretiva Europeia n. 2006/54. Assim, notou o Tribunal que o empregador não conseguiu cumprir o seu ônus de comprovar a inexistência dos fatos alegados.

Em decorrência, foi condenado ao ressarcimento de gastos com tratamento psicoterapêutico para os sintomas de síndrome depressivo ansiosa, ataques de pânico, insônia, crises de choro e baixa autoestima, bem como ao pagamento de indenizações pelos danos não patrimoniais permanentes (danos biológicos e danos morais) e temporários, e pelos danos existenciais.

No Brasil, foi identificada uma ação civil pública julgada pelo Tribunal Superior do Trabalho em que também restou evidenciada a discriminação de mulheres por meio de tratamentos desfavoráveis e humilhantes no local de trabalho. Eis a ementa do acórdão:

AGRAVO DE INSTRUMENTO. RECURSO DE REVISTA. 1. PRELIMINAR DE NULIDADE POR NEGATIVA DE PRESTAÇÃO JURISDICIONAL. NÃO CONFIGURAÇÃO. 2. CARACTERIZAÇÃO DE DANO MORAL COLETIVO. DISCRIMINAÇÃO CONTRA AS MULHERES TRABALHADORAS, QUE FAZIAM SUA REFEIÇÃO NO CHÃO DO BANHEIRO FEMININO. DECISÃO DENEGATÓRIA. MANUTENÇÃO. A prática da Reclamada — de permitir que as mulheres que trabalham na empresa façam suas refeições no banheiro feminino, impedindo-as de frequentar o "refeitório masculino" — contrapõe-se aos princípios basilares da atual Constituição Federal, mormente àqueles que dizem respeito à proteção da dignidade humana e da valorização do trabalho humano (art. 1º, III e IV, da CR/88), além de traduzir injustificável e gravíssima discriminação. Dessa maneira, é forçoso concluir pela manutenção da condenação da Reclamada ao pagamento de indenização por dano moral coletivo, no valor de R$ 50.000,00. Registre-se que os critérios da razoabilidade e proporcionalidade foram observados no caso em análise, em que o direito lesado se referiu à discriminação contra as mulheres trabalhadoras, de modo a produzir dano coletivo, independentemente do aspecto individual da lesão. Portanto, não há como assegurar o processamento do recurso de revista quando o agravo de instrumento interposto não desconstitui os termos da decisão denegatória que, assim, subsiste por seus próprios fundamentos. Agravo de instrumento desprovido. (AIRR — 99-60.2011.5.14.0101 Data de Julgamento: 01.10.2014, Relator Ministro: Mauricio Godinho Delgado, 3ª Turma, Data de Publicação: DEJT 03.10.2014).

Nessa ação, ajuizada pelo Ministério Público do Trabalho para a defesa dos direitos coletivos dos trabalhadores, restou provado que havia norma interna da empresa designando o refeitório como "refeitório masculino", vedando sua utilização pelas empregadas mulheres. Por essa razão, as empregadas faziam suas refeições no chão do banheiro feminino, local em que também se deitavam para repousar durante o intervalo intrajornada.

Em decorrência, o Tribunal Regional do Trabalho da 14ª Região havia condenado a empresa ao pagamento de indenização por dano moral coletivo, o que foi mantido pelo Tribunal Superior do Trabalho.

A prova oral demonstrou que as mulheres da empresa pegavam suas refeições no aquecedor e se dirigiam para o banheiro, e que o superior hierárquico, recomendava que todos os empregados, quando das inspeções efetuadas pela vigilância sanitária, declarassem que as mulheres realizavam suas refeições em suas residências.

Além disso, o autor havia apresentado uma fotografia de uma placa indicando os dizeres "refeitório masculino". Realizada inspeção judicial no estabelecimento da reclamada, foram encontrados apenas sinais de 2 pequenos orifícios de prego ou parafuso onde havia anteriormente uma placa afixada, sugerindo a retirada de uma placa de aviso.

Ainda, foram encontradas novas placas no estabelecimento, com os seguintes comandos: "REFEITÓRIO — todos os colaboradores deverão fazer refeições somente neste local" e, dentro dos banheiros femininos: "HIGIENE — estando de uniforme, não se deve sentar ou deitar no chão" e "HIGIENE — não coma ou beba neste local". Analisando o caso, o Tribunal Regional do Trabalho da 14ª Região havia consignado no acórdão regional que a existência desses novos avisos corroborava as alegações do autor, já que seria *"desarrazoado que alguém coma ou beba em um banheiro, a não ser que as circunstâncias obriguem, como ocorreu no caso concreto com as mulheres trabalhadoras da empresa"*.

Para fundamentar a condenação, foram utilizados não só dispositivos da Constituição Brasileira de 1988 e da Consolidação das Leis do Trabalho, com as alterações promovidas pela Lei n. 9.799/99, como também as Convenções da OIT n. 100, 103, 111 e 156, além das Recomendações ns. 90 e 111.

A partir do exame dos dois julgados mencionados, verifica-se que, ao identificar situações vexatórias e humilhantes impostas a mulheres em seus locais de trabalho, os juízes italianos e brasileiros rechaçam a licitude de tais condutas, e reconhecem a culpa empresarial em deixar de garantir um ambiente de trabalho saudável e seguro para suas empregadas. Buscam nas normas os princípios e regras que vedam todas as práticas discriminatórias em razão do gênero, e condenam as empresas ao pagamento de indenizações para ressarcir os danos causados por tais atos.

Observa-se que aspectos interessantes de uma e de outra decisão poderiam ser aproveitados pelos juízes do outro país, se houvesse um diálogo estabelecido entre eles por intermédio de redes internacionais de cooperação.

Com efeito, a questão relativa ao ônus da prova da discriminação é bem mais refinada e consolidada no entendimento italiano, em que há a incidência de diretivas da União Europeia que tratam do tema, de forma que a doutrina e a jurisprudência já tratam com mais naturalidade e facilidade a apreciação das alegações de condutas discriminatórias com base em presunções fixadas a partir de indícios e provas estatísticas apresentadas pela vítima do ato. A exigência de que o empregador comprove a ausência da discriminação é clara no caso italiano.

Essas compreensões, referentes à necessidade de atenuar o peso do encargo probatório da vítima da discriminação, contribuiriam na apreciação dos casos brasileiros que discutam questões relativas a tratamentos discriminatórios em razão do gênero.

No caso brasileiro em exame, foram trazidas provas concretas do ato discriminatório, a partir de depoimento de testemunhas, dos documentos apresentados e da inspeção judicial realizada. Mas é sabido que uma instrução probatória dessa amplitude não é a regra geral na maioria das reclamações trabalhistas, e pode-se inferir que ocorreu no caso em questão por se tratar de ação civil pública ajuizada pelo Ministério Público do Trabalho, que tem prerrogativas de investigação e obtenção de provas previamente ao ajuizamento da ação, que podem ter contribuído para o sucesso da demanda. Em reclamações individuais, por outro lado, pode ser muito mais difícil para a vítima dos atos discriminatórios trazer tantos elementos que permitam a comprovação de suas alegações, sendo mais comum a apresentação de indícios e dados que indiquem a presença do viés discriminatório da conduta.

Aliás, verifica-se que os julgadores brasileiros, ao deixarem consignado no acórdão que as novas placas encontradas nos banheiros femininos indicariam a presença anterior da proibição de acesso ao refeitório pelas mulheres, deixaram implícito que também se basearam em presunções para formarem seu julgamento. Por isso, uma compreensão mais profunda e consolidada acerca da possibilidade da distribuição do ônus da prova poderia enriquecer a decisão.

Por outro lado, o julgado brasileiro fez questão de mencionar, para além das normas internas sobre o tema da discriminação, as Convenções e Recomendações da OIT sobre o tema, que vedam as práticas discriminatórias em razão do gênero, o que não se observou na decisão italiana.

É certo que as normas internacionais citadas são vigentes em ambos os países e complementam a proteção das mulheres trabalhadoras contra a discriminação nas relações de trabalho. Assim, a troca de experiências propiciada pelas redes internacionais de juízes poderia destacar a importância da utilização da normativa internacional na apreciação do tema, seja como reforço argumentativo, seja como forma de ampliar a tutela.

6.5.3. *Discriminação por meio de controle gestacional*

A situação da gravidez, infelizmente, é uma das circunstâncias que mais comumente atrai a prática de atos discriminatórios em relação às mulheres. Na tentativa de coibir e punir tais atos, as normas internacionais, supralegais e internas apresentam vários dispositivos de proteção da mulher nesse momento especial.

No Brasil, o Tribunal Superior do Trabalho julgou um caso em que a empresa reclamada efetuava ingerência direta sobre a possibilidade de suas empregadas engravidarem, estabelecendo um controle gestacional. A conduta empresarial foi considerada ilícita, discriminatória e ofensiva à dignidade das trabalhadoras, como se pode verificar da ementa do acórdão:

RECURSO DE REVISTA DAS RECLAMADAS — MULTA DO ART. 477, § 8º, DA CLT — ATRASO NA HOMOLOGAÇÃO DA RESCISÃO CONTRATUAL — DESCABIMENTO. Com a ressalva do meu entendimento, o prazo previsto no § 6º do art. 477 consolidado refere-se ao pagamento das verbas rescisórias, e não à homologação da rescisão contratual. Observados os prazos estabelecidos no art. 477, § 6º, da CLT e quitadas tempestivamente as verbas rescisórias, não há incidência da penalidade prevista no art. 477, § 8º, da CLT. Recurso de revista conhecido e provido. RECURSO DE REVISTA DA RECLAMANTE — CONTROLE GESTACIONAL — CONDUTA EMPRESARIAL ILÍCITA, DISCRIMINATÓRIA E OFENSIVA À DIGNIDADE DAS TRABALHADORAS — DANO MORAL — INDENIZAÇÃO. Foi reconhecida nos autos a existência de um Programa Gestacional instituído por uma das prepostas da empresa, no intuito de conciliar as gravidezes das empregadas com o atendimento das demandas de trabalho. Inclusive, há notícia de prova documental consistente em planilha elaborada pela gerência, estabelecendo uma fila de preferência para a atividade reprodutiva das trabalhadoras. A comprovação, por si só, da existência de um plano gestacional no âmbito da empresa, acarreta a conclusão de que todas as mulheres em idade reprodutiva envolvidas naquela planta empresarial foram ofendidas em sua dignidade (destacadamente na possibilidade de decidirem com autonomia a respeito de seus projetos de vida, de felicidade e do seu corpo) e em suas intimidades, resultando discriminadas em razão de sua condição feminina. A capacidade do empregador de difundir um clima de intimidação, determinando o comportamento de suas empregadas a partir do estabelecimento desse plano, ou causando-lhes sofrimento pela incapacidade de atendê-lo ou mesmo pelo desejo contrário ao prescrito no plano gravídico, decorre da posição de subordinação jurídica em que os empregados se colocam no âmbito da relação de emprego, revelando um espectro de eficácia que alcança todas aquelas que trabalhavam nas mesmas condições e se enquadravam na prescrição empresarial, ainda que não tenham sido destinatárias diretas da determinação da gerente. O ordenamento jurídico, para além do estabelecimento da igualdade entre homens e mulheres no art. 5º, I, da Constituição Federal de 1988, já voltou seu olhar para a especial vulnerabilidade das mulheres no mercado de trabalho, em razão das suas responsabilidades reprodutivas, razão por que prescreveu a ilicitude de qualquer conduta voltada ao controle do estado gravídico das trabalhadoras. Nesse sentido, os arts. 373-A e 391, parágrafo único, da CLT. Saliente-se que a pretensão abstrata de estender seu poder empregatício para além das prescrições sobre a organização do trabalho, alcançando a vida, a autonomia e o corpo das trabalhadoras, revela desrespeito grave à dignidade da pessoa humana, que não se despe de sua condição de sujeito, nem da titularidade das decisões fundamentais a respeito da sua própria vida, ao contratar sua força de trabalho em favor de outrem. Está caracterizada, satisfatoriamente, a conduta ilícita e antijurídica do empregador, capaz de ofender a dignidade obreira, de forma culposa. Ao se preocupar exclusivamente com o atendimento de suas necessidades produtivas, constrangendo as decisões reprodutivas das trabalhadoras, a reclamada instrumentaliza a vida das suas empregadas, concebendo-as como meio para a obtenção do lucro, e não como fim em si mesmas. Constatada violação dos arts. 5º, V e X, da Constituição Federal; 373-A e 391, parágrafo único, da CLT; e 186 do Código Civil. Indenização por danos morais que se arbitra no valor de R$ 50.000,00. Recurso de revista conhecido e provido. (RR — 755-28.2010.5.03.0143, Relator Ministro: Luiz Philippe Vieira de Mello Filho, Data de Julgamento: 10/09/2014, 7ª Turma, Data de Publicação: DEJT 19.09.2014)

No caso mencionado, restou comprovado, por depoimentos de testemunhas, que a empresa fazia uma "agenda de gravidez", estabelecendo, em uma planilha, uma ordem de preferência para que suas empregadas pudessem engravidar. A supervisora encarregada desse controle enviou a planilha via e-mail para as trabalhadoras, e repetia diariamente a necessidade de observância das regras, tratando com aspereza uma empregada que engravidou fora da previsão estabelecida pela empresa.

Em primeiro grau, o juiz do trabalho havia considerado ilícita a conduta empresarial, condenando-a ao pagamento de indenização pelos danos morais acarretados na autora da ação. O Tribunal Regional da 3ª Região, contudo, reformou a sentença, para excluir referida indenização, por entender que a autora não havia comprovado com segurança que tenha sido submetida a qualquer tratamento humilhante ou constrangedor em decorrência do "programa de gestação".

O Tribunal Superior do Trabalho deu provimento ao recurso da trabalhadora, para restabelecer a condenação ao pagamento de indenização pelos danos morais. Entendeu que o simples fato de instituir o controle gestacional das empregadas, estendendo o poder empregatício para além das prescrições sobre a organização do trabalho, alcançando a vida, a autonomia e o corpo das mulheres trabalhadoras, revela desrespeito grave à dignidade da pessoa humana, e odiosa discriminação contra as mulheres.

A decisão foi embasada nas previsões da Constituição Brasileira de 1988, da Consolidação das Leis do Trabalho e do Código Civil Brasileiro que asseguram o direito à indenização por danos morais acarretados pela prática de atos ilícitos e vedam a discriminação em razão do gênero, notadamente em decorrência do estado de gravidez.

Não foram, contudo, utilizadas normas internacionais para a fundamentação do julgamento. A participação em redes internacionais de juízes possibilitaria que os julgadores tivessem contato com as estruturas de raciocínio utilizadas em outras jurisdições em situações em que se discutisse a proteção da mulher na condição especial da gestação e licença maternidade, aplicando a trama normativa internacional comum, de forma a enriquecer e fortalecer o entendimento no sentido de coibir e punir essa espécie discriminatória.

Conclui-se, portanto, que no campo de proteção aos direitos humanos, as redes de juízes encontram terreno propício para sua atuação e fortalecimento. Isso porque as questões básicas sobre direitos humanos não são reguladas apenas pelas constituições nacionais, mas também por tratados e convenções internacionais de direitos humanos.

Como bem observa Flávia Piovesan, o aparato internacional permite intensificar as respostas jurídicas ante casos de violação de direitos humanos e, consequentemente, ao reforçar a sistemática de proteção de direitos, permite o aperfeiçoamento do próprio regime democrático[515].

---

(515) PIOVESAN, Flávia. *Direitos Humanos e o direito constitucional internacional*. São Paulo: Saraiva, 2013. p. 446.

Dessa forma, Anne-Marie Slaughter afirma que um dos resultados dessa globalização judicial é o aumento de uma jurisprudência constitucional globalizada, por meio da qual os tribunais podem citar decisões uns dos outros, além de citar frequentemente decisões do Tribunal Europeu de Direitos Humanos ou outros tribunais estrangeiros, não apenas dentro da Europa, mas também ao redor do mundo[516].

Essa construção de uma comunidade judicial global é apontada pela autora como uma das funções mais importantes das redes de juízes. Para além da educação de seus membros e da troca simultânea de ideias e informações, ampliando as perspectivas de seus participantes, essa conscientização e o sentimento de pertencimento a um empreendimento judicial global é relevante para convencer os juízes a tentar apoiar normas globais de independência e integridade judicial em todos os países[517]. Na concepção de uma comunidade judicial global, pode haver um reforço das redes de cooperação judicial em litígios transnacionais, com medidas aptas a trazerem efetividade em matéria de execução de decisões e cumprimento de ordens judiciais.

De toda forma, mesmo as redes internacionais de juízes que se desenvolvem de maneira mais informal, como as que se restringem a trocas de informações, possuem relevância nessa nova ordem mundial. Com efeito, ainda que a interação entre os magistrados se desenvolva de forma mais passiva, consistindo apenas no fato de tomar conhecimento de julgados proferidos em outros locais e citá-los em suas próprias decisões, é possível verificar a valorização da persuasão, em detrimento da coação.

Por isso, as mencionadas potencialidades das redes internacionais de juízes devem ser aproveitadas e com isso gerar ainda mais efetividade às normas internacionais concernentes a direitos humanos, principalmente no que se refere ao direito a não discriminação.

---

(516) SLAUGHTER, Anne-Marie. *A New World Order.* Princeton: Princeton University Press, 2004. p. 66.
(517) SLAUGHTER, Anne-Marie. *A New World Order.* Princeton: Princeton University Press, 2004. p. 99.

7
Conclusão

É bastante extenso o conjunto de normas protetivas dos direitos humanos, editadas nas esferas internacionais, regionais e nos âmbitos internos de cada Estado. Entretanto, observa-se que a acentuação da globalização, dando proeminência ao aspecto meramente econômico, tem contribuído para a baixa efetividade dessas normas, sendo imprescindível desenvolver novos mecanismos para enfrentar esses desafios, inclusive por meio do Poder Judiciário.

O capital financeiro no contexto globalizado tornou-se transnacional e volátil, movimentando-se entre os países conforme os maiores atrativos para sua lucratividade. O dinamismo e a facilidade de transferência dos fluxos de capital das empresas transnacionais têm o efeito de impor aos Estados nacionais a desconstrução de seus ordenamentos protetivos, na tentativa de atrair investidores externos e evitar a fuga das empresas para outras localidades.

Nesse contexto, é instituído um verdadeiro "law shopping" (mercado de normas), no qual as ordens jurídicas dos Estados nacionais passam a competir entre si como se fossem produtos em uma prateleira, disponíveis para a escolha do capital transnacional. Essa competição entre ordenamentos acarreta uma "corrida ao fundo do poço", com o desmantelamento das proteções sociais e dos direitos humanos trabalhistas, que passam a ser encarados como custos a serem minimizados.

Para enfrentar esses desafios, propõe-se que sejam acentuadas as dimensões sociais, políticas e culturais da globalização, com o objetivo de construir uma "globalização equitativa" (para utilizar a expressão consagrada pela Organização Internacional do Trabalho nos últimos documentos que enfrentam os desafios atuais no mundo do trabalho).

A visão contra-hegemônica de globalização pode ser construída a partir da ênfase na proteção aos direitos humanos, que não prescinde do aspecto social e da salvaguarda da pessoa humana.

Considerando que o impacto do capital transnacional volátil é global, as questões de violações dos direitos humanos, portanto, também não podem ser enfrentadas pontualmente no âmbito externo de cada Estado. Hão de ser instituídos mecanismos de proteção com alcance mundial.

Esta abordagem é de extrema relevância no campo das relações de trabalho, devendo se recuperar o espírito que originou a Organização Internacional do Trabalho (OIT) e vem orientando sua prática contemporânea.

O presente trabalho enfocou no possível papel dos juízes como atores desta nova ordem mundial, com potencial para a implementação da globalização equitativa por intermédio da cooperação judiciária internacional e das redes internacionais de magistrados.

Os instrumentos institucionalizados de cooperação judiciária internacional propiciam maior celeridade e simplificação dos procedimentos para a resolução das lides transnacionais, que abrangem jurisdições diferentes. Lado outro, as redes internacionais de juízes podem auxiliar no intercâmbio de interpretações, de entendimentos e de boas práticas entre magistrados de diferentes países, contribuindo para a universalização dos direitos humanos e, em especial, para sua real efetividade no âmbito interno dos Estados.

Para cumprir o propósito de evidenciar a necessidade de desenvolver esses mecanismos, com vista a garantir maior eficácia das normas internacionais de proteção aos direitos humanos, optou-se por examinar a questão da discriminação em razão do gênero.

Apesar de representarem metade da população mundial, as mulheres sofrem uma série de práticas discriminatórias no mercado de trabalho, tanto no que se refere aos níveis salariais, quanto à qualidade dos empregos, ascensão a postos de chefia, formação profissional, dispensas discriminatórias, assédio moral e sexual.

Para fazer frente a esta realidade, há um extenso arcabouço normativo, composto por tratados internacionais de direitos humanos editados na esfera de atuação da Organização das Nações Unidas (ONU) e da OIT, bem como nos âmbitos regionais da Europa e das Américas.

Na esfera da ONU, são relevantes as previsões contidas na Carta das Nações Unidas (1945), na Declaração Universal dos Direitos Humanos (1948), no Pacto dos Direitos Civis e Políticos (1966), no Pacto dos Direitos Econômicos, Sociais e Culturais (1966) e na Convenção sobre a Eliminação de todas as Formas de Discriminação contra as Mulheres (1979).

Na OIT, destacam-se os dispositivos da Constituição da OIT (1919) e de seu Anexo, a Declaração da Filadélfia (1944), a Declaração sobre os Princípios e Liberdades Fundamentais no Trabalho (1998), a Convenção n. 100 (1951), a Convenção n. 111 (1958) e outras Convenções e Recomendações editadas por esse organismo internacional.

No âmbito europeu, foram identificadas normas que vedam a discriminação em razão do gênero nos tratados institutivos do bloco regional — Tratado de Roma (1957), Tratado de Maastricht (1992), Tratado de Amsterdam (1997) e Tratado de Lisboa (2007) — bem como na Convenção Europeia de Direitos Humanos (1950), Carta Social da Europa (1961), Carta Comunitária de Direitos Sociais Fundamentais dos Trabalhadores (1989) e Carta dos Direitos Fundamentais da União Europeia (2000). Além disso, existem as diretivas comunitárias que tratam do tema da paridade entre homens e mulheres na Europa, diretivas essas que foram examinadas no trabalho.

Nas Américas, foram analisadas a Convenção Americana de Direitos Humanos (Pacto de San José da Costa Rica, de 1969) e seu Protocolo Adicional em matéria de Direitos Econômicos, Sociais e Culturais (Protocolo de San Salvador, de 1988), ambos editados pela Organização dos Estados Americanos (OEA), e a Declaração Sociolaboral do MERCOSUL, incidente sobre os países que compõem o Mercado Comum do Sul.

Quanto às ordens jurídicas nacionais, verificou-se ampla trama normativa interna, tanto na Itália, como no Brasil, que visa a tutela da mulher trabalhadora contra práticas discriminatórias.

No ordenamento italiano, verificou-se a incorporação de diversos tratados e convenções internacionais e das normas europeias, além da existência de normas antidiscriminatórias na Constituição Italiana e na legislação ordinária, que foi evoluindo com o passar do tempo.

No Brasil, também foi identificada a incorporação de diversos tratados e convenções internacionais, além da existência de normas internas aptas a combater a discriminação em razão de gênero, como os dispositivos contidos na Constituição Brasileira, na Consolidação das Leis do Trabalho (CLT) e nas Leis ns. 9.029/95 e 9.799/99.

Após a análise de todas essas normas que, de modo conjunto e indissociável, pretendem combater as mais variadas formas de discriminação em razão do gênero, buscou-se evidenciar de que formas os juízes de todo o mundo podem torná-las efetivas por meio da cooperação com juízes de outros países.

Observou-se que, em um contexto globalizado, cada vez mais, os juízes são instados a apreciar lides compostas por elementos em conexão internacional, em que haja a necessidade de praticar atos em territórios de outros Estados. Para possibilitar, portanto, que um ato jurisdicional praticado em um Estado produza efeitos em outro, devem ser utilizados os mecanismos institucionais de cooperação judiciária internacional.

Foram examinados os tratados internacionais que abordam o tema da cooperação judiciária internacional, bem como as normas que regulam o tema na Itália e no Brasil.

No que tange à Itália, verificou-se a incidência das normas da União Europeia, cujo quadro normativo evoluiu, desde a Convenção de Bruxelas de 1968 até os mais recentes Regulamentos sobre o tema, no sentido de instituir o reconhecimento automático e recíproco das decisões estrangeiras pelos Estados membros, bem como facilitar a execução de tais decisões, ou de atos tendentes à produção de prova ou ao cumprimento de requerimentos em território estrangeiro. Em relação aos Estados extracomunitários, observou-se tanto a aplicação de tratados específicos com alguns países (como é o caso do Brasil) quanto das previsões das leis processuais italianas (como a Lei n. 218/1995).

No que se refere ao Brasil, foi feito um estudo histórico da questão nas normas internas, destacando-se a atual tendência de transferência de boa parte dos requerimentos de cooperação judiciária internacional do Ministério das Relações Exteriores (Itamaraty) para o Ministério da Justiça.

Foram também examinados os Protocolos editados no âmbito do MERCOSUL para facilitar a cooperação judiciária entre os Estados membros do bloco regional. Quanto aos demais Estados, em relação aos quais também não tenha sido firmado tratado específico sobre o tema, verificou-se a aplicação das normas processuais brasileiras.

A partir da análise dos institutos da homologação de sentença estrangeira e da concessão do *exequatur* às cartas rogatórias, bem como das repercussões da alteração da competência para apreciar tais pedidos efetuada pela Emenda Constitucional n. 45/2004, que a alterou do Supremo Tribunal Federal (STF) para o Superior Tribunal de Justiça (STJ), foi possível constatar a crescente simplificação dos procedimentos, inclusive com a criação do auxílio direto.

Essas tendências desaguaram na criação de um capítulo próprio sobre cooperação internacional bem como em normas procedimentais específicas no novo Código de Processo Civil brasileiro, recentemente editado (Lei n. 13.015/2015).

Verifica-se, portanto, que apesar de o Brasil ainda exigir mais requisitos para o cumprimento de decisões estrangeiras ou requerimentos de cooperação internacional do que a Itália, ambos os ordenamentos caminham no sentido de, cada vez mais, garantir maior rapidez e simplicidade nos procedimentos, de modo a facilitar a circulação e o cumprimento dos atos jurisdicionais entre os países, tornando a jurisdição mais efetiva, mundialmente.

Além das modalidades institucionais de cooperação judiciária internacional, destacou-se a relevância das redes internacionais de juízes e o estabelecimento de relações entre magistrados com a utilização dos mecanismos e tecnologias em rede propiciados pela globalização.

Constatou-se o surgimento e o desenvolvimento de estruturas de diferentes níveis e graus de formalização que privilegiam a horizontalidade e a interdependência entre seus membros, instituindo uma nova forma de aplicação globalizada do direito.

As redes podem tanto auxiliar na tramitação das solicitações de cooperação judiciária internacional institucionalizada, como propiciar a troca de informações e o intercâmbio de ideias e experiências entre seus membros. Contribuem para superar os antigos limites da função jurisdicional e, utilizando-se do intenso fluxo entre seus membros, alterar o próprio processo de formação da convicção do juiz, que passa a ser debatido, compartilhado e reciprocamente influenciado, com vistas à maior efetividade das normas protetivas dos direitos humanos.

Alguns exemplos destas redes internacionais de juízes foram analisados, destacando-se seus diferentes formatos, graus de institucionalização, propostas e áreas de abrangência.

Partindo da Rede Judiciária Europeia (EJN), exemplo consolidado na experiência europeia e com alto grau de institucionalização, foram também examinadas a Rede Iberoamericana de Cooperação Jurídica Internacional (IberRed) e a Rede Latino-americana de Juízes (REDLAJ), estruturadas para a integração de magistrados latino-americanos, bem como outros exemplos de redes criadas com diversas finalidades, como redes de formação de magistrados ou simplesmente de troca de informações.

Constatou-se que todas essas estruturas reticulares, em maior ou menor medida, podem contribuir para que os juízes passem a se compreender como atores de um cenário global, em que as decisões podem ser construídas de forma cooperativa com o objetivo comum de propiciar maior eficácia para a proteção dos direitos humanos internacionalmente.

Em seguida, pretendendo ilustrar a potencialidade das redes internacionais de juízes para um melhor enfrentamento de casos concretos de violação de diretos humanos, efetuou-se análise de julgamentos proferidos na Itália e no Brasil, em questões relacionadas à discriminação de gênero.

Observou-se não ser comum a referência a normas internacionais na fundamentação das decisões, dando-se prevalência à aplicação de normas internas dos países. No entanto, os princípios e estruturas argumentativas adotadas nas decisões possuem nítida influência das normas internacionais, que poderiam ser mais utilizadas.

Constatou-se ainda que algumas situações semelhantes são resolvidas de modo diferente em cada país, em que pese a existência de normas internacionais comuns neles vigentes, que poderiam ser aplicadas nesses casos. Dessa forma, o incremento da utilização das redes internacionais de juízes poderia contribuir para a troca de entendimentos entre os magistrados, de forma que as estruturas de raciocínio que propiciam maior efetividade às normas que vedam a discriminação de gênero fossem difundidas e pudessem influenciar na formação do convencimento de julgadores de outros países.

O diálogo judicial propiciado por essas redes de juízes, portanto, pode contribuir para um movimento global que resista aos impactos da globalização meramente econômica de violação aos direitos humanos trabalhistas.

O potencial dos mecanismos institucionais de cooperação judiciária internacional e das redes internacionais de juízes pode e deve ser aproveitado para incrementar o combate à discriminação em todo o mundo, inclusive nas questões de gênero. A maior efetividade das normas de proteção aos direitos humanos pode ser alcançada pelo trabalho conjunto e cooperativo de magistrados, com vistas a tornar reais as normas protetivas contidas nos instrumentos internacionais vigentes nas diferentes ordens jurídicas, que reconhecem a condição similar de dignidade de todas as mulheres trabalhadoras.

Referências Bibliográficas

ADAM, Roberto; TIZZANO, Antonio. *Manuale di diritto dell'Unione Europea.* Torino: G. Giappichelli Editore, 2014.

ADICHIE, Chimamanda Ngozi. *Discurso proferido na cerimônia de formatura do Wellesley College, em 29 de maio de 2015.* Disponível em: <https://www.youtube.com/watch?v=RcehZ3CjedU>. Acesso em: 19 set. 2015.

AGUIAR, Ana Carolina Campos. O Protocolo de Las Leñas como importante instrumento para o processo de integração e cooperação jurídica no Mercosul. In: ESCOLA DE MAGISTRATURA FEDERAL DA 1ª REGIÃO. *I Jornada sobre cooperação judicial nacional e internacional.* Brasília: Escola de Magistratura Federal da 1ª Região — ESMAF, 2014, p. 21-27.

ALVARADO, Paola Andrea Acosta. *Diálogo judicial y constitucionalismo multinivel: El caso interamericano.* Bogotá: Universidad Externado de Colombia, 2014.

AMATRA III — Associação dos Magistrados da Justiça do Trabalho da 3ª Região (Coord.). *Temas de direito e processo do trabalho.* Belo Horizonte: Del Rey, 1996.

AMBROSI, Irene; SACARANO, Luigi A. (a cura di). *Diritto civile comunitario e cooperazione giudiziaria civile.* Milano: Giuffrè Editore, 2005.

ARAÚJO, Nadia de. A importância da cooperação jurídica internacional para a atuação do Estado brasileiro no plano interno e internacional. In: BRASIL. SECRETARIA NACIONAL DE JUSTIÇA. *Manual de cooperação jurídica internacional e recuperação de ativos:* cooperação em matéria civil. 4. ed. Brasília: Ministério da Justiça, 2014. p. 27-44.

ARTHUR, Maria José. Fantasmas que assombram os sindicatos: mulheres sindicalistas e as lutas pela afirmação dos seus direitos. In: SANTOS, Boaventura de Sousa (Org.). *Reconhecer para libertar:* os caminhos do cosmopolitismo cultural. Porto: Afrontamento, 2004, p. 381-424.

BALLESTRERO, Maria Vittoria. *Dalla tutela alla parità: la legislazione italiana sul lavoro delle donne.* Bologna: Il Mulino, 1979.

BANCO MUNDIAL. *Doing business.* Disponível em: <http://www.doingbusiness.org>. Acesso em: 29 jul. 2015.

BANCO MUNDIAL. *Gender at work:* a companion to the world development report on jobs. Disponível em: <http://www.worldbank.org/content/dam/Worldbank/Event/Gender/GenderAtWork_web2.pdf>. Acesso em: 22 ago. 2015.

BARROS, Alice Monteiro de. *A mulher e o direito do trabalho.* São Paulo: LTr, 1995.

BATISTA JÚNIOR, Onofre Alves. *O outro Leviatã e a corrida ao fundo do poço:* guerras fiscais e precarização do trabalho, a face perversa da globalização, a necessidade de uma ordem econômica global mais justa. São Paulo: Almedina, 2015.

BECHARA, Fábio Ramazzini. Cooperação jurídica internacional: equilíbrio entre eficiência e garantismo. In: BRASIL. SECRETARIA NACIONAL DE JUSTIÇA. *Manual de cooperação jurídica internacional e recuperação de ativos:* cooperação em matéria civil. 4. ed. Brasília: Ministério da Justiça, 2014. p. 45-51.

BELMONTE, Alexandre Agra. O assédio à mulher nas relações de trabalho. In: FRANCO FILHO, Georgenor de Sousa (Coord.). *Trabalho da mulher:* homenagem a Alice Monteiro de Barros. São Paulo: LTr, 2009. p. 74-104.

BELTRAME, Adriana. Cooperação jurídica internacional. In: *Revista de Processo,* n. 162, ano 33, agosto de 2008, p. 187-196.

BONAVIDES, Paulo. *Curso de Direito Constitucional.* 10. ed. São Paulo: Malheiros, 2000.

BONOMI, Andrea (a cura di). *Diritto internazionale privato e cooperazione giudiziaria in materia civile.* Torino: G. Giappichelli Editore, 2009.

BRASIL. *Constituição de 1988.* Disponível em: <http://www.planalto.gov.br/ccivil_03/Constituicao/Constituicao.htm>. Acesso em: 20 set. 2015.

BRASIL. *Decreto n. 591 de 6 de julho de 1992. Promulga o Pacto dos Direitos Econômicos, Sociais e Culturais*. Disponível em: <http://www.presidencia.gov.br/ccivil_03/decreto/1990-1994/D0591.htm>. Acesso em 06 set. 2015.

BRASIL. *Decreto n. 592 de 6 de julho de 1992. Promulga o Pacto dos Direitos Civis e Políticos*. Disponível em: <http://www.planalto.gov.br/ccivil_03/decreto/1990-1994/D0592.htm>. Acesso em: 06 set. 2015.

BRASIL. *Decreto n. 678, de 6 de novembro de 1992. Promulga a Convenção Americana sobre Direitos Humanos (Pacto de São José da Costa Rica), de 22 de novembro de 1969*. Disponível em: <http://www.planalto.gov.br/ccivil_03/decreto/D0678.htm>. Acesso em: 12 set. 2015.

BRASIL. *Decreto n. 1.855, de 10 de abril de 1996. Promulga a Convenção n. 158 relativa ao Término da Relação de Trabalho por Iniciativa do Empregador, de 22 de junho de 1982*. Disponível em: <http://www.planalto.gov.br/ccivil_03/decreto/1996/D1855.htm>. Acesso em: 12 set. 2015.

BRASIL. *Decreto n. 2.067, de 12 de novembro de 1996. Promulga o Protocolo de Cooperação e Assistência Jurisdicional em Matéria Civil, Comercial, Trabalhista e Administrativa (Protocolo de Las Leñas)*. Disponível em: <http://www2.camara.leg.br/legin/fed/decret/1996/decreto-2067-12-novembro-1996-444964-publicacaooriginal-1-pe.html>. Acesso em: 10 set. 2015.

BRASIL. *Decreto n. 2.100, de 20 de dezembro de 1996. Torna pública a denúncia, pelo Brasil, da Convenção da OIT n. 158 relativa ao Término da Relação de Trabalho por Iniciativa do Empregador*. Disponível em: <http://www.planalto.gov.br/ccivil_03/decreto/1996/d2100.htm>. Acesso em: 12 set. 2015.

BRASIL. *Decreto n. 2.626, de 15 de junho de 1998. Promulga o Protocolo de Medidas Cautelares do MERCOSUL*. Disponível em: <http://www.justica.gov.br/sua-protecao/cooperacao-internacional/cooperacao-juridica-internacional-em-materia-civil/arquivos/protocolo-de-medidas-cautelares.pdf>. Acesso em: 10 set. 2015.

BRASIL. *Decreto n. 3.321, de 30 de dezembro de 1999. Promulga o Protocolo Adicional à Convenção Americana sobre Direitos Humanos em Matéria de Direitos Econômicos, Sociais e Culturais "Protocolo de São Salvador", concluído em 17 de novembro de 1988, em São Salvador, El Salvador*. Disponível em: <http://www.planalto.gov.br/ccivil_03/decreto/D3321.htm>. Acesso em :12 set. 2015.

BRASIL. *Decreto n. 4.316 de 30 de julho de 2002. Promulga o Protocolo Facultativo à Convenção da ONU sobre a Eliminação de todas as formas de discriminação contra as mulheres*. Disponível em: <http://www.planalto.gov.br/ccivil_03/decreto/2002/D4316.htm>. Acesso em: 06 set. 2015.

BRASIL. *Decreto n. 4.377 de 13 de setembro de 2002. Promulga a Convenção da ONU sobre a Eliminação de todas as formas de discriminação contra as mulheres, de 1979*. Disponível em: <http://www.planalto.gov.br/ccivil_03/decreto/2002/D4377.htm>. Acesso em: 06 set. 2015.

BRASIL. *Decreto n. 5.452, de 1º de maio de 1943. Aprova a Consolidação das Leis do Trabalho*. Disponível em: <http://www.planalto.gov.br/ccivil_03/decreto-lei/Del5452.htm>. Acesso em: 06 set. 2015.

BRASIL. *Decreto n. 6.061, de 15 de março de 2007, que aprova a estrutura regimental do Ministério da Justiça*. Disponível em: <http://www.planalto.gov.br/ccivil_03/_ato2007-2010/2007/decreto/d6061.htm>. Acesso em: 12 set. 2015.

BRASIL. *Decreto n. 19.841 de 22 de outubro de 1945. Promulga a Carta das Nações Unidas*. Disponível em: <http://www.planalto.gov.br/ccivil_03/decreto/1930-1949/d19841.htm>. Acesso em: 12 set. 2015.

BRASIL. *Decreto n. 41.721, de 25 de junho de 1957. Promulga as Convenções Internacionais do Trabalho de n. 11, 12, 13, 14, 19, 26, 29, 81, 88, 89, 95, 99, 100 e 101, firmadas pelo Brasil e outros países em sessões da Conferência Geral da Organização Internacional do Trabalho*. Disponível em: <http://www.planalto.gov.br/ccivil_03/decreto/Antigos/D41721.htm>. Acesso em: 10 set. 2015.

BRASIL. *Decreto n. 62.150, de 19 de janeiro de 1968. Promulga a Convenção n. 111 da OIT sobre discriminação em matéria de emprego e profissão*. Disponível em: <http://www.planalto.gov.br/ccivil_03/decreto/1950-1969/D62150.htm>. Acesso em: 10 set. 2015.

BRASIL. *Decreto n. 66.496, de 27 de abril de 1970. Promulga a Convenção da OIT número 117 sobre Objetivos e Normas Básicas da Política Social*. Disponível em: <http://legis.senado.gov.br/legislacao/ListaNormas.action?numero=66496&tipo_norma=DEC&data=19700427&link=s>. Acesso em: 10 set. 2015.

BRASIL. *Decreto n. 66.499, de 27 de abril de 1970. Promulga a Convenção da OIT número 122 sobre Política de Emprego*. Disponível em: <http://legis.senado.gov.br/legislacao/ListaNormas.action?numero=66499&tipo_norma=DEC&data=19700427&link=s>. Acesso em: 10 set. 2015.

BRASIL. *Lei n. 9.029, de 13 de abril de 1995. Proíbe a exigência de atestados de gravidez e esterilização, e outras práticas discriminatórias, para efeitos admissionais ou de permanência da relação jurídica de trabalho, e dá outras providências*. Disponível em: <http://www.planalto.gov.br/cCivil_03/LEIS/L9029.HTM>. Acesso em: 20 set. 2015.

BRASIL. *Lei n. 9.799, de 26 de maio de 1999. Insere na Consolidação das Leis do Trabalho regras sobre o acesso da mulher ao mercado de trabalho e dá outras providências*. Disponível em: <http://www.planalto.gov.br/ccivil_03/leis/l9799.htm>. Acesso em: 20 set. 2015.

BRASIL. SECRETARIA NACIONAL DE JUSTIÇA. *Manual de cooperação jurídica internacional e recuperação de ativos: cooperação em matéria civil*. 4. ed. Brasília: Ministério da Justiça, 2014.

BRASIL. SUPERIOR TRIBUNAL DE JUSTIÇA. *Resolução n. 9, de 4 de maio de 2005. Dispõe, em caráter transitório, sobre competência acrescida ao Superior Tribunal de Justiça pela Emenda Constitucional n. 45/2004.* Disponível em: <http://www.stj.jus.br/SCON/legislacao/doc.jsp?numero=%229%22&norma=%27RES%27&&b=LEGI&p=true&t=&l=20&i=1>. Acesso em: 12 set. 2015.

BRASIL. SUPREMO TRIBUNAL FEDERAL. *Ação direta de inconstitucionalidade n. 1625/DF — acompanhamento processual.* Disponível em: <http://www.stf.jus.br/portal/processo/verProcessoAndamento.asp?numero=1625&classe=ADI&origem=AP&recurso=0&tipoJulgamento=M>. Acesso em: 19 set. 2015.

BRASIL. SUPREMO TRIBUNAL FEDERAL. *Recurso extraordinário 150455.* Disponível em: <http://www.stf.jus.br/portal/processo/verProcessoAndamento.asp?numero=150455&classe=RE&codigoClasse=0&origem=JUR&recurso=0&tipoJulgamento=M>. Acesso em: 17 out. 2015.

BRASIL. TRIBUNAL SUPERIOR DO TRABALHO. *AIRR — 99-60.2011.5.14.0101,* Data de Julgamento: 01/10/2014, Relator Ministro: Mauricio Godinho Delgado, 3ª Turma, Data de Publicação: DEJT 03 out. 2014.

BRASIL. TRIBUNAL SUPERIOR DO TRABALHO. *RR — 755-28.2010.5.03.0143,* Relator Ministro: Luiz Philippe Vieira de Mello Filho, Data de Julgamento: 10.09.2014, 7ª Turma, Data de Publicação: DEJT 19 set. 2014.

BRONSTEIN, Arturo. *International and comparative labour law:* current chalenges. Genebra: Palgrave Macmillan, 2009.

BROWNLIE, Ian. *Principles of international law.* 4th ed. Oxford: Oxford University Press, 1990.

CANTELLI, Paula Oliveira. *O trabalho feminino no divã:* dominação e discriminação. São Paulo: LTr, 2007.

CARESTIA, Antonietta. La rete giudiziaria europea in materia civile e commerciale. In: AMBROSI, Irene; SACARANO, Luigi A. (a cura di). *Diritto civile comunitario e cooperazione giudiziaria civile.* Milano: Giuffrè Editore, 2005, p. 33-56.

CASTELLS, Manuel. *A sociedade em rede.* 8. ed. São Paulo: Paz e Terra, 1999.

CHAVES JÚNIOR, José Eduardo de Resende. *El juez y la conectividad — el nuevo principio de la conexión del proceso judicial.* Disponível em: <http://www.redlaj.net/new/images/stories/juezylaconectiv.pdf>. Acesso em: 06 ago. 2015.

Código Modelo de Cooperación Interjurisdicional para Iberoamérica. In: *Revista de Processo,* n. 166, ano 33, dezembro de 2008, p. 203-229.

CONETTI, Giorgio; TONOLO, Sara; VISMARA, Fabrizio. *Manuale di diritto internazionale privato.* Torino: G. Giappichelli Editore, 2013.

DELGADO, Gabriela Neves. *Direito fundamental ao trabalho digno.* São Paulo: LTr, 2006.

Conselho da Europa. Disponível em: <https://pt.wikipedia.org/wiki/Conselho_da_Europa>. Acesso em 19 set. 2015.

CONSELHO NACIONAL DE JUSTIÇA. *Provimento n. 51, de 22 de setembro de 2015. Dispõe sobre a averbação de carta de sentença expedida após homologação de sentença estrangeira relativa a divórcio ou separação judicial.* DJe 28.09.2015, n. 173, p. 5.

CENTRO STUDI DI DIRITTO DEL LAVORO DOMENICO NAPOLETANO — SEZIONE DI ROMA. *Datore di lavoro troppo severo con le lavoratrici deve risarciri loro i dani — Tribunale di Roma, sent. 23 giugno 2015, n. 6327.* Disponível em: <http://www.csdn-roma.it/datore-di-lavoro-troppo-severo-con-le-lavoratrici-deve-risarcire-loro-i-danni-tribunale-di-roma-sent-23-giugno-2015--n-6327/>. Acesso em: 23 out. 2014.

DELGADO, Mauricio Godinho. *Capitalismo, trabalho e emprego:* entre o paradigma da destruição e os caminhos da reconstrução. São Paulo: LTr, 2006.

DIDIER JR., Fredie. *Curso de direito processual civil:* introdução ao direito processual civil, parte geral e processo de conhecimento. 17. ed. Salvador: Jus Podivm, 2015.

EJAL — Escola Judicial da América Latina. Disponível em: <http://www.ejal.org/index.php/es.html>. Acesso em: 29 ago. 2014.

ESCOLA DE MAGISTRATURA FEDERAL DA 1ª REGIÃO. *I Jornada sobre cooperação judicial nacional e internacional.* Brasília: Escola de Magistratura Federal da 1ª Região — ESMAF, 2014.

EUROPEAN JUDICIAL NETWORK IN CIVIL AND COMMERCIAL MATTERS. *About the European Judicial Network.* Disponível em: <http://ec.europa.eu/civiljustice/network/network_en.htm>. Acesso em: 06 set. 2015.

EUROPEAN JUDICIAL NETWORK IN CRIMINAL MATTERS. *About EJN.* Disponível em: <http://www.ejn-crimjust.europa.eu/ejn/EJN_StaticPage.aspx?Bread=2>. Acesso em: 06 set. 2015.

EUROPEAN JUDICIAL NETWORK IN CRIMINAL MATTERS. *Assistance in International Cooperation in Criminal Matters for Practitioners: European Judicial Network and EUROJUST — What can we do for you?* Disponível em: <http://www.ejn-crimjust.europa.eu/ejnupload/News/Paper%20on%20judicial%20coopereation%20in%20criminal%20matters_EJN_EJ.pdf>. Acesso em: 06 set. 2015.

FRANCO FILHO, Georgenor de Sousa (Coord.). *Trabalho da mulher:* homenagem a Alice Monteiro de Barros. São Paulo: LTr, 2009.

FRANCO NETO, Georgenor de Sousa. Identificação dos direitos fundamentais da mulher trabalhadora no ordenamento jurídico brasileiro. In: FRANCO FILHO, Georgenor de Sousa (Coord.). *Trabalho da mulher:* homenagem a Alice Monteiro de Barros. São Paulo: LTr, 2009. p. 185-216.

FRANZINA, Pietro. La cooperazione fra gli Stati membri della Comunità europea nel settore della assunzione delle prove in materia civile e commerciale. In: BONOMI, Andrea (a cura di). *Diritto internazionale privato e cooperazione giudiziaria in materia civile*. Torino: G. Giappichelli Editore, 2009. p. 261-291.

FRANZINA, Pietro. La notificazione degli atti giudiziari e stragiudiziari in âmbito comunitario. In: BONOMI, Andrea (a cura di). *Diritto internazionale privato e cooperazione giudiziaria in materia civile*. Torino: G. Giappichelli Editore, 2009. p. 217-259.

FRÖNER, Felipe. Anotações aos artigos 26 a 41. In: OAB RS. *Novo Código de Processo Civil anotado*. Porto Alegre: OAB RS, 2015, p. 62-79.

FURTADO, Emmanuel Teófilo. Direito à proteção e intimidade da mulher. In: FRANCO FILHO, Georgenor de Sousa (Coord.). *Trabalho da mulher*: homenagem a Alice Monteiro de Barros. São Paulo: LTr, 2009. p. 128-144.

GALANTINO, Luisa. *Diritto comunitario del lavoro*. Torino: G. Giappichelli Editore, 2008.

GALANTINO, Luisa. *Diritto del lavoro*. Torino: G. Giappichelli Editore, 2010.

GARCIA JUNIOR, Odilon Marques. Anotações aos artigos 960 a 965. In: OAB RS. *Novo Código de Processo Civil anotado*. Porto Alegre: OAB RS, 2015, p. 716-720.

GHAI, Yash. Globalização, multiculturalismo e direito. In: SANTOS, Boaventura de Sousa (Org.). *Reconhecer para libertar*: os caminhos do cosmopolitismo cultural. Porto: Afrontamento, 2004, p. 555-614.

GOMES, Dinaura Godinho Pimentel. A dignidade do trabalhador no cenário da globalização econômica. In: *Revista LTr Legislação do Trabalho*. vol. 66, n. 12, dez. 2002. p. 1436-1446.

GOZZI, Gustavo. La dichiarazione universale dei diritti umani sessant'anni dopo: le "promesse mancate" dei diritti umani. In: GOZZI, Gustavo; FURIA, Annalisa (a cura di). *Diritti umani e cooperazione internazionale allo sviluppo*: ideologie, illusioni e resistenze. Bologna: Il Mulino, 2010. p. 11-26.

GOZZI, Gustavo; FURIA, Annalisa (a cura di). *Diritti umani e cooperazione internazionale allo sviluppo*: ideologie, illusioni e resistenze. Bologna: Il Mulino, 2010.

GURGEL, Yara Maria Pereira. *Direitos humanos, princípio da igualdade e não discriminação*: sua aplicação às relações de trabalho. São Paulo: LTr, 2010.

IBERIUS. *Red Iberoamericana de Información y Documentación Judicial*. Disponível em: <http://www.iberius.org/web/guest/inicio>. Acesso em: 12 set. 2015.

IBERRED. *Red Iberoamericana de Cooperación Jurídica Internacional*. Disponível em: <https://www.iberred.org/>. Acesso em: 06 set. 2015.

IBGE. Instituto Brasileiro de Geografia e Estatística. Disponível em: <http://www.brasil.gov.br/cidadania-e-justica/2015/03/mulheres-sao-maioria-da-populacao-e-ocupam-mais-espaco-no-mercado-de-trabalho>. Acesso em: 6 out. 2015.

ITALIA. CONSIGLIO SUPERIORE DELLA MAGISTRATURA. *La partecipazione dell'Italia alla Rete Europea per la Formazione Giudiziaria: l'attività del Consiglio Superiore della Magistratura (1998-2002)*. Quaderni del Consiglio Superiore della Magistratura, anno 2002, numero 129.

ITÁLIA. *Lei n. 7 de 9 de janeiro de 1966. Divieto di licenziamento delle lavoratrici per causa di matrimonio e modifiche alla legge 26 agosto 1950, n. 860: "Tutela fisica ed economica delle lavoratrici madri"*. Disponível em: <http://www.normattiva.it/uri-res/N2Ls?urn:nir:stato:legge:1963-01-09;7>. Acesso em: 13 set. 2015.

ITÁLIA. *Lei n. 30 de 9 de fevereiro de 1999. Ratifica ed esecuzione della Carta sociale europea, riveduta, con annesso, fatta a Strasburgo il 3 maggio 1996*. Disponível em <http://www.normattiva.it/uri-res/N2Ls?urn:nir:stato:legge:1999;30>. Acesso em: 13 set. 2015.

ITÁLIA. *Lei n. 132 de 14 de março de 1985. Ratifica ed esecuzione della convenzione sull'eliminazione di ogni forma di discriminazione nei confronti della donna, adottata a New York il 18 dicembre 1979*. Disponível em: <http://www.gazzettaufficiale.it/atto/serie_generale/caricaDettaglioAtto/originario;jsessionid=LwbcyE-gMG9wsdqKUp80Qw__.ntc-as2-guri2b?atto.dataPubblicazioneGazzetta=1985-04-15&atto.codiceRedazionale=085U0132&elenco30giorni=false>. Acesso em: 06 set. 2015.

ITÁLIA. *Lei n. 218 de 31 de maio de 1995. Riforma del sistema italiano di diritto internazionale privato*. Disponível em: <http://www.normattiva.it/uri-res/N2Ls?urn:nir:stato:legge:1995-05-31;218!vig=>. Acesso em: 12 set. 2015.

ITÁLIA. *Lei n. 405 de 6 de fevereiro de 1963. Ratifica ed esecuzione della Convenzione internazionale del lavoro n. 111, concernente la discriminazione in materia di impiego e di professione adottata a Ginevra il 25 giugno 1958*. Disponível em: <http://www.normattiva.it/atto/caricaDettaglioAtto?atto.dataPubblicazioneGazzetta=1963-04-06&atto.codiceRedazionale=063U0405>. Acesso em: 06 set. 2015.

ITÁLIA. *Lei n. 657 de 13 de julho de 1966. Ratifica ed esecuzione delle seguenti Convenzioni internazionali adottate dalla Conferenza internazionale del lavoro: Convenzione internazionale del lavoro n. 117 concernente gli obiettivi e le norme di base della politica sociale, adottata a Ginevra il 22 giugno 1962; Convenzione internazionale del lavoro n. 118 concernente l'uguaglianza di trattamento dei nazionali e dei non nazionali in materia di sicurezza sociale adottata a Ginevra il 28 giugno 1962*. Disponível em: <http://www.

normattiva.it/atto/caricaDettaglioAtto?atto.dataPubblicazioneGazzetta=1966-08-27&atto.codiceRedazionale=066U0657>. Acesso em: 06 set. 2015.

ITÁLIA. *Lei n. 741 de 22 de maio de 1956. Ratifica ed esecuzione delle Convenzioni numeri 100, 101 e 102 adottate a Ginevra dalla 34ª e dalla 35ª sessione della Conferenza generale dell'Organizzazione internazionale del lavoro*. Disponível em: <http://www.normattiva.it/uri-res/N2Ls?urn:nir:stato:legge:1956;741>. Acesso em: 06 set. 2015.

ITÁLIA. *Lei n. 864 de 19 de outubro de 1970. Ratifica ed esecuzione delle Convenzioni numeri 91, 99, 103, 112, 115, 119, 120, 122, 123, 124 e 127 dell'Organizzazione Internazionale del lavoro*. Disponível em: <http://www.normattiva.it/atto/caricaDettaglioAtto?atto.dataPubblicazioneGazzetta=1970-11-28&atto.codiceRedazionale=070U0864>. Acesso em: 06 set. 2015.

ITÁLIA. *Lei n. 881 de 25 de outubro de 1977. Ratifica ed esecuzione del patto internazionale relativo ai diritti economici, sociali e culturali, nonché del patto internazionale relativo ai diritti civili e politici, con protocollo facoltativo, adottati e aperti alla firma a New York rispettivamente il 16 e il 19 dicembre 1966*. Disponível em: <http://legxv.camera.it/cartellecomuni/leg14/RapportoAttivita-Commissioni/commissioni/allegati/03/03_all_legge1977881.pdf>. Acesso em: 06 ago. 2015.

ITÁLIA. *Lei n. 903 de 9 de dezembro de 1977. Parita' di trattamento tra uomini e donne in materia di lavoro*. Disponível em: <http://www.normattiva.it/uri-res/N2Ls?urn:nir:stato:legge:1977-12-09;903>. Acesso em: 13 set. 2015.

ITÁLIA. *Lei n. 929 de 3 de julho de 1965. Ratifica ed esecuzione della Carta sociale europea adottata a Torino il 18 ottobre 1961*. Disponível em: <http://www.normattiva.it/uri-res/N2Ls?urn:nir:stato:legge:1965;929>. Acesso em: 06 set. 2015.

ITÁLIA. CORTE CONSTITUCIONAL. *Sentenza n. 61 de Corte Costituzionale, 08 febbraio 1991*. Disponível em: <http://vlex.it/vid/-20729636>. Acesso em: 29 set. 2015.

KLEEBANK, Susan. *Cooperação judiciária por via diplomática*: avaliação e propostas de atualização do quadro normativo. Brasília: Instituto Rio Branco: Fundação Alexandre de Gusmão, 2004.

LEGGE E GIUSTIZIA. *La previsione, ai fini dell'assunzione, di un requisito di statura uguale per uomini e donne e' illegittima*. Disponível em: <http://www.legge-e-giustizia.it/index.php?option=com_content&task=view&id=2640&Itemid=131>. Acesso em: 17 out. 2015.

LIMA, Firmino Alves. *Mecanismos antidiscriminatórios nas relações de trabalho*. São Paulo: LTr, 2008.

LUGO, Andrea. *Manuale di diritto processuale civile*. 18. ed. aggiornata alla legge n. 10 del 1012. A cura di Claudio de Angelis. Milano: Giuffrè Editore, 2012.

MALLET, Estevão. *Igualdade e discriminação em direito do trabalho*. São Paulo: LTr, 2013.

MAZZUOLI, Valerio Oliveira. *Curso de direito internacional público*. 4. ed. rev., atual. e ampl. São Paulo: Revista dos Tribunais, 2010.

MEDEIROS, Noé de. *Os Direitos humanos e os efeitos da globalização*. Barueri: Minha Editora, 2011.

MENDONÇA, Luzia Farias da Silva. Aspectos teóricos e pragmáticos do auxílio direto. In: ESCOLA DE MAGISTRATURA FEDERAL DA 1ª REGIÃO. *I Jornada sobre cooperação judicial nacional e internacional*. Brasília: Escola de Magistratura Federal da 1ª Região — ESMAF, 2014, p. 147-154.

MERCOSUL. *Declaração sociolaboral do MERCOSUL, de 1998*. Disponível em: <http://www.mercosur.int/msweb/portal%20intermediario/Normas/Tratado%20e%20Protocolos/sociolaboralPT.pdf>. Acesso em: 19 set. 2015.

MILAN, Davide. Il titolo esecutivo europeo. In: BONOMI, Andrea (a cura di). *Diritto internazionale privato e cooperazione giudiziaria in materia civile*. Torino: G. Giappichelli Editore, 2009. p. 193-216.

MONTEJO, Miguel F. Canessa. *El sistema interamericano de derechos humanos y la protección de los derechos humanos laborales*. Lima: Palestra Editores, 2014.

NERY JUNIOR, Nelson; NERY, Rosa Maria de Andrade. *Comentários ao Código de Processo Civil*: novo CPC — Lei n. 13.105/2015. São Paulo: Revista dos Tribunais, 2015.

OLIVEIRA, Fernanda Alvim Ribeiro de. A cooperação. In: THEODORO JÚNIOR, Humberto; OLIVEIRA, Fernanda Alvim Ribeiro de; REZENDE, Ester Camila Gomes Norato (Coord.). *Primeiras lições sobre o novo direito processual civil brasileiro* (de acordo com o Novo Código de Processo Civil, Lei n. 13.105, de 16 de março de 2015). Rio de Janeiro: Forense, 2015. p. 59-63.

OLIVEIRA, Fernanda Alvim Ribeiro de. Da homologação de decisão estrangeira e da concessão do *exequatur* à carta rogatória. In: THEODORO JÚNIOR, Humberto; OLIVEIRA, Fernanda Alvim Ribeiro de; REZENDE, Ester Camila Gomes Norato (Coord.). *Primeiras lições sobre o novo direito processual civil brasileiro* (de acordo com o Novo Código de Processo Civil, Lei n. 13.105, de 16 de março de 2015). Rio de Janeiro: Forense, 2015. p. 704-706.

ORGANIZAÇÃO DAS NAÇÕES UNIDAS NA ITÁLIA. ONU ITÁLIA. Disponível em: <http://www.onuitalia.com/eng/2015/01/19/italian-odyssey-ten-years-enter-un/>. Acesso em: 06 set. 2015.

ORGANIZAÇÃO DAS NAÇÕES UNIDAS. *2009 World Survey on the role of women in development*. Disponível em: <http://www.un.org/womenwatch/daw/public/WorldSurvey2009.pdf>. Acesso em: 22 ago. 2015.

ORGANIZAÇÃO DAS NAÇÕES UNIDAS. *Convenção sobre a Eliminação de Todas as Formas de Discriminação contra as Mulheres.* 1979. Disponível em: <http://www.planalto.gov.br/ccivil_03/decreto/2002/D4377.htm>. Acesso em: 28 ago. 2014.

ORGANIZAÇÃO DAS NAÇÕES UNIDAS. *Declaração Universal dos Direitos Humanos.* 1948. Disponível em: <http://www.dudh.org.br/wp-content/uploads/2014/12/dudh.pdf>. Acesso em: 28 ago. 2015.

ORGANIZAÇÃO DAS NAÇÕES UNIDAS. *Pacto dos Direitos Civis e Políticos.* 1966. Disponível em: <http://www.planalto.gov.br/ccivil_03/decreto/1990-1994/D0592.htm>. Acesso em: 26 maio 2014.

ORGANIZAÇÃO DAS NAÇÕES UNIDAS. *Pacto dos Direitos Econômicos, Sociais e Culturais.* 1966. Disponível em: <http://www.planalto.gov.br/ccivil_03/decreto/1990-1994/D0591.htm>. Acesso em: 26 maio 2014.

ORGANIZAÇÃO DOS ESTADOS AMERICANOS. *Convenção Interamericana contra Toda Forma de Discriminação e Intolerância.* Disponível em: <http://www.oas.org/en/sla/dil/docs/inter_american_treaties_A-69_Convencao_Interamericana_discimina-cao_intolerancia_POR.pdf>. Acesso em: 15 out. 2015.

ORGANIZAÇÃO DOS ESTADOS AMERICANOS. *Quem somos.* Disponível em: <http://www.oas.org/pt/sobre/quem_somos.asp>. Acesso em: 19 set. 2015.

ORGANIZAÇÃO INTERNACIONAL DO TRABALHO. *Banco de dados estatísticos ILOSTAT.* Disponível em: <http://www.ilo.org/ilostat/faces/oracle/webcenter/portalapp/pagehierarchy/Page131.jspx?_adf.ctrl-state=z7zeye7ul_190&clean=true&_afrLoop=1307620017945655&clean=true>. Acesso em: 22 ago. 2015.

ORGANIZAÇÃO INTERNACIONAL DO TRABALHO. *Comissión Mundial sobre la Dimensión Social de la Globalización: La globalización puede y debe cambiar.* Disponível em: <http://www.ilo.org/global/publications/magazines-and-journals/world-of-work-magazine/articles/WCMS_081430/lang--es/index.htm>. Acesso em: 27 maio 2015.

ORGANIZAÇÃO INTERNACIONAL DO TRABALHO. *Constituição da Organização Internacional do Trabalho e seu anexo (Declaração da Filadélfia de 1944).* 1919 e emendas posteriores. Disponível em: <http://www.oitbrasil.org.br/sites/default/files/topic/decent_work/doc/constituicao_oit_538.pdf>. Acesso em: 26 maio 2014.

ORGANIZAÇÃO INTERNACIONAL DO TRABALHO. *Declaração da OIT sobre os princípios e direitos fundamentais no trabalho.* 1998. Disponível em: <http://www.oitbrasil.org.br/sites/default/files/topic/oit/doc/declaracao_oit_547.pdf>. Acesso em: 26 maio 2014.

ORGANIZAÇÃO INTERNACIONAL DO TRABALHO. *Direito internacional do trabalho e direito interno: manual de formação para juízes, juristas e docentes em direito.* Editado por Xavier Beaudonnet. Turim: Centro Internacional de Formação da OIT, 2011.

ORGANIZAÇÃO INTERNACIONAL DO TRABALHO. Document GB 300/4/1, 300th Session of the ILO Governing Body, November 2007, *World Bank Doing Business report: The employing workers indicator* (document submitted for debate and guidance). Disponível em: <http://www.ilo.org/wcmsp5/groups/public/---ed_norm/---relconf/documents/meetingdocument/wcms_085125.pdf>. Acesso em: 19 ago. 2015.

ORGANIZAÇÃO INTERNACIONAL DO TRABALHO. *Equal pay: an introductory guide.* Genebra: International Labour Office, 2013.

ORGANIZAÇÃO INTERNACIONAL DO TRABALHO. *Giving globalization a human face: general survey on the fundamental conventions* (Parte "1b" do Relatório Geral do Comitê de Peritos na Aplicação de Convenções e Recomendações). 2012. Disponível em: <http://www.ilo.org/ilc/ILCSessions/101stSession/reports/reports-submitted/WCMS_174846/lang--en/index.htm>. Acesso em: 25 maio 2014.

ORGANIZAÇÃO INTERNACIONAL DO TRABALHO. *La crisis financiera y econômica: una respuesta basada en el trabajo decente.* Genebra: Instituto Internacional de Estudios Laborales, 2009.

ORGANIZAÇÃO INTERNACIONAL DO TRABALHO. *Piso de protección social para uma globalización equitativa e inclusiva: informe del grupo consultivo sobre el piso de protección social.* Genebra: Oficina Internacional del Trabajo, 2011.

ORGANIZAÇÃO INTERNACIONAL DO TRABALHO. *Report of the Committee of Experts on the Application of Conventions and Recommendations* (Parte "1a" do Relatório Geral do Comitê de Peritos na Aplicação de Convenções e Recomendações). 2012. Disponível em: <http://www.ilo.org/wcmsp5/groups/public/---ed_norm/---relconf/documents/meetingdocument/wcms_174843.pdf>. Acesso em: 25 maio 2014.

PATTI, Salvatore. Introduzione. In: AMBROSI, Irene; SACARANO, Luigi A. (a cura di). *Diritto civile comunitario e cooperazione giudiziaria civile.* Milano: Giuffrè Editore, 2005.

PERONE, Giancarlo. *Lineamenti di diritto del lavoro:* evoluzione e partizione della materia, tipologia lavorative e fonti. Torino: G. Giappichelli Editore, 1999.

PERONE, Giancarlo. *Lineamenti di diritto del lavoro:* evoluzione e partizione della materia, tipologia lavorative e fonti. *Appendice di aggiornamento.* 2. ed. Torino: G. Giappichelli Editore, 2008.

PERONE, Giancarlo. *Lo statuto dei lavoratori.* 3. ed. Torino: UTET Giuridica, 2009.

PERONE, Giancarlo. O juslaborista diante da globalização. In: *Synthesis*: direito do trabalho material e processual. Tribunal Regional do Trabalho de São Paulo. n. 39, 2004, p. 45-48.

PERULLI, Adalberto. *Diritto del lavoro e globalizzazione: clausole sociale, codici di condotta e commercio internazionale*. Padova: Casa Editrice Dott. Antonio Milani, 1999.

PINHEIRO, Érico Rodrigo Freitas. Cartas rogatórias passivas de natureza executória na ordem jurídica brasileira. In: ESCOLA DE MAGISTRATURA FEDERAL DA 1ª REGIÃO. *I Jornada sobre cooperação judicial nacional e internacional*. Brasília: Escola de Magistratura Federal da 1ª Região — ESMAF, 2014, p. 87-146.

PIOVESAN, Flávia. *Direitos Humanos e o direito constitucional internacional*. 1. ed. rev. e atual. São Paulo: Saraiva, 2013.

PROSPERETTI, Giulio. *Nuove politiche per il Welfare State*. Torino: G. Giappichelli Editore, 2013.

REDLAJ — Rede Latino-americana de Juízes. Disponível em: <http://www.redlaj.net/new/index.php/institucional/quienes-somos.html>. Acesso em: 26 maio 2014.

REFJ — *Rede Europeia de Formação Judiciária*. Disponível em: <https://e-justice.europa.eu/content_european_training_networks_and_structures-122--maximizeMS-en.do?clang=pt&idSubpage=3&member=1>. Acesso em: 12 set. 2015.

RENAULT, Luiz Otávio Linhares; VIANA, Márcio Túlio; CANTELLI, Paula Oliveira (Org.). *Discriminação*. 2. ed. São Paulo: LTr, 2010.

RJCPLP — Rede de cooperação jurídica e judiciária internacional dos países de língua portuguesa. *História da criação da Rede Judiciária da CPLP*. Disponível em: <http://www.rjcplp.org/sections/sobre/anexos/historia-da-criacao-da5554/>. Acesso em: 12 set. 2015.

RJCPLP — Rede de cooperação jurídica e judiciária internacional dos países de língua portuguesa. *Objetivos da Rede Judiciária da CPLP*. Disponível em: <http://www.rjcplp.org/sections/sobre/anexos/objetivos-da-rede7844/>. Acesso em: 12 set. 2015.

ROCCELLA, Massimo; TREU, Tiziano. *Diritto del lavoro dell'Unione Europea*. 6. ed. Padova: Casa Editrice Dott. Antonio Milani, 2012.

ROMANO, Gian Paolo. Riconoscimento ed esecuzione delle decisioni nel Regolamento "Bruxelles I". In: BONOMI, Andrea (a cura di). *Diritto internazionale privato e cooperazione giudiziaria in materia civile*. Torino: G. Giappichelli Editore, 2009. p. 149-191.

ROMITA, Arion Sayão. *Direitos fundamentais nas relações de trabalho*. São Paulo: LTr, 2005.

ROMITA, Arion Sayão. O combate à discriminação da mulher no mundo do trabalho, à luz das fontes internacionais com reflexos no ordenamento interno. In: FRANCO FILHO, Georgenor de Sousa (Coord.). *Trabalho da mulher*: homenagem a Alice Monteiro de Barros. São Paulo: LTr, 2009. p. 116-127.

SAADI, Ricardo Andrade; BEZERRA, Camila Colares. A autoridade central no exercício da cooperação jurídica internacional. In: BRASIL. SECRETARIA NACIONAL DE JUSTIÇA. *Manual de cooperação jurídica internacional e recuperação de ativos*: cooperação em matéria civil. 4. ed. Brasília: Ministério da Justiça, 2014. p. 17-23.

SANTORO-PASSARELLI, Giuseppe. *Diritto dei lavori*: Diritto sindacale e rapporti di lavoro. 4. ed. Torino: G. Giappichelli Editore, 2013.

SANTOS, Boaventura de Sousa (Org.). *Reconhecer para libertar*: os caminhos do cosmopolitismo cultural. Porto: Afrontamento, 2004.

SANTOS, Boaventura de Sousa. Por uma concepção multicultural de direitos humanos. In: SANTOS, Boaventura de Sousa (Org.). *Reconhecer para libertar*: os caminhos do cosmopolitismo cultural. Porto: Afrontamento, 2004, p. 427-461.

SANTOS, Boaventura de Sousa; NUNES, João Arriscado. Introdução: para ampliar o cânone do reconhecimento, da diferença e da igualdade. In: SANTOS, Boaventura de Sousa (Org.). *Reconhecer para libertar*: os caminhos do cosmopolitismo cultural. Porto: Afrontamento, 2004, p. 25-68.

SANTOS, Camile Lima. Auxílio direto e assistência jurídica internacional: instrumentos para a tutela do direito dos brasileiros no exterior. In: ESCOLA DE MAGISTRATURA FEDERAL DA 1ª REGIÃO. *I Jornada sobre cooperação judicial nacional e internacional*. Brasília: Escola de Magistratura Federal da 1ª Região — ESMAF, 2014, p. 39-51.

SCOGNAMIGLIO, Renato. *Diritto del lavoro*. Terza edizione ampiamente riveduta ed aggiornata. Napoli: Jovene Editore, 1994.

SCHUTTER, Olivier de. *International Human Rights Law*. Cambridge: Cambridge University Press, 2010.

SENA, Adriana Goulart de. Mulher e trabalho na cena jurídica brasileira contemporânea. In: *AMATRA III — Associação dos Magistrados da Justiça do Trabalho da 3ª Região* (Coord.). Temas de direito e processo do trabalho. Belo Horizonte: Del Rey, 1996. p. 9-18.

SILVA, José Afonso da. *Curso de direito constitucional positivo*. São Paulo: Malheiros, 2006.

SILVA, Ricardo Perlingeiro Mendes da. Anotações sobre o anteprojeto de lei de cooperação jurídica internacional. In: *Revista de Processo*, n. 129, ano 30, novembro de 2005, p. 133-167.

SILVA, Ricardo Perlingeiro Mendes da. Reconhecimento de decisão judicial estrangeira no Brasil e o controle da ordem pública internacional no regulamento (CE) 44: análise comparativa. In: *Revista de Processo*, ano 29, n. 118, nov/dez 2004. p. 173-186.

SLAUGHTER, Anne-Marie. A global community of courts. In: *Harvard International Law Journal*, vol. 44, n. 1, 2003, p. 191-219.

SLAUGHTER, Anne-Marie. *A New World Order*. Princeton: Princeton University Press, 2004.

SMITH, Rhona K. M. *Texts and materials on international human rights*. 2. ed. New York: Routledge, 2010.

SOUZA, Maria Lúcia Gomes de. Breves reflexões sobre a aplicação do direito estrangeiro no auxílio direto. In: ESCOLA DE MAGISTRATURA FEDERAL DA 1ª REGIÃO. *I Jornada sobre cooperação judicial nacional e internacional*. Brasília: Escola de Magistratura Federal da 1ª Região — ESMAF, 2014, p. 155-164.

SUPIOT, Alain. Perspectiva jurídica de la crisis económica de 2008. In: *Revista Internacional del Trabajo*, vol. 129 (2010), n. 2, p. 165-177.

SÜSSEKIND, Arnaldo. *Direito internacional do trabalho*. 3. ed. atual. e com novos textos. São Paulo: LTr, 2000.

TESORIERE, Giovanni. *Diritto processuale del lavoro*. 6. ed. Padova: Casa Editrice Dott. Antonio Milani, 2012.

THEODORO JÚNIOR, Humberto; OLIVEIRA, Fernanda Alvim Ribeiro de; REZENDE, Ester Camila Gomes Norato (Coord.). *Primeiras lições sobre o novo direito processual civil brasileiro (de acordo com o Novo Código de Processo Civil, Lei n. 13.105, de 16 de março de 2015)*. Rio de Janeiro: Forense, 2015.

TRINDADE, Antônio Augusto Cançado. *Desafios e conquistas do direito internacional dos direitos humanos no início do século XXI*. Disponível em: <http://www.oas.org/dil/esp/407-490%20cancado%20trindade%20OEA%20CJI%20%20.def.pdf>. Acesso em: 10 set. 2015.

UNIÃO EUROPEIA. *Carta de Direitos Fundamentais da União Europeia, de 2012*. Disponível em: <http://eur-lex.europa.eu/legal-content/PT/TXT/PDF/?uri=CELEX:12012P/TXT&from=EN>. Acesso em: 13 set. 2015.

UNIÃO EUROPEIA. *Carta Comunitária dos Direitos Sociais Fundamentais dos Trabalhadores, de 1989*. Disponível em: <http://ftp.infoeuropa.eurocid.pt/database/000043001-000044000/000043646.pdf>. Acesso em: 19 set. 2015.

UNIÃO EUROPEIA. *Carta Social Europeia, de 1961*. Disponível em: <https://rm.coe.int/CoERMPublicCommonSearchServices/DisplayDCTMContent?documentId=090000168006b464>. Acesso em: 13 set. 2015.

UNIÃO EUROPEIA. *EUROJUST — European Union's Judicial Cooperation Unit*. Disponível em: <http://www.eurojust.europa.eu/Pages/home.aspx>. Acesso em: 12 set. 2015.

UNIÃO EUROPEIA. *Tratado da União Europeia (versão consolidada)*. Disponível em: <http://eur-lex.europa.eu/legal-content/PT/TXT/PDF/?uri=CELEX:12012M/TXT&from=EN>. Acesso em: 13 set. 2015.

UNIÃO EUROPEIA. *Tratado da União Europeia, de 1992 (Tratado de Maastricht)*. Disponível em: <http://eur-lex.europa.eu/legal-content/PT/TXT/PDF/?uri=OJ:C:1992:191:FULL&from=EN>. Acesso em: 13 set. 2015.

UNIÃO EUROPEIA. *Tratado de Lisboa, que altera o Tratado da União Europeia e o Tratado que institui a Comunidade Europeia, de 2007*. Disponível em: <http://eur-lex.europa.eu/legal-content/PT/TXT/PDF/?uri=CELEX:12007L/TXT&from=EN>. Acesso em: 13 set. 2015.

UNIÃO EUROPEIA. *Tratado que altera o Tratado da União Europeia e o Tratado que institui a Comunidade Europeia e atos relativos a estes tratados, de 1997 (Tratado de Amsterdam)*. Disponível em: <http://eur-lex.europa.eu/legal-content/PT/TXT/PDF/?uri=CELEX:11997D/TXT&from=EN>. Acesso em: 13 set. 2015.

UNIÃO EUROPEIA. *Tratado que instituiu a Comunidade Econômica Europeia, de 1957 (Tratado de Roma)*. Disponível em: <http://eur-lex.europa.eu/legal-content/IT/TXT/PDF/?uri=CELEX:11957E/TXT&from=EN>. Acesso em: 13 set. 2015.

UNIÃO EUROPEIA. *Tratado sobre o funcionamento da União Europeia (versão consolidada)*. Disponível em: <http://eur-lex.europa.eu/legal-content/PT/TXT/PDF/?uri=CELEX:12012E/TXT&from=EN>. Acesso em: 13 set. 2015.

UNIÃO EUROPEIA. *Regulamento n. 44, de 22 de dezembro de 2001. Concernente la competenza giurisdizionale, il riconoscimento e l'esecuzione delle decisioni in materia civile e commerciale*. Disponível em: <http://eur-lex.europa.eu/LexUriServ/LexUriServ.do?uri=OJ:L:2001:012:0001:0023:it:PDF>. Acesso em: 12 set. 2015.

UNIÃO EUROPEIA. *Regulamento n. 1206, de 28 de maio de 2001. Relativo alla cooperazione fra le autorità giudiziarie degli Stati membri nel settore dell'assunzione delle prove in materia civile o commerciale*. Disponível em: <http://eur-lex.europa.eu/LexUriServ/LexUriServ.do?uri=OJ:L:2001:174:0001:0024:it:PDF>. Acesso em: 12 set. 2015.

UNIÃO EUROPEIA. *Regulamento n. 1215, de 12 de dezembro de 2012. Concernente la competenza giurisdizionale, il riconoscimento e l'esecuzione delle decisioni in materia civile e commerciale (rifusione)*. Disponível em: <http://eur-lex.europa.eu/LexUriServ/LexUriServ.do?uri=OJ:L:2012:351:0001:0032:it:PDF>. Acesso em: 12 set. 2015.

UNIÃO EUROPEIA. *Regulamento n. 1348, de 29 de maio de 2000. Relativo alla notifica e alla comunicazione negli Stati membri degli atti giudiziari ed extragiudiziali in materia civile e commerciale*. Disponível em: <http://eur-lex.europa.eu/legal-content/IT/TXT/?uri=uriserv:l33042>. Acesso em: 12 set. 2015.

UNIÃO EUROPEIA. *Tratado que estabelece uma Constituição para a Europa*. 2003. Disponível em: <http://eur-lex.europa.eu/legal-content/PT/TXT/PDF/?uri=OJ:C:2004:310:FULL&from=PT>. Acesso em: 13 set. 2015.

UNIÃO EUROPEIA. TRIBUNAL DE JUSTIÇA. *Processo C-104/10*. Disponível em: <http://www.cite.gov.pt/asstscite/downloads/Proc_C104_10.pdf>. Acesso em: 23 out. 2015.

URIARTE, Oscar Ermida. La declaración sociolaboral del MERCOSUR y su eficacia jurídica. In: ORGANIZAÇÃO INTERNACIONAL DO TRABALHO. *Direito internacional do trabalho e direito interno*: manual de formação para juízes, juristas e docentes em direito. Editado por Xavier Beaudonnet. Turim: Centro Internacional de Formação da OIT, 2011.

VALLEBONA, Antonio. *Istituzioni di diritto del lavoro:* II Il raporto di lavoro. 5. ed. Padova: Casa Editrice Dott. Antonio Milani, 2005.

VISMARA, Fabrizio. Cooperazione giudiziaria in materia civile: assunzione di mezzi di prova e notificazioni. In: CONETTI, Giorgio; TONOLO, Sara; VISMARA, Fabrizio. *Manuale di diritto internazionale privato*. Torino: G. Giappichelli Editore, 2013. p. 97-105.

VIANA, Márcio Túlio; PIMENTA, Raquel Betty de Castro. A proteção trabalhista contra atos discriminatórios (análise da Lei n. 9.029/95). In: RENAULT, Luiz Otávio Linhares; VIANA, Márcio Túlio; CANTELLI, Paula Oliveira (Coord.). *Discriminação*. 2. ed. São Paulo: LTr, 2010. p. 135-142.

VISMARA, Fabrizio. Efficacia di sentenze ed atti stranieri. In: CONETTI, Giorgio; TONOLO, Sara; VISMARA, Fabrizio. *Manuale di diritto internazionale privato*. Torino: G. Giappichelli Editore, 2013. p. 65-95.

VISSER, Maartje de. *Network-based governance in EC law:* the example of EC competition and EC communications law. Oregon: Oxford and Porland, 2009.

VITAGLIANO, *Christiano Francisco da Silva*. Da crise do direito interno nas relações de emprego em face dos efeitos maléficos da globalização. Da integração pela utilização dos instrumentos internacionais. In: *Revista Síntese Trabalhista e Previdenciária*. v. 24, n. 281, nov. 2012, p. 45-56.